红水河畔·大好合山

HESHAN NIANJIAN

合山年鉴

2021

合山市地方志编纂委员会　编

方志出版社
Publishing House of Local Records

图书在版编目（CIP）数据

合山年鉴. 2021 / 合山市地方志编纂委员会编.—
北京：方志出版社, 2021.12
ISBN 978-7-5144-5134-4

Ⅰ. ①合… Ⅱ. ①合… Ⅲ. ①合山－2021－年鉴
Ⅳ. ①Z526.73

中国版本图书馆CIP数据核字（2022）第024192号

责任编辑：董　琳
责任校对：刘玉霞
责任印制：梅中英
出 版 者：方志出版社
地　　址：北京市朝阳区潘家园东里 9 号（国家方志馆 4 层）
邮　　编：100021
网　　址：http://www.zgfzcb.cn
发　　行：方志出版社图书营销中心（010-67110500）
印　　刷：云南速盈印刷有限公司
开　　本：889 毫米 ×1194 毫米　1/16
印　　张：16.75
字　　数：416 千字
版　　次：2021 年 12 月第 1 版
印　　次：2021 年 12 月第 1 次印刷
定　　价：180.00 元

编辑说明

一、《合山年鉴（2021）》以马克思列宁主义、毛泽东思想、邓小平理论、“三个代表”重要思想、科学发展观、习近平新时代中国特色社会主义思想为指导，坚持辩证唯物主义和历史唯物主义的立场、观点和方法，全面贯彻落实党的各项方针政策。本卷年鉴由中共合山市委员会、合山市人民政府主办，系统记载2020年合山市政治、经济和社会的基本面貌和发展情况。

二、本卷年鉴依次设特载、大事记、市情概况、党政机关、纪检监察、群众团体、法治、军事、农林水牧渔业、工业和信息化、自然资源·住房建设·生态环保、交通运输·邮政·通信、商业贸易、财政·税收、金融·保险、经济管理与监督、文化·广电·旅游、科技·教育、卫生健康与计划生育·医疗保障、社会生活、镇·村·社区、附录、索引等类目。

三、本卷年鉴设有数说合山2020、2020年度要闻、城市荣誉和图片专辑，为读者提供关注度较高的资料信息。

四、本卷年鉴采用分类编辑法，以条目为主体，科学分类。全书条目标题统一用黑体加【 】表示。按类目、分目、条目三个层次编辑，是行业、部门职能工作之信息载体。本卷年鉴使用规范的语体文和记述体，直陈其事，寓论断于叙事之中，文字力求言简意赅。

五、本卷年鉴刊载的政治、经济和社会发展等资料，均由合山市行政机关、群团组织、企事业单位等编写组负责撰写或提供，并经过各有关单位负责人审核。

六、本卷年鉴“图片专辑”“特载”“附录”记述之内容不受年度限制。

七、数字用法、标点符号用法分别采用国家标准《出版物上数字用法》（GB/T 15835—2011）、《标点符号用法》（GB/T 15834—2011），计量单位采用国家技术监督局1993年12月发布的《量和单位》系列国家标准。

《合山年鉴》编纂委员会

顾　　问：徐　钊　合山市委书记
主　　任：谭小春　合山市委副书记、市长
成　　员：覃武仕　合山市人大常委会主任
韦干稳　合山市政协主席
蓝峻松　合山市委副书记
陈鲜荣　合山市委常委、常务副市长
韦辰林　合山市委常委、宣传部长
吴正勇　合山市委常委、组织部长
韦龙云　合山市副市长
冯向铁　合山市政府办公室主任
覃建博　合山市史志办公室主任
蓝韦屹　合山市财政局局长
王　冲　合山市岭南镇镇长
宋文杰　合山市北泗镇镇长
莫　凯　合山市河里镇镇长

《合山年鉴（2021）》编辑部

主　　编：黄　冲　覃建博
责任主编：曾焕发
编　　辑：黄　冲　覃建博　曾焕发　卢善嵩　谭绍佩　徐友香　周　竞

合山市四家领导班子成员

中共合山市委员会

书　　记：徐　钊
副 书 记：谭小春　蓝竣松
常　　委：陈伟烈　陈鲜荣　张献清　韦辰林　吴铁兵　马闯京
　　　　　何洪兵　李树宇　吴正勇

合山市人大常委会

主　　任：覃武仕
副 主 任：黄团杰　黄建珠　黄增美　韦　容

合山市人民政府

市　　长：谭小春
副 市 长：陈鲜荣　马闯京　李树宇　罗　刚　李　本
　　　　　韦　茜　李东林　韦龙云

政协合山市委员会

主　　席：韦干稳
副 主 席：区丽群　莫崇山　卓家忠　蓝天华

数说合山 2020

行政区域面积：350平方千米

耕地面积：123.28平方千米

林地面积：113.46平方千米

森林覆盖率：45.6%

总人口：13.23万人

农村人口：8.7万人

少数民族人口：8.55万人

人口自然增长率：4.01‰

乡（镇）：3个

村委会：29个

社　区：5个

地区生产总值：35.37亿元

财政收入：2.55亿元

农村居民人均可支配收入：14395元

城镇居民人均可支配收入：34991元

农村居民人均生活消费支出：9246元

城镇居民人均生活消费支出：13736元

发电量：36.80亿千瓦时

原煤产量：57.3万吨

碳酸钙产品产量：14.18万吨

农林牧渔业总产值：7.67亿元

粮食产量：2.80万吨

2019—2020年榨季进厂糖料蔗：22.93万吨

成品糖产量：2.91万吨

水果种植面积：1.84万亩，产量2.47万吨。

农业机械总动力：85746千瓦

公路通车里程：282.31千米

铁路通车里程：45千米

红水河通航总里程：32千米

内河港口：1个（合山港）

国家AAA级旅游景区：7个

自治区AAA农家乐星级景区：4个

接待游客：227万人次

旅游总收入：21.9亿元

城镇企业职工基本养老保险参保人数：11668人

机关事业单位基本养老保险参保人数：3405人

城乡居民基本养老保险参保人数：37635人

建档立卡贫困人口14665人，参保基本医疗保险14654人。参保率100%全市设有各级各类学校（园）48所，其中，高中1所，职业学校1所，初中2所，小学6所，幼儿园38所。幼儿园中公办园27所（含21所村级幼儿园）、民办园11所。

医疗卫生机构56家，其中，市直医疗卫生机构4家，卫生院3家，社区卫生服务机构2家，个体诊所15家，民营医院2家，村卫生室29家。

参加第十二届广西体育节（来宾市分会场）暨全民健身和全民健康深度融合系列活动气排球赛，桂标组（3+2）和国标女子组的比赛，分别荣获冠军。

2020年度要闻

新冠肺炎疫情防控工作部署会议

1月23日上午，合山市召开新型冠状病毒感染的肺炎疫情防控工作部署会议，市委书记莫莲出席大会，会议传达学习中央领导同志重要指示批示精神，国务院常务会议有关要求，以及全国、自治区、来宾市新型冠状病毒感染的肺炎疫情防控工作电视电话会议精神，部署全市疫情防控工作。

合山市创建自治区文明城市工作动员部署会议

3月2日上午，市委副书记、代市长徐钊主持召开2020年合山市创建自治区文明城市工作动员部署会议，研究部署合山市创建自治区文明城市有关工作，要求各单位认真总结经验，认真抓好落实。

合山市召开2020年农村工作会议暨决战脱贫攻坚大会

4月7日下午，合山市召开2020年农村工作会议暨决战脱贫攻坚大会。会议通报传达中央脱贫攻坚专项巡视“回头看”工作情况、“四合一”实地核验反馈问题情况，总结全市2019年“三农”工作，安排部署2020年“三农”工作及脱贫攻坚工作，进一步夯实乡村振兴基础，确保全市与全国、全区一道，同步实现全面建成小康社会伟大目标。

市委九届六次全会

7月20日召开。全会批准赖云峰辞去中国共产党合山市第九届委员会委员职务，并按照党章及党内有关规定，决定递补市委候补委员谭冠珀为中国共产党合山市第九届委员会委员，并审议通过《来宾市兴宾区和合山市部分行政区域界线调整方案（送审稿）》。全会号召，全市上下要紧密地团结在以习近平同志为核心的党中央周围，深入贯彻落实党的十九届四中全会、自治区党委十一届七次全会和来宾市委四届七次全会精神，解放思想，开拓创新，抢抓机遇，担当实干，不断开创合山各项工作新局面，为建设大好合山而努力奋斗。

新柳南高速公路首节段拱肋吊装

11月18日，新柳南高速公路合山红水河特大桥开始进行首节段拱肋吊装施工，标志着特大桥全面转入缆索吊装施工阶段，大桥预计于2021年7月建成通车。

合山市召开乡村风貌提升“三清三拆”专题会议

12月16日上午，为切实改善全市群众居住条件和乡村风貌，确保乡村风貌提升三年行动目标任务如期完成，合山市召开乡村风貌提升“三清三拆”专题会议，决定在全市开展乡村风貌提升“三清三拆”攻坚活动。

合山市部署2021年村（社区）“两委”换届选举工作

12月21日下午，合山市召开2021年村（社区）“两委”换届选举工作会议，深入学习贯彻习近平总书记关于农村和城市基层党建的重要指示精神以及中央、自治区党委和来宾市委有关部署要求，全面启动合山市新一轮村（社区）“两委”换届选举工作。来宾市人大常委会副主任、合山市委书记莫莲出席会议并讲话，强调要提高政治站位，突出重点难点，强化责任落实，高标准高质量确保村（社区）“两委”换届工作圆满完成。

开展“文明守法幸福乡村”示范创建活动

2020年，合山市不断提升改善人居环境，扎实推进“美丽合山·幸福乡村”和“三清三拆”环境整治工作，把“幸福乡村”建设和农业产业结构调整、公共文化服务发展、农村人居环境改善以及脱贫攻坚成效巩固提升相结合，扎实开展“产业富民、服务惠民、基础便民”3个专项活动，让老百姓享受到更文明更健康的生活。

推进全面深化改革

2020年，合山市持续深化“放管服”改革，全面优化营商环境各项工作。政务服务“简易办”改革有序开展，加快推进减事项、减层级、减环节、减材料、减时限工作，继续落实新设立企业激励办法。出台《合山市外商投资企业激励办法（暂行）》，对合山市新引进的外商投资企业在税收、用地、到位资金等方面给予奖励，降低奖励门槛，激发外资企业投资活力。制定“合山市招商引进落地项目、重大项目局长代办服务企业（优化营商指标）一览表”，建立了重大项目工作“局长代办制”，为企业顺利在合山落地提供“一条龙”服务。

研究部署经济工作

2020年，合山市坚持稳中求进工作总基调，准确把握新发展阶段，全面贯彻新发展理念，积极融入新发展格局，贯彻落实“解放思想、改革创新、扩大开放、担当实干”工作方针，按照“聚力产业发展、打赢三大攻坚战、提振发展信心”的工作思路，坚持疫情防控常态化与促进经济社会平稳发展“两手抓”，认真抓好“六稳”工作，全面落实“六保”任务，推动全市经济社会转型发展迈上新台阶。九届中共合山市委常委会第124次会议研究讨论通过《合山市2020年经济工作任务方案》，并印发实施。

城市荣誉

2020年1月，合山市公安局里兰派出所被广西壮族自治区公安厅评为“全区首批枫桥式公安派出所”。

2020年4月，合山市荣获2019年度全国信访工作“三无”县称号，并连续三年获此殊荣。同年6月，荣获“2019年度平安县（市、区）”称号。

2020年5月，里仰村老矿屯被评为广西乡村振兴林业示范村屯。

2020年7月，合山法院荣获“全区法院档案工作先进集体”称号。

2020年8月，自治区文明委继续保留合山法院“自治区文明单位”荣誉称号。

2020年10月，合山市被中央农村工作领导小组办公室、农业农村部评为全国农村承包地确权登记颁证工作典型地区。

2020年12月，岭南镇获得“自治区卫生镇”称号。

2020年12月，岭南镇溯河村桥段屯、窑瓦屯、里仰村朝阳屯重新确认为“自治区卫生村”。

2020年12月，合山市人民医院黄晓青被来宾市总工会命名为来宾市“最美职工”称号。

2020年12月，广西合山市润鸿农业技术有限公司技术员苏子兰、来宾市合山市桂盛养兔专业合作社理事长韦贵康被中共广西壮族自治区委员会、广西壮族自治区人民政府评为自治区劳动模范。

2020年12月，全区劳动模范和先进工作者表彰大会暨全区“人民满意的公务员（集体）”、精神文明建设表彰大会在南宁隆重举行。合山市荣获第八轮“自治区文明城市”荣誉称号。

2020年12月，合山市公安局被广西壮族自治区公安厅评为“全区公安机关情报指挥行动一体化建设示范单位”。

2020年12月，合山市荣获第八批自治区文明城市称号，合山市税务局荣获全国文明单位称号。

2020年12月，合山市实验小学荣获自治区文明校园称号。

2020年12月，合山市创作的文化精品，大型彩调剧《儿子》入选为广西当代艺术创作工程三年规划（2019—2021年）第二批项目。壮师剧《调解》入选由文化和旅游部艺术司、江苏省文化和旅游厅主办的2020年戏曲百戏（昆山）盛典活动。

2020年12月，合山市被提名为广西食品安全示范县（市）。

2020年12月，合山市扶贫办荣获全区记一等功公务员集体。

2020年12月，广西合山虎鹰工业旅游景区被确定为国家AAA级旅游景区。

① 城北广场（2020年） （罗列宽　提供）
② 扶贫安置小区一角（2020年） （史志办　提供）
③ 广场公园一角（2020年） （史志办　提供）
④ 临江晚照（2020年） （史志办　提供）
⑤ 光明小区一角（2020年） （史志办　提供）

⑤

① 水榭石都小区（2020年） （史志办　提供）
② 新南柳高速合山出口（2020年） （史志办　提供）
③ 新建城区道路（2020年） （史志办　提供）
④ 光明幼儿园（2020年） （史志办　提供）
⑤ 御坤苑小区（2020年） （史志办　提供）

合山市光明幼儿园
④

学习雷锋精神

① 干净整洁的岭南镇上雷屯（2020年）

（岭南镇　提供）

② 2020年溯河村窑瓦屯乡村风貌提升成果

（岭南镇　提供）

③ 河里镇古排屯村民小广场（2020年）

（河里镇　提供）

④ 修葺一新的贡模移民新村（2020年）

（安置中心　提供）

⑤ 河里镇古排屯（2020年）　（河里镇　提供）

⑥ 天蓝水清的岭南镇下桑屯（2020年）

（史志办　提供）

⑦ 北泗镇北泗村沓水屯内小休闲场地（2020年）

（北泗镇　提供）

⑥

⑦

①

②

④

③

⑤

⑥

⑦

① 岭南镇古城村田园风光（2020年）（岭南镇　提供）
② 河里镇河里村葡萄采摘体验园（2020年）（覃丽丽　提供）
③ 合山市河里镇长模村充分利用农田轮种草莓、苦瓜等农作物，有效带领群众脱贫致富（2020年）（麦登奎　提供）
④ 北泗镇扶贫产业园葛根种植项目（2020年）（北泗镇　提供）
⑤ 北泗镇拉的荷田（2020年）（史志办　提供）
⑥ 北泗发展桑蚕养殖，图为贫困户正在采摘桑葚（2020年）（覃丽丽　提供）
⑦ 里兰火龙果基地（2020年）（史志办　提供）
⑧ 河里镇风光（2020年）（史志办　提供）

⑧

①

②

③

④

⑤

⑥

⑦

⑧

① 抢花炮（2020年）（蒙艳桃　提供）
② 农家乐（2020年）（罗列宽　提供）
③ 接新娘（2020年）（陆乃亮　提供）
④ 幼儿之梦（2020年）（吕德春　提供）
⑤ 棋逢对手（2020年）（刘国珍　提供）
⑥ 老有所乐（2020年）（史志办　提供）
⑦ 让行（2020年）（创城办　提供）
⑧ 过斑马线（2020年）（创城办　提供）
⑨ 大型彩调剧《儿子》首演（文旅局　提供）

⑨

2020年1月26日，市领导到汽车总站开展防疫督查
（防控办　提供）

2020年1月28日，市领导到马安体温检测点检查指导
（史志办　提供）

2020年2月2日，市领导到大唐桂冠合山发电公司督导疫情防控工作
（史志办　提供）

2020年2月7日，合山市公安局成立“抗击疫情先锋队”
（市公安局　提供）

2020年2月2日，合山市召开新型冠状病毒感染的肺炎疫情防控工作领导小组（扩大）会议　（史志办　提供）

①

②

③

④

⑤

⑥

① 2020年12月22日，合山市2020—2021年度新冠肺炎疫情防控应急演练暨大规模核酸检测应急演练（防控办　提供）

② 2020年4月15日，合山市迎接援鄂抗疫英雄回家（市防控办　提供）

③ 2020年，市领导到北泗中心卫生院检查疫情防控工作（市防控办　提供）

④ 2020年2月23日，合山市返岗复工活动现场（市防控办　提供）

⑤ 小区防控值守卡点（2020年）（史志办　提供）

⑥ 村村设卡（2020年）（北泗镇　提供）

①

②

① 广西合山虎鹰建材有限公司全景（2020年）（河里镇 提供）
② 大唐集团——合山发电公司全景图（2020年）（合山发电公司 提供）
③ 广西科锐钙化物有限公司库房轻质碳酸钙产品（2020年）（史志办公室 提供）
④ 昊天钙业一角（史志办公室 提供）
⑤ 广西科锐钙化物有限责任公司（史志办公室 提供）
⑥ 合山市祥星制糖有限公司（史志办公室 提供）

③

④

⑤

⑥

合山年鉴

HESHAN NIANJIAN 2021

目　录

CONTENTS

特　载

中共合山市委常委会工作报告……1

合山市人民代表大会常务委员会工作报告……7

政府工作报告……11

政协合山市委员会常务委员会工作报告……19

中国共产党合山市第九届纪律检查委员会第六次全体会议公报……23

关于合山市2020年国民经济和社会发展计划执行情况与2021年国民经济和社会发展计划草案的报告……26

大事记

1月……33

2月……33

3月……33

4月……33

5月……34

6月……34

7月……34

8月……34

9月……34

10月……35

11月……35

12月……35

市情概况

地理位置……36

地形地貌……36

建置沿革……36

自然资源……36

气候……36

人口、民族、宗教……37

区域划分……37

地方特产……37

经济发展

综合经济……37

脱贫攻坚……37

产业转型……37

工业旅游……38

社会事业

卫生与疫情防控……38

教育和科技事业……38

文化、体育事业……38

党政机关

中共合山市委员会

重大决策……40

学习贯彻习近平新时代中国特色社会主义思想和中共十九届四中全会精神……40

学习贯彻中共十九届五中全会精神……40

开展“文明守法幸福乡村”示范创建活动……40

开展第九轮常规巡察工作……40

鹿心社到合山市调研……40

加强党风廉政建设……40
推进全面深化改革……41
研究部署经济工作……41
脱贫攻坚工作……41
研究部署扫黑除恶专项斗争……41
研究部署群众安全感满意度提升工作……41
研究部署安全生产和防汛抗旱工作……41

重要会议……41
“文明守法·幸福乡村”示范创建活动表彰大会……41
全市领导干部暨市四家班子领导述职述廉评议会议……41
“不忘初心、牢记使命”主题教育总结大会……42
新冠肺炎疫情防控工作部署会议……42
合山市行政区划调整工作推进会议……42
合山市召开2020年农村工作会议暨决战脱贫攻坚大会……42
中共合山市第九届纪律检查委员会第五次全体会议……42
合山市召开重点工作推进会……42
合山市召开乡村风貌提升“三清三拆”专题会议……42
合山市部署2021年村（社区）“两委”换届选举工作会……42
中国共产党合山市第九届委员会召开第五次全体（扩大）会议……42
中国共产党合山市第九届委员会召开第六次全体（扩大）会议……42
市委常委会会议……42
四家班子领导（扩大）会议……42

中共合山市委办公室

概况……43
办文办会……43
信息报送……43
保密工作……43

组织 工 作

概况……43
领导班子和干部队伍建设……43
党的基层组织和党员队伍建设……44
机关党建……44
“两新”组织建设……44
人才引进和培养……44
干部教育培训……44
发展党员……44
远程教育……44
党建工作示范点建设……45
公务员管理……45
妇女干部培养……45
老干部管理……45
老干部政策落实……45
老干部文体活动……45
关心下一代工作……45
老年大学建设……45

宣传工作

概况……46
理论学习与宣传活动……46
新闻报道……46
新媒体整合……46
网络管理……47
学习党的十九届五中全会精神……48
文明创建……48
爱国主义和国防教育……48
未成年人道德思想建设……49

统一战线

概况……49
民主党派与多党合作……49
党外知识分子工作……49
非公有制经济……49
新的社会阶层人士统战工作……50
港澳台统战工作……50
海外统战工作……50
党外代表人士队伍建设……50

巡视巡察

概况……50
常规巡察……50
上级巡察整改……50
本级巡察整改……50
巡察监督……51

直属机关工委

概况……51

学习党的十九届五中全会精神……51
机关党建……51
党员发展和管理……51
党建"晴雨卡"……51

机构编制

概况……52
机构编制管理……52
乡镇机构改革……53
事业单位分类……53
事业单位登记管理……53
中文域名注册管理……53

党　校

概况……53
党员干部培训……54
科研成果……54
科研资政……54
教师队伍建设……54

党史工作

概况……54
党史资料编纂工作……55
党史宣教……55

信　访

概况……55
信访案件处理……55
信访制度改革……55
领导干部接访……55
公开接待活动……55

接待工作

概况……55
重要接待……55

督查与绩效考评

概况……55
督查工作……56
绩效考评……56

合山市人民代表大会

概况……56
坚持和完善人民代表大会制度……56

重要会议……57
合山市第九届人民代表大会第七次会议……57
合山市第九届人民代表大会常务委员会会议……57
代表视察……59
代表议案和建议办理……59
执法检查和专题调研……59
人大信访……60
人事任免……60

合山市人民政府

政府自身建设……60
经济社会发展主要目标……60
实现工业转型"质"的提升……60
农业产业持续增长……60
服务行业平稳发展……60
经济发展动力不断增强……60

合山市人民政府办公室

综合协调……61
秘书工作……61
政务信息报送……61

政务服务和大数据

概况……61
政务服务工作……61
"一站式"便民服务……61
政务监督与服务……62
政务信息公开……62
政府信息公开……62
服务网络建设……62
行政项目审批清理……62

机关事务管理

概况……62
后勤服务保障……62

机关饭堂管理……62
办公用房管理与服务……63
公务用车管理……63
公共机构节能……63

地方志

概况……63
志书编纂……63
综合年鉴编纂……63
地方志宣传与服务……63

档案事业

概况……63
档案安全与管理……64
档案查阅与接待……64
档案收集与利用……64
档案信息化建设……64

矿区事务管理

概况……64
矿区管理和服务……64
矿区困难群众的安置与管理……65
矿区遗留问题处理……65
矿区项目建设……65

政协合山市委员会

概况……65
机关建设……65
委员队伍建设……66
民主协商……66
政协合山市第九届第六次全会……66
政协主席会议……66
政协常委委员会议……67
民主监督……67
参政议政……67
提案办理……68
专题调研……68
文史工作……68

纪检监察

概况……69
监督检查……69
预防宣传……69
信访举报……70
审查调查……70

群众团体

总工会

概况……71
工会组织建设……71
职工帮扶……71
医疗互助保障……71
职工慰问走访……71
职工权益维护……72
职工疗（休）养……72
职工文化建设……72
工会经费收支管理及审计……72
职工奖励和表彰……73

共青团合山市委员会

概况……73
基层团组织建设……73
青年培训工作……73
青年文明志愿行动……73
青年文明号创建活动……74
保护未成年人工作……74
青年创业创新活动……74
少先队工作……74

妇女联合会

概况……74
妇女儿童关爱工作……74
妇女创业就业……74
家庭教育工作……75
节日活动……75
妇女儿童合法权益维护……75

科学技术协会

概况……76
青少年科技活动……76
科普宣传……76
农村实用技术培训……76
科普阵地建设……76

归国华侨联合会

概况……77
为侨服务……77
侨务活动……77

工商业联合会

概况……77
组织建设……77
公益活动……77
参政议政……78
商会建设和会员发展……78
会员服务企业……78

合山市文学艺术界联合会

概况……78
文艺协会（学会）……78
文学培训与采风……78
刊物出版……78
文化惠民活动……78
文化艺术交流……78

残疾人联合会

概况……79
社会保障……79
康复服务工作……79
教育服务……79
扶贫助残……79
基层残疾人组织建设……79
全国助残日活动……79

法　治

政法委及综合治理

概况……80
安全与维稳工作……80
矛盾纠纷排查化解……80
“扫黑除恶”专项斗争……80
政法宣传……81
群众安全感满意度调查……81
平安合山建设……81
年度荣誉……81

公　安

概况……81
宣传工作……82
队伍建设……82
打击刑事犯罪……82
治安管理……83
经济犯罪侦查……83
指挥中心110报警服务……83
巡警（城警）工作……83
禁毒工作……83
户籍管理……84
出入境管理……84
流动人口管理……84
基层派出所……84
基层基础建设……84
道路交通安全管理……84
机动车辆管理……84
交通警察队伍建设……85
森林公安……85
年度荣誉……85

检　察

概况……85
刑事检察……85
民事行政检察……86
公益诉讼检察……86
控告申诉检察……86
未成年人检察……86
检察队伍建设……86
年度荣誉……86

法　院

概况……86
社会诚信建设……86

审判质量与效率……86
审判执行信息化建设……87
司法为民与司法公开……87
刑事法院……87
民商事审判……88
行政审判……88
执行工作……88
人民陪审员制度……88
智慧法院建设……88
基层法庭建设……88
法院司法队伍建设……89
年度荣誉……89

司法行政

概况……89
行政规范性文件审核备案……89
行政复议……89
行政诉讼……89
行政裁量权基准制度建立……89
政府法律顾问制度建设……89
行政执法监督……89
法治宣传教育……90
人民调解……90
律师事务……90
公证事务……90
法律援助……90
社区矫正和安置帮教……90
司法行政队伍建设……90
基层司法所建设……91
年度荣誉……91

军　事

人民武装

概况……92
班子建设……92
军事训练……92
双拥共建……92
后勤保障……92
基层武装部建设……93
年度荣誉……93

中国人民武装警察部队合山市中队

概况……93
思想政治建设……93
战备训练……93
后勤保障建设……94
议军议警会议……94

农林水牧渔业

农业农村

综　述……95
概况……96
基本气候……96
中国农民丰收节活动……96
农业农村经济……96
强农惠农政策……96
现代特色农业示范区建设……96
农民专业合作社管理……96
农村集体“三资”管理……96
集体产权制度改革和清产核资……96
农业执法……97
农村产权流转交易市场建设……97
农民负担监督管理……97
农经调查统计……97
粮油作物种植……97
经济作物种植……97
农业科技培训……97
农业科技推广与应用……97
农作物病虫害防治……98
农业投保……98
农业地理标志产品……98
农药化肥监管……98
农业产业提质升级……98
生态种养殖……99
新农业技术推广……99
农作物秸秆综合利用……99

农业机械化服务

概况……99
农业机械化普及……99

农业机械化投入和作业……99
农机安全执法……99
农机科技推广……100
农机购置补贴政策……100

林　业

概况……100
林业经济生产……100
林业生态建设……100
生态公益林建设……100
林政资源管理……100
营林工作……101
森林防火……101
森林公安……101
森林有害生物防治……101
野生动植物保护……101
洛灵湖湿地公园建设……101

柳花岭林场

概况……102
基础设施建设……102
森林资源……102
经济发展情况……102
营林生产……102
森林资源管护……102
山林纠纷调处……102

水　利

概况……102
农村水利基础设施……103
农村饮水安全巩固提升工程……103
中小河流治理……103
水行政执法……103
水政水资源水土保持……103
防汛抗旱……103
河长制……104

畜牧水产兽医

概况……104
畜牧业生产……104
渔业生产……104
渔政执法……104
动物疫病防控……104
饲料安全监管……104
无害化处理……104
农村防疫队伍建设……105
养殖技术培训……105
重点养殖基地简介……105

工业和信息化

工业综述

工业经济……107
投资项目建设……107
工业园区建设……107
企业质量管理……108
企业节能降耗……108

煤炭工业

概况……109
企业改制……109
企业生产经营……109
安全生产管理……109
技术改造……109
企业主要经济指标……109
企业选介……109

电力工业

大唐桂冠合山发电有限公司……110
概况……110
公司经营范围……110
创新发展……110
企业生产经营……110
安全生产管理……110
技术改造和维护……110
企业环境保护……110
职工教育培训……110
荣誉……111

电力供应

概况……111
电网建设与运行……111
安全生产管理……111

经营管理与服务……111
队伍建设……111

建材工业

概况……112
行业发展规划……112
水泥质量与管理……112
虎鹰建材综合利用项目……112
碳酸钙生产……112
碳酸钙企业……112
红砖生产经营……112
石灰生产经营……112
石材生产经营……113

造纸工业

概况……113
企业生产经营……113
技术改造及主要产品……113
环境保护……113

制药工业

概况……113
企业生产经营……113
产品研发及效益……113

工业园区管理

概况……113
园区规划和建设……113
工业企业生产状况……114
项目推进情况……114
招商引资及企业入驻……114
园区管理和服务……114

自然资源·住房建设·生态环保

自然资源管理

概况……115
土地利用规划……115
土地开发整理……115
地质灾害防治……115
征地安置……115
不动产登记……116
矿产资源管理……116
国土资源执法检查……116
信息化建设……116
地质环境治理……116
规划审批……116

住房建设

概况……117
园林绿化……117
园林绿化养护管理……117
城区路网建设与维护……117
城市供水与节水……117
城镇燃气供应与管理……117
城区管网改造……117
城市环卫保洁……118
环卫设施建设……118
城市垃圾运输及处理……118
文明城市创建……118
乡村风貌提升三年行动……118
农村危房改造……118
村镇污水处理……118
建筑市场监管……118
建筑工程质量安全监管……119
建筑工程招投标管理……119
建设工程监理……119

住房公积金管理

概况……119
住房公积金归集管理……119
住房公积金贷款发放……119

生态环境保护

概况……119
污染物减排……120
大气环境质量……120
水环境质量……120
农村环境整治及综合治理……120
环境宣传教育……120
重点流域水污染防治……120
饮用水水源地保护……120
环境监测系统建设与维护……121

环境信访……121
危险废物管理……121

环境监察与执法

概况……122
环保专项行动……122
环境执法……122
环境污染案件查处……122

广西合山大好河山投资发展有限公司

概况……122
项目建设……122
经营性项目……122
融资工作……122

供水有限责任公司

概况……122
供水能力……123
项目建设……123

交通运输·邮政·通信

公路运输

概况……124
交通工程投资建设……124
交通安全管理……124
城乡公路路网建设……124
路网和农村公路建设……124
公路养护管理和运输服务……124
高速公路建设……125

航　运

概况……125
水路运输安全管理……125
合山港简介……125

城市公共交通

概况……125
城市公交基础设施建设……125
公交线路的设置与运行……125
城市公共汽车安全管理……125
出租车公司营运与管理……125

通信业

中国邮政合山分公司……126
概况……126
邮政网络和邮路……126
业务经营……126
行业安全监管……126
快递业务……126

中国电信合山分公司……126
概况……126
基站建设……126

中国移动合山分公司……126
概况……126
业务经营与管理……126
网络建设……127
网络安全与网络维护……127
客户服务……127

中国联通合山市分公司……127
概况……127
基础设施建设……127
服务水平持续提升……127
企业改革……127

商业贸易

经济贸易

概况……128
商贸物流项目……128
集市贸易……128
个体私营经济……128
电子商务……128
农村电商发展……128
市场开发服务中心……128
疫情防控物资储备及使用管理……128
企业复工复产……129
壮族“三月三”电商节……129

粮食流通管理

概况……129
粮食购销和粮食直补……129
粮食仓储建设与管理……129
粮食行政执法……129
粮油企业经营管理……129
粮食流通与调控……129

烟　草

概况……130
卷烟专卖市场执法与监管……130
卷烟销售及网络建设……130

中石化合山分公司

概况……130
成品油资源及销售……130

供销社

概况……130
生产资料购销……130
助农增收服务……130
主要经济指标……130
项目建设工程……130
品牌创建工程……131
网络拓展工程……131
城乡综合服务平台……131
乡镇供销合作社……131

财政 · 税收

财　政

概况……132
政府性基金与社会保险基金收支……132
经济与民生事业保障……132
经济与民生事业保障财政资金监管……133
政府采购……133
财政服务经济发展……133
财政收支预算、决算执行情况……134
政府债务管理……134
金融风险抵御与化解……135
乡镇财政所概况……136

国有资产管理

概况……136
国有经济……136
国企改革……136
投融资工作……137

国家税务

概况……137
税务分局……137
税收收入……137
税收优惠政策落实……137
税收规范管理……137
社保费征收……137
税收宣传……138
纳税服务……138
主要纳税企业……138

金融 · 保险

中国农业银行股份有限公司合山市支行

概况……139
存贷款业务……139
服务“三农”……139
内控管理……139
网点建设……139
金融扶持……139
互联网金融……140

中国工商银行合山市支行

概况……140
存贷款业务……140
互联网金融业务……140
内控案防……140

建行合山支行

概况……140
存贷款业务……140
普惠金融……141
脱贫攻坚……141

客户服务……141

信用联社

概况……141
存贷款业务……141
服务“三农”……141
互联网金融……141
内控案防……141
网点建设……141
金融扶持……141

中国人民保险

概况……141
业务经营……142
队伍建设……142
保险服务……142
保险理赔……142

经济管理与监督

发展和改革

概况……143
项目审批和备案……143
重大项目建设与管理……143
固定资产投资……143
营商环境建设与优化……143

投资促进

概况……144
招商引资成效……144
招商亮点……144
项目实施……145

审 计

概况……145
财政预算执行情况审计……145
经济责任审计……145
固定资产投资审计……145
专项资金审计（调查）……145
审计成果……145

统 计

概况……145
规范化建设……145
数据质量管理……146
统计信息化建设……146
统计服务……146
统计普查……146
经济社会调查队伍……146

市场监管

概况……146
市场主体注册管理……146
合同监督管理……146
市场主体监督管理……147
广告监督管理……147
商标监管与地理商标申报……147
消费者权益保护……147
市场监管执法……147
服务非公经济……147
队伍自身建设……147
乡镇市场管理站（所）概况……147
质量监督管理……148
计量监督管理……148
标准化技术建设……148
打击制售假冒伪劣产（商）品行为……148
特种设备安全监察……148
行政审批……148
食品生产流通安全监管……148
医疗器械监管……148
保健食品化妆品监管……149

物价管理

价格调控、民生价格管理……149
价格认定……149
价格调整……149

应急管理

概况……149
应急监察……150
安全生产专项整治……150

重大事故隐患排查治理……150
许可证核发……150
安全生产宣传教育及培训……150
森林防火……150
防汛抗旱……150
地震监测……150
地震知识宣传……151
灾害防御与应急演练……151

消防救援大队

概况……151
消防站建设及规划……151
消防装备……151
火灾隐患专项整治行动……151
抢险救灾……152
消防网络化管理……152
消防宣传……152

文化 · 广电 · 旅游

文 化

概况……153

群众文化

戏剧下乡活动……153
乡村（社区）文艺骨干培养……153
文化体制改革……153
图书馆建设与管理……153
彩调剧《儿子》创作与巡演……153

文化市场管理

文化市场执法……154
扫黄打非专项活动……154

文 物

非物质文化遗产……154

广电网络

概况……154
业务经营与管理……154
网络建设……154
网络安全与维护……154

旅游业

概况……154
旅游资源培育……155
旅游资源培育、旅游景点建设……155
研学旅游……155

科技 · 教育

科 技

概况……156
科研项目与经费投入……156
科普宣传……156
科技示范点建设……156
科技服务……156
科技特派员派遣和管理……156

教 育

概况……156
办学条件改善……157
教育经费的收入与支出……157
教育督导……157
教育绩效考评……157
学校体育与艺术教育……158
学校国防教育……158
送教上门……158
校外（教育）活动……158
语言文字工作……158
教育交流与合作……159
学生资助……159
学校安全……159
教学科学研究……160
教育信息化建设……160
学前教育……161
义务教育和均衡教育……161
农村义务教育学生营养改善计划……161
普通高中教育……161
基础教育教学改革……161
学校德育教育……162
职业教育教学改革……162

民办教育……162
教师队伍建设情况……163
青少年活动中心建设与运作……163
乡村教育及教师待遇……163

卫生健康与计划生育 · 医疗保障

疫情防控

概况……165
疫情防控……165
重点场所和人群的管控……165
财政投入和后勤保障服务……165
宣传和引导……165
成果巩固……166

医　疗

概况……166
公立医院改革……166
城乡卫生服务一体化管理……166
基层医疗卫生服务体系建设……167
中医药事业……167
爱国卫生运动和城市创卫……167
医政管理……167
突发性公共卫生事件及应急预案……168
卫生监督……168

合山市红十字会

概况……169
红十字志愿服务……169
宣传活动……169
社会募捐……169
人道救助……169
无偿献血……169

卫生防疫管理

概况……169
配套设施……169
预防接种……169
免疫规划和管理……170
传染病防控及突发性公共卫生事件……170
健康教育……170

计划生育

人口变动情况……170
计生家庭养老服务……170
全面落实“两孩”政策……170
“双女户”政策落实……170

医疗保障

概况……170
医疗保障基金监管……171
医保目录和支付标准……171
城乡医疗救助……171
异地就医管理……171
城乡医疗保障……171
大病医疗保障……172
特殊对象参保保障……172
定点医药机构管理……172
医疗价格监测……172

社会生活

民政服务管理

概况……173
行政区划、地名和界线管理……173
城乡最低生活保障……173
社会救助……173
特困人员救助供养……173
社区建设……174
社会组织登记……174
婚姻登记服务……174
“三留人员”关爱活动……174
收养登记……174
民政项目建设……174
养老服务及养老设施建设……174
收容救助管理……174

人力资源和社会保障

概况……175
专业技术人才管理……175
工资与福利……175
就业与再就业……176

人才服务管理……176
大中专学生毕业管理……176
人力资源市场建设……176
农村劳动力转移就业培训……176
社会保障基金征缴……176
疫情防控与务工扶持……176
劳动保障监察……176
劳动仲裁……177
劳动法律法规宣传……177
农民工工资追讨……177
离退休人员及工资管理……177
人事考试……177

退役军人事务

概况……177
政策宣传……177
关心关爱……177
退役士兵安置……177
优待抚恤……177
走访慰问……178
烈士纪念日活动……178
双拥共建……178

扶贫开发

概况……178
扶贫机制创新……178
扶贫资金投入……179
贫困村基础设施建设……179
扶贫产业开发……179
外出务工与就业扶持……179
贫困村集体经济……180
贫困户危房改造……180
财政扶贫资金使用与管理……180
贫困户合作社分红……180
扶贫监督检查……180
贫困户技能培训……180
脱贫攻坚措施……180
脱贫成效……180

移民和易地安置

概况……181
水库移民后期生产扶持……181
水库移民项目建设……181
水库移民培训……181
移民信访工作……181
移民资金使用管理……181
易地扶贫概况……181
易地扶贫搬迁管理……181

民族宗教局事务

概况……183
民族政策宣传……183
民族文化特色……183
民族团结进步创建……183
少数民族发展资金项目建设……183
宗教机构概况……183
宗教事务管理……183
宗教政策宣传……183
宗教基础信息采集……183

镇 村 社区

岭南镇

概况……184
机构改革……184
经济建设……184
农业生产……184
基础设施建设……184
社会保障……184
医疗卫生……185
文化体育……185
脱贫攻坚……185
产业发展……185
乡村旅游……186
文明守法创建活动……186
平安建设……186
安全生产……186
党的建设……186
疫情防控……187
行政村简介……187
荣誉……188
三大班子领导名录……188

北泗镇

概况……188
乡镇机构改革……188
基础设施建设……188
农业生产……189
社会发展……189
医疗卫生……189
计生服务……189
教育事业……189
文化体育……189
脱贫攻坚……189
产业发展……190
乡村振兴……190
平安建设……190
安全生产……190
党的建设……190
疫情防控……190
行政村简介……190
三大班子领导名录……191

河里镇

概况……191
乡镇机构改革……192
基础设施建设……192
农业生产……192
社会发展……192
医疗卫生……192
计生服务……192
教育事业……192
文化体育……192
脱贫攻坚……192
产业发展……192
乡村振兴……193
乡村旅游……193
平安建设……193
安全生产……193
党的建设……193
党风廉政建设……193
意识形态……193
疫情防控……194
行政村简介……194
班子主要领导……194

附　录

重要文件选录

合山市新型冠状病毒感染的肺炎疫情防控工作领导小组指挥部关于印发合山市全面复工复产复市复运等工作实施方案的通知……195
中共合山市委办公室　合山市人民政府办公室关于印发《合山市深化乡镇管理体制改革实施方案》的通知……198
合山市国民经济和社会发展第十四个五年规划和二〇三五年远景目标纲要……204

统计资料

合山市2020年主要经济指标完成情况……238
2020年地区生产总值贡献率、拉动力、结构表……238
合山市2021年国民经济和社会发展计划表……240

索　引

索引……242

特 载

中共合山市委常委会工作报告

——在中国共产党合山市第九届委员会第七次全体（扩大）会议上

来宾市人大常委会副主任、合山市委书记 莫 莲

（2021 年 1 月 20 日）

中国共产党合山市第九届委员会第七次全体（扩大）会议

市委九届五次、六次全会以来，市委常委会坚持以习近平新时代中国特色社会主义思想为指导，在党中央、自治区党委和来宾市委的正确领导下，团结带领全市广大党员和各族人民，深入贯彻党的十九大和十九届二中、三中、四中、五中全会精神和习近平总书记对广西工作的重要指示精神，深入贯彻自治区党委十一届八次、九次全会精神和来宾市委四届七次、八次全会精神，全面落实党中央、自治区党委和来宾市委各项决策部署，坚持稳中求进工作总基调，准确把握新发展阶段，全面贯彻新发展理念，积极融入新发展格局，贯彻落实“解放思想、改革创新、扩大开放、担当实干”工作方针，按照“聚力产业发展、打赢三大攻坚战、提振发展信心”的工作思路，坚持疫情防控常态化与促进经济社会平稳发展“两手抓”，认真抓好“六稳”工作，全面落实“六保”任务，推动我市经济社会转型发展迈上新台阶，为“十四五”发展打下坚实基础。

2020 年是极不平凡的一年，是机遇与挑战并存的一年。面对突如其来的新冠肺炎疫情，我市经济社会发展面临了许多困难和挑战。在党中央、自治区党委和来宾市委的坚强领导下，我们坚定信心、攻坚克难、真抓实干，全力推动各项工作任务落细落实，取得了明显成效。

一、提高政治站位，把学习贯彻习近平新时代中国特色社会主义思想与推动合山转型发展紧密结合

坚持把学习宣传贯彻习近平新时代中国特色社会主义思想，与学习宣传贯彻党的十九届二中、三中、四中、五中全会精神、习近平总书记对广西工作重要指示精神以及在第十七届中国—东盟博览会和中国—东盟商务与投资峰会开幕式上的重要致辞讲话结合起来，坚持把学习贯彻习近平总书记重要讲话和重要指示批示精神作为市委常委会会议的固定议题。市委常委会班子成员带头旗帜鲜明讲政治，坚定维护党中央权威，自觉维护党中央集中统一领导，2020年共召开16次市委常委会、5次理论中心组专题学习会，传达学习贯彻习近平总书记重要讲话和重要指示批示精神33次，以强有力的措施，统筹常态化疫情防控和经济社会发展各项工作。全市各级党组织和广大党员干部均把维护党中央权威和集中统一领导作为根本政治要求，在政治立场、政治方向、政治原则、政治道路上时刻同以习近平同志为核心的党中央保持高度一致，对党绝对忠诚。全面把握上级各项决策部署精神，坚决无条件完成上级下达合山的各项工作任务，以踏石留印、抓铁有痕的劲头和钉钉子精神狠抓落实，做到不折扣、不变通、不走样，推动上级各项决策部署在合山落地生根。

二、齐心协力共同抗疫，实现零输入零感染

面对突如其来的新冠肺炎疫情，市委常委会深入学习贯彻习近平总书记关于疫情防控工作的重要指示精神，坚持人民至上、生命至上，全面落实党中央、自治区党委、来宾市委各项部署要求，按照"外防输入、内防扩散"的总要求，先后召开16次会议进行专题研究部署，抓紧抓实抓细疫情防控各项工作。第一时间成立由党政主要领导为组长的疫情防控工作领导小组，先后召开22次指挥部会议研究协调防控工作，面向群众发布各类指令和通告28个，严格落实疫情防控常态化各项工作措施，推行市镇村分片包干责任制，203个农村（社区）党组织580多名农村（社区）党员主动参与疫情防控工作，涌现出如河里村民委主任韦忠宝式的抗"疫"典型；全市69个机关企事业单位党组织1056名党员到共建社区开展"双报到"活动，积极参与疫情防控，凝聚起联防联控、群防群控的强大合力，实现了零输入、零感染的目标，为恢复全市经济社会发展提供了坚强保障。在疫情防控艰难时刻，先后派出2支医疗队分别到武汉、来宾支援抗疫一线工作，其中黄晓青、韩斌业荣获自治区激励干部担当作为奖，展示了合山干部抗疫精神。

三、切实抓好"六稳""六保"，经济持续回暖向好

新冠肺炎疫情发生以来，我市高度重视，紧急响应，坚持疫情防控常态化与促进经济社会平稳发展"两手抓"，认真抓好"六稳"工作，全面落实"六保"任务，多项经济指标持续改善，经济延续稳定恢复态势。预计，2020年我市地区生产总值同比增长7.5%，其中第一产业增长4.5%，第二产业增长18%，第三产业增长1.5%；规模以上工业增加值增长28%；固定资产投资增长17.2%；受新冠肺炎疫情影响，社会消费品零售总额下降12%；财政收入增长13.4%；城镇居民人均可支配收入增长6.5%；农村居民人均可支配收入增长7.5%。

企业快速复工复产。认真贯彻落实自治区和来宾市关于工业企业复工复产工作相关要求，围绕企业复工复产工作，制定印发《合山市新型冠状病毒感染的肺炎疫情防控期间"结对帮扶·驻企服务"活动工作方案》，进一步压实企业服务直通车、驻企服务工作责任。按照一对一服务模式，积极跟进对应联系服务的企业，协调解决我市重点服务的50家工业企业在复工复产中存在的问题和困难，加快推进复工复产，规上工业企业于2020年2月底全部实现复工，复工率100%。

工业产业不断壮大。2020年，我市规上工业总产值同比增长25.3%。传统煤电产业再发力，原煤产量同比增长351.7%，电力生产业工业产值同比增长17.1%，完成大唐桂冠合山发电有限公司3号机组超低排放改造项目。大力培育碳酸钙产业，规模以上碳酸钙企业产值同比增长9.9%，水泥制造业工业产值同比增长24.9%，成为我市新的支柱产业。广西合山虎鹰建材有限公司循环经济综合利用项目（二期）日产5500吨新型干法熟料水泥生产线于2020年10月底点火试产；合山市春旭环保新材料公司年产100万吨高活性氧化钙项目一期已竣工投产；广西合山华臻新材料有限公司年产26万吨高分子改性复合材料项目已完成1号和2号厂房的建设；新昊天钙业有限公司年产40万吨碳酸钙精深加工项目一期工程主要生产线设备已完成安装，配套设施建设正在推进；广西科锐钙化物公司二期年产50万吨新材料项目已完成基础设施建设，正在安装设备；全市现有碳酸钙生产企业及碳酸钙产品下游企业19家。加快培育规上工业企业，2020年培育规上工业企业6家，截至目前，我市规模以上工业企业达20家。

农业产业提质升级。全力稳住农业"基本盘"，2020年我市粮食种植面积同比增长4.5%，粮食总产量同比增长2.8%；蔬菜、水果产量分别同比增长4.9%、11.6%。生猪产能有序恢复，生猪出栏2.1万头。加快推进农业产业发展，积极推进火龙果基地建设，投入600多万元建成586亩里兰村火龙果扶贫产业园，全市火龙果种植面积达636亩，新建火龙果冷冻库1个，火龙果产业不断壮大。加快推进农产品加工业发展，建设藕粉、藕粉条、荷叶茶等产品深加工车间，建成润农心果蔬种植专业合作社选果厂1间，建成陆广盛食品有限公司"桂金牛"牌牛肉干生产车间。持续深化农业农村改革，第二批全国农村集体产权制度改革试点任务顺利完成。加快推进全市农村土地承包经营权确权登记颁证工作，在市级核查和自治区验收中均被评为优秀等次，经营权证书颁证率为99.06%，合同签订率和证书颁证率高于全区平均水平。2020年10月，我市被中央农村工作领导小组办公室、农业农村部评为全国农村承包地确权登记颁证工作典型地区。

重大项目顺利推进。出台《合山市2020年经济工作任务方案》，确定2020年为合山市“项目建设攻坚突破年”，每个项目由1名处级领导联系、1名科级领导负责、1个责任单位服务，细化目标任务，充分调动全市积极性，形成合力共推项目建设，全方位服务企业生产。2020年，合山市投资5000万元以上重大项目31项，项目计划总投资76.28亿元。2020年计划投资11.06亿元，累计完成投资13.2亿元，完成年度计划投资的119.35%。计划新开工项目10项，已开工建设10项，开工率100%。扎实推进五网建设项目，目前我市有5个项目列入自治区“五网”项目盘子，实施后将有效改进我市基础设施建设短板问题。

精准招商成效明显。成立以市四家班子主要领导为组长的招商工作组，每组分配引进产业项目目标任务，分别负责带头招商并协调解决引进项目在建设中遇到的困难和问题，强力推动招商引资工作扎实开展。围绕碳酸钙、金属新材料、智能制造、木材深加工、生物医药、新型环保材料、物流等产业积极对接京津冀地区、长三角地区、粤港澳大湾区开展“三企入桂”和“浙商广西行”活动，做到疫情防控期间招商引资“不断链”，通过外出考察、“云洽谈”等方式，精准招商。2020年，我市新引进亿元以上产业项目7个，协议总投资121.05亿元，项目到位资金33.15亿元。

特色旅游初现品牌。以创建广西特色旅游名县及全域旅游示范区为契机，加大旅游项目开发力度，创建广西中小学生研学实践教育基地，目前已完成初中生研学课程的设计开发、试课和实践活动。立足自身特色，建设“研学旅”游学基地，培育“旅游＋研学”新模式，得到中央电视台等媒体宣传报道。2020年5月，《探秘八桂“光热城”研学我国能源结构——合山工业（煤炭）研学课程》荣获“广西十佳文博研学课程”称号。开展国家工业遗产项目申报工作。2020年12月，广西合山虎鹰工业旅游景区被确定为国家AAA级旅游景区，我市工业旅游产业不断壮大。引进大健康和文旅产业项目，通过加大招商引资力度，我市与广西中煤科技发展有限公司正式签约建设广西合山煤田隐伏地热综合开发与温泉康养小镇项目。2020年，游客接待量为216.8万人次。

激活市场提振消费。按照“六稳”工作总体要求，制定《合山市三次产业达产增产会战实施方案》《合山市提振消费会战实施方案》，积极做好稳增长促消费工作。组织我市60多家零售、批发、餐饮及各大商超参加“壮美广西·三月三暖心生活节”活动，组织开展“火红金秋，购物好精彩”合山特色产品、贫困村农产品展销及商品促销活动，扩大居民消费，拉动经济增长，社会消费品零售总额降幅大幅收窄。

四、锁定目标全力冲刺，打好脱贫攻坚战役

把脱贫攻坚作为重大政治任务和第一民生工程，按照“核心是精准、关键在落实、确保可持续”要求，坚持疫情防控和脱贫攻坚“两个战场”同部署、齐发力，紧盯年度脱贫攻坚目标任务，集中力量打好“四大战役”和“五场硬仗”，扎实推进就业扶贫、产业扶贫、消费扶贫、兜底扶贫等重点工作，坚决打好脱贫攻坚收官战，全市脱贫攻坚工作取得了决定性成就。培育发展“5+2”特色产业，覆盖率达94.62%。落实“以奖代补”政策，发放奖补资金1700多万元，惠及3271户贫困户。建立健全稳岗拓岗联动机制，实施“点对点”输送复工，农民工安全有序返岗；加大村级临时性扶贫岗位开发力度，累计安置308人就业，确保贫困劳动力就业收入有保障。全市建档立卡贫困户家庭人均纯收入由2016年的7417元增加到2020年的12025元，贫困群众收入水平大幅度提高。2020年10月，现行标准下全市建档立卡贫困人口14665人全部实现脱贫，贫困发生率降至零。同时，积极推动脱贫攻坚和乡村振兴有效衔接。严格落实“四不摘”要求，建立健全更加完善精准防贫监测帮扶机制，在产业扶贫、就业扶持、易地搬迁后续扶持等方面持续发力，持续巩固脱贫攻坚成果。2020年12月，市扶贫办荣获全区记一等功公务员集体。“精神扶贫·合山经验”在全国得到推广学习，《精神扶贫的“合山经验”——广西壮族自治区合山市“三扶合一”新路子》作为全区唯一典型入选中宣部2020年主题出版重点出版物《中国减贫奇迹怎样炼成·扶贫扶志故事选》。

五、持续全面深化改革，不断增强发展后劲

持续深化“放管服”改革，全面优化营商环境各项工作，政务服务“简易办”改革有序开展，加快推进减事项、减层级、减环节、减材料、减时限工作，继续落实新设立企业激励办法，从奖励3枚印章费用提高到奖励4枚印章费用。2020年，我市新设立企业234家，比去年同期新增142家，同比增长64.79%，企业开办在0.5个工作日内完成企业登记、印章刻制、申领发票、银行开户、企业社保、医保备案登记、企业公积金缴存开户登记7个事项，与自治区同步达到全国先进水平。出台《合山市外商投资企业激励办法（暂行）》，对合山新引进的外商投资企业在税收、用地、到位资金等方面给予奖励，降低奖励门槛，激发外资企业投资活力。制定《合山市招商引进落地项目、重大项目局长代办服务企业（优化营商指标）一览表》，建立了重大项目工作“局长代办制”，为企业顺利在合山落地提供一条龙服务。精准落实减税降费各项政策措施，初步统计2020年减免税费约4000万元，切实减轻企业负担，进一步激发市场活力，助力经济社会发展。贯彻落实来宾市委、市政府工作部署，稳步推进行政区划调整工作，为推动合山高质量转型发展拓展空间提供保障。

六、提升治理能力水平，治理现代化显成效

市委常委会高度重视治理体系和治理能力现代化建设，统筹人大、政协、统战、政法等部门履职尽责，积极参与社会治理体系建设，推动我市治理能力向现代化目标迈进，取得良好成效。

支持人大依法履职。支持人大围绕全市经济发展和社会稳定工作，认真听取和审议“一府两院”有关专项报告，并提出意见和建议，作出相应的决定和决议。支持市人大组织开展执法检查、专题调研、跟踪督查和代表视察等监督工作，完成了2部法律执法检查、2部法律执法检查报告落实情况跟踪督查、1项专题调研、1项专题调研报告提出的建议跟踪督查、1次代表视察活动，配合来宾市人大常委会开展执法检查、专题调研等工作8项。加强代表建议督办力度，全年共完成督办57件，答复率100%，满意率80%以上。通过人大代表民生监督App平台组织全市各级人大代表就近、就便对民生领域的工作进行监督，助推一批民生问题得到有效解决，切实提高了监督的精准度和实效性。2020年，全市人大代表上报问题406件，上报率149.26%，点击率100%；完成处置390件，处置率96.06%，代表满意率100%。坚持党管干部和人大依法任免干部相结合，严格做好选举和人事任免工作。2020年，补选1名市人大代表和1名市人大常委会组成人员，任命“一府一委两院”工作人员19人次。2020年11月，在全区人大信访工作经验交流会上，我市人大常委会作了工作经验书面交流发言。

稳步推进民主协商。市委坚持把政协工作纳入总体工作部署，高度重视政协工作，市委常委会定期听取政协党组工作汇报、政协常委会工作报告。召开了市委政协工作会议，专题研究部署政协工作。制定了《关于新时代加强和改进人民政协工作的实施意见》《关于加强市政协党的建设工作实施办法（试行）》，实现党的组织对党员委员全覆盖、党的工作对政协委员全覆盖的两个“全覆盖”目标。支持市政协党组开展履职活动，扎实推进协商民主活动，组织开展专题协商2次、提案办理协商3次、对口协商和界别协商各1次，完成2个专题调研课题、1次视察活动。创新协商民主新模式，支持政协建立政协委员联络站，推动政协工作向基层延伸，把基层的声音反映上来，更好地把人民政协的制度优势转化为基层治理效能。2020年10月，来宾市县（市、区）政协乡镇（街道）委员联络站建设现场交流会在我市召开，我市在会上作了典型发言。

发展爱国统一战线。出台《合山市2020年度政党协商计划》，进一步提升政党协商服务大局效能。深入开展解决民营企业突出问题攻坚年活动，解决突出问题26个，解决率达96.3%。推动规上企业注册登记非公经济服务平台，注册率达84%。充分发挥统一战线优势作用，助力疫情防控和乡村振兴，全年统战成员为疫情防控捐款捐物累计约310万元，为统一战线助力乡村振兴示范点马安村募集扶持资金约10万元。全面推进民族团结进步创建，2020年河里镇长模村争创自治区级民族团结进步示范点，北泗镇人民政府等12个单位荣获来宾市第一批民族团结进步示范区（单位）称号。各族群众团结和谐共处氛围进一步增强，宗教领域和谐稳定，群团工作有序开展。

高效建设平安合山。深入贯彻落实习近平法治思想，扎实推进法治政府建设。支持检察院、法院依法独立公正行使职权，扎实推进司法责任制及其综合配套改革，全力破解执行难问题。坚持总体国家安全观，严格落实党委（党组）国家安全责任制，有效防范化解重点领域风险，切实维护国家安全。聚焦重大节点时期，抓好信访工作，2020年，我市在全国、全区两会以及重大节假日期间持续实现“三零”目标。2020年4月，我市荣获2019年度全国信访工作“三无”县称号，并连续三年获此殊荣。2020年6月，荣获“2019年度平安县（市、区）”称号。持续推进扫黑除恶专项斗争，深入开展“一十百千万”“六清”行动，始终保持对各类黑恶势力违法犯罪的严打高压态势，人民群众安全感明显增强。我市2020年第四季度自治区群众安全感满意度为97.99%；在来宾市扫黑除恶专项斗争满意度为98.68%，全市排名第一。坚持严厉打击违法犯罪行为，纵深推进“云剑·2020”“亮剑·2020”“桂中扫毒风暴”“断卡”行动、社会治安“大小整治”等多项行动，净化社会治安环境。2020年1月，里兰派出所获得全区公安机关首批20个“枫桥式公安派出所”命名表彰，成为来宾市首个获此殊荣的派出所。2020年12月，合山市公安局荣获“全区公安机关情报指挥行动一体化建设示范单位”。加大对食品药品、应急管理、生态环境保护、商品质量等方面执法力度，全市无重特大安全生产事故、群死群伤恶性事件和重大食品药品安全事故发生，社会大局持续保持和谐稳定。2020年12月，我市被提名为广西食品安全示范县。

七、加强思想文化建设，宣传文化成果丰硕

紧抓思想文化建设。市委始终把思想文化建设摆在重要位置，深入学习习近平新时代中国特色社会主义思想和习近平总书记重要讲话精神，组织开展党的十九届四中、五中全会、“决胜全面小康、决战脱贫攻坚”等各类理论宣讲283场，直接受众4万多人次，推动理论“飞入寻常百姓家”。高质量高水平抓好“学习强国”平台运用和供稿工作，推动形成“比学赶超”学习氛围。

强化意识形态工作。坚持把意识形态工作作为党的建设重要内容，纳入党委（党组）书记主体责任述职评议、领导班子成员民主生活会对照检查范围，作为年度绩效考评和巡察工作的重点内容，推动意识形态责任制层层落实。2020年，召开4次常委会专题研判意识形态工作，开展2次意识形态专项督查，推动意识形态工作制度化、常态化。深入推进新时代文明实践中心建设，成立志愿服务联合点，我市新时代文明实践中心围绕乡村振兴、疫情防控、脱贫攻坚等工作开展各种形式的志愿服务活动。2020年，开展理论宣讲、教育服务、文化服务、科技和科普服务以及健身体育服务等文明实践活动4800多场次，惠及5万多人次。

培育宣传文化品牌。深度推进媒体融合，壮大融媒体矩阵，引领主流舆论，为打赢脱贫攻坚战和疫情防控阻击战营造了良好氛围。2020年，市融媒体中心在各类媒体平台共刊发（播）稿件8776篇（条）。精神文明建设成效显著，2020年我市荣获第八批自治区文明城市称号，合山市税务局荣获全国文明单位称号，合山市实验小学荣获自治区文明校园称号。创作文化精品，合山市大型彩调剧《儿子》入选为广西当代艺术创作工程三年规划（2019—2021年）第二批项目，壮师剧《调解》入选由文化和旅游部艺术司、江苏省文化和旅游厅主办的2020年戏曲百戏（昆山）盛典活动。

八、全力抓好民生改善，提升人民幸福指数

坚持“五大”发展理念。紧盯生态文明建设的重点难点问题，持续稳定改善生态环境质量，扎实推进环境督察反馈问题整改，全部完成中央环保督察“回头看”和自治区环保综合督查的整改任务。2020年，我市全民义务植树30.6万株，超额完成植树造林任务数0.8万亩。严格落实河长制，开展河湖“清四乱”百日攻坚战专项行动。不断提升改善人居环境，扎实推进“三清三拆”环境整治工作，2020年房前屋后清理10560余户，饮水安全工程完工率100%，农村户用厕所普及率达95.95%。2020年全面完成上级下达的环境质量改善目标，合山市空气质量优良天数率为95.6%，$PM_{2.5}$平均浓度为23微克/立方米，PM_{10}平均浓度为42微克/立方米，地表水和在用水源地水质达标100%。

紧抓重点领域民生。教育事业蓬勃发展，续建、新上教育建设项目10个，总投资8182万元，中小学和教学点信息化优质教育全覆盖，师资力量得到进一步强化。我市高考一本、二本上线人数超额完成来宾市下达的任务，中考总体成绩排名保持在来宾市前三，小考成绩平均总分排在来宾市第三名。医疗保障体系持续完善，全年基本医疗保险参保率达98%，建档立卡贫困人口参保率达100%，2020年7月，我市创建自治区慢病综合防控示范区工作通过自治区评估验收，被命名为“自治区级慢性病综合防控示范区”。全力保障城乡居民住房保障，开展矿区棚户区安置房预配售和配租工作，4个老旧小区改造工程已全面开工，实施农村危房改造竣工324户，群众住房条件持续改善。城乡居民低保水平不断提高，城市低保覆盖率达2.22%，农村低保覆盖率达5.6%。

完善交通路网建设。不断加快交通路网建设，为合山高质量发展提供交通运输保障。全力做好服务保障工作，加快柳州经合山至南宁高速公路建设，2021年7月实现通车；扎实推进武宣经合山至忻城高速公路建设，征地拆迁工作正有序进行；里兰至马安码头二级公路正抓紧收尾工作，预计2021年春节前可实现通车。

扎实推进“双拥”工作。全力推进“基层基础基本工作年”和“思想政治工作年”双年创建，落实权益保障、优抚褒扬等各项工作，打通服务退役军人“最后一公里”。积极解决退役军人难题。2020年，为364名优抚对象发放抚恤补助金310多万元，走访慰问退役军人、优抚对象100多人次。认真落实安置政策，为当年度退役军人发放自主就业补贴38.25万元，组织开展专场招聘会，提供400个就业岗位，现场解决退役军人就业问题。

九、坚持全面从严治党，维护良好政治生态

着重推进政治建设。严格落实《中共中央关于加强党的政治建设的意见》，加强政治忠诚教育，持续巩固深化“不忘初心、牢记使命”主题教育成果。组织开展政治建设监督检查3次，紧盯贯彻落实党中央、自治区党委、来宾市委重大决策部署情况，坚决纠正和查处有令不行、有禁不止，上有政策、下有对策等问题。坚决落实巡察主体责任，推进巡察全覆盖工作。截至2020年12月，九届合山市委已巡察51个党政机关、13个事业单位、4家国有企业、3个镇，九届市委任期内实现巡察100%全覆盖。2020年全面完成中央巡视组对广西巡视“回头看”反馈意见的整改，全面抓好自治区党委巡视组、来宾市委巡察组反馈意见的整改落实。听取市人大、政府、政协、法院、检察院党组工作汇报，开展述职评议考核，压紧压实党建工作主体责任。强化理论知识汲取及思想营养补充，增强为民服务思想之钙、干事创业精神之钙。坚持将学习中共十九大，十九届二中、三中、四中、五中全会精神及习近平总书记系列重要讲话纳入市委常委会和市委理论中心组学习

内容。严肃开展党内政治生活，达到解决问题、推进工作的实质效果。2020年聚焦对党忠诚教育，举办培训班29期，培训干部4300人次，引导广大党员干部坚定“四个自信”，坚决做到“两个维护”。持续开展爱国主义和社会主义核心价值观教育，提升干部群众思想认识。

坚持正确用人导向。聚焦政治过硬、本领够强、素质够高的好干部标准，选优配强领导班子。2020年依据工作实际调整科级干部87人次，发现及储备110名优秀年轻干部，提拔或进一步使用科级领导干部27人。制定《合山市紧缺急需人才目录（2020—2021年）》，引进和录用35名高层次人才及紧缺急需专业毕业生。开展乡镇领导班子副职“公推试岗”，推选出镇长助理3名，对558名事业单位干部进行奖励，推荐奖励在疫情防控一线表现优秀的个人90人次，树立100多个驻村帮扶成效明显的典型案例在来宾市级以上媒体宣传，激励干部担当作为。

增强党的组织建设。建立常委班子成员向市委报告抓基层党建工作责任制度和党员领导干部联系党支部工作制度，层层压实抓基层党建责任，加强对全市基层党建工作的指导力度，以基层党建“晴雨卡”动态管理为抓手，发挥党组织功能，开展“党旗领航·凝心聚力”活动，成功选树合山市税务局、杨强集团等13个党组织示范点，进一步推进各领域党支部建设标准化规范化工作。聚焦多元模式，推动村级集体经济提质增效。创新村企合作、综合开发、自主发展等模式，探索公司化运作集体经济项目新方式，通过土地流转、建设产业园、门面出租及发展特色农业等增加村级集体经济收入。2020年，全市村级集体经济收入全部达到5万元以上，收入达到10万元以上的村有17个，其中，20万元以上的村4个，50万元以上的村2个。全面启动新一轮村（社区）“两委”换届选举工作，为推动我市乡村振兴、“十四五”时期经济社会高质量发展提供坚强组织保障。

全面推进从严治党。以正风肃纪反腐凝聚党心民心，坚决惩治腐败纠治不正之风。强化日常监督治病救人，实施精准有力执纪问责，2020年全市纪检监察机关运用“四种形态”处置196人次。开展问题线索大起底大排查大督办工作，认真梳理党的十八大以来收到的问题线索，共排查出问题线索164件。坚持“无禁区、全覆盖、零容忍，重遏制、强高压、长震慑”方针，始终保持高压态势不动摇。全年共计立案查处违纪违法案件59件，给予党纪处分43人，给予政务处分16人。抓好党性党风党纪和廉洁从政教育，召开2次集体廉政谈话会，开展正科级以上领导干部警示教育活动2次，全市处级领导、科级领导“一对一”谈话提醒实现全覆盖。经过全市上下的共同努力，不敢腐的目标初步实现，不能腐的制度日益完善，不想腐的堤坝正在构筑，党内政治生活气象更新。

一年来，市委常委会高度重视自身建设，坚持以身作则、以上率下，带头增强全面从严治党的政治自觉，模范遵守党章党规党纪，勤政廉政、狠抓工作落实、密切联系群众，坚决反对特权思想、特权现象，自觉接受监督，努力为全市党员干部作好表率，示范带动全市形成风清气正的政治生态。认真践行全心全意为人民服务的根本宗旨和“担当为要、实干为本、发展为重、奋斗为荣”的为政理念，不断增强“四个意识”，坚定“四个自信”，坚决做到“两个维护”，全力推动党中央、自治区党委和来宾市委的各项决策部署落到实处。坚持开展集体学习，不断提高政治能力、调查研究能力、科学决策能力、改革攻坚能力、应急处突能力、群众工作能力、抓落实能力，增强斗争本领，提高战略思维、创新思维、辩证思维、法治思维、底线思维能力，积极稳妥应对重大风险挑战，决策水平、领导水平和执政水平进一步提高。高质量召开市委常委班子中央脱贫攻坚专项巡视“回头看”整改专题民主生活会和市委常委班子关于来宾市委第一巡察组巡察反馈意见整改工作专题民主生活会，持续抓好问题整改落实，班子的凝聚力、战斗力不断增强。认真贯彻民主集中制，严格执行《市委常委会议事决策规则》，按照有关党内法规制度议事、决策、办事。2020年，市委常委会召开会议39次，决策重大事项37项，有力推动了全市各项事业全面发展。

同志们，以上报告的是市委九届五次全会以来常委会的主要工作。这些工作的顺利开展和各项成绩的取得，是以习近平同志为核心的党中央坚强领导的结果，是自治区党委和来宾市委科学决策、关心和支持的结果，是全市广大党员干部和人民群众团结奋进、开拓进取的结果。市委全体委员、候补委员及列席会议的同志对我们工作也给予了大力支持和帮助。在此，我代表市委常委会向大家表示衷心的感谢！请同志们对市委常委会工作提出意见和建议。

合山市人民代表大会常务委员会工作报告

——在合山市第九届人民代表大会第八次会议上

合山市人大常委会主任　蓝宾北

（2021年3月30日）

合山市第九届人民代表大会第八次会议

2020年的主要工作

2020年，在市委的坚强领导和来宾市人大常委会的正确指导下，市人大常委会坚持以习近平新时代中国特色社会主义思想为指导，认真学习贯彻中共十九大和十九届二中、三中、四中、五中全会精神，认真学习习近平总书记关于坚持和完善人民代表大会制度的重要思想，坚持和完善人民代表大会制度，坚持党的领导、人民当家作主、依法治国有机统一，紧扣市委九届五次会议的部署，认真履行法定职责。组织召开市人民代表大会1次、常委会会议11次、主任会议17次，召开代表建议督办会9次，组织开展代表视察、执法检查、专题调研等6次，听取和审议“一府两院”工作报告15项，作出决议、决定和审议意见15项，任免国家机关工作人员37人次，配合来宾市人大常委会开展代表视察、执法检查、专题调研、代表建议督办等13项；较好地完成市九届人大七次会议确定的目标任务，为推动我市经济社会发展做出积极贡献。

一、提高政治站位，坚持党的领导

市人大常委会始终坚信党的领导是中国特色社会主义最本质的特征，是人民当家作主的根本保证，努力实现对党负责与对人民负责的有机统一。一是坚定信念保同心。增强“四个意识”，坚定“四个自信”，做到“两个维护”。常态化组织政治理论、法律法规、人大知识学习，多层次、宽领域、全方位抓好宣传教育。认真学习贯彻习近平新时代中国特色社会主义思想、党的十九届五中全会精神、习近平总书记关于坚持和完善人民代表大会制度重要思想。以人大理论学习中心组、人大常委会党组、人大机关党支部的形式开展集中学习共20多场次；落实意识形态工作责任制，切实维护意识形态安全。常态化的学习教育和宣讲活动，使人大党员干部的宗旨意识、党性修养进一步增强，对人民代表大会制度的理解把握更加深刻，常委会组成人员和人大代表对中国特色社会主义道路自信、理论自信、制度自信、文化自信和做好人大工作的使命担当更加坚定；二是坚守规矩保同向。严格执行向市委请示报告制度，对人大工作中涉及的重大问题和重要事项，做到事前主动请示、事后及时报告，始终把党的领导贯穿于人大工作各方面和全过程，保证市人大工作在市委领导下有序开展；三是坚决执行保同步。做到市委有安排、人大有行动，紧紧围绕市委的工作中心，充分发挥代表视察、执法检查、专题调研、工作评议、听取审议专项工作报告等监督作用，积极推动工作落实。始终坚持做到与市委在思想上同心、工作上同向、行动上同步，助推全市经济社会发展，确保市委的重大决策部署通过法定程序转化为人民的共同意志。

二、发挥职能作用，依法履行职责

一年来，市人大常委会充分运用宪法和法律赋予的权力，依法履行职责，为我市经济社会发展服务。

（一）围绕重大事项，依法作出决定

组织召开市九届人大七次会议，审议我市“一府两院”工作报告、2019年国民经济和社会发展计划执行情况与2020

年国民经济和社会发展计划（草案）报告、2019年财政预算执行情况和2020年财政预算（草案）报告、2019年环境状况和环境目标完成情况报告等7个报告，充分肯定市人民政府、市人民法院、市人民检察院2019年工作，同意“一府两院”2020年工作部署；并相应作出决议，要求市人民政府及其相关职能部门坚持稳中求进的工作总基调，全面贯彻市委九届五次全会精神，加快产业转型升级，着力推动我市经济高质量发展，坚决打赢“三大攻坚战”，做好“六稳”“六保”工作，抓好疫情防控和促进社会和谐稳定，严格执行预算法的规定，依法组织财政收入，优化财政支出结构，为我市各项事业发展提供财力保障。通过市九届人大七次会议作出的决议、提出的要求对我市经济社会发展发挥促进作用。

（二）发挥监督作用，确保督促实效

1. 听取专题报告，强化工作绩效。为打赢脱贫攻坚战，听取市人民政府报告2020年脱贫攻坚工作情况；为巩固扫黑除恶专项斗争成果，听取市人民政府报告3年来开展扫黑除恶工作情况；为加强对国有资产管理的监督，听取审议市人民政府2019年度国有资产管理情况综合报告；为推进疫情防控，听取市人民政府报告重大疫情防控体制和公共卫生应急管理体系建设情况；为维护司法公正，听取市人民法院、市人民检察院报告2020年上半年工作情况，听取市人民检察院报告关于认罪认罚从宽制度实施情况；助推公益诉讼工作开展，有效推动市人民检察院办理的“厕所革命”系列案入选广西检察机关公益诉讼典型案例；为优化财政支出结构，听取审议2020年财政预算调整报告，审查批准预算调整方案；为加强对审计查出突出问题整改情况的跟踪监督，听取审议2019年度财政预算执行和财政收支审计查出突出问题整改情况报告。通过听取报告，形成审议意见，要求市人民政府认真贯彻落实，确保工作绩效。

2. 开展视察活动，督查报告落实。组织来宾市第四届人大代表合山市代表团及部分合山市第九届人大代表开展联合集中视察活动。听取市人民政府报告2020年经济社会发展和县域经济及产业高质量发展工作情况，听取市人民法院、市人民检察院书面报告工作情况；实地视察合山市科锐钙化物有限责任公司、合山市联泰木业有限公司、合山市火龙果扶贫产业园；代表们对我市2020年经济社会发展取得的成绩予以充分肯定，针对投资市场增长难度大、新兴接续替代产业总量偏小、招商引资招大引强难度大等问题，对市人民政府提出了精准施策谋发展、加快推进重大项目建设、加大招商引资力度等意见和建议；同时，对市人民法院、市人民检察院工作也提出了相应的意见和建议。

3. 开展执法检查，督促规范执法。对我市实施《中华人民共和国道路交通安全法》和《中华人民共和国工会法》情况开展执法检查，及时把审议意见和检查报告提交市人民政府，要求对存在的问题和不足认真研究、贯彻审议意见，确保两部法律贯彻实施到位。

4. 关注热点问题，开展专题调研。为推动我市民族团结进步创建工作有效开展，促进社会和谐稳定，开展了民族团结进步创建工作专题调研。以听取汇报、查阅材料、实地调研等方式，了解我市民族团结进步创建工作开展情况，针对组织机构、宣传、传承、弘扬等方面存在的问题，提出意见和建议，要求市人民政府采取措施，对存在的问题予以解决。

5. 督办审议意见，确保有效落实。对市人民政府落实市人大常委会2019年开展的《中华人民共和国环境保护法》等3部法律法规执法检查报告的审议意见情况进行跟踪督查，促使3个报告的审议意见得到有效落实。

（三）发挥履职评议和人事任免作用，激发担当作为

1. 开展履职评议，增强工作活力。年初，市人大常委会决定对市人民政府办公室主任冯向铁等11位正科级领导干部开展履职评议；年中，深入受评人员所在单位督促履职，开展满意度测评；年底，听取受评人员向市人大常委会报告履职情况，并进行满意度测评。其中，有8位同志获得100%的满意率。

2. 做好人事任免，激发工作热情。一年来，市人大坚持党管干部和人大依法任免干部的有机统一。大会选举产生市人民政府市长1名，补选市人大常委会组成人员1名；市人大常委会任命“一府一委两院”人员19人次，免职16人，接受4人辞职。任职人员均接受任命书、进行宪法宣誓，部分人员作了表态发言，在会上对任职人员提出要求，激发他们工作热情和使命感。

三、创造良好条件，服务代表履职

只要有利于代表履职之条件、有利于代表履职的事情，市人大常委会都努力去创、尽力去干。一是优化履职平台，完善代表联络站设施。对全市3个代表履职活动中心和23个代表联络站进行提升完善，使片区人大代表履职有场所，议事有规则；二是开展培训活动，提升代表履职能力。组织代表93人到广西大学开展履职培训，并到南宁市两个片区人大代表联络站参观考察，学习先进经验，拓宽工作视野；三是落实“混合编组、多级联动、履职为民”工作机制。组织“四级”人大代表进入代表联络站履职，开展“推动爱国卫生运动，强化疫情防控，促进卫生创建工作”主题活动。在活动中，代表们针对村集体土地承包、乡村旅游、农村污水处理、公共卫生防疫、提高乡村清洁员待遇等问题提出建议25件；对上一年度活动中代表建议办理情况进行跟踪督办，取得良好成效，如甘林片代表联络站代表提出的道路建设、污水处理等建议得到较好办理；四是开展工作经验交流，推荐先进人物，展示代表风采。在来宾市人大常委会召开的代表工作现场会上，我市的《混合编组促联动 履职为民抓落实》《加强人大代表管理 助推经济社会发展》两篇文章被采用为书面交流材料，吴立香代表作了典型发言；有29名代表的工作事迹得到地市级或自治区级新闻媒体报道，展现了代表风采；五是加强对人大代表民生监督App平台的应用和管理工作。代表们通过平台反映社会管理、民生等问题406件，相关部门完成问题整改390件，问题整改率为96%，助推一批民生问题得到有效解决，为我市创建文明城市、环境保护等工作发挥了积极的促进作用。

四、坚持常工细作，做好经常性工作

对于人大经常性的工作，我们从不懈怠，认真把它做细、做深、做实。

（一）注重实效，推进代表建议工作。一是做好议案、建议撰写的准备工作。在“两会”前，组织代表深入社区、村屯、企业走访，了解社情民意，了解群众呼声，为建议撰写作准备；二是做好议案、建议的指导和审议工作。在市九届人大七次会议期间，对代表们撰写议案、建议进行指导，及时把征集到的议案、建议提交议案审查委员会审议；三是做好建议的交办和督办工作。通过市人民政府把57件建议提交相关部门办理。常委会班子成员亲自带队以重点督办和集中督办方式跟踪建议办理情况。一年来，相关部门对代表建议的答复率为100%，代表对建议办理的满意率均达80%以上，进一步激发代表反映社情民意的积极性。

（二）多措并举，做好宣传报道工作。把握正确舆论导向，注重全方位贯通发力，把握重点，深挖素材，讲好微故事，活用媒体平台，不断拓宽宣传领域，努力开创人大宣传工作的新局面。2020年，市人大宣传稿件在各级新闻媒体上发表459篇（次），宣传工作成绩在来宾市各县（市、区）人大中名列前茅。在6月召开的来宾市人大宣传工作会议中，我市人大常委会荣获2019年宣传工作一等奖，人大常委会和优秀通迅员都在会议上作了经验交流发言；我市人大机关杨伟华、蒙谭高两位同志分别获得2020年度全区人大宣传工作先进个人、《广西人大》优秀通迅员荣誉称号。

（三）法理结合，做好人大信访工作。一是了解情况，查明原因，探明诉求。不管来信还是来人，必须把信访事件的原因、性质、目的了解清楚；二是认真对待，依法受理。对来人或来信信访，依据法律法规规定进行受理或移交相关部门处理；三是情理交融，化解矛盾。对群众一般性问题，能通过说服教育的，召集双方当事人进行调解，化解矛盾。一年来，共受理信访19件次，其中来信3件次，来电5件次，来访11件次。当面解释引导并息访3件，现场解答政策、讲解法律当场答复咨询9件，转交相关部门办理答复7件，办结率为94%。在2020年全区人大信访工作经验交流会上，我市作了书面交流。

（四）互相学习，加强人大联系交流。一是配合来宾市人大常委会在我市开展专题调研、执法检查等工作，学习工作经验；二是与先进县（市、区）人大常委会互相交流学习，先后接洽了宁夏石嘴山市、南宁田阳、武宣等10多个县（市、区）人大考察组到我市考察学习，我们也组织考察组5批次先后到容县、田东、象州等县（市、区）考察学习；三是充分利用代表联络站平台加强与镇人大的联系交流，指导镇人大开展执法检查、视察调研等工作。

五、抓好党的建设，加强廉洁自律

充分认识党建和党风廉政建设的重要意义，把党建和党风廉政建设与其他工作同研究、同部署、同落实，确保落到实处。一是加强党组领导，严肃组织生活。发挥常委会党组的领导作用，市人大的“三重一大”事项，均经过常委会党组审议通过；指导市人大机关党支部制定好年度工作计划，按照“三会一课”制度要求，认真开展组织活动。二是增强敬畏之心，把规矩和纪律挺在前面。把上级党委、纪检监察部门对党纪、政纪的要求和部署，及时传达；组织学习《关于新形势下党内政治生活的若干准则》《党内监督条例》《廉洁自律准则》和中央八项规定精神，剖析有关典型案例，引以为戒，时刻绷紧法纪之弦；三是开展警示教育，防控廉政风险。组织参观市人民法院廉政文化展厅，开展廉政教育；组织观看电影《秀美人生》，传递正能量；班子成员、机关全体人员均签订廉政承诺书，常委会正职领导与副职领导、副职领导与分管委室负责人、委室负责人与委室工作人员，开展“一对一”提醒谈话；每季度均开展一次集体廉政谈话，加强纪律教育；四是严格执行制度规定，用制度管人管事。严格执行财务制度、差旅报销制度、公车管理制度、上下班制度等规定，严格落实办公用房配备标准要求等。

六、增强大局意识，参与中心工作

市委部署的中心工作，都是事关全市发展和稳定的工作；参与中心工作，我们责无旁贷。一是积极参加疫情防控和推动企业复工复产工作。坚决贯彻落实市委对疫情防控的工作布置；常委会班子成员多次到所联系的村屯、社区指导工作，到卡点看望和慰问值班同志；组织干部职工300多人次到村屯、社区发放宣传资料和开展外来人口排查，抽调12人协助河里村、城北社区蹲守卡点30多天；号召广大人大代表投身疫情防控；积极筹集物资支援联系村、社区用于防疫工作。2020年4月份以来，疫情防控与推动复工复产同时开展，常委会领导班子成员分别进入企业、厂矿、社区等，了解企业复工复产存在的困难，及时协调解决相关问题，在推动我市复工复产中发挥了应有的作用。二是认真做好脱贫攻坚工作。常委会班子成员分别在各自挂点村开展蹲点调研和走访，组织开展好脱贫攻坚工作，为打赢脱贫攻坚战积极贡献力量。三是积极参加招商引资工作。市人大常委会牵头引入的3个项目，每个项目协议总投资额均达亿元以上。其中，合山市联泰木业有限公司、合山市合胜木业有限公司已运营投产，并被我市纳入上规企业行列；合山市现代医药物流中心2020年已完成第一期投资7000万元。四是常委会班子成员尽力推进自己所联系的重大项目。五是积极参加我市开展文明城市创建、城乡风貌改造提升暨“三清三拆”等活动。

各位代表，过去一年市人大常委会取得的成绩，是市委坚强领导和来宾市人大常委会精心指导的结果，是市人大代表、常委会组成人员、常委会机关工作人员履职尽责、辛勤工作的结果，是“一府一委两院”和各镇人大密切配合、团结协作的结果，是全市各族人民和各界人士充分信任、大力支持的结果。在此，我代表市人大常委会表示崇高的敬意和衷心的感谢！

看到成绩的同时，我们也要清醒看到自身存在的问题和不足，主要有：一是创新动力不够强劲，工作思路、工作模式基本沿袭旧路；二是职能作用发挥不够充分，监督能力仍需提升，监督的领域仍需拓展；三是代表的主体作用发挥不够充分，代表的履职能力仍需提升；四是常委会组成人员与代表、代表与选民的联系仍需加强等。这些问题和不足，在今后的工作中，我们要切实加以改进。

2021年的主要任务

2021年，是中国共产党成立100周年，是“十四五”规划开局之年，是市镇人大换届选举之年，做好今年工作，至关重要。市人大常委会工作总体要求是：高举中国特色社会主义伟大旗帜，以习近平新时代中国特色社会主义思想为指导，认真学习贯彻党的十九大和十九届二中、三中、四中、五中全会精神，深入学习贯彻习近平总书记关于坚持和完善人民代表大会制度的重要思想、对地方人大及其常委会工作的重要指示精神，持续深入贯彻落实“三大定位”新使命和“五个扎实”新要求，坚持党的领导、人民当家作主、依法治国有机统一，贯彻新发展理念，融入新发展格局，紧扣合山市委九届七次全会决策部署，依法履行职责，为推动我市“十四五”规划良好开局和经济社会发展，积极奉献市人大的智慧和力量。

一、加强理论学习，坚持正确政治方向

夯实理论基础。以习近平新时代中国特色社会主义思想为指导，深入学习贯彻党的十九大和十九届二中、三中、四中、五中全会精神；认真学习贯彻习近平总书记关于坚持和完善人民代表大会制度的重要思想；增强政治敏感性。巩固“不忘初心、牢记使命”学习教育成果，积极开展党史学习教育，增强“四个意识”，坚定“四个自信”，做到“两个维护”，确保市委的决策部署在市人大得到有效贯彻落实。

二、加强履职尽责，聚焦热点难点问题

依法行使重大事项决定权。根据“十四五”规划纲要，抓住我市经济社会发展中带有全局性、根本性、长远性的问题，促进重大项目建设和产业结构转型升级；加强监督工作。把市委确定要干的、“一府一委两院”必须干的、人民群众期盼干的事情作为人大监督工作的重点，增强监督实效；依法履行人事任免职责。坚持党管干部原则和人大任免有机结合，进一步健全和完善人事任免工作，保证市委的人事意图得到有效落实。

三、加强服务质量，提高代表履职水平

继续发挥代表联络站作用，进一步落实好“混合编组、多级联动、履职为民”的代表工作机制，密切代表和群众的关系；加大对代表提出议案、建议和意见的督办力度，不断提高办理质量；开展履职培训，提升代表履职能力；完善代表履职考评工作制度，增强代表的责任心、使命感；巩固人大民生监督App成果，加强人大长效智能监督机制建设。

四、加强队伍建设，提升自身综合素质

开展党风廉政建设，增强敬畏之心；强化“一把手”负总责机制，落实主体责任；加强业务知识学习，进一步提高人大工作规范化水平；在市委的领导下精心组织市人大换届选举工作，规范选举程序、严肃换届纪律，确保换届选举工作依法有序进行并圆满完成；加强党史、新中国史教育，激发队伍的集体主义和爱国主义热情，增强担当精神；努力锻造一支忠于党、忠于人民、作风优良、业务精湛的干部队伍。

五、加强能动作用，助推全市中心工作

主动融入发展大局，参与中心工作。增强大局意识和使命感，善于把理论学习成果转化为实践成果，充分发挥人大代表先进性、感召力的作用，凝心聚力，聚集建设力量，助推我市中心工作有效开展。

各位代表，新时代的号角已经吹响，我们满怀激情地踏入2021年新征程！在市委的坚强领导下，更加紧密地团结在以习近平同志为核心的党中央周围，依法履职，扎实工作，奋力谱写人大工作的新篇章，为建设“富、强、美”工业旅游园林城市努力奋斗！

政府工作报告

——在合山市第九届人民代表大会第八次会议上

合山市长　徐　钊

（2021 年 3 月 30 日）

3月30日，合山市第九届人民代表大会第八次会议召开

一、2020年和“十三五”工作回顾

2020年是极不平凡的一年，风险挑战前所未有。受复杂的经济形势及新冠肺炎疫情冲击影响，经济发展任务更为艰巨。在市委的坚强领导下，在市人大的依法监督和市政协的民主监督下，我们坚决贯彻中央、自治区和来宾市各项决策部署，知难而进、迎难而上，精准施策应变局，抢抓机遇开新局，按照“聚力产业发展、打赢三大攻坚战、提振发展信心”的工作思路，扎实做好“六稳”工作，全面落实“六保”任务，统筹做好疫情防控和经济社会发展工作。全市地区生产总值增长9.8%，其中，第一产业同比持平，第二产业增长24.9%，第三产业增长2.6%。规模以上工业增加值增长29.4%；固定资产投资增长15.3%；社会消费品零售总额下降5.5%；财政收入增长13.4%；城镇和农村居民人均可支配收入分别增长3.5%、8.3%。主要经济社会发展指标居来宾各县（市、区）前列，特别是GDP增速位列第一。

（一）过去一年，我们联防联控，群防群控，疫情防控阻击战取得阶段性胜利

我们始终坚持人民至上、生命至上，第一时间建立市、镇、村、屯四级联防联控、群防群控体系，从全市机关企事业单位派遣1056名党员干部充实乡村一线统筹疫情防控工作，织密织牢“五张网”，落实落细“十严格”措施。同时，多方筹措资金8000余万元投入医疗机构基础设施设备、公共卫生防疫、生活物资和医疗物资保障等项目建设，保证疫情处置能力。截至目前，全市保持“零感染”“零病例”。

（二）过去一年，我们聚焦产业，强化服务，经济转型取得新突破

按照“强龙头、补链条、聚集群”的发展思路，加大产业转型和服务企业力度，增强企业投资信心，全市产业不断发展壮大，提质增效。

加强服务企业力度，实现工业转型“质”的提升。通过建立服务企业“直通车”联系工作制度，帮助企业复工复产。加大招商引资力度，实现产业基础不断增强。全市规上工业总产值增长25.3%。煤炭企业稳产达产，生产原煤57.3万吨，增长351.7%；火电产业持续增长，电力行业产值增长17.1%；碳酸钙产业逐步扩大，生产碳酸钙系列产品及下游企业达19家，其中，投产16家，全年规上碳酸钙企业产值增长9.9%；深入开展“三企入桂”招商行动，新引进亿元以上产业项目7个，新设外资企业2家，成功引进7个产业补链配套企业项目，涉及物流、木材深加工、医药制造、康养、碳酸钙制造等产业；加快培育规上工业企业，全年培育规上工业企业6家，超额完成任务。

着力发展农业产业，稳住农业“基本盘”。稳住“米袋子”“菜篮子”。粮食种植面积增长4.5%，粮食总产量增长2.8%。蔬菜、水果产量分别增长4.9%、11.6%。生猪产能有序恢复，生猪出栏2.1万头，生猪屠宰场开工建设。大力发展林业经济，林业总产值增长6.7%。推动农业产业化发展，完成火龙果基地建设586亩，引进“桂金牛”牌牛肉干加工项目等。完成农村土地承包经营权确权登记颁证

工作，被评为全国农村土地承包经营权确权登记颁证工作典型地区。大力推进高标准农田建设，完成自治区下达的8600亩高标准农田建设任务。

加强促消费稳增长，实现服务业平稳发展。加快发展现代服务业，积极培育消费增长点，推动经济结构转型发展。组织多家零售、批发、餐饮及各大商超参加“壮美广西·三月三暖心生活节”、“火红金秋·购物好精彩”合山特色产品、扶贫农产品展销及商品促销活动等，扩大居民消费，拉动经济增长。全年完成2家服务业企业上规入库。

（三）过去一年，我们加大投资，优化环境，经济发展动力不断增强

坚持促项目建设扩投资，持续夯实发展后劲。始终坚持把抓项目、扩投资作为高质量发展的重要支撑，加快推进重大项目实施。全市纳入来宾市重大项目31项，其中纳入自治区重大项目6项。全年完成投资13.2亿元，完成年度计划的119%；新开工项目10项，开工率100%；项目竣工4项，竣工率133%。扎实推进“五网”建设项目，列入自治区“五网”建设项目5项，有效改进我市基础设施领域短板。多方筹措，积极申请专项债券与上级资金，获得专项债券、抗疫特别国债、乡村振兴补助资金等共计1.95亿元。加强项目储备，全市重大项目库储备项目237项，总投资99.6亿元。

持续优化营商环境，不断提高服务效能。以创一流营商环境作为重要抓手，创新服务企业机制，建立重大项目工作“局长代办制”。继续落实新设立企业激励办法。全年新设立企业234个，同比增长64.8%。推进政务服务“简易办”改革，推动“一窗受理、集成服务”审批和流程再造，完成依申请政务服务事项基础集成套餐目录编制103个，完成自治区和来宾市下达的21个重要指标攻坚目标任务。

（四）过去一年，我们尽锐出战，攻坚克难，“三大攻坚战”取得重大成果

脱贫攻坚目标任务全面完成。深入落实“四个不摘”要求，着力解决“两不愁三保障”突出问题。全力推进“四大战役”和“五场硬仗”，全面落实教育、医疗、住房、饮水等各项政策。全市累计资助各阶段学生金额1257.1万元，贫困家庭学生无因贫失学辍学现象发生；持续推进基本医疗“198”政策落实，全年建档立卡贫困人口住院结算3447人次，平均报销比例91.97%，慢性病门诊结算8611人次，平均报销比例89.14%，贫困群众看病难、看病贵问题得到基本解决；累计实施“四类重点”对象、边缘户危房改造231户，完成旧房拆除232座，确保群众住房安全；投入1050.6万元实施农村饮水安全巩固提升工程，受益人口1.8万人，农村饮水安全得到巩固提升；帮助贫困劳动力外出务工6765人，贫困劳动力外出务工“一个超过两个不少于”目标达成，有效促进贫困劳动力稳定就业增收；累计安排扶贫资金2790万元，发展扶贫产业90个，推动扶贫产业不断发展壮大。截至2020年底，全市建档立卡贫困人口14665人全部实现脱贫，8个贫困村全部出列，贫困发生率实现清零。

污染防治攻坚战取得显著成效。持续稳定改善生态环境质量，扎实推进中央环保督察“回头看”和自治区环保综合督察反馈问题的整改。全市空气质量PM_{10}年均浓度42微克/立方米、$PM_{2.5}$年均浓度23微克/立方米，优良天数率为95.6%，地表水和在用饮用水水源地水质达标率100%。

重大风险防范化解稳步推进。加强金融市场监管，严格控制政府性投资行为，妥善防范化解政府性债务风险，确保各类风险可防可控。市场监管、应急管理、生态环境等部门不断加强执法力度，全年无重特大安全生产事故、群死群伤恶性事件和重大食品药品安全事故发生，社会大局持续保持和谐稳定。

（五）过去一年，我们强基惠民，保障民生，各项社会事业加快发展

城乡风貌不断提升。推进老旧小区改造工程，4个老旧小区改造项目已全面开工；乡村风貌提升专项行动有序开展，完成基本整治型村庄建设67个、设施完善型村庄建设3个、精品示范型村庄建设1个；完成8个屯农村生活污水处理项目和18个村屯照明工程。

交通设施持续改善。新柳南高速公路合山段主线及连接线加快施工，预计今年7月正式通车；怀集至河里公路改扩建项目一期工程实现开工。

教育事业不断发展。义务教育均衡发展进一步优化，与全区同步通过国家省级督导评估，中考总体成绩稳居来宾前三，A+等级考生比例位列来宾第二；顺利通过自治区级普及高中阶段教育评估验收，合山高中高考成绩取得新突破，高考一本、二本上线人数稳步提升；新增2所自治区多元普惠幼儿园，普惠性幼儿园达80%以上，学前三年毛入园率达96%以上，学前教育普及普惠水平进一步提升；持续改善办学条件，新建4栋中小学教学楼、2所幼儿园，教育信息化水平明显提升。

文化广电工作成效显著。“壮美广西·智慧广电”工程完成光缆线架设任务；合山工业（煤炭）研学课程《探秘八桂光热城　研学我国能源结构》荣获广西“十佳文博研学课程”称号；壮师剧《调解》入选2020年戏曲百戏（昆山）盛典参演作品，荣获参演纪念奖；彩调剧《儿子》入选广西当代文学艺术创作工程三年规划项目，并在全区巡演。

医疗卫生事业快速发展。利用抗疫国债资金和专项债券资金实施市人民医院疫情防控核酸检测及发热门诊改扩建、市中医医院整体搬迁建设二期及其配套工程（第二期）等8个项目，补强市、镇两级医疗机构短板，进一步提升医疗机构突发公共卫生事件应急处置能力。建立市中医医院与柳州市中医医院合作机制，各项医疗水平不断提升。慢性病综合防控工作成效显著，被命名为“自治区级慢性病综合防控示范区”。

就业和养老政策全面落实。城镇新增就业1434人，完成任务的159.3%；农村劳动力转移就业新增2678人，完成任务的297.7%；城镇失业人员再就业人数485人，完成任务的173.2%；全市在职企业职工养老保险参保人数完成指标数101%；城乡居民基本养老保险参保人数完成指标数103%。城市低保、农村低保覆盖率分别为2.2%、5.6%，保障水平和覆盖面进一步提升。

“平安合山”建设深入推进。持续开展扫黑除恶专项斗争，坚持严厉打击违法犯罪行为，圆满完成扫黑除恶“六清”行动各项任务，我市2020年度来宾市群众安全感满意度测评为99.8%，扫黑除恶专项斗争成效满意度测评为98.47%，两项测评指标在来宾各县（市、区）排名均为第一。里兰派出所获得全区公安机关首批20个“枫桥式派出所”命名表彰，成为来宾市首个获此殊荣的派出所。利用“互联网+”技术，补齐法治短板，推进“智慧法院”建设，增强群众司法获得感。推进信访制度改革，聚焦重大敏感节点信访工作，连续3年获得全国信访“三无”县称号。

（六）过去一年，我们正风肃纪，依法行政，全面推进法治政府建设

加快转变政府职能，规范政府部门职责权限，进一步提升行政效能。深入推进全面依法治市，坚持依法应对重大挑战、抵御重大风险、克服重大阻力、解决重大矛盾，提高政府依法决策水平，保证政府行为在法律框架内运行。持续正风反腐，实施精准有力执纪问责，着力解决政府系统不作为、慢作为、乱作为问题。坚持以案为鉴，狠抓廉政教育，强化干部队伍建设。

此外，精神文明创建活动广泛开展，荣获第八轮“自治区文明城市”称号。国防动员、民族宗教、外事、统计、审计、档案等工作均有新的进展。金融、邮政、通信、石油、烟草、保险等行业健康发展。

随着2020年主要目标任务的完成，我市“十三五”规划胜利收官。“十三五”时期，我们坚持解放思想、改革创新、扩大开放、担当实干，取得了令人鼓舞的重大成果，向着建设“富、强、美”工业旅游园林城市的目标迈出了新的一大步。

五年来，我市综合实力稳步提升。全市地区生产总值由2016年的25.4亿元，增长到2020年的35.4亿元，年均增长5.6%。三次产业结构由2016年的14.8:35.9:49.3，调整为2020年的13.1:37.2:49.7。产业加快发展，逐步形成以电力生产、煤炭开采、碳酸钙、制糖、木材加工、制药、造纸等产业为主的多元化产业体系。重大项目加快推进，五年间列入来宾市（含自治区层面）统筹推进重大项目87项，项目总投资221.8亿元。基础设施明显改善，完成里兰旅游码头、合忻工业大道等工程项目建设。

五年来，我市产业发展加速转型。成功应对合煤公司破产重整带来的巨大冲击，聚力工业发展，逐步走出低谷。碳酸钙产业不断壮大，煤电传统产业持续发力，2020年底全市规上工业企业达到20家，2020年工业总产值较2016年增长84.5%。推动农业产业发展，成功创建自治区、县、乡、村四级现代特色农业示范区，加快农产品加工业发展步伐，完成农村土地承包经营权确权登记颁证工作。积极培育新型农业经营主体，全市注册登记农民专业合作社达151家，家庭农场达60家。成功打造特色旅游品牌，合山工业旅游项目入选全国优选旅游项目名录。培育“旅游+研学”新模式，建成国家AAA级旅游景区“28号铁轨·十里花廊景区”和广西合山虎鹰工业旅游景区以及广西首个国家矿山公园——合山国家矿山公园。

五年来，我市城乡面貌不断改变。获评第八轮“自治区文明城市”称号，城市文明风貌焕然一新。城乡交通网络进一步完善，29个行政村全部通等级公路，三纵二横的公路网络布局基本形成，全市公路密度达81.4公里/百平方公里。合山红水河特大桥拱肋顺利合拢，为下一步新柳南高速公路顺利通车打下坚实基础。基础设施得到改善，完成矿区道路改造、路灯安装及市区、矿区给水系统改造，推进城乡生活垃圾有效治理，市区、矿区和周边农村居民生活环境得到明显改善。

五年来，我市生态环境明显改善。打赢蓝天保卫战，建成首座空气质量自动监测站，城区持续落实洒水降尘和机械化清扫，完成合山发电公司发电机组超低排放改造，实行城区烟花爆竹禁放和露天秸秆禁烧。打好碧水保卫战，建成水质量自动监测站，完成北泗、河里镇级城镇生活污水处理项目和蝶山屯等16个屯级农村生活污水处理项目建设，全面落实“河长制”，落实最严格的水资源管理制度，全市水环境质量总体保持稳定良好。推进净土保卫战，畜禽粪污综合利用率达74.6%，有效管控企业污染源，农村生活垃圾处理率达100%，东矿及溯河矿区塘莲矿地质环境治理等项目实现竣工。

五年来，我市民生福祉不断增进。率先在全区实现脱贫摘帽，全市建档立卡贫困人口14665人现行标准下全部实现脱贫，群众出行难、用电难、上学难、看病难、通信难等问题得到普遍解决，义务教育、基本医疗、住房安全得到有力保障。率先在全区开展“扶志脱贫争先锋”活动，得到时任国务院副总理、现任中共中央政治局常委、全国政协主席汪洋同志肯定性批示。“精神扶贫·合山经验”作为全区唯一典型入选《中国减贫奇迹怎样炼成·扶贫扶志故事选》，市扶贫办获评全国脱贫攻坚先进集体，合山市桂盛养兔合作社理事长韦贵康获评全国脱贫攻坚先进个人。教育领域加大投入，补充教职工405人，新增公办学位1530个，办学条件得到进一步提升。加快县域医共体建设，推进中医医院搬迁项目，公共卫生服务能力大幅提升。社会养老保险、医疗保险基本实现全覆盖，逐步解决了原合煤公司职工的养老、医保问题。初步构建退役军人服务体系，拥军优属工作得到全面落实。安全生产形势总体稳定，未发生较大以上生产安全事故。扫黑除恶、反诈禁毒等工作有力开展，人民群众安全感稳步提升。

五年来，政府自身建设不断加强。深入落实中央八项规定及其实施细则精神，持续纠治“四风”，重点整治形式主义、官僚主义突出问题，大力精文减会，持续压缩“三公”经费。法治政府建设取得新进展，推进严格规范文明执法。主动接受市人大及其常委会监督和市政协民主监督，全面加强审计工作。完成政府机构改革任务，不断提升治理体系和治理能力现代化水平。

五年来，统计、档案、保密、史志、工会、共青团、妇女儿童、科协、老龄、残疾人、红十字、宗教、志愿服务、媒体融合、青年优先发展工作取得新进展。民族团结进步不断巩固发展。人防、国防动员、双拥共建等工作取得新成效，各项事业呈现新气象。

各位代表，“十三五”规划顺利收官，全面建成小康社会的发展成果来之不易。这是在习近平新时代中国特色社会主义思想的科学指引下，上级党委、政府和市委科学决策、正确领导的结果；是市人大、市政协监督支持的结果；是全市各级各部门和15万名各族人民同心协力、艰苦奋斗的结果；是社会各界热情关心、大力支持的结果。在此，我谨代表市人民政府，向全市各族人民，向人大代表、政协委员，向驻市部队官兵，向上级驻合山各单位干部职工，向所有关心、支持合山发展的各界人士，表示崇高的敬意和衷心的感谢！

在肯定成绩的同时，我们也清醒地看到，当前还存在不少困难和挑战，主要是：新旧动能转换不畅，经济总量偏小，产业结构不优；重大项目储备不足，投资增长依然乏力；居民收入水平较低，民生保障和社会治理仍存在短板弱项等等。这些问题，我们将高度重视，自觉将责任扛在肩上，认真加以解决，持续改进和提升政府工作水平，不断推动合山转型发展。

二、“十四五”时期发展主要目标和重点任务

按照市委九届七次全会精神，我市“十四五”时期发展的总体要求是：高举中国特色社会主义伟大旗帜，坚持以习近平新时代中国特色社会主义思想为指导，深入贯彻中共十九大和十九届二中、三中、四中、五中全会精神，统筹推进“五位一体”总体布局，协调推进“四个全面”战略布局，紧紧围绕“建设壮美广西共圆复兴梦想”总目标总要求，习近平总书记对广西提出的“三大定位”新使命、“五个扎实”新要求，坚持“一个中心四个同步”发展战略，即以工业振兴为中心任务，推进科教优先、产城融合、绿色发展、城乡一体同步发展，通过“科教兴市、人才兴市”“工业强市、旅游旺市”“乡村振兴、城乡一体”等重要发展举措，基本建成“富、强、美”工业旅游园林城市。

根据《中共合山市委员会关于制定国民经济和社会发展第十四个五年规划和二〇三五年远景目标的建议》，我们组织编制了《合山市国民经济和社会发展第十四个五年规划和二〇三五年远景目标纲要（草案）》。纲要（草案）提出“十四五”时期经济社会发展的目标是：地区生产总值年均增长9%以上，财政收入年均增长8%，固定资产投资年均增长6%，社会消费品零售总额年均增长10%，进出口总额年均增长6%，粮食综合生产能力2.8万吨，完成来宾市下达的节能减排降碳目标，居民人均可支配收入年均增长5%，城镇登记失业率4.1%以内。

加快城市转型发展，实现工业振兴发展。打造沿322国道经济带、沿红水河“公铁水”联运物流带、“研学旅”游学园区，转变资源型城市单一产业结构现状，推动非煤电产业稳定发展，大力发展新产业新业态，培育经济发展新的支撑点，推动全市经济平稳发展。

公共服务全面提升，人民生活显著改善。就业、教育、医疗卫生、社保、养老等公共服务体系更加健全，全面提升改造村级公共服务中心。大力推进“健康合山”建设，完善医疗服务体系，促进人民群众养成健康生活方式。公共文化服务体系实现城乡均等化。加快建设“健康合山”“平安合山”“数字合山”。

基础设施更加完善，城乡统筹得到加强。交通路网更加完善，通行通畅能力显著提高，实现区域互联互通。城乡电力、水利、通信等基础设施支撑保障能力增强，城乡生产生活条件明显改善，城乡之间、区域之间一体化程度进一步提高。空间利用效率、土地集约节约利用水平不断提高，形成生活空间、生产空间和生态空间结构合理、疏密得当的空间格局。

政府行政效能提升，民主法治全面增强。体制改革实现突破，开放合作深入推进。政府行政与治理效能明显提升，城乡统筹协调体制机制不断完善，政府公信力大幅度增强。民主法治建设全面加强，司法公信力不断提高，群众依法办事观念持续增强，社会公平正义更加彰显。

环境质量明显改善，生态功能显著提高。污染得到有效控制，绿色消费与绿色生产互动互促发展，初步形成低碳绿色的生产生活方式，经济社会发展与资源承载力逐步适应，促进经济社会和生态环境协调发展。

为实现上述目标，我们要做好以下六个方面的工作：

（一）推进产业振兴发展，建设资源型城市转型示范市

突出建设特色工业体系。打造沿322国道经济带，按照“一园四区”工业空间布局推动工业集聚发展。推动传统产业“二次创业”，优化提升能源产业，实现综合利用增效发展。大力推动碳酸钙产业集聚发展，打造碳酸钙产业集群。以虎鹰建材公司为龙头，加快发展新型绿色建材产业。探索建设木材产业基地，积极发展木材深加工产业。依托合山煤炭、石灰石和电力资源，探索布局金属型材加工产业。推进蔗糖精深加工，推动“糖”全产业链发展。

全力推进农业现代化建设。发展特色农业，推动甘蔗、坚果、富硒稻种植基地和养殖业基地建设。严格守住耕地保护红线，落实粮食安全责任，确保粮食安全。培育提升新型农业经营主体，按照“一镇一业、一村一品”和“集中成片、连片开发”的发展思路，建设高效农业示范基地。推动农业生产机械化进程，加强对农业生产进行数字化改造。以合山市特色农产品打造“互联网＋特色农产品”模式，加快形成农业发展新动能。

加快培育发展现代服务业。增加服务业有效供给，提高服务业水平。大力发展现代物流业，构建合山“公铁水”多式联运新型物流格局。建立供应链服务，推进园区物流。积极推进电子商务发展。打造农业休闲观光产业，积极促进农业旅游业融合发展。

推进特色旅游事业发展。探索开发“研学旅”游学基地。打造工业特色旅游品牌，构建“一园一带一区”旅游框架（合山国家矿山公园、红水河旅游休闲风光带、民俗采矿体验区），建设特色康养度假基地。

（二）推进基础设施建设，提升城市综合服务功能

全面推进合山市交通网、能源网、信息网、物流网和地下管网等“五网”基础设施建设。加强交通网建设，加快铁路配套设施项目建设，推进武忻、新柳南等高速路网建设，优化港口码头建设与布局，新建1个二级汽车客运枢纽场站，形成布局合理、结构优化、衔接通畅的现代化交通网；加强能源网建设，以稳步发展火电，积极推动水电、光伏、风电等清洁能源发展，完善城乡电力、天然气输配储能力，构建清洁低碳、安全高效的能源网；加强信息网建设，加快城乡光纤及5G网络建设，构建“数字合山”；加强物流网建设，完善合山港作业场所设施建设，加强合山市碳酸钙产业园物流体系建设，恢复提升铁路运输能力，基本建成运力充分、配套完整、服务优质的物流网；加强地下管网建设，推进污水管网混错接改造、老旧管网更新、破损修复、淤积管道疏浚等工程，建成结构完善、运行安全的地下管网，不断提升污水收集处理能力。

（三）推进城乡协调发展，构建一体化发展格局

推进脱贫攻坚成果与乡村振兴有效衔接。加快农村发展方式转变，重点发展休闲观光农业、生态循环农业、富硒农业，突出种养结合，实现农业产业“接二连三”。全面提升农业基础设施与农村基础社会服务，加强农村水利设施建设，实施数字乡村战略，全面改善农村教育、医疗卫生、文化等公共服务。完善农村公路路网建设，同步延伸现有的城乡供水一体化管网。加大移民扶持力度，继续完善贡模瑶族移民新村综合提升工程项目和易地扶贫搬迁安置点基础设施项目建设。

推进合山城镇聚集化发展。优化国土空间开发格局，加快推进特色城镇化进程，以岭南镇为核心，引导人口空间汇集，加强城市聚集发展。进一步推动棚户区改造，采煤历史遗留问题进一步化解，城乡、矿区人居环境明显改善，实现全域统筹、区域协调和城乡一体化发展。

健全城乡融合发展体制。促进城乡土地要素融合，促进城乡人口双向流动，加强城乡资本要素融合，拓宽农村集体经济发展路径。构建“两级政府、三级管理”的城乡管理组织体系，建立高效行政管理体系。

（四）推进生态文明建设，增强经济社会可持续发展能力

践行“绿水青山就是金山银山”的生态发展理念，坚持绿色发展，坚守生态保护红线，科学布局生态空间、生产空间和生活空间，实施矿区综合治理，增强生态服务功能，坚持可持续发展。建设红水河生态景观走廊、矿山综合修复工作区，加快矿区历史遗留生态环境问题解决进度，切实推进生态环境建设与治理工作，让良好的生态环境成为城市发展的新亮点，提高经济社会可持续发展能力。

（五）推进改善民生事业，提升社会综合保障能力

优化公共服务资源配置，加快推进城乡公共服务均等化建设，促进公共服务资源向乡村倾斜。坚持教育优先发

展，全面改善办学条件，持续推进加强师资队伍建设。构建青年高质量发展体系，实现各类青年群体之间社会保障均等化。多渠道促进就业创业，加快推进社会保障系统大数据建设，全面提高社会保障水平。加强社会福利体系建设，推进社会化养老服务工作。围绕殡葬改革，规范殡葬用地。大力推进“健康合山”建设，实施紧密型医共体信息化建设，构建智慧医疗体系。加快发展文化体育事业，统筹推进公共文化服务均衡发展，完善全民健身公共服务体系，全面提升居民素质。加快特色民族文化产业发展。加强信息化网络意识形态建设，维护网络空间传播秩序。全面加强“平安合山”建设，常态化开展扫黑除恶斗争，巩固专项斗争成果。落实疫情常态化管理措施，维护人民生命安全。严格安全生产管理，健全突发事件应急体系，加强防灾减灾能力建设，大力维护和保障公共安全。

（六）推进政府与社会服务改革，提升政府工作效能

坚持把政治建设摆在首位，始终用习近平新时代中国特色社会主义思想武装头脑、指导实践、推动工作，始终把党的领导贯彻到政府履职全过程。坚持和发扬社会主义民主制度，健全完善民主协商机制，提高决策民主化、科学化水平。加强干部队伍能力建设，推进群众工作常态化。优化干部知识结构和专业素养，建立和完善激励机制和保护机制。积极推动网络化统战工作，巩固和壮大爱国统一战线。巩固和发展军政军民团结，做好新时代双拥工作。

各位代表！我市“十四五”发展的宏伟蓝图已经绘就，转型发展的新航程已经开启。我们将紧紧团结和依靠全市人民，坚定信心、奋发进取、真抓实干，共同开创合山更加幸福美好的未来！

三、2021年主要工作

2021年是中国共产党成立100周年，是“十四五”规划的开局之年，更是我市实施资源型城市转型十年后新的开始。我们必须全力做好“六稳”“六保”工作，坚持起步就要提速、开局就要争先，毫不放松抓好常态化疫情防控，坚持“外防输入、内防反弹”防控策略，全力保障人民群众生命安全，认真贯彻落实新发展理念，推动经济社会持续健康发展，奋力实现“十四五”良好开局。

全年经济社会发展主要预期目标是：地区生产总值增长10%以上，其中，一产增长8%，二产增长16%，三产增长8%。规上工业增加值增长15%，社会消费品零售总额增长10%，固定资产投资增长15%，财政收入增长6%，城镇和农村居民人均可支配收入分别增长6%、9%，城镇失业率控制在4.1%以内，居民消费价格指数控制在3%以内，节能减排降碳控制在来宾市下达目标内。

为实现上述目标，我们要扎实做好以下八个方面工作：

（一）加快工业产业发展，夯实经济发展基础

紧紧围绕市委工业强市的工作重点，在确保煤电企业生产的同时，重点发展碳酸钙、新型建材、木材加工等产业。

1. 突出抓好传统产业转型升级，推动我市传统产业“二次创业”。电力产业方面，推动电力产业向清洁化、高效化转型，推动合山发电公司一期80兆瓦灰场光伏电站项目和二期23兆瓦灰场光伏电站项目开工建设，促进风电项目加快建设。煤炭产业方面，在加强煤矿安全生产的前提下确保各矿井稳产达产，指导贵能能源公司三矿（石村二号井）改扩建和合丰公司三矿三号南斜井机械化改造项目尽快完成，力争2021年全市煤炭产量达到80万吨。糖业方面，稳定糖料蔗生产，做好2021—2022年榨季工作，积极推进秸秆综合利用，延伸糖业产业链。

2. 强力推进碳酸钙产业集聚发展，促进碳酸钙产业提质增效。升级合山市碳酸钙产业园区，推动新昊天钙业公司年产40万吨碳酸钙精深加工项目、华臻新材料公司年产26万吨高分子改性复合材料项目、春旭环保科技公司年产100万吨复合环保新型材料项目竣工投产，并积极引进塑料管材、涂料油漆、木塑制品等碳酸钙下游产业链条，打造互相支撑的碳酸钙—绿色建材产业集群，培育新的经济增长极。加快合山港及其皮带廊道建设，优化产业转型工业园区马安片区物流体系，服务合山虎鹰建材有限公司等企业。

3. 大力发展木材深加工产业，促进林木产业多元化发展。继续大力发展林产品加工业，推进林产品深加工产业园基地建设，大力招商引资，主动承接东部产业特别是珠三角地区家具产业转移，将木材深加工产业打造成我市支柱产业之一。力争培育林业规上工业企业1~2家，总产值超过5亿元。

4. 以工业园区建设为载体，服务工业转型升级。继续加强产业转型工业园区基础设施建设，多渠道筹集建设资金，积极申请政府专项债券，加快完善园区道路、供电供水、排污等设施，夯实发展基础。进一步加强园区内企业发展的要素保障，加快解决项目用地指标、能耗指标等问题，加快园区产业规划调整和环评修编，推动更多的工业企业在园区落户。实现园区产业多元化发展，以碳酸钙、水泥建材、木材加工为主，推动生物科技、医药、新型材料、石材加工、智能家居产业多元发展，实现工业企业上规入统5家，培育新的经济增长点。

（二）推进重大项目建设，增加经济发展总量

统筹推进重大项目27项，其中新开工6项、续建7项、竣工7项。扩大工业投资，重点推动合山发电公司光伏发电、恒琨贵金属资源再生综合利用、山河高性能矿物复合绿色新材料等项目建设。扩大交通基础设施投资，推进新柳南高速公路连接线竣工通车，推进武忻高速公路征地拆迁建设工作，加快推进怀集至河里二级公路改扩建工程、农村公路县乡村道路安全防护工程等续建项目建设。加大民生领域的投资，推进城镇污水处理PPP项目开工建设，着力推进合山市中医医院整体搬迁并投入使用，建成2所公办幼儿园并投入使用，推进2所义务教育学校教学楼建设。启动矿区改造项目，加快实施老旧小区改造工程，突显中心城区功能。

（三）推进服务业提档扩量，打造经济增长新引擎

进一步优化服务业内部结构，促进传统服务业提档升级，加快发展现代服务业。促进消费恢复性增长，持续开展“广西33消费节”等活动。抓住消费旺季，引导各商贸企业开展家电、汽车下乡等促消费活动。培育新增长点，力争年度培育限上“批零住餐”企业和服务业企业共4家以上，社会消费品零售总额增长10%。跟踪服务好义来物流公司、虎鹰建材公司运输队等运输企业，力争公路客货运周转量增长5%。重点培育发展研学旅游新业态，积极打造合山工业文化和奇石文化“研学旅”等文化文旅精品线路。

（四）推进乡村振兴战略，促进巩固拓展脱贫攻坚成果与乡村振兴有效衔接

我们要跑好脱贫攻坚和乡村振兴“接力赛”，把“三农”工作的重心转移到乡村振兴上来，推动脱贫攻坚工作体系平稳转型，大力实施乡村振兴战略。

1. 巩固拓展脱贫攻坚成果。过渡期内严格落实“四个不摘”要求，保持主要帮扶政策总体稳定，对现有帮扶政策进行调整、优化、延续，确保政策连续性。健全防止返贫动态监测和帮扶机制，健全农村低收入人口常态化帮扶机制，持续巩固“两不愁三保障”成果，做好易地扶贫搬迁后续扶持工作，加强扶贫项目资产管理和监督，全面推动巩固拓展脱贫攻坚成果。

2. 推动农业加速结构调整。牢牢把握住粮食安全生产主动权，严格落实耕地保护制度，坚决遏制耕地“非农化”、防止耕地“非粮化”，稳定粮食种植面积8.2万亩以上，产量2.8万吨，水果种植面积1.5万亩，产量2.9万吨。推进高标准农田建设，加快溯河水轮泵站建设，打造3个以上乡村产业振兴示范村，新建瀑泉芦笋产业基地、北泗村杏水集体经济产业园，加快牛羊产业高质量发展，推动我市农产品多元化，经济效益再提升。实施农产品加工产业园建设，健全农产品生产、加工、仓储、冷链物流等全产业链建设。

3. 改善农村生产生活条件。开展第一批8个乡村振兴示范村规划，逐步探索乡村建设新模式。深入推进农村人居环境整治，扎实推进农村厕所革命。新建一批村屯社区活动场所，提升乡村公共文化体育服务。加强农村建设规划和农房建设管控，推进乡村风貌提升行动，重点实施国省道公路沿线7个村屯1000户的风貌提升改造工程。投入411万元新建51个基本整治型村庄、6个设施完善型村庄和1个精品示范型村庄。

4. 加强和改进乡村治理。抓好村（社区）“两委”干部培训，提升履职能力。做好一村（社区）一法律顾问工作，提供便捷的法律服务。加强乡村精神文明建设，规范完善村规民约，积极推进移风易俗，提升乡风文明。

5. 深化农业农村改革。深入推进农业供给侧结构性改革，全面推进农村土地综合整治工作，加快农村土地确权和农村集体产权制度改革成果应用，规范引导土地流转，发展新型农村集体经济，不断提高农业保险覆盖面和保障水平。

（五）推进对外开放，提升外贸发展水平

着力强化区域联动发展，扩大对外开放。以新柳南高速公路连接线开通为契机，加强与中心城市的产业协作，积极融入三江口港产城建设，融入西江经济带，促进外贸发展。积极利用外资投资，重点抓好寰宇新材料科技公司年产10万立方米胶合板等重大项目建设。鼓励企业加大进出口力度，力争2021年外贸进出口额增长20%。

（六）改善民生保障，打造和谐稳定环境

集中力量为民做好事、实事，不断提升全市人民的获得感、幸福感和安全感。

1. 扎实做好保就业工作。健全创业服务体系，大力推进创业带动就业。全力促进高校毕业生、农民工、就业困难人员等重点群体就业，城镇登记失业率控制在4.1%以内。

2. 健全多层次社会保障体系。全面落实城乡居民基本医疗保险制度和政策，完善城乡社会救助体系，不断完善困难群众主动发现机制，提高城乡低保补助标准和补助水平，确保应保尽保。加大社会保险基金征缴，按时足额发放各项社保待遇。大力发展养老事业，推进合山市社会福利中心项目建设，完善养老机构基础设施。全力做好市场保供稳价、应急储备，严格抓好民生商品市场价格监管，切实维护住宿、餐饮、旅游等重点领域市场价格秩序。建立充分覆盖青年需求的保障体系，营造有利于青年发展的

良好环境。

3. 提升教育发展水平。全面改善学前教育、义务教育和高中教育学校办学条件，重点推进合山市实验小学、岭南民族初中、合山高级中学教学楼和建安幼儿园、溯河幼儿园等项目建设并投入使用；实施国家义务教育质量监测，强化教育督导，促进义务教育优质均衡发展；推进学前教育普及普惠试点市创建工作。

4. 提升全民健康水平。继续深化公立医院综合改革，加快紧密型医共体建设，加强疾病预防能力，持续推进“健康合山”建设，提升公民健康素养。深入开展爱国卫生运动。加快中医医院整体搬迁二期项目及道路配套工程、市人民医院感染疾病科能力工程建设，提升市中医医院医疗救治能力和全市感染疾病防控治疗能力。

5. 大力发展文化体育事业。抓好庆祝中国共产党成立100周年系列文艺演出活动。深入推进文化惠民工程。完善体育设施建设，广泛开展全民健身活动。

6. 加强生态环境保护。继续保持水质状况和空气质量稳中向好。新建3个市区生活垃圾转运站，逐步开展市区雨污分流改造，提升城市污水处理能力。全面推进空气质量改善，城区环境空气质量优良天数比例大于90%。加强水源保护，确保市区饮用水水源地水质达标率100%，主要河流红水河断面水质达到三类以上，水质达标率100%。继续推进农村生活污水处理项目建设，力争2021年新建完成10个屯级农村生活污水处理项目。

（七）防范化解各类风险，筑牢经济社会发展安全基础

防范化解各类风险隐患，积极应对外部环境变化带来的冲击挑战，不断增强综合实力和抵御风险能力。

1. 防范化解地方财政和金融风险。做好预算安排、严格预算约束、严控政府性投资行为，做好政府债券申报，妥善防范化解政府性债务风险，确保风险可防可控。持续打好重大金融风险攻坚战，加快市属平台公司市场化转型，全力推进市农村信用社组建农村商业银行，严厉打击非法金融活动，守住不发生系统性金融风险底线。

2. 抓好安全生产与食品安全。牢牢守住安全生产底线，继续推进安全生产专项整治三年行动。持续开展道路交通、煤矿、非煤矿山、危险化学品、烟花爆竹、建筑施工、特种设备、消防等重点行业领域专项整治工作，切实防范重特大事故发生。深入排查化解食品安全风险隐患，不断提升食品全链条质量安全保障水平，坚决防范和遏制重大食品安全事故发生。

3. 持续推进“平安合山”建设。进一步加强和创新社会治理，积极探索、构建城乡社区治理和服务体系。加强社会治安综合治理，全力化解各类矛盾纠纷，常态化开展扫黑除恶斗争，强化行业乱象源头整治。严厉打击各类违法犯罪行为，持续深入推进禁毒人民战争，切实维护社会和谐稳定，不断提升人民群众的安全感和满意度。

4. 慎终如始，继续抓好疫情防控工作。严格按照“外防输入、内防反弹”的总体要求，健全防控机制，巩固防控成果。加快推进新冠病毒疫苗接种工作，提高人群接种率，有效降低新冠病毒传播风险，保障人民生命安全和身体健康，为巩固全市经济增长提供有力保障。

（八）加强政府自身建设，提升政府治理效能

深入推进依法行政，自觉运用法治思维和法治方式推动工作。严格执行重大行政决策程序，推进行政决策规范化。全面依法履行政府职能，优化法治化营商环境，持续推动“放管服”改革，推行“双容双承诺”制度。严格规范行政执法行为，持续推行行政执法“三项制度”，加强重点领域行政执法监督和法治督察。严格落实中央八项规定及其实施细则精神，驰而不息纠治“四风”。进一步提升政府治理效能和政府公信力，建设人民满意的实干型、廉洁型、服务型政府。

继续加强国防动员和后备力量建设，推动军民融合深度发展，深入开展双拥共建活动。依法保障公民特别是妇女、未成年人和残疾人的合法权益。充分发挥工会、共青团、妇联、文联、红十字会等群团组织的作用。继续做好侨务、民族宗教、编制、防震减灾、史志、档案、邮政、通信、媒体深度融合发展等工作。

各位代表，新征程已经开启，征途漫漫，唯有奋斗。让我们更加紧密地团结在以习近平同志为核心的党中央周围，在市委的领导下，真抓实干、攻坚克难，奋力实现合山“十四五”良好开局，以优异成绩迎接中国共产党成立100周年，向全市人民交上满意答卷！

政协合山市委员会常务委员会工作报告

——在政协第九届合山市委员会第七次会议上

合山市政协主席 覃武仕

（2021年3月29日）

3月29日，政协第九届合山市委员会第七次会议召开

2020年工作回顾

2020年是极不平凡的一年，面对严峻复杂的形势任务、前所未有的风险挑战，市政协及其常务委员会在中共合山市委的坚强领导和上级政协的正确指导下，坚持以习近平新时代中国特色社会主义思想为指导，深入学习贯彻中共十九大和十九届二中、三中、四中、五中全会精神，习近平总书记关于加强和改进人民政协工作的重要思想，深入贯彻落实党中央、自治区党委、来宾市委和市委的政协工作会议精神，不断增强“四个意识”、坚定“四个自信”、做到“两个维护”，牢牢把握团结和民主两大主题，紧紧围绕我市“十三五”规划重要内容和党委、政府中心工作，认真履行政治协商、民主监督和参政议政职能，发挥组织协调、汇聚力量、建言献策的重要作用，为实现合山经济社会转型发展做出积极贡献。

一、坚持党的全面领导，党建引领作用明显

（一）党委、政府重视，保障措施有力

市委把政协工作纳入总体工作部署和重要议事日程，研究统筹解决政协工作中的重大问题。及时研究批复中共合山市政协党组《关于加强市政协党的建设工作实施办法（试行）》《关于设立政协委员联络站的方案》，制定了《关于新时代加强和改进人民政协工作的实施意见》等文件。2020年12月，市委召开政协工作会议，专题研究部署政协工作，为我市政协工作迈向更高台阶提供坚强政治保障。市委常委会定期听取市政协党组工作汇报、政协常委会工作报告和重大事项报告，确保市政协工作在市委的坚强领导下扎实有效开展，促进政协更好地履行和发挥职能作用。市人民政府落实政协委员活动经费，为委员协商议政、视察监督、学习培训等提供了有力保障。

（二）强化党建引领，实现全覆盖目标

进一步加强政协党的建设工作，发挥党对政协工作的全面引领。2020年6月，根据来宾市政协有关文件精神，市政协党组制定了《关于加强市政协党的建设工作实施办法（试行）》。明确了在市政协委员中成立功能型“中共合山市政协委员党支部”，在党支部中设立6个党小组，将党员委员编入各党小组；将全市的政协委员编入6个委员活动小组开展活动，实现了党的组织对党员委员的全覆盖、党的工作对政协委员全覆盖的目标。市政协每次全体会议或在调研、视察活动中都成立临时党支部，发挥党组织和党员示范引领作用。

（三）抓好理论武装，增强“四个”认同

通过政协党组会、理论学习中心组、主席会议、常委会议和委员党小组活动，采取集中与分散相结合、理论学习与调查研究相结合等方式，加强对党的理论、业务知识的学习，及时跟进学习习近平总书记最新重要讲话、重要指示精神和党委、政府及政协最新重要会议精神。组织部分政协委员和机关干部到桂林电子科技大学开展履职能力专题培训，通过学习培训，不断提升政协委员、机关干部的综合素质和履职能力。坚持建言资政和凝聚共识双向发

力，进一步增进政治认同、思想认同、理论认同、情感认同，增强协商意识，提高参政议政水平，切实把思想和行动统一到党委、政府各项决策部署上来。

（四）加强意识形态工作，弘扬社会主旋律

专题研究落实意识形态工作，重点抓好思想政治、精神文明建设、网络安全、保密等工作，意识形态工作健康安全运行。落实专门机构和人员负责意识形态工作，树立正确舆论导向，加强政协宣传工作。宣传工作紧紧围绕全市经济建设和改革发展稳定大局的目标，围绕政协组织的专题调研、专项视察、提案办理和社情民意信息，突出抓好工作中的典型经验和政协委员中典型人物及事迹的宣传。一年来，市政协班子到基层开展“党的十九届五中全会精神”“感恩奋进自强脱贫”等宣讲活动9场次；开展委员文化下乡、疫情防控宣传、党员志愿者服务、学雷锋等活动20多场次，大力弘扬宣传社会主义核心价值观，广泛凝聚共识，推动党和国家方针政策贯彻落实；各级报刊、网站、媒体宣传报道政协工作内容118篇，政协机关有15篇稿件被《广西政协报》《来宾日报》等报刊、网站刊发采用，市政协被自治区政协办公厅评为2020年度政协报刊宣传工作先进单位三等奖。

（五）全面从严治党，履行政治责任

认真落实党建主体责任，建立“一把手”负总责、分管领导各负其责的工作机制，班子成员认真履行分管责任和“一岗双责”，强化从严治党的责任担当。加强党风廉政建设，通过集体廉政谈话、个别谈话提醒、警示教育等方式，管好班子和队伍；落实重大事项请示报告制度，“三重一大”事项坚持班子集体研究决策；落实联系委员、走访委员制度，严格委员履职规则等管理办法，用制度管人管事。严守中央八项规定精神，坚决整治“四风”问题。坚持每季度开展1次集体廉政谈话，年内开展谈话提醒30人次、谈心谈话39人次、家访18次，组织观看警示教育片2次，围绕扶贫领域作风和腐败问题开展蹲点调研20次，形成书面汇报20篇。

二、围绕中心履职尽责，助推经济社会发展

（一）发挥专门协商机构作用，提升议政建言精准度实效性

协商工作突出重点。围绕党委、政府工作的重点、群众生产生活的难点、社会治理的焦点，认真组织年度协商工作。市政协根据九届六次会议期间委员的提案和社情民意，选取7项议题开展民主协商，其中，专题协商2项、提案办理协商3项、对口协商和界别协商各1项。如：“促进合山市中医药事业更快更好发展”的对口协商、“进一步治理城市交通秩序混乱问题”的界别协商、“在红河公园江滨河堤以及路边人行道增设休闲座椅”的提案办理协商等，通过深入协商集中议政，汇集众智，督促相关职能部门落实办理。2020年底，协商议题涉及的问题均已答复或解决。此外，积极参加政党协商，年内政协班子成员列席市委常委会39次、政府常务会23次，对我市经济建设、社会发展、重点项目建设等工作进行协商，充分发表政协意见建议，为党委、政府决策提供参考。

协商平台拓展夯实。探索建立“有事好商量”民主协商平台和机制，丰富有事好商量、众人的事情由众人商量的制度化实践。创建镇级政协委员联络站，率先在来宾市实现乡镇政协委员联络站全覆盖目标。各镇委员联络站建成后，及时组织委员开展协商和学习活动，发挥协商平台功能，面向基层，协商于民，助推解决民生问题，对基层群众关心的热点问题提出意见建议。例如，河里联络站委员们提出的“河里街道综合整治问题和停车场建设问题”“河里小学学生上放学交通拥堵问题”；岭南联络站委员们反映的“溯河村甘劳屯水塘护栏安装问题”“东矿社区及景区路灯安装”“农业联耕联种”等社情民意，移交有关部门研究办理，推动问题解决。北泗联络站在助推产业扶贫工作时开设政策宣讲、技能培训、励志课堂等学习培训活动，为群众脱贫致富、增添活力。各委员联络站以实现好、维护好、发展好人民群众根本利益作为活动的出发点和落脚点，获得广大群众的称赞。2020年10月，来宾市县（市、区）政协乡镇（街道）委员联络站建设现场交流会在我市召开，市政协在会上作了典型发言。

（二）围绕中心服务大局，常规工作常做常新

调研视察针对性强。组织开展“溯河电灌站水利渠道维护及开发利用”“建设我市物流集散中心，充分发挥‘公路铁路水路’交通网效率”2个专题调研活动。围绕如何利用溯河电灌站渠道周边村庄及水资源开发乡村旅游，增强水利服务全市经济社会协调发展问题积极建言献策；如何发挥我市“公铁水”优势，加快推进物流业发展提出意见建议。结合我市平安建设工作现状，组织委员开展平安建设工作视察，对我市提升群众安全感满意度、平安建设进行探讨提出对策，助力我市平安建设工作持续高质量发展。通过调研视察和协商讨论形成了2篇调研报告和1篇视察报告，提交市委、市政府决策参考。

提案办理提质增效。政协九届六次会议期间，共收到委员提交的提案31件，经审查后立案24件。截至当年12月底，所有提案全部办理答复，办理答复率100%。为提高提案办理质量，严格把好审查立案关，加强与提案承办单位沟通协调，召开重点协商、专题协商会，加大督办力度，推进提案办理成果有效转化和运用，助力群众关注的

热点难点问题得到有效解决。如《关于及时维修柳邕二级路(合山段)路面的提案》《关于缓解城市停车难的建议》《关于增加建设我市市区公共厕所的建议》等重点提案，都得到及时办理和有效转化运用。

文史工作成效显著。2020年，我市被自治区政协列为县(市)级政协文史馆建设单位。市委市政府高度重视，及时落实建设场所、划拨专项资金支持建馆。市政协文史馆设在市矿山博物馆二楼，总面积280平方米，投入资金50万元。市政协多次召开主席会议、常委会议研究部署文史馆建设和资料征集工作，目前已收集文史书类图书4580多册，文史资料1300多篇、9万多字，1500多幅史料图片，文史馆室内装修、布展工作已全部完工。市政协文史馆建成后，将更好发挥政协文史资料“存史、资政、团结、育人”的社会功能。

委员行动工程效果好。继续开展“就业扶贫委员行动”主题活动。广泛发动政协所在单位和委员企业家，抓好就业脱贫、产业扶贫、教育医疗帮扶等，为脱贫户及其子女提供增收、就业、就学的机会和条件。最大限度地发挥委员主体作用，形成强大的正能量，助推群众脱贫致富。在各界政协委员的帮助和直接参与下，共有85户脱贫户在委员企业就业；有823户脱贫户入股企业分红；捐资8万多元资助80多名脱贫户子女就学；开展种养技术讲座20多场、受益群众4470人次。

民主监督形式多样。通过委员视察、民主评议、特邀监督员等监督形式，扩大民主监督的广度和深度。如组织部分政协常委和委员通过对城市交通管理、社会治理和文明创建等工作进行视察、对提案办理进行现场督办，选派12名委员作为特邀监督员分别参加市人民法院和人民检察院庭审、人社部门考评监督等，发挥民主监督作用，维护广大群众的合法权益。同时，积极组织委员参与各部门开展的测评工作，实事求是评价测评工作，推动行业部门不断提高工作效率、改进工作作风，提升群众满意度。

(三)积极参与中心工作，彰显政协责任担当

积极参与脱贫攻坚、疫情防控、创建文明城市、服务企业、重点项目建设、招商引资等中心工作，彰显政协责任与担当。

积极投身抗疫工作。面对突如其来的新冠肺炎疫情，市政协和全市广大政协委员积极响应市委市政府号召，积极投身抗疫一线，参加疫情排查、联防联控、释疑解惑、化解矛盾、值班值守等工作。市政协第一时间向全市发出倡议，号召广大委员、企业和各界人士积极投身抗疫工作、为疫情捐资捐物。广大政协委员、企业和各界人士积极响应，疫情防控期间为疫情防控捐款捐物价值近60万元。在疫情防控中，还组织委员把健全公共卫生应急体系、企业复工复产、推动经济发展、“六稳”、“六保”等作为履职重点，积极建言献策，为打赢疫情防控阻击战贡献政协力量。

助力脱贫攻坚成果。政协班子发挥带头作用，抓好扶贫联系点结对帮扶、示范带动工作。发动政协委员献计献策、参与实践，为脱贫攻坚献策出力，引导委员利用自身掌握技能，发展种养业，发挥示范带动作用。组织委员开展种养技术等培训活动，帮助群众树立正确的干事创业观，激发自主发展增收致富的内生动力。涌现了如韦贵康委员带领群众发展肉兔养殖，获评全国脱贫攻坚先进个人称号的典型。班子成员持续抓好联系村脱贫攻坚巩固工作，推动脱贫攻坚与乡村振兴有效衔接，所联系的5个村所有建档立卡贫困户全部脱贫，贫困发生率全部清零。

三、加强自身建设，夯实履职基础

切实加强自身建设，不断夯实履职基础。充分发挥委员主体作用，着力抓好“两支队伍”建设。引导委员立足岗位，积极响应市委、市政府号召，充分发挥自身优势，在履职实践中发挥作用，在联系服务群众中体现价值。涌现了如苏子兰、韦宛利委员分别获评自治区、来宾市劳动模范等一批爱岗敬业、引领致富、热心公益的典型。组织委员和机关干部开展理论学习和业务培训，不断提升委员“懂政协、会协商、善议政”的能力。进一步完善政协机关各项管理制度，用制度管人管事；加强干部日常管理与监督，严管厚爱相结合，努力营造民主和谐的工作环境。市委高度重视政协干部的培养选配工作，2020年7月，从党政部门提拔2名、交流1名科级干部到政协机关任职，有力推进政协机关工作的开展。

各位委员，一年来，市政协工作取得的成效，是市委正确领导、高度重视，市人大常委会、市人民政府、社会各界大力支持和帮助，政协各参加单位和全体广大政协委员共同努力的结果。在此，我代表政协常委会为政协工作付出辛勤努力的全体政协委员，向所有关心、支持政协工作的各级领导、各界人士，表示崇高的敬意和衷心的感谢!

我们也清醒地认识到，我们的工作与新时代新要求还存在许多不足和短板：比如，发挥专门协商机构作用还不够明显；开展调研不够深入，调研成果转化的形式和渠道有待规范和拓宽；委员履职意识还需进一步提升等。这些不足和短板需要在今后的工作中不断改进和补足。

2021年主要任务

2021年是中国共产党成立100周年，是开启全面建设

社会主义现代化新征程起步之年，也是“十四五”规划开局之年。政协工作的总体要求是：高举中国特色社会主义伟大旗帜，以习近平新时代中国特色社会主义思想为指导，不断增强“四个意识”、坚定“四个自信”、做到“两个维护”，立足新发展阶段，贯彻新发展理念，构建新发展格局，坚持团结和民主两大主题，充分发挥专门协商机构作用，围绕助推合山加快发展、转型升级、全面提质履职尽责、凝心聚力，以“起步就要提速、开局就要争先”的奋斗姿态，为我市实现“十四五”良好开局做出积极贡献，以优异成绩庆祝中国共产党成立100周年。

一、坚持加强学习，进一步增强履行职能的责任感和使命感

深入学习贯彻习近平新时代中国特色社会主义思想和关于加强和改进人民政协工作的重要思想，学习贯彻中共十九大、十九届五中全会精神，加强思想政治引领，牢牢把握人民政协事业正确的政治方向。及时跟进学习习近平总书记最新重要讲话精神，跟进学习党中央、全国政协、自治区、来宾市和我市最新重要会议精神。认真开展中共党史学习教育，使学习党史的过程，成为加强党对政协工作领导的过程，成为凝聚共识、汇集力量、团结奋斗的过程，切实增强做好政协工作的责任感和使命感。

二、坚持党的领导，把牢政协事业正确政治方向

把坚持党的领导贯穿到政协工作各方面和全过程。紧紧围绕市委工作部署谋划推进政协工作，强化政协党组的领导作用。跟踪落实市政协党组、委员党支部、委员党小组的党建工作职责，层层压实主体责任。充分发挥党员委员先锋模范作用，深化党员委员与党外委员联系工作。进一步加强“两个全覆盖”工作，切实加强思想政治引领、广泛凝聚共识。积极配合市委开展政协换届工作，加强政协委员和机关干部队伍政治建设，提升开展政治协商、民主监督、调研和提案质量水平，建设高素质的政协队伍。以更高的政治自觉，强烈的政治担当，把党中央、上级党委和市委对政协工作要求落实下去，不断推动政协工作迈上新台阶。

三、围绕中心服务大局，致力为经济社会建设建言出力

围绕助推巩固拓展脱贫攻坚成果、实施乡村振兴战略等任务，深入开展调研视察，提高建言献策的质量和水平，推动有关决策措施落地见效。围绕常态化疫情防控和经济社会发展、企业生产等方面开展调查研究，提出有针对性的意见建议。加强对提案、调研视察报告办理落实情况的跟踪问效，确保委员履职成果落到实处。加强民主监督、积极参政议政。进一步加强对重要战略部署贯彻执行情况，以及重大工程项目和重点民生工作进展情况的监督检查，促进工作的开展和政策措施的落实。围绕市委市政府关心和群众关注，聚焦“十四五”规划的制定和实施，聚焦民生热点问题，充分发挥政协汇集智力、联系广泛的优势，献言献策，为党委、政府决策提供更多更有价值的参考，推进我市各项事业取得预期发展。

四、发挥专门协商机构作用，进一步推进协商民主工作

进一步推进专门协商机构建设，充分发挥界别特色优势和委员的主体作用，组织开展协商讨论和履行职责的各种活动。组织实施市委批准的协商计划，开展专题协商、对口协商、界别协商、提案办理协商、群众反映问题的协商等协商活动，参与党委、政府重大决策，拓展协商内容，反映群众关注信息。进一步强化委员活动小组建设工作，不断提高协商质量和水平。拓展基层协商新形式，深入推进委员联络站建设，使政协协商与基层协商有效衔接，更好地把人民政协的制度优势转化为基层治理效能，充分发挥专门协商机构在经济社会发展中的作用。

五、积极反映社情民意

从维护和发展广大人民群众的根本利益出发，进一步加强反映社情民意工作。把反映社情民意作为一项重要的工作内容，纳入工作计划，制订工作目标，聚焦人民群众关注的热点、难点问题，广泛搜集整理各界别、各阶层的意见和呼声，从群众的意见建议中发现、收集和整理具有全局性、普遍性、典型性的社情民意，努力提高反映社情民意的质量，使党委、政府更加全面准确地了解情况，及时妥善解决存在问题。

六、推动形成支持人民政协事业发展的强大合力

加强同有关部门的组织联系配合，推动形成党委高度重视、政府大力支持、政协积极作为、各方协同配合的工作格局，形成全市支持政协工作，政协委员所在单位关心支持委员的学习、工作和生活，支持委员参加政协组织开展的各项活动，努力营造全社会支持人民政协工作的良好氛围。

各位委员，新时代赋予新使命、新要求。让我们更加紧密团结在以习近平同志为核心的党中央周围，不忘初心、牢记使命，在中共合山市委的坚强领导下，凝心聚力、乘势而上，把党中央、自治区党委、来宾市委和市委决策部署及对人民政协工作要求落实下去，把全市各族各界人士的智慧和力量凝聚起来，发扬孺子牛、拓荒牛、老黄牛精神，奋力开创合山政协事业发展新局面，开启全面建设社会主义现代化新征程，为我市早日实现“富、强、美”工业旅游园林城市目标而努力奋斗！

中国共产党合山市第九届纪律检查委员会第六次全体会议公报

中国共产党合山市第九届纪律检查委员会第六次全体会议通过

（2021年2月23日）

中国共产党合山市第九届纪律检查委员会第六次全体会议，于2021年2月23日在合山举行。出席这次全会的有市纪委委员17人，列席80人。

来宾市人大常委会副主任、合山市委书记莫莲出席全会并讲话。市委常委，市人大常委会、市政府、市政协班子成员和市人民法院、市人民检察院主要负责同志出席会议。

全会由市纪委常委会主持。全会以习近平新时代中国特色社会主义思想为指导，全面贯彻党的十九大和十九届二中、三中、四中、五中全会精神，贯彻落实十九届中央纪委五次全会、自治区纪委十一届七次全会、来宾市纪委四届七次全会和市委九届七次全会工作部署，总结2020年纪检监察工作，部署2021年任务，审议通过了张献清同志代表市纪委常委会所作的《推动新时代纪检监察工作高质量发展，为合山“十四五”顺利开好局提供坚强保障》工作报告。

全会认真学习、深刻领会十九届中央纪委五次全会、自治区纪委十一届七次全会精神和来宾市纪委四届七次全会精神。一致认为，习近平总书记的重要讲话高屋建瓴、思想深邃、内涵丰富，充分彰显了以习近平同志为核心的党中央高瞻远瞩的战略眼光、始终如一的历史担当、为民无我的崇高境界、兴党强国的使命情怀，具有很强的政治性、思想性、指导性，是推进全面从严治党向纵深发展的重要遵循，是新时代纪检监察工作高质量发展的行动指南。会议认为，莫莲同志的讲话，对学习贯彻习近平总书记重要讲话精神、自治区党委书记鹿心社讲话精神和来宾市委书记农生文讲话精神，深入推进我市全面从严治党、党风廉政建设和反腐败斗争提出了明确要求。全市各级党组织和纪检监察机关要认真学习领会，自觉把思想和行动统一到党中央重大决策部署和自治区党委、来宾市委及合山市委的工作要求上来，旗帜鲜明讲政治，知责于心、担责于身、履责于行，切实把全会部署的各项任务落到实处。

全会指出，2020年是全面建成小康社会和“十三五”规划收官之年，也是我市加快发展走出困局的关键之年，在自治区纪委监委、来宾市纪委监委和市委领导下，全市各级纪检监察机关把学习贯彻习近平新时代中国特色社会主义思想作为首要政治任务，增强“四个意识”、坚定“四个自信”、做到“两个维护”，坚定稳妥推进全面从严治党、党风廉政建设和反腐败斗争，在防控疫情斗争等大战大考中忠诚履职尽责，聚焦党中央重大决策部署强化政治监督，深入整治群众反映强烈的突出问题，围绕保障改革发展强化权力运行监督制约，持之以恒贯彻落实中央八项规定精神，坚持严管厚爱相结合加强日常监督，持续深化纪检监察体制改革，深化政治巡察，一体推进不敢腐、不能腐、不想腐，全面加强纪检监察机关自身建设，充分发挥监督保障执行、促进完善发展作用，为我市决胜全面建成小康社会、决战脱贫攻坚提供了有力保障。全会总结了过去一年实践中形成的认识，在肯定成绩的同时，分析了纪检监察工作和干部队伍建设存在的主要问题，要求高度重视、采取有效措施加以解决。

全会强调，2021年是实施“十四五”规划、全面建设社会主义现代化国家新征程的第一年，也是我们党成立100周年，做好纪检监察工作意义特殊、责任重大。今年工作的总体要求是：坚持以习近平新时代中国特色社会主义思想为指导，深入贯彻党的十九大和十九届二中、三中、四中、五中全会精神，全面落实十九届中央纪委五次全会、自治区纪委十一届七次全会、来宾市纪委四届七次全会和市委九届七次全会工作部署，增强“四个意识”、坚定“四个自信”、做到“两个维护”，坚持稳中求进工作总基调，立足新发展阶段，贯彻新发展理念，构建新发展格局，以推动高质量发展为主题，坚定不移全面从严治党，坚持和完善监督体系，忠诚履行党章和宪法赋予的职责，推动党中央重大决策部署有效落实，充分发挥监督保障执行、促进完善发展作用，一体推进不敢腐、不能腐、不想腐，深化纪检监察体制改革，扎实推进纪检监察工作规范化法治化和干部队伍建设，为顺利实施“十四五”规划、全面建设社会主义现代化开好局提供坚强保障，以优异的成绩迎接中国共产党成立100周年。

全会要求，全市各级纪检监察机关要深入贯彻落实党的十九届五中全会、自治区党委十一届九次全会、来宾市纪委四届七次全会和市委九届七次全会精神，深刻把握“全面从严治党首先要从政治上看”的重要论述，更加坚定自觉做到“两个维护”，不断提高政治判断力、政治领悟力、政治执行力，把党中央、自治区党委、来宾市委和合山市委的决策部署与纪检监察工作紧密结合起来，充分发挥全面从严治党引领保障作用，确保“十四五”时期重大战略任务落实见效。要坚持稳中求进、坚定稳妥，坚持实事求是、依规依纪依法，坚持政策策略、纪法情理贯通，坚持系统施治、标本兼治，准确把握我市党风廉政建设和反腐败斗争形势任务及阶段性特征，更加突出政治监督，更加突出高质量发展，更加突出整治群众身边的腐败和作风问题，更加突出发挥监督治理效能，更加突出严管厚爱相结合、激励约束并进，推动新时代纪检监察工作实现新的更大作为。

第一，坚定不移践行党的初心使命，以有力的政治监督推动“十四五”规划顺利实施。深入学习贯彻习近平新时代中国特色社会主义思想，聚焦落实习近平总书记重要讲话、重要指示批示精神和党的十九届五中全会各项部署，围绕巩固拓展疫情防控和经济社会发展成果，加强监督检查，督促落地见效，推进纪检监察工作理念、思路、制度、机制创新，大力推进清廉建设，构建亲清政商关系，持续净化政治生态、优化发展环境。

第二，坚定不移深化反腐败斗争，不断实现不敢腐、不能腐、不想腐一体推进战略目标。重点查处政治问题和经济问题交织的腐败案件，坚决查处基础设施建设、项目审批、项目招投标、公共资源交易等重点领域腐败问题，深入查处矿权出让、行政审批、政府采购、国企管理等“关键岗位”腐败问题，在供销系统、政法系统、工程建设领域开展专项治理。健全“三不”一体贯通的体制机制，深化以案促改、以案促建、以案促治。

第三，坚定不移深入整治形式主义、官僚主义问题，推动形成求真务实、清正廉洁的新风正气。持之以恒贯彻落实中央八项规定及有关实施细则精神，盯紧形式主义、官僚主义新表现，坚决整治一切不以解决实际问题为出发点的调研、检查、督导等行为。盯紧享乐主义、奢靡之风新动向，对顶风违纪行为露头就打。对反复出现、普遍发生的问题，督促健全制度机制、堵塞漏洞。督促落实规范领导干部配偶、子女及其配偶经商办企业行为规定，严格家风家教建设，自觉反对特权思想和特权行为。

第四，更加突出整治群众身边腐败和不正之风，不断提高人民群众获得感幸福感安全感。加强对富民惠民、促进共同富裕政策落实的监督检查，对突出问题开展集中治理。强化对巩固“四个不摘”政策成果的监督，推动巩固拓展脱贫攻坚成果同乡村振兴有效衔接。深入整治教育医疗、就业创业、养老社保、环境保护、防灾救灾、安全生产、征地拆迁、食品药品安全等领域腐败和作风问题，常态化惩治涉黑涉恶腐败和“保护伞”问题。发挥人民群众监督作用，健全和完善村（居）务监督委员会管理运行、基础保障等机制。

第五，推动各类监督贯通融合，形成系统集成协同高效的监督体系。压紧、压实党组织管党治党政治责任和书记第一责任人责任。做细做实日常监督，制定和完善“三重一大”决策事项同级全程监督制度，研究制定派驻纪检监察组负责人和市直单位“一把手”监督指导意见，着力破解“一把手”监督和同级监督难题。围绕干部“政治关、品行关、作风关、廉洁关”强化监督，提高出具党风廉政意见质量，强化换届纪律监督。深化运用“四种形态”，坚持“三个区分开来”，研究制定党委（党组）落实运用监督执纪第一种形态主体责任指导意见，进一步规范在问题线索处置全过程落实容错纠错制度，精准规范问责。加强信访举报问题分析研判，严惩诬告陷害行为，及时为受到不实检举控告的干部澄清正名。

第六，深化纪检监察体制改革，不断拓展党内监督和国家监察全覆盖有效性。推动市纪委监委对各镇纪委、各派驻（出）机构对驻在单位领导的具体化制度化。进一步推进派驻机构优化调整和人员设置等工作，加强对派驻机构的领导和统一管理。严格按照上级纪委监委部署要求，深入推进监察工作向乡镇延伸，稳妥有序推进市监察委员会向同级人大常委会汇报专项工作。持续深化全市纪检监察工作片区规范化管理。

第七，推进巡察规范化建设，充分发挥党内监督利剑作用和密切联系群众纽带作用。牢牢把握“两个维护”根本政治任务，持续深化政治巡察。认真抓好巡视组反馈意见整改工作。制定“十四五”巡察工作规划，把常规巡察、专项巡察、交叉巡察、机动巡察、“巡审结合”等贯通起来。健全完善巡察整改和成果运用机制，推动巡察整改常态化、长效化，对整改不力的严肃问责。

第八，适应新时代新阶段新要求，用铁一般的纪律作风锻造纪检监察队伍。带头旗帜鲜明讲政治，忠诚履行职责使命。大力弘扬求真务实、实事求是工作作风。加强机关党建工作，推进党支部标准化规范化建设。选优配强纪检监察干部队伍，健全干部培养选拔考核评价体制。统筹做好纪检监察干部全员培训，增强纪法意识、纪法思维、纪法素养，进一步提高队伍专业化水平。自觉接受最严格的约束和监督，严格执行监督执纪工作规则、监督执法工作规定，坚决防止“灯下黑”，建设政治素质高、忠诚干净担当、专业化能力强、敢于善于斗争的纪检监察铁军。

会议号召，更加紧密地团结在以习近平同志为核心的党中央周围，凝心聚力、克难攻坚、奋勇拼搏、开拓进取，推进新时代全面从严治党、党风廉政建设和反腐败斗争向纵深发展，为推动合山“十四五”规划顺利开局，实现高质量发展作出新的贡献，以优异的成绩庆祝中国共产党成立100周年！

关于合山市2020年国民经济和社会发展计划执行情况与2021年国民经济和社会发展计划草案的报告

——在市九届人民代表大会第八次会议上

合山市发展和改革局

（2021年3月30日）

各位代表：

受市人民政府委托，现将我市2020年国民经济和社会发展计划执行情况与2021年国民经济和社会发展计划草案的报告提请市九届人民代表大会第八次会议审议，并请各位政协委员和列席会议的同志提出意见。

一、2020年国民经济和社会发展计划执行情况

2020年，我市积极应对突如其来的新冠疫情，坚持统筹疫情防控常态化与促进经济社会平稳发展“两手抓”，全力以赴贯彻落实习近平总书记关于做好“六稳”工作、落实“六保”任务的决策部署，扎实推进经济高质量发展，全市经济发展平稳向好，社会和谐稳定。

2020年，全市地区生产总值增长9.8%，较年度目标高2.8个百分点。其中第一产业同比持平；第二产业增长24.9%；第三产业增长2.6%。规模以上工业增加值增长29.4%；固定资产投资增长15.3%；社会消费品零售总额下降5.5%；财政收入2.55亿元，增长13.4%；城镇和农村居民人均可支配收入分别增长3.5%、8.3%。

社会民生指标总体稳定。城镇登记失业率为2.72%，控制在目标4.1%以内；城镇新增就业、城镇失业人员再就业、农村劳动力转移就业均提前超额完成目标；居民消费价格指数上涨2%，比上半年回落2个百分点，城乡居民收入稳步增长，各项社会事业取得新进步。

38项国民经济和社会发展指标中，完成或超额完成年度目标29项。

2020年合山市主要经济指标在来宾市排名情况表

表1

名称	地区生产总值		工业总产值		规上工业增加值		固定资产投资		社会消费品零售总额		财政收入	
	增速（%）	排名	增速（%）	排名	增速（%）	排名	增速（%）	排名	增速（%）	排名	增速（%）	排名
来宾市	6.3		7.1		7.8		16.5		−10.9		12.9	
合山市	9.8	1	24.9	3	29.4	2	15.3	5	−5.5	3	13.4	3

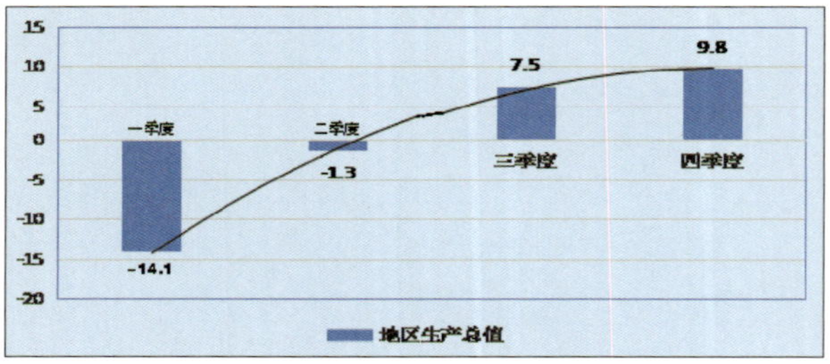

图1　2020年以来地区生产总值增长情况（%）

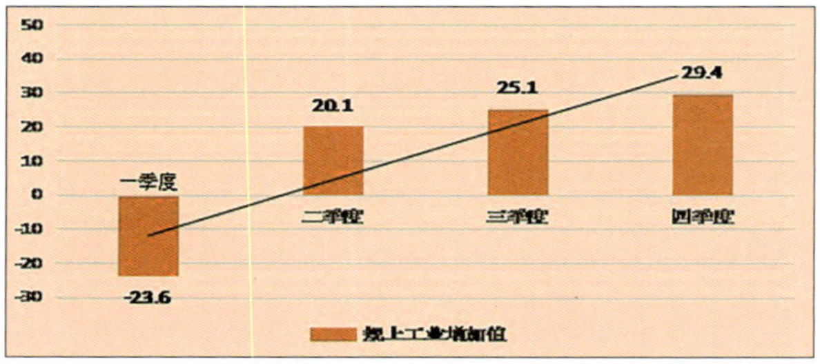

图2　2020年以来规上工业增加值增长情况（%）

（一）工业产业多元格局形成。2020年，全年规上工业总产值同比增长25.3%，其中，非煤产业产值占比51.35%，煤电产值占比48.65%，非煤产业对全市经济的贡献首次高于煤电产业。新增规上工业企业6家，全市在库规上工业企业达到20家，碳酸钙、水泥、木材加工、制糖成为经济新的支柱产业，打破了煤电独大的产业结构，初步形成多元产业格局。

专栏1——工业发展

1.“煤炭—电力—工业固废—建材生产”的物质循环产业链基本形成：

★煤炭企业稳产达产，全市原煤产量57.3万吨，同比增长351.7%。其中合山贵能能源有限责任公司三矿（石村二号井）生产能力为90万吨/年，配套年处理能力100万吨的国内先进的电子数控选煤设备，2020年产量53.7万吨。

★大唐桂冠合山发电有限公司总投资9975万元的3号机组超低排放改造项目提前竣工投产；灰场光伏电站一期80MWp项目和二期23MWp项目列入自治区2020年第二批平价光伏项目建设方案。

★总投资44382万元的合山洛山风电场工程4.84万千瓦项目重新启动。

★虎鹰公司循环经济综合利用项目（一期）全年满负荷生产，年产量250万吨，产值约6亿元；二期日产5500吨干法回转窑水泥生产线于2020年10月试产。

2. 碳酸钙产业集群初见规模：

★合山市新昊天钙业有限责任公司总投资50000万元的40万吨/年碳酸钙精深加工项目正在加快推进。

★广西合山华臻新材料有限公司总投资20300万元的年产26万吨高分子改性复合材料项目提前开工建设。

★广西科锐钙化物有限责任公司总投资12000万元的年产50万吨新型材料项目按计划有序推进。

3. 木材加工业初具规模：

★全市拥有木材加工企业48家，其中规上木材加工企业5家，年木材加工量约34万吨，产值约3.6亿元。

4. 引进总投资80亿元的广西高值多金属资源产业示范基地建设项目。

（二）农业经济平稳发展。2020年，我市完成粮食种植面积8.5万亩，增长4.5%，粮食总产量2.8万吨，增长2.8%，完成年度目标任务，“米袋子”更安全。蔬菜产量5.83万吨，增长4.92%；水果产量2.48万吨，增长11.6%；全年生猪出栏2.1万头，增长5.4%；水产品产量2102吨，同比增长0.4%；“菜篮子”更优良保供。全市累计注册登记的农民专业合作社182家，目前运营的农民专业合作社133家、家庭农场60家。坚果、柑橘等水果种植和猪、羊、兔及家禽养殖初显规模效应。

专栏2——特色农业

1. 农村承包地确权登记工作成绩优秀，2020年10月19日，合山市被中央农村工作领导小组办公室、农业农村部评为全国农村承包地确权登记颁证工作典型地区。

2. 农业经济产业有新突破：

★火龙果产业不断壮大，投入600多万元建成586亩里兰村火龙果扶贫产业园，全市火龙果种植面积达636亩，里兰村集体收益达40万元。

★打造北泗镇乡村振兴产业核心区，目前第一期已种植葛根510亩，计划第二期扩大到1000亩，建成后预计年总产值近1000万元。

★发展油茶产业，完成油茶造林1516亩，以奖代补种植831亩，全市种植面积已达2347亩。

★芦笋种植面积进一步扩大，在现有芦笋种植500亩规模基础上，再引进来宾市长兴芦笋制品公司到瀑泉村种植300亩芦笋，基地已开始育苗。

农产品加工业快速提升：

★合山市燎原生物科技发展有限公司建成藕粉、藕粉条、荷叶茶等产品深加工车间700多平方米，挖掘地方特色产品，2020年底实现生产经营收入120万元。

★建成芦笋茶加工基地、柠檬种植加工基地、肉牛产品精深加工车间、选果厂等农产品加工基地，农产品加工业快速提升。

（三）服务业降幅收窄。2020年，合山市社会消费品零售额下降5.5%，较第一季度、第二季度、第三季度分别收窄17.1、6.1、9.3个百分点。社会消费品零售总额、住宿、餐饮业降幅全面收窄，零售业实现正增长，扭负为正；企业产销分离、服务业“四上”企业培育等举措取得良好成效，新增规上服务业企业1家（广西义来物流有限公司），限上批零住餐业企业2家（新华书店和五街美食城）。

专栏3——服务业发展

1. 合山工业（煤炭）研学课程“探秘八桂光热城研学我国能源结构”荣获广西“十佳文博研学课程”称号。

2.2020年12月，广西合山虎鹰工业旅游景区被确定为国家AAA级旅游景区。

3. 正式与广西中煤科技发展有限公司签约广西合山煤田隐伏地热综合开发与温泉康养小镇项目，发展大健康和文旅产业，目前已进行前期勘探工作。

4. 物流业有新突破，引进总投资15000万元合山市义来物流园建设项目。

5. 积极推进电子商务进农村，截至目前已完成建设1个县级电商服务中心，3个镇级电商服务站，29个行政村、5个社区，共34个村级（社区）电商服务站，覆盖率达100%。

（四）重点项目建设扎实推进。投资5000万元以上重大项目31项，2020年计划投资11.06亿元，完成投资13.20亿元，占年度计划投资的119.35%，拉动全市固定资产投资由一季度下降22.8%扭转为四季度增长15.3%；项目新开工10项，开工率100%；项目竣工4项，竣工率133%。扎实推进“五网”建设，列入自治区“五网”项目5个，有效改善我市基础设施建设短板。多方筹措资金，全年获得新增政府债券6500万元，抗疫特别国债7127万元，乡村振兴补助资金5916.6万元。加强项目储备，我市重大项目库储备项目237项，项目总投资99.56亿元。

（五）招商引资成效显著。我市克服新冠肺炎疫情影响，积极开展“三企入桂”招商活动，出台招商引资工作方案，制定外商激励办法，2020年新引进亿元以上产业项目7个，协议总投资121.05亿元。所实施项目到位资金33.15亿元，完成目标任务的100.46%。新设立外资企业2家，实际利用外资完成目标任务的100.48%。2020年引进的7个项目中有2个已开工建设，其中合山市合胜木业有限公司年产10万立方米的胶合板生产线项目从签约到试产仅用90天，创造了合山项目建设投产高速度。

（六）全力打赢“三大攻坚战”。攻坚克难，全面推进精准脱贫、防范化解重大风险、污染防治三大攻坚战。

1. 坚持集中力量打好四大战役，脱贫攻坚目标任务全面完成。一是义务教育有保障，贫困学生无因贫失学辍学发生。2020年，全市累计资助各阶段学生（幼儿）18314人次，累计资助资金总额1257.1万元。二是基本医疗有保障，持续推进基本医疗“198”政策落实，全市建档立卡贫困人口参保率100%，贫困患者住院治疗平均报销比例达91.97%，门诊特殊慢性病平均报销比例达89.14%。三是住房安全有保障，2020年，累计实施危房改造231户，完成旧房拆除232座，对危旧房做到应拆尽拆。四是饮水安全有保障，所有行政村均已实现有安全饮用水，2020年城乡供水一体化建设有新突破，75.1%的村、屯实现市供水公司的直供自来水。现行标准下全市建档立贫困人口14665人全部实现脱贫，8个贫困村全部出列。

2. 生态环境建设扎实推进。全面完成中央环保督察“回头看”和自治区环保综合督察反馈问题整改任务。全面落实河长制，深入开展污染防治攻坚战，在3个镇已建有污水处理站的基础上，2020年投入817万元完成农村生活污水处理项目建设16个屯（15套），实现生活污水处理在市区和三个镇全覆盖，建设成果受惠于各镇村屯。合山全年地表水和在用饮用水源地水质达到或优于二类标准，达标率100%，空气质量优良天率95.6%，PM_{10}和$PM_{2.5}$年均浓度42微克/立方米和23微克/立方米，达到上级下达的环境质量改善目标。

3. 防范化解金融债务风险。坚持完善政府债务风险预警机制，加强债务管理，严格控制债务增长，妥善防范化解政府债务风险。经测算，综合债务率、一般债务率、专项债务逾期率均未超过100%的风险预警线。

（七）统筹推进城乡基础设施建设取得新成效。城镇基础设施建设步伐不断加快，公路网络已初步形成基本框架布局，里兰至马安码头二级公路已实现通车，柳州经合山至南宁高速公路合山境内主线跨省道S510处立交桥已成功合龙。有序开展老旧小区民生改造工程，基本完成政府大院、财政局小区、煤炭公司小区、铁合金厂住宿区等四个老旧小区的改造建设。乡村振兴初见成效，完成67个基本整治型村庄、3个设施完善型村庄、1个精品示范型村庄的建设；完成18个村屯公共照明工程。深入开展抗疫爱卫“五大清洁行动”，推动美丽乡村建设和“三清三拆”环境整治。全市房前屋后清理10560户，拆除乱搭乱建58处735平方米，拆除农村危旧房232间19294.5平方米，拆除废弃建筑77处，建设微菜园65处887平方米。

（八）坚持有序发展社会各项事业，增加民生福祉。1. 就业和社会保障水平得到加强。2020年，我市城镇新增就业人数1434人，城镇失业人员再就业人数485人，就业困难人员实现就业562人，农村劳动力转移就业新增2678人次，分别完成2020年目标任务数159.33%、173.21 %、510.91%、297.7%。城镇登记失业率2.72%，有效控制在4.1%以内。全市基本医疗保险参保人数为115384人，其中城镇职工基本医疗保险22317人，城乡居民基本医疗保险93067人。全市城市低保779户1423人，累计发放城市低保资金724.96万元；农村低保1725户4131人，累计发放农村低保资金1146.21万元。城市、农村特困人员、失能特困人员、孤儿、老年人护理、价格临时补贴等按时按规发放。

2. 进一步巩固教育资源均衡化成果，教学质量明显提升。补充教师82人，完成教师培训2882人次，有效提高师资队伍建设。教学质量稳步提升，2020年高考一本上线人数8人，二本上线人数76人，超额完成了来宾市下达的目标任务。2020年中考总体成绩保持在来宾市的第三名，综合成绩A+等级人数47人。九年义务教育巩固率达100.71%以上。

3. 医疗卫生服务进一步改善。多方筹措资金8000余万元投入到医疗机构基础设施设备、公共卫生防疫、生活物资和医疗物资保障等项目建设，保证疫情处置能力，截至目前全市保持新冠肺炎疫情“零感染”“零病例”。截至2020年底全市医疗机构每千人口床位数为4.13张，每千人口执业（助理）医师达到2.15人，每千人口注册护士数2.82人。

4. 社会综治稳步推进，群众安全感逐步提升。2020年，全市信访形势持续向好，我市连续三年获全国信访工作“三无”县称号。2020年6月，荣获“2019年度平安县（市、区）”称号。持续推进扫黑除恶专项斗争，我市扫黑除恶专项斗争成效在自治区和来宾市中排名均在前列，2020年，我市未接到上级部门转办线索。我市扫黑办接受各类举报线索7条（其中群众举报3条，部门移送4条），办结7条，办结率100%，反馈率100%。同时充分发挥各级调解组织矛盾纠纷调解作用，调处485件，调解成功469件，调解成功率达到97%，及时地把矛盾化解在基层，消灭在萌芽状态，有效维护社会稳定。

专栏4——社会民生

文化：壮师剧《调解》入选由文化和旅游部艺术司、江苏省文化和旅游厅主办的2020年戏曲百戏（昆山）盛典活动，并获得参演奖项；彩调剧《儿子》入选为广西当代艺术创作工程三年规划（2019—2021年）第二批入选项目。全年组织开展“红色文艺轻骑兵”文化惠民演出活动8场、观众0.8万人次；开展文艺辅导52期、培训5000多人次。

教育：新增2所自治区多元普惠幼儿园，普惠性幼儿园覆盖率达80%以上，学前三年毛入园率达96%以上。合山高级中学综合教学楼工程、建安幼儿园工程、溯河幼儿园工程、岭南民族初级中学教学楼工程和实验小学教学楼工程正在推进建设。

医疗：2020年7月28日，合山市被自治区卫生健康委命名为“自治区级慢性疾病综合防控示范区”。市人民医院与柳州市工人医院建立医疗联合体，市中医医院与柳州市中医医院建立医疗联合体，两家县级医院完成“三二一”医疗联合体建设。

（九）改革成果不断扩大，营商环境不断优化。

推进政务服务“简易办”改革，推动“一窗受理、集成服务”审批和流程再造，完成103个依申请政务服务事项基础集成套餐目录的编制，制定了“招商引进落地项目、重大项目局长代办服务企业（优化营商指标）一览表”，为企业提供健全的服务指南和办事流程，为企业顺利在合山落地提供一条龙服务；完成自治区和来宾市优化营商环境21个重要指标改革攻坚目标任务，开办企业达到全国先进水平，获得电力、获得用水、获得信贷、财产登记、纳税等多项指标办结时限优于攻坚目标。扎实推进岭南镇古城村，北泗镇东亭村、云堡村，河里镇仁义村、甘林村来宾市级层面农村社区试点建设，探索建立物业经济模式、盘活资产资源模式、新型村企共建模式、产业带动模式等农村集体产权制度。发展新时代“枫桥经验”，2020年1月，合山市公安局里兰派出所被命名为广西公安机关“枫桥式公安派出所”。

此外，国防动员、双拥工作、退役军人事务工作、防震减灾、食品药品安全、安全生产、广播电视、邮政、通信、文化体育、卫生健康、慢性病防治、审计、物价、妇女儿童、民族宗教、侨务、史志、档案、老龄、残疾人等各项事业都取得新成绩，社会保持和谐稳定。

二、2021年经济社会发展计划主要目标和任务

当前，国外疫情仍在蔓延，国际环境日趋复杂，不稳定性不确定性明显增强，发展的压力挑战将进一步凸显。同时，我市处于多重机遇叠加的历史时期，传统产业不断优化升级，新兴产业初具规模，产业项目正在加快建设，具备实现加快发展的条件和基础。在综合考虑困难挑战和发展机遇的基础上，我市提出2021年主要预期目标建议：

地区生产总值增长10%以上，其中，第一产业增加值8%，第二产业增加值16%，第三产业增加值8%；规上工业增加值增长15%；社会消费品零售总额增长10%；固定资产投资增长15%；财政收入增长6%；城镇居民人均可支配收入增长6%；农村居民人均可支配收入增长9%；城镇失业率控制在4.1%以内；居民消费价格指数控制在3%以内。

将地区生产总值目标设定为增长10%以上，综合考虑了全区、来宾市和合山市整体发展所需、形势所急，并将年度目标与“十四五”发展目标整体衔接，确保我市在新的历史起点上开好局、起好步，进一步缩小和全国、全区差距。

对于2021年主要经济工作，结合我市实际，建议围绕“聚力转型，延链招商，振兴乡村”的工作思路，重点抓好六个方面的工作：

（一）狠抓工业增产增效，继续强力推进“工业强市”战略

着重抓好电力、煤炭、碳酸钙、水泥制造、制糖、木材加工等重点工业企业，推动大唐发电公司、贵能公司、祥星公司、虎鹰公司、华纳公司等重点企业实现满负荷生产。电力产业方面，推动电力产业向清洁化、高效化转型，推动大唐桂冠合山发电有限公司一期80MWp灰场光

伏电站项目、二期23MWp灰场光伏电站项目和洛山风电场项目开工建设。煤炭产业方面，力争2021年我市煤炭产量达到80万吨。糖业方面，2020—2021年榨季力争进厂糖料蔗22.3万吨。加快糖料蔗基地建设，提升“双高”基地机械化水平，确保增产增收。碳酸钙产业方面，推进产业链补链强链，全力推进新昊天钙业公司、科锐钙化物公司、华臻新材料公司等项目建设并投产。加大协调力度，积极申报春旭环保列入“双百双新”项目。木业方面，深入挖掘木材精深加工业发展潜力，逐步培育成为合山经济发展的新的支撑点。

（二）力抓项目稳投资，实施项目带动战略

2021年，统筹推进重大项目27项，其中新开工项目6项，续建项目7项，竣工项目7项，预备项目7项，年度计划投资9.64亿元。协调解决项目用地、用林、用能、环评等方面的制约因素，推进泰鑫木业有限公司年产30万立方米胶合板项目等一批重大项目提前开工，春旭环保、合胜木业、华臻新材料、新昊天碳酸钙精深加工工业项目加快建设早日竣工投产。

（三）紧抓现代特色农业发展，促进农业稳步增长

稳定粮食安全，保住“米袋子”。落实耕地地力保护补贴、农业保险等惠农政策，确保2021年水稻种植面积稳定在去年水平。抓好糖料蔗、水果、蔬菜和畜禽、水产生产，护住“菜篮子”，全年蔬菜产量5.8万吨。抓好非洲猪瘟常态化防控，力争2021年生猪出栏量同比增长5%以上，推进生猪屠宰场项目建设，力争尽快竣工投入使用。推进乡村振兴战略，做好产业扶贫与乡村振兴有机衔接。打造乡村产业振兴示范带，每个镇打造一个乡村产业振兴示范村。

（四）早抓促消费稳增长带动三产迈上新台阶

持续开展“广西33消费节（第二季）——冬季新消费”乐购八桂活动。抓住清明、“五一”等节假日消费旺季，引导各个商贸企业开展多种多样促消费活动，力争社会消费品零售总额增长10%。继续扶持2020年入库的1家建筑业企业发展壮大。跟踪服务好义来物流公司等运输企业。持续开展网络提速降费，鼓励引导信息消费。

（五）探索招商新模式，打造引资新优势

成立新材料（碳酸钙深加工）、农林（木业）、小家电、医药、文旅、物流等产业招商工作组，持续开展“三企入桂”，加大以商招商、专业招商力度。力争2021年引进5个亿元以上产业项目，新设立2家外资企业。

（六）坚定不移保障和改善民生，持续增进民生福祉

慎终如始抓好常态化疫情防控工作。实施就业优先政策，做好高校就业生、农民工、退役军人、就业困难人员等重点群体就业，切实稳定增加居民收入，持续巩固脱贫攻坚成果，严防返贫和新致贫。加强稳岗就业政策扶持，充分利用失业保险基金对不裁员或少裁员的参保企业给予稳岗返还支持。实施城市更新行动，推进2021年老旧小区改造工程。进一步增强灾害应急救助和综合防灾减灾能力建设；加大应急救援队伍建设的投入，加大安全生产执法力度、安全事故隐患的排查整治、“打非治违”专项行动执法力度；抓好国防建设，做好退役军人优抚安置等各项服务工作。持续加大生态环境保护力度，统筹推进教育、医疗、养老、文化体育等民生事业发展，继续做好食品药品监管、信访维稳等工作，继续关心支持老龄、妇女、儿童和残疾人事业，继续做好民族宗教、慢性病防治、少数民族语言文字、编制、档案、史志、侨务、消防、邮政、通信等工作，确保社会和谐稳定、百姓安居乐业。

同志们，今年是合山转型发展关键的一年，我们要紧密团结在以习近平同志为核心的党中央周围，齐心协力、开拓进取，以战斗姿态打好“十四五”开局之年的“大硬仗”，坚决夺取开局之年首战胜利，全力完成年度各项目标任务，实现“十四五”良好开局，以优异成绩迎接中国共产党成立100周年！

附录

合山市2021年国民经济和社会发展计划表

表2

指标名称	计算单位	2020年初步统计			2021年预期目标	
		预期目标	绝对值（完成情况）	同比增长	绝对值	同比增长
一、地区生产总值	%	7.0	—	9.8	—	>10
第一产业增加值	%	5.0	—	0	—	8
第二产业增加值	%	14	—	24.9	—	16

续表 2

指标名称	计算单位	2020年初步统计			2021年预期目标	
		预期目标	绝对值（完成情况）	同比增长	绝对值	同比增长
规模以上工业增加值	%	7.0	—	29.4	—	15
第三产业增加值	%	7.5	—	2.6	—	8
三次产业结构		14:33:53	13:37:50		13:39:48	
人均地区生产总值	元/人	7.0	—	6.6	—	7.0
二、财政收入	亿元	3	2.55	13.4	2.7	6
一般预算收入	亿元	1.21	1.4062	20	1.59	13
三、居民消费价格指数	上年 =100	≤3	—	2	—	≤3
四、固定资产投资	%	8.0	16.13	15.3	18.55	15
五、社会消费品零售总额	%	5.0	—	−5.5	—	10
六、外贸进出口总额	万元	525	129.42	−62.02	500	—
七、创新驱动						
每万人口发明专利拥有量	件	3.8	1.65	−56	3.8	130
八、社会事业						
高中阶段教育毛入学率	%	91.5	—	99.98	—	≥91.5
九年义务教育巩固率	%	95.5	—	100.71	—	≥95.5
九、人口、就业和社会保障						
常住人口城镇化率	%	65.7	—	65.94	—	66.04
城镇新增就业人数	人	900	1434	159.33	待来宾市下达	—
农村劳动力转移就业新增人次	人次	900	2678	297.56	待来宾市下达	—
城镇登记失业率	%	≤4.1	2.72		≤4.1	—
基本医疗保险参保率	%	95	97.32		97.42	0.1
参加城镇基本养老保险人数	万人	2.4	2.4	—	2.4	—
参加城乡居民基本养老保险人数	万人	3.7	3.7	—	3.8	2.7
十、居民收入与扶贫开发						
城镇居民人均可支配收入	元	36185	34991	3.5	37090	6
农村居民人均可支配收入	元	14488	14395	8.3	15690	9
农村贫困人口数量减少	万人	—	—	—	—	
十一、资源节约与环境保护						
万元 GDP 能耗	吨标准煤	完成来宾市下达的目标任务			待来宾市下达目标任务	
万元 GDP 二氧化碳排放量	吨					
化学需氧量排放量	万吨					

续表 2

指标名称	计算单位	2020年初步统计			2021年预期目标	
		预期目标	绝对值（完成情况）	同比增长	绝对值	同比增长
二氧化硫排放量	万吨	完成来宾市下达的目标任务			待来宾市下达目标任务	
氨氮排放量	万吨					
氮氧化物排放量	万吨					
空气质量优良天数比例	%	90以上	95.6	—	90以上	—
地表水水质达标比例	%	100	100	—	100	—
城市污水处理率	%	83	95.22	—	96	—
城市生活垃圾无害化处理率	%	100	100	—	100	—
森林覆盖率	%	54.6	56.1	—	56.2	—
十二、安全保障						
粮食产量	万吨	2.8	2.7988	2.8	≥2.8	—

大事记

1月

14日，来宾市委常委黄世芳率调研组到合山市调研，合山市委常委、宣传部部长、副市长蓝昭平陪同调研。

15日，来宾市委常委、政法委书记庞科伟到合山市调研指导工作。合山市委书记莫莲，市委常委、政法委书记蒙贵禄，副市长、市公安局党委书记龙刚玉等陪同。

16日，来宾市副市长李光劭率调研组到合山市调研指导工作。合山市委书记莫莲，市委常委、常务副市长刘香婷陪同调研。

2月

1日，来宾市委常委、纪委书记、监委代主任陈子建、副市长韦平到合山调研疫情防控工作并召开专题工作会议。合山市委书记莫莲，市委副书记、代市长徐钊陪同调研。

14日，来宾市副市长邓应文到合山专题调研疫情防控期间农业复产及春耕备耕工作。合山市委书记莫莲，市委副书记、代市长徐钊，市委常委、常务副市长刘香婷陪同调研。

26日，来宾市委副书记张亚楠到合山市专题调研复工复产、脱贫攻坚工作。合山市委书记莫莲、市委副书记李波陪同调研。

27日，来宾市人大常委会副主任卢忠带调研组到合山市河里镇羊樟村检查新冠肺炎疫情防控工作，调研农村春耕春播、复工复产情况。合山市委常委、政法委书记蒙贵禄，市人大常委会副主任黄增美陪同调研。

3月

5日，来宾市委常委、组织部部长农毅率调研组到合山市调研产业发展情况。农毅要求，在当前疫情防控关键期，抓好企业安全有序复工复产至关重要。市领导莫莲、徐钊、李波、刘香婷、刘呈程陪同。

10日，来宾市人大常委会党组副书记、副主任庞标益到合山市检查土地综合整治项目建设工作。他强调，土地综合整治是助推乡村振兴战略实施的重要抓手，一定要突出整治的综合性，加快工程推进的进度，体现经济、生态、社会的综合效益。

18日，来宾市政协副主席曾广斌到合山市新昊天钙业有限责任公司实地调研，了解企业建设情况。他强调，要为企业发展创造好的环境条件，助力企业不断发展壮大。市领导莫莲、覃武仕陪同调研。

23日，来宾市委常委、纪委书记、监委代主任陈子建到合山北泗镇云堡村调研指导脱贫攻坚工作，市领导莫莲、李波、陈素珍陪同调研。

4月

2日，自治区发改委副主任黄汝焜率自治区全面恢复正常生产生活秩序促进稳增长指导组到合山市指导工作。来宾市委常委、常务副市长廖和明，合山市领导莫莲、刘香婷陪同调研。

是日，广西壮族自治区自然资源厅党组成员、副厅长郑杰忠率队到合山市开展全域土地综合整治与生态修复项目现场调研。合山市委书记莫莲、市人大常委会主任蓝宾北、副市长肖仁华陪同调研。

8日，来宾市委常委、市纪委书记、监委代主任陈子建到合山市检查指导开学复课疫情防控工作。合山市委副书记、代市长徐钊，市委常委、宣传部部长、副市长蓝昭平和教育局领导陪同检查。

9日，来宾市政协副主席刘德祥、黄锡萍率打造迁江合山工业走廊专题调研组到合山市调研，并召开座谈会，专题研究工业走廊发展前景等问题。合山市政协主席覃武仕，市委常委、常务副市长刘香婷陪同调研。

20日，来宾市委副书记、市长雷应敏带领调研组到合山巡河调研。合山市市委副书记、代市长徐钊，副市长韦辰林陪同调研。

5月

13日，来宾市工商联党组成员、副主席陶林玲到合山市调研商会建设和企业复工复产情况，合山市委常委、统战部部长黄敬豪陪同调研。

15日，中国煤炭地质总局广西煤炭地质局常务副局长、公司总经理张福强一行到合山市考察，就未来项目合作进行对接洽谈。合山市市长徐钊，市委常委、常务副市长刘香婷，市委常委、统战部部长黄敬豪和相关部门领导陪同座谈。

是日，来宾军分区副司令员陈坤山到合山市调研征兵工作并召开座谈会，市委常委、人武部政委陈伟烈，市人武部部长邓建宇出席会议。

24—26日，自治区评估专家组一行深入合山市开展慢性病综合防控示范区现场评估工作并召开评估工作汇报会暨评估反馈会。评估专家组采取听取汇报、查阅资料、现场考核等方式，对合山市开展慢性病综合防控示范区工作指标任务完成情况进行认真细致的核验。合山市市委常委、宣传部部长、副市长蓝昭平，市政协副主席黄乔柏以及来宾市相关部门负责人陪同。

26日，来宾市科协党组成员、副主席陈清海一行到合山市人民医院，看望慰问该院驰援武汉疫情防控工作的“抗疫英雄”黄晓青，向黄晓青送上鲜花和慰问金。

6月

10日，来宾市副市长梁琰到合山人民医院调研医共体建设工作，合山市市委常委、宣传部部长、副市长蓝昭平陪同调研。

12日，自治区扶贫办副主任、一级巡视员杨宏博率队到合山开展脱贫攻坚调研活动，来宾市委常委、宣传部部长、副市长黄世芳，来宾市人大常委会副主任、合山市委书记莫莲，市长徐钊，市委副书记李波陪同调研。

22日，在中国共产党建党九十九周年即将到来之际，来宾市委常委、纪委书记、监委主任陈子建带着党的关怀和温暖，走访慰问了合山市部分老党员、生活困难党员，为他们送去诚挚问候和美好祝福。

7月

10日，来宾市副市长邓应文率队到合山市调研农业及脱贫攻坚工作，合山市副市长韦辰林陪同调研。

13日下午，来宾市市长雷应敏带队到合山市调研脱贫攻坚工作，合山市长徐钊陪同调研。

15日，来宾市政协副主席凌尔健率调研组到合山市人民医院开展城乡社区卫生服务能力提升专题调研活动。合山市政协副主席黄乔柏陪同。

16日，来宾市政协副主席曾广斌到合山市走访调研服务企业工作。合山市政协主席覃武仕、市政协副主席莫崇山陪同调研。

23日，自治区纪委监委驻自治区交通运输厅纪检监察组组长李勇率队到合山市开展交通扶贫工作调研活动，来宾市人大常委会副主任、合山市委书记莫莲陪同调研。

8月

3日，自治区地矿局党组副书记、副局长战明国，来宾市委组织部副部长李波到合山市调研地矿方面的工作，指导贵能公司安全生产工作以及东矿博物馆的打造。来宾市人大常委会副主任、合山市委书记莫莲陪同调研。

4日，来宾市委常委、政法委书记庞科伟到合山调研公安、司法行政工作。庞科伟强调，要把队伍建设作为政法工作的头等大事，抓好班子、带好队伍、内强素质、外树形象，为合山稳定、经济腾飞保驾护航。

19日至20日，来宾市政协主席韦文晋到合山市，就委员联络站、政协党的建设两个“全覆盖”情况开展调研，来宾市人大常委会副主任、合山市委书记莫莲，市政协主席覃武仕参加调研。

20日，广西农业科学院党组副书记、副院长林树恒到合山市，就“十四五”农业农村现代化规划进行现场调研，合山市委副书记罗胜奇陪同调研。

21日，合山市与广西中煤科技发展有限公司正式签约广西合山煤田隐伏地热综合开发与温泉康养小镇建设项目，项目总投资约3.5亿元。

9月

3日，来宾市副市长、公安局局长李道军到合山市调研指导扫黑除恶专项斗争、反电信诈骗和提升群众安全感等工作。合山市委常委、政法委书记吴铁兵，副市长、市公安局局长龙刚玉陪同调研。

9日，来宾市副市长韦平到合山市就国家AAA级旅游景区、工业研学旅行基地创建工作进行实地调研。合山市副市长肖仁华陪同调研。

28日，来宾市市长雷应敏到合山市调研“六稳”“六保”工作，走访部分企业，调研企业发展和经济运行工作。市领导莫莲、陈鲜茉陪同调研。

10月

14日，自治区党委常委、广西军区司令员何仁学到合山市开展脱贫攻坚调研活动时强调：要充分发扬军队作风、发挥军队优势，持续巩固提升脱贫攻坚成果，确保脱贫攻坚全面胜利、圆满收官。来宾市委常委、来宾军分区司令员高云安，来宾军分区政委李定阳，来宾人大常委会副主任、合山市委书记莫莲，市委常委、人武部政委陈伟烈，市人武部部长邓建宇陪同调研。

是日，为考察学习工业文化遗产保护利用及全域旅游发展工作的经验和做法，宁夏回族自治区石嘴山市人大调研组到合山市调研国家矿山公园工业旅游情况。来宾市人大常委会副主任朱柱伟，合山市人大常委会副主任韦干稳陪同调研。

15日，来宾市副市长韦平率队到合山市，就乡村风貌提升和危房改造等工作进行调研指导，来宾市人大常委会副主任、合山市委书记莫莲，市委副书记罗胜奇，副市长肖仁华一同调研。

11月

18日，新柳南高速公路合山红水河特大桥开始进行首节段拱肋吊装施工，标志着特大桥全面转入缆索吊装施工阶段，据悉，大桥预计于2021年7月建成通车。当天，来宾市人大常委会副主任、合山市委书记莫莲，市委常委、副市长陈鲜荣深入合山红水河特大桥施工现场，调研项目建设进展情况。

19日，来宾市人大常委会副主任卢忠带领湛江港（集团）有限公司、广西宁铁国际物流有限公司考察柳花岭货运站现场情况，现场交流探讨存在的问题和困难。来宾市人大常委会副主任、合山市委书记莫莲，合山市委常委、副市长陈鲜荣，市政协副主席黄乔柏陪同考察。

26日，来宾市人大常委会副主任韦文智率督导组到合山市调研产业扶贫工作，合山市委副书记罗胜奇陪同调研。

12月

4日，来宾市人大常委会副主任卢忠到合山市河里镇调研检查镇卫生建设工作，合山市人大常委会副主任黄增美陪同调研。

8日，来宾市委常委、宣传部部长黄世芳到合山市指导彩调剧《儿子》彩排工作。来宾市人大常委会副主任、合山市委书记莫莲，合山市委常委、副市长黄彦妮陪同。

是日，来宾市副市长邓应文率督导组到合山，采取实地调研、座谈等方式调研合山经济发展情况。合山市市长徐钊，副市长韦辰林陪同调研。

市情概况

【地理位置】 合山市位于广西壮族自治区中部偏北，来宾市西部，交通便利，国道322线、新南柳高速、来马高速延长线过境合山，来合铁路在来宾与湘桂铁路相连接，红水河绕城而过，内河航运可直达贵港、梧州、广州。市人民政府驻岭南镇。行政区域总面积366平方千米，居住着壮、汉、瑶等20个民族，总人口约13.2万人，壮族人口最多，占80%。耕地面积12328.02公顷，其中水田4179.24公顷，旱地8148.8公顷。

【地形地貌】 合山地处桂西岩溶峰林区与桂中准平原地区的过渡带。地势东北高，西南低，中部平。地形为东北多石山，西南是低山丘陵，中部为两个较大准平原。境内主要山脉有四月八岭、司烟山、天堂山、六九山、大利山、虎号山等，最高峰位于东北部的四月八岭，海拔5932米，最低点位于西南部的怀集村，海拔72.7米。主要河道有一级河红水河，流经境内25.3千米；二级河有柳花岭河、河里河2条，总长38千米；三级河2条，总长50.60千米；四级河1条，总长9.4千米。

【建置沿革】 “合山”名称系民国8年（1919）贵县人龚政和桂平县人姚建生到合岭山（今合山市岭南镇里仰村老矿屯）开采煤炭，以“合山迁善公司”为矿名，“合山”名称由此而来，并沿用至今。今合山市境，秦属桂林郡地。西汉元鼎六年（公元前111）属郁林郡领方县地。三国吴元兴元年（264）改属临浦县地。两晋至隋，复属领方县地。唐贞观五年（631）属羁縻思刚州辖地。北宋天禧四年（1020）至民国为迁江县属地。1952年11月迁江县并入来宾县（今兴宾区，下同），为来宾县辖区。1981年6月29日经国务院批准设立合山市。

【自然资源】 2020年，根据合山市第二次土地调查数据，合山市土地总面积36571.72公顷；耕地12328.02公顷，其中，水田4179.24公顷，旱地8148.78公顷；园地174.16公顷；林地11346.17公顷；草地4731.27公顷。

矿产资源 合山市矿产资源主要有煤炭、大理石、方解石、石炭岩石等，以盛产煤炭而被称为广西“煤都”。合山市藏煤面积有260平方千米，占市境总面积的71%，地质储量约6.7亿吨，煤种牌号为贫煤。供工业动力用。大理石储量1649万立方米，是桂中大理石基地之一。碳酸钙含量大于90%的石灰石分布近万亩。方解石其白度在90%以上，是生产水泥、石灰粉等建筑材料的重要原料。

植物资源 境内植物有藻类植物、菌类植物、地衣植物、苔藓植物、蕨类植物和种子植物等。如种子植物就有乔木类、灌木类、草本类达300余种。

动物资源 野生动物有哺乳类如山羊、野猪等；鸟类如猫头鹰、麻雀、斑鸠等；鱼类如草鱼、鲫鱼、青鱼等；蛇类如金包铁、银包铁、吹风蛇等；甲壳纲介形类如青虾、螃蟹，爬行动物如山瑞鳖、壁虎，软体动物如田螺、河蚌等；其他类，两栖动物如金钱蛙、黑斑蛙、斑腿树蛙等，总数超过250种。

水资源 合山市水资源比较丰富，地表水有红水河、北泗河、柳花岭河、石榴河、河里河5条河流，大小水库10多座。地下水有溯河、马滩、思光、河里4条暗河。红水河属珠江水系，是最主要的河流。红水河从市境西南边流过，辖域河段全长25.30千米。最低水位为54.40米（1963年5月6日），最高水位为87.28米（1988年8月31日），年平均流量2110立方米/秒。2005年在合山段下游兴宾区迁江镇建设桥巩水电站后，水位大幅上升，流量也有所改变。

【气候】 合山市气候属亚热带海洋

性半湿润季风气候。其特点为季风明显，四季分明。气温较同纬度其余地方高，全年降水分布较均匀，无明显雨季。春季温暖湿润；夏季炎热多阵性降水，汛期降水量较充沛；秋季多为秋高气爽天气，旱象概率60%；冬季多干冷天气，霜日较少。2020年年平均温度21.4℃，与2019年平均温度持平，比历年平均值偏高0.2℃；年降雨量1356.5毫米；比2019年偏少4.4毫米，比历年平均值偏少23毫米；年日照时数1305.1小时，比2019年偏多33.3小时。2020年年初，温度与历年同期持平，降雨正常、秋冬季温度偏高、降雨偏少，从11月上旬至2020年上旬总降雨量12.6毫米，比2019年同期偏少97.7毫米，比历年同期偏少86.1毫米。

【人口、民族、宗教】 2020年，合山市总人口约13.2万人，死亡934人，出生1159人，人口出生率为8.40‰；人口自然增长率为1.63‰。全市总人口比上年同期减幅不大，总体趋势平稳。

全市居住有壮、汉、瑶、仫佬、侗、毛南等20个民族，壮族人口最多，汉族次之。境内设有2个合法宗教团体活动场所，宗教有道教、伊斯兰教、天主教、基督教，宗教信众人数约为370人。信教群众分布相对集中，主要分布在矿区和各乡镇周边的村屯。

【区域划分】 1981年6月29日，设合山市。划辖合山煤矿和合山电厂所在来宾县北泗公社为合山市的行政区域，市政府治里兰，委托柳州行署代管。1984年，合山市下设2个乡、1个镇、29个村民委、9个居委会。辖区内有区直两大企业——合山煤业有限公司、大唐桂冠合山火力发电公司。2002年9月29日，经国务院批准撤销柳州地区，设立来宾市，合山市由来宾市代管。2020年，全市共辖3个镇、29个村委会，5个社区。

【地方特产】 合山物产丰富，重要矿产资源有煤炭、碳酸钙、大理石、奇石。合山奇石以马安奇石著称，具有质优、形美、色佳、纹奇、韵雅的特点。合山被誉为中国观赏石之乡。著名地方产品有坚果、芦笋、麒麟西瓜、拉的莲藕等。

（撰稿：曾焕发　徐友香）

经济发展

【综合经济】 2020年，合山市实现地区生产总值35.37亿元，同比增长9.8%，其中，第一产业增加值4.62亿元，同比持平；第二产业增加值13.16亿元，同比增长24.9%；第三产业增加值17.59亿元，同比增长2.6%。规模以上工业增加值增长29.4%；固定资产投资增长15.3%；社会消费品零售总额下降5.5%；财政收入2.55亿元，增长13.5%；城镇居民人均可支配收入34991元；农村居民人均可支配收入14395元，增长8.3%。城镇居民人均生活消费支出13736元，同比增长0.3%；农村居民人均生活消费支出9246元，同比增长3.0%。年末，金融机构各项存款余额45.07亿元，同比增长8.9%，其中，住户存款34.52亿元，增长9.2%。

【脱贫攻坚】 2020年，合山市继续深入落实"四个不摘"要求，着力解决"两不愁三保障"突出问题。全力推进"四大战役"和"五场硬仗"，全面落实教育、医疗、住房、饮水等各项政策。全市累计资助各阶段学生金额1257.1万元，贫困家庭学生无因贫失学辍学现象发生；持续推进基本医疗"198"政策落实，全年建档立卡贫困人口住院结算3447人次，平均报销比例91.97%，慢性病门诊结算8611人次，平均报销比例89.14%，贫困群众看病难、看病贵问题得到基本解决；累计实施"四类重点"对象、边缘户危房改造231户，完成旧房拆除232座，确保群众住房安全；投入1050.6万元实施农村饮水安全巩固提升工程，受益人口1.8万人，农村饮水安全得到巩固提升；帮助贫困劳动力外出务工6765人，贫困劳动力外出务工"一个超过两个不少于"目标达成，有效促进贫困劳动力稳定就业增收；累计安排扶贫资金2790万元，发展扶贫产业90个，推动扶贫产业不断发展壮大。截至2020年底，全市建档立卡贫困人口14665人全部实现脱贫，8个贫困村全部出列，贫困发生率实现清零。

【产业转型】 2020年，合山市加强服务企业力度，实现工业转型"质"的提升。通过建立服务企业"直通车"联系工作制度，帮助企业复工复产。加大招商引资力度，实现产业基础不断增强。全市规上工业总产值增长25.3%。煤炭企业稳产达产，生产原煤57.3万吨，增长351.7%；火电产业持续增长，电力行业产值增长17.1%；碳酸钙产业逐步扩大，生产碳酸钙系列产品及下游企业达19家，其中投产16家，全年规上碳酸钙企业产值增长9.9%；深入开展"三企入桂"招商行动，新引进亿元以上产业项目7个，新设外资企业2家，成功引进7个产业补链配套企业项目，涉及物流、木材深加工、医药制造、康养、碳酸钙制造等产业；全年培育规上工业企业6家。合山产业转型不断加快升级。

【工业旅游】 2020年，工业旅游持续发展。成功打造特色旅游品牌——合山虎鹰工业旅游景区为国家AAA级旅游景区，合山工业旅游项目入选全国优选旅游项目名录。培育“旅游+研学”新模式，并将国家矿山公园东矿园区打造为广西中小生研学实践教育基地。工业旅游和研学活动得到上级媒体的关注，中央电视总台新闻频道《新闻直播间》用5分10秒的时间以《百年煤城转型升级开采“旅游黄金”》《工业研学旅游老煤城开采“旅游黄金”》直播合山国家矿山公园东矿园区国庆节期间工业旅游和研学活动情况，年内接待外来研学学生近1.1万人次。2020年，景区接待游客量为227万人次，同比减少24.6%，旅游消费21.9亿元，同比减少25.4%。

（撰稿：曾焕发　徐友香）

社会事业

【卫生与疫情防控】 2020年，全市有医疗卫生机构56家，其中市直医疗卫生机构4家，卫生院3家，社区卫生服务机构2家，个体诊所15家，民营医院2家，村卫生室29家。全市医疗卫生机构在职人员979人，在编人员595人，公立医疗机构聘用编外人员276人，共有卫生技术人员755人。全市共有住院床位数699张，全市每千人拥有病床位数5.85张；每千人拥有卫生技术人员数6.32人，执业医师数257名，注册护士数371名，医生与护士的比例约为0.69；有执业类（助理）医师257人，每千人口有执业类（助理）医师2.15人。家庭医生签约服务团队40个，签约医生84人，累计签约50595人。

2020年，合山市始终坚持人民至上、生命至上，强化责任担当，不折不扣抓好疫情防控工作。全市各级党组织把抓好新型冠状病毒感染的肺炎疫情防控工作当做当前最大的任务来抓，成立主要领导为组长的工作领导小组，建立市、镇、村、屯四级联防联控、群防群控体系，设立疫情防控组、医疗救治组等6个工作组，印发《合山市卫生健康系统新型冠状病毒感染的肺炎防控工作方案》，从全市机关企事业单位派遣1056名党员干部充实乡村一线统筹疫情防控工作，织密织牢“五张网”，落实落细“十严格”措施。同时，多方筹措资金8000余万元投入医疗机构基础设施设备、公共卫生防疫、生活物资和医疗物资保障等项目建设，保证疫情处置能力。累计全市共组织120名医护人员，随访服务6606人，建立重点人群健康档案，做好重点人群随访，做到一个不漏。指定合山市人民医院为定点救治医院，成立由柳州市工人医院与市人民医院、市中医医院、市疾控中心专业人员组成的防治专家组，启动预检分诊及发热门诊服务工作。完成市人民医院、疾控中心核酸检测实验室建设，日检测量合计达30000份。核酸检测结果全部阴性。强化院感防控制度落实，实行入院测体温、扫码制度，落实探视陪护制度，严防院内感染。按照30天满负荷运转需要，累计投入357.36万元采购防护服、口罩、护目镜等医疗物资，多次组织全市公立医疗机构、民营医院、个体诊所医务人员开展全员院感防控培训，培训覆盖率达100%。疫情发生以来，合山市防疫工作实现了零输入、医务人员零感染的目标。

【教育和科技事业】 2020年，合山市共有登记注册幼儿园38所，其中公办园27所（含21所村级幼儿园），民办园11所。全市在园幼儿4872人，学前三年毛入园率为96.53%。公办园在园幼儿2941人，公办园在园幼儿占比为60.37%。新增自治区多元普惠幼儿园2所，普惠性幼儿园覆盖率为92.45%，学前三年毛入园率达96%以上，学前教育普及普惠水平进一步提升；合山市义务教育均衡发展进一步优化，与全区同步通过国家省级督导评估，中考总体成绩稳居来宾前三，A+等级考生比例位列来宾第二；顺利通过自治区级普及高中阶段教育评估验收，合山高中高考成绩取得新突破，高考一本、二本上线人数稳步提升；持续改善办学条件，新建4栋中小学教学楼、2所幼儿园，教育信息化水平明显提升。2020年，合山市成功入库科技型中小企业2家；完成科技成果登记4项；完成科技成果转化1项；完成申报科技项目1项；培育高新技术企业2家：广西农大康园生物药品有限公司、合山华美新能源科技有限公司。合山市推荐的2020年科技特派员罗平获来宾市“最美科技工作者”荣誉称号。

【文化、体育事业】 “壮美广西·智慧广电”工程完成光缆线架设任务；合山工业（煤炭）研学课程《探秘八桂“光热城”，研学我国能源结构》荣获广西“十佳文博研学课程”；壮师剧《调解》入选2020年戏曲百戏（昆山）盛典参演作品，荣获参演纪念奖；彩调剧《儿子》入选广西当代文学艺术创作工程三年规划项目，并在全区巡演。非物质文化遗产有“合山壮师剧”“龙王壮族婚嫁习俗”“汉族抢花炮”三项入选，第五批自治区级非物质文化遗产代表性项目名录，合山市凭借合山壮师剧的独特魅力，被文化部命名为2014—2016年度“中国民间文化艺术之乡”称号。2017年，潘厚诚获自治区级非物质文化遗产代表性项目“合山壮师剧”代表性传承人称号。2019年，阮必龙获自治区级非物质文化遗产代表性项目“汉族抢花炮”代表性传承人。

2020年，合山市积极开展全民健身活动，增强人民体质，加强完善全民健身公共服务体系，逐步完善农村健身器材设备，大力开展以全民健身为主的各项体育赛事活动，群众体育蓬勃发展，体育健身意识普遍增强，人民群众的身体素质明显提高，全民健身工作成效明显。市教育体育部门按《国家学生体质健康标准》组织学生开展体质健康测试工作，全市6所小学2所初中1所高中1所职校全部学生参加测试，学校参加测试率、学生参加测试率、上报成功率均为100%。

（撰稿：曾焕发　徐友香）

党政机关

中共合山市委员会

重大决策

【学习贯彻习近平新时代中国特色社会主义思想和中共十九届四中全会精神】 坚持把学习宣传贯彻习近平新时代中国特色社会主义思想，与学习宣传贯彻中共十九届二中、三中、四中、五中全会精神，习近平总书记对广西工作重要指示精神以及在第十七届中国—东盟博览会和中国—东盟商务与投资峰会开幕式上的重要致辞讲话结合起来，坚持把学习贯彻习近平总书记重要讲话和重要指示批示精神作为市委常委会会议的固定议题。市委常委会班子成员带头旗帜鲜明讲政治，坚定维护党中央权威，自觉维护党中央集中统一领导。2020年，共召开16次市委常委会、5次理论中心组专题学习会，传达学习贯彻习近平总书记重要讲话和重要指示批示精神33次，以强有力的措施，统筹常态化疫情防控和经济社会发展各项工作。

【学习贯彻中共十九届五中全会精神】 认真学习领会中共十九届五中全会精神，及时召开传达学习会议，增强“四个意识”、坚定“四个自信”、做到“两个维护”，把思想和行动高度统一到以习近平同志为核心的党中央决策部署上来，推动各项工作取得新成绩、开创新局面，确保如期完成决战脱贫攻坚、决胜全面建成小康社会目标任务。

【开展“文明守法幸福乡村”示范创建活动】 不断提升改善人居环境，扎实推进“美丽合山·幸福乡村”和“三清三拆”环境整治工作，把“幸福乡村”建设和农业产业结构调整、公共文化服务发展、农村人居环境改善以及脱贫攻坚成效巩固提升相结合，扎实开展“产业富民、服务惠民、基础便民”3个专项活动，让老百姓享受到更文明更健康的生活。

【开展第九轮常规巡察工作】 以党的政治建设为统领，对照“三个聚焦”“四个落实”，围绕党的政治建设、思想建设、组织建设、作风建设、纪律建设、反腐败斗争、上轮巡察整改情况等，成立3个巡察组对合山市12个单位开展常规巡察，进行“全面政治体检”。通过开展第九轮常规巡察，进一步推动巡察工作全覆盖，为贯彻落实中央、自治区、来宾市和市委的重大决策部署提供坚强保障。

【鹿心社到合山市调研】 广西壮族自治区党委书记鹿心社在合山调研时指出：汇聚干事创业的强大动力，突出问题导向，扎实推进经济高质量发展，发展现代特色农业，巩固脱贫成果，持续深化改革强化创新，不断提升营商环境，高质量完成全年各项目标任务。

【加强党风廉政建设】 以正风肃纪反腐凝聚党心民心，坚决惩治腐败纠治不正之风。强化日常监督治病救人，实施精准有力执纪问责，2020年全市纪检监察机关运用“四种形态”处置196人次。开展问题线索大起底大排查大督办工作，认真梳理中共十八大以来收到的问题线索，共排查出问题线索164件。坚持“无禁区、全覆盖、零容忍，重遏制、强高压、长震慑”方针，始终保持高压态势不动摇。坚持抓好党性党风党纪和廉洁从政教育，召开2次集体廉政谈话会，开展正科级以上领导干部警示教育活动2次，全市处级领导、科级领导“一对一”谈话提醒实现全覆盖。

【推进全面深化改革】 持续深化“放管服”改革，全面优化营商环境各项工作，政务服务“简易办”改革有序开展，加快推进减事项、减层级、减环节、减材料、减时限工作，继续落实新设立企业激励办法。出台《合山市外商投资企业激励办法（暂行）》，对合山市新引进的外商投资企业在税收、用地、到位资金等方面给予奖励，降低奖励门槛，激发外资企业投资活力。制定《合山市招商引进落地项目、重大项目局长代办服务企业（优化营商指标）一览表》，建立重大项目工作“局长代办制”，为企业顺利在合山落地提供一条龙服务。

【研究部署经济工作】 按照“聚力产业发展、打赢三大攻坚战、提振发展信心”的工作思路，坚持疫情防控常态化与促进经济社会平稳发展“两手抓”，认真抓好“六稳”工作，全面落实“六保”任务，推动全市经济社会转型发展迈上新台阶。九届中共合山市委常委会第一百二十四次会议研究讨论通过《合山市2020年经济工作任务方案》，并印发实施。

【脱贫攻坚工作】 始终把脱贫攻坚作为重大政治任务和第一民生工程，按照“核心是精准、关键在落实、确保可持续”的要求，坚持疫情防控和脱贫攻坚“两个战场”同部署、齐发力，紧盯年度脱贫攻坚目标任务，集中力量打好“四大战役”和“四场硬仗”，扎实推进就业扶贫、产业扶贫、消费扶贫、兜底扶贫等重点工作，脱贫攻坚工作取得全面胜利。“精神扶贫·合山经验”在全国得到推广学习，《精神扶贫的“合山经验”——广西壮族自治区合山市“三扶合一”新路子》作为全区唯一典型入选中宣部2020年主题出版重点出版物《中国减贫奇迹怎样炼成·扶贫扶志故事选》。

【研究部署扫黑除恶专项斗争】 2020年，共召开4次市委常委会、4次市政府常务会听取和研究部署扫黑除恶工作，召开4次全市性会议推进扫黑除恶工作，做到疫情防控不放松、扫黑除恶再加速，推动专项斗争取得全面胜利。持续推进扫黑除恶专项斗争，坚持依法严惩、打早打小、除恶务尽，深入开展“一十百千万”“六清”行动，始终保持对各类黑恶势力违法犯罪的严打高压态势，人民群众安全感明显增强。

【研究部署群众安全感满意度提升工作】 坚持深入推进矛盾风险防控化解，及时把矛盾化解在基层，消灭在萌芽状态。坚持全面提高社会治理综合能力，建成市、镇、村三级综治中心，划分网格管理；接入“雪亮工程”，建立监控探头，整合社会视频资源，实现共享总平台与综治分平台、公安分平台互联互通。坚持强化治安管理，持续开展“百警进企业”“百警大巡逻”活动，在重大敏感节点实行公安武警联勤巡逻机制，实施24小时全天候治安防控，保持对各类违法犯罪活动的高压态势，全市呈现出经济稳步发展、社会和谐稳定、民族团结进步、人民安居乐业的良好局面。2020年，来宾市群众安全感满意度测评为99.8%，扫黑除恶专项斗争成效满意度测评为98.47%，两项测评在来宾市各县（市、区）中排名第一。

【研究部署安全生产和防汛抗旱工作】 认真贯彻落实习近平总书记、李克强总理关于安全生产、防灾减灾救灾等一系列重要指示批示精神和上级党委工作部署要求，坚持履行“一岗双责”主体责任，定期研究部署安全生产、防汛抗旱、森林防火大等工作，抓好各行业安全生产工作，督促企业和监管部门认真落实主体责任和监管责任，实现全年无重特大安全生产事故、森林火灾和洪涝灾害发生。

重要会议

【“文明守法·幸福乡村”示范创建活动表彰大会】 2020年1月7日下午，市委副书记李波主持召开合山市2019年度“文明守法·幸福乡村”示范创建活动表彰大会。市委书记莫莲出席大会并讲话，强调一是要加大文明守法宣传力度，二是要提高“幸福乡村”活动水平，三是要进一步动员社会参与。

【全市领导干部暨市四家班子领导述职述廉评议会议】 2020年1月9日，市委书记莫莲主持召开全市领导干部暨市四家班子领导述职述廉评议会议，市人大常委会主任蓝宾北、市政协主席覃武仕等市四家班子领导参加会议，来宾市考核组成员到会指导。会上莫莲代表合山市委领导班子作述职述廉报告。会议指出，2019年以来，合山市委班子认真学习贯彻落实习近平新时代中国特色社会主义思想，深入贯彻中共十九大和十九届二中、三中、四中全会精神，不断提高政治站位，不断加强自身能力建设，履职尽责，在新时代进一步创造合山经济快速发展和社会长期稳定良好局面，促进全市各项工作实现跨越式发展。

【“不忘初心、牢记使命”主题教育总结大会】 2020年1月21日上午，市委副书记、代市长徐钊主持召开合山市“不忘初心、牢记使命”主题教育总结会，市委书记莫莲出席大会并讲话。会议强调要贯彻落实习近平在“不忘初心、牢记使命”主题教育总结大会上的重要讲话精神，不断加强党的建设、持续推动不忘初心牢记使命。

【新冠肺炎疫情防控工作部署会议】 2020年1月23日上午，市委副书记、代市长徐钊主持召开合山市新型冠状病毒感染肺炎疫情防控工作部署会议，市委书记莫莲出席大会，会议传达学习中央领导重要指示批示精神，国务院常务会议有关要求，以及全国、自治区、来宾市新型冠状病毒感染肺炎疫情防控工作电视电话会议精神，部署合山市疫情防控工作。

【合山市行政区划调整工作推进会议】 2020年3月2日上午，市委副书记、代市长徐钊主持召开合山市行政区划调整工作推进会议，研究部署行政区划调整工作，市委书记莫莲发表讲话，要求全市各单位紧密配合开展工作。

【合山市召开2020年农村工作会议暨决战脱贫攻坚大会】 2020年4月7日下午，合山市召开2020年农村工作会议暨决战脱贫攻坚大会。会议通报传达了中央脱贫攻坚专项巡视“回头看”工作情况、“四合一”实地核验反馈问题情况，总结了全市2019年“三农”工作，安排部署2020年“三农”工作及脱贫攻坚工作，要求进一步夯实乡村振兴基础，确保合山市与全国、全区一道，同步实现全面建成小康社会伟大目标。

【中共合山市第九届纪律检查委员会第五次全体会议】 中国共产党合山市第九届纪律检查委员会第五次全体会议于2020年4月29日在合山召开。来宾市人大常委会副主任、合山市委书记莫莲出席全会并讲话，强调要以习近平新时代中国特色社会主义思想为指导，认真学习贯彻中共十九大和十九届二中、三中、四中全会，以及十九届中央纪委四次全会、十一届自治区纪委六次全会、来宾市纪委四届六次全会和合山市委九届五次全会精神，一体推进治理体系和治理能力现代化，奋力书写全面从严治党、党风廉政建设和反腐败斗争新篇章。

【合山市召开重点工作推进会】 2020年8月24日上午，合山市召开全市2020年重点工作推进会议，总结分析近期重点工作，安排部署下一步工作。莫莲、徐钊、蓝宾北、覃武仕等四家班子及市直各部门主要负责人等出席会议。

【合山市召开乡村风貌提升“三清三拆”专题会议】 为切实改善全市群众居住条件和乡村风貌，确保乡村风貌提升三年行动目标任务如期完成，2020年12月16日上午，合山市召开乡村风貌提升“三清三拆”专题会议，决定在全市开展乡村风貌提升“三清三拆”攻坚活动。蓝宾北、覃武仕等在家的市四家班子领导参加会议。

【合山市部署2021年村（社区）“两委”换届选举工作会】 2020年12月21日下午，合山市召开2021年村（社区）“两委”换届选举工作会议，深入学习贯彻习近平总书记关于农村和城市基层党建的重要指示精神以及中央、自治区党委和来宾市委有关部署要求，全面启动合山市新一轮村（社区）“两委”换届选举工作。来宾市人大常委会副主任、合山市委书记莫莲出席会议并讲话，强调要提高政治站位，突出重点难点，强化责任落实，高标准高质量确保村（社区）“两委”换届工作圆满完成。

【中国共产党合山市第九届委员会召开第五次全体（扩大）会议】 1月2日，中国共产党合山市第九届委员会召开第五次全体（扩大）会议，全会高举中国特色社会主义伟大旗帜，坚持以习近平新时代中国特色社会主义思想为指导，深入贯彻落实党中央、自治区党委、来宾市委决策部署，总结2019年工作，部署2020年任务，坚持稳中求进工作总基调，进一步动员全市上下，忠诚干事、干净干事、担当干事，推动合山市经济社会转型发展迈上新台阶。

【中国共产党合山市第九届委员会召开第六次全体（扩大）会议】 7月20日，中国共产党合山市第九届委员会召开第六次全体（扩大）会议，全会批准赖云峰辞去中国共产党合山市第九届委员会委员职务，按照党章及党内有关规定，决定递补市委候补委员谭冠珀为中国共产党合山市第九届委员会委员，并审议通过《来宾市兴宾区和合山市部分行政区域界线调整方案（送审稿）》。

【市委常委会会议】 2020年共召开市委常委会议40次，共议事项457项。其中，1月2日、3月10日、11月12日召开的会议先后审议市委工作报告；审议通过人大工作报告、政府工作报告、政协工作报告；传达学习贯彻中共十九届五中全会精神等。

【四家班子领导（扩大）会议】 2020年，市四家班子领导（扩大）会议分别于3月3日、3月17日、3月31日、

4月26日、5月30日、9月8日召开。会议先后讨论合山市2020年经济工作任务方案；传达学习《广西基础设施补短板“五网”建设三年大会战总体方案（2020—2022年）》《关于加快推进基础设施补短板“五网”项目建设若干政策》《自治区党委常委、常务副主席秦如培在全区基础设施补短板“五网”建设三年大会战工作部署电视电话会议上的讲话》精神，研究合山市“五网”建设工作；审议《合山市行政区划调整可行性报告》；总结合山市一季度脱贫攻坚工作，部署全市项目工作；研究讨论合山工业走廊调研报告及合山市“三线一单”编制初步成果等。

中共合山市委办公室

【概况】 中共合山市委办公室（简称“市委办”），是市委的综合部门，为正科级。市委办内设综合股、秘书股、文电股、党务法规股、信息股、行政财务股、外事档案股改革股、机要通讯股、密码股、保密股。下设市委全面深化改革委员会办公室、市委国家安全委员会办公室、市委外事工作委员会办公室、合山市委政策研究中心。

【办文办会】 2020年，共办理上级来文1150余件，没有出现迟办、漏办、丢失、泄密现象。承办市委常委会、市委全委（扩大）会、全市性大会等110余场次，无一重大失误。持续落实基层减负工作，严格按照中央、自治区“基层减负”要求，压实减文控会，守住会议文件“只减不增”红线，制定“工作计划清单”，统筹压减会议数量和时间，着力改进会风。2020年，市委下发文件78件，同比减少4.9%；市委办下发文件65件，同比减少45.8%。组织召开全市性会议73次，同比减少2.7%。

【信息报送】 2020年，坚持“及时、准确、全面、真实”的原则，加大信息调研力度，广泛筛选信息，积极开发、挖掘“精品信息”，为进一步增强信息为各级领导科学决策服务的效能，反复提炼要点，不断提高信息质量。2020年，市委办累计向自治区、来宾市上报党委信息481条，其中，日常信息241条，网报信息240条，党委信息报送在来宾市得分2770分，完成全年信息报送任务的277%。在自治区采用累计得分1796分，完成全年信息报送任务的449%，在111个县（市、区）中排名第11位。2020年12月，合山市委办被自治区党委办公厅评为“2018—2019年度全区党委信息工作”先进单位。

【保密工作】 2020年，围绕上级保密部门的安排部署和各项要求，贯彻落实上级保密工作业务部署，做好全市保密工作。结合自身实际开展工作，制定全市保密工作计划并组织实施。负责对全市保密工作的监督、检查、指导和管理。负责市本级保密行政复议、行政诉讼应诉工作。组织开展保密宣传教育工作。督促查处失泄密案件。督促涉密单位建立健全规章制度，加强防范，强化管理，抓好市保密委员会各项工作的落实。

（撰稿：市委办公室）

组织工作

【概况】 中共合山市委组织部是市委管理全市党的基层组织建设、干部队伍建设和人才队伍建设的职能部门。

合山市委组织部所属事业单位有3个：合山市党员干部现代远程教育管理办公室、合山市老干部活动中心、合山市人才发展服务中心。合山市党员干部现代远程教育管理办公室，参公管理，编制10人，在职在编9人，设主任1名，为副科级领导干部。合山市老干部活动中心，参公管理单位未定级，编制5人，在职在编3人。合山市人才发展服务中心，事业单位，编制8人，在职在编7人，设主任1名，为副科级领导干部。

【领导班子和干部队伍建设】 坚持围绕忠诚干净担当的要求，在干部选拔管理过程中突出政治标准，坚持把那些政治坚定、敢于负责、勇于担当、善于作为、实绩突出的干部使用起来。2020年，组织部门提拔13名一线实绩表现突出干部，占提拔或进一步使用人数的48.15%。制定出台《合山市进一步完善基层干部激励保障制度实施方案》，研究出14项激励保障措施，明确激励保障对象、落实责任单位及工作要求。建立领导干部谈心谈话制度，市四家班子领导定期对分管的科级领导干部进行谈心谈话，了解他们的工作、生活情况，帮助协调解决实际困难；建立和完善乡镇机关事业单位工作人员乡镇工作补贴机制，全市有900多名基层干部待遇得到提高。以政治建设为统领，选优配强科级领导班子。2020年，共调整科级领导干部87人次，为各项事业发展提供强有力的组织保障。注重培养选拔年轻后备干部培养专题调研，发现和储备110名优秀年轻干部，选派11名年轻副科级领导干部到扶贫办挂职锻炼。2020年，提拔或进一步使用科级领导干部27人。其中，少数民族干部20人，党外干部3人，“85后”干部13人。

【党的基层组织和党员队伍建设】 2020年，合山市共有29个行政村党总支部，5个社区党委，114个屯级党支部（含联合党支部），有57个居民小区党支部，农村党员2254名，社区党员2316名。按照“八个一”整改措施，排查和整顿北泗村、里兰矿社区共2个软弱涣散村（后进村）党组织。2020年，组织强化对工作队的管理工作和宣传力度。深挖一批工作队员先进事迹和工作队管理经验在各级媒体宣传，吸引和激励外出务工经商人员回乡创业。返乡人才创办领办经济实体共20个，提供就业岗位75个，创业投资1268万元。

【机关党建】 以实施基层党建“晴雨卡”动态管理活动为抓手，分6个领域量身定制任务清单，通过评比挂牌“晴雨卡”亮相，实行党建工作等次动态管理，促使党组织负责人主动履职尽责，推动党支部达标创优。在农村，深化拓展农村基层党组织“星级化”管理，并向屯级党组织延伸。年内共排查整顿2个软弱涣散村（后进）党组织。持续开展扫黑除恶专项斗争工作，对全市362名现任村“两委”干部进行联审，共清理12名不符合条件的村“两委”干部，开除7名有涉恶行为的农村党员党籍。2020年，全市村集体经济账收入462万元，全市34个村（社区）集体经济收入全部达到5万元以上，其中，收入10万元以上的村有17个，20万元以上的村有4个，50万元以上的村有2个。全面推行基层党组织标准化规范化建设，严格党组织换届选举，规范职数设置和换届选举流程，督促各党组织到期换届。深入开展党组织和在职党员进社区“双报到”活动，70多个机关党组织1000多名党员到农村、社区开展各类志愿服务活动200余次，为民办实事好事400余件。

【“两新”组织建设】 开展“两新”组织党建工作重点任务“百日攻坚”，扩大两个覆盖。2020年，合山市非公有制企业共285家，其中正常生产的非公有制企业总数为179家，组建非公企业党组织1个，撤销非公有制企业党组织1个。非公有制企业党组织覆盖率89.94%，党组织单独组建率30.73%。2020年，合山市发展两新组织党员5名。开展“党旗领航·消费助脱贫”“党旗领航·机关联企助村”“党旗领航·电商扶贫”等“党旗领航+”系列活动。通过支部结对联建，提高“两新”组织党组织生活质量，解决贫困村就业和企业工人短缺问题，实现双赢。2020年，合山市两新组织举办“党旗领航”主题活动15场，设立党员先锋岗、责任区、服务队等65个。为贫困村引进资金5万元，捐款捐物1.5万元，引导357户贫困户发展产业，办好事实事50件，采购贫困村农副产品2.18万元，2020年6月，岭南镇成立来宾市首家两新组织联合党总支部，打造300平方的镇级两新组织党群服务中心，选出5名支委对岭南镇辖区17个两新党组织和党员进行统一管理、共同开展组织生活，增强党组织凝聚力和党员向心力。

【人才引进和培养】 合山市坚持把人才作为第一资源，重点在引好、用好、服务好上下功夫，确保人才留得住，发展好，努力建设一支有规模、有活力、敢担当的人才队伍。2020年，结合合山产业转型发展实际，不断加强人才引进和培养工作，以开展自主招聘活动形式，全年共引进35名紧缺急需专业的全日制本科毕业生到合山市工作，有效解决合山缺乏高学历、专业性人才的问题。2020年，全市共对75名副高职称以上的专业人才发放职称奖励16万元，落实人才安家费、土专家津贴11.2万元。对符合条件的11名引进人才全部安排入住人才公寓，解决人才后顾之忧。

【干部教育培训】 2020年，合山市共举办各类培训班29期，培训干部4300多人次，其中，举办科级干部干部教育主体培训班5期，培训干部300人左右；举办基层党组织书记及党务工作者培训班，培训干部200人左右。举办党政系统干部全员培训3期，培训干部300人左右。各行业部门举办各类业务培训班20期，培训干部3500多人次。另外，合山市配合上级部门选调处级干部参加各类调训9人次，选调科级领导干部参加各类调训7人次。

【发展党员】 贯彻落实发展党员工作方针，明确各领域发展党员数量、结构，严格规范入党前培训。2020年，举办发展对象入党前培训班2期。落实好发展党员工作全程纪实制度，全程记录申请入党、入党积极分子的确定和培养教育、发展对象的确定和考察、预备党员的接收、预备党员的教育考察和转正等发展党员5个阶段25个步骤。2020年，全市发展党员107名。其中，女党员57名，少数民族88名，35岁及以下83名，农牧渔民37名，高知识群体1人，非公有制经济组织5名。

【远程教育】 组织全市开展“红色传奇进校园”、“党课开讲啦”和“学习身边榜样”等活动，共开展党课专题授课385节，受众党员群众8000多人。选送合山市检察院党支部刘宗云、合山市公安局党支部蒙文静、合山市实验初中党支部谭凤伟3名党员代表参加来宾市“党课开讲啦”比赛，分别获二等奖、三等奖、“优秀奖”，刘宗云、蒙文静获评“来宾市十佳党员教育好讲师”。组织摄制党员教育电视片5部、党课课件2部，其中，《一份“特殊”的答卷》获得全区党员教育“八桂先锋”优秀作品（课件）评选优秀奖。

【党建工作示范点建设】 合山市在机关事业单位中深化基层党建“晴雨卡”动态管理，注重结果运用，促进党建工作与业务工作深度融合，合山市扶贫办荣获全区一等功公务员集体称号，合山市税务局和合山市实验小学分别获得全国文明单位、自治区文明校园称号。

【公务员管理】 2020年，经笔试、面试、体检、考察等层层筛选，共招录公务员55名（含选调生9名）。按照《广西壮族自治区新录用公务员试用期管理办法实施细则（试行）的通知》精神，依托广西干部网络学院平台，组织2019年新录用公务员18人参加网络初任培训班，参加率及完成率100%。2020年7月27日至8月14日，分3期举行机关事业单位人员全员培训班，共400名学员参加培训。对全市54（含7个退出参照管理单位）个参公单位开展重新认定，收集完善文件材料。2020年，对82名公务员（含参公人员）进行了职级晋升。同时做好2019年及以后招录的17名选调生到村任职、公务员平时考核工作。

【妇女干部培养】 注重统筹推进培养选拔女干部与加强领导班子和干部队伍建设。建立优秀女性人才信息库，完善建立管理档案，全市110名科级后备干部中有女干部52名。2020年，安排5名科级女干部到扶贫办跟班学习，培训女干部1800人次。提拔或进一步使用女干部11人，占提拔人数的40.7%。全市科级女干部占科级干部队伍的比例从2016年初的23.4%提高到2020年底的26.7%。

【老干部管理】 2020年，市委老干部局负责服务管理市属离休干部3人、退休的四家班子原领导18人；代管合山市老年大学学员600余人，“五老志愿服务队”20余人。2020年，组织离退休老干部参加合山的重大会议，并组织开展志愿服务活动，取得了良好成效。在疫情防控期间，号召老年大学学员遵守防疫政策，居家自我隔离，圆满完成防疫任务。

【老干部政策落实】 2020年，市委老干部局坚持落实上级有关政策，从离退休干部的两个待遇入手，推进合山市老干部工作。政治待遇：市委老干部局认真组织老干部进行政治理论学习，加强老干部思想政治工作。定期或不定期组织离退休干部集中学习及春节、重阳节座谈会，让他们及时了解当前的国际国内形势与市委、市政府的各项中心工作，把离退休干部的思想和认识统一到自治区、来宾市和合山市市委、市政府的重大决策上来。2020年，市委老干部局为老干部活动中心阅览室征订10多种党报党刊、学习资料、时事政治、养生健身报刊书籍。为每位离休干部和退休的四家班子原领导每人征订一份《中国老年》《老年知音》《中国老年报》等刊物，并坚持每周送到老干部家中。生活待遇：落实好老干部离休费、医药费、生活补助费、护理费、伤葬费、抚恤金等待遇政策。将老干部的离休费、医药费、护理费、特需经费、报刊费、慰问费等全部纳入财政预算。2020年，市老干局协同人社、财政等部门，按离休10000元／人、退休6000元／人的标准为全市1800多名离退休干部落实发放离退休生活补助1100余万元。为老干部办实事、办好事。8月，组织17名离休干部和退休的四家班子原领导到医院进行健康体检。2020年，为符合条件的3位离休干部（或遗孀）进行帮扶，发放帮扶基金共计3000元。同时做好春节慰问工作。2020年，共发放离退休干部春节慰问金362.51万元。

【老干部文体活动】 依托合山市老干部党校和老年大学，组织离退休干部代表、关工委“五老”人员，为党和人民事业增添正能量活动。9月23日，组织老年大学学员参加来宾市离退休干部“决胜小康奋斗有我”暨自治区“多彩金秋”广场舞选拔赛荣获三等奖。同时开展“我为脱贫攻坚添动能”，组织老年大学表演队到各村进行文艺演出9场。疫情防控期间，组织合山市老年大学学员创作抗疫书法、绘画作品30余幅，为一线抗疫人员加油打气、鼓舞士气。

【关心下一代工作】 开展慰问留守儿童和贫困生工作。“六一”儿童节，市关工委联合团委妇联等部门到河里镇中心小学开展慰问工作，为留守儿童献上蛋糕、书包等慰问品。开展党史、国史教育在全市各中小学校开展清明节祭扫英烈活动期间，组织两名“五老”人员到革命英雄纪念碑前向中小学生讲述革命烈士的英雄事迹，激励学生要继承先烈的遗志，努力学习，做一个合格的共产主义接班人。同时9—10月，市“五老”宣讲团成员到全市各中小学校作“百老进百校——铸魂护航”巡回宣讲，取得良好效果，反响热烈。

【老年大学建设】 2020年，合山市老年教学综合楼室外建设以及室内装修工程基本完成，完成投资168万元，配套空调、课桌椅等硬件设备已经完成采购，2021年即可交付使用。2020年，疫情防控期间合山市老年大学的学员自发为抗疫捐款17520元，创作抗疫书法、绘画作品30余幅，用实际行动践行社会责任。2019年12月，合山市老年大学被自治区党委组织部、自治区党委老干部局和自治区人力资源和社会保障厅授予“全区离退休干部先进集体”荣誉称号。2020年7月，在全区老年大学建设经验交流会上，合山市老年大学受邀做典型发言，并得到与会领导的点名表扬，认为合山资源共享的做法值得借鉴和推广。

（撰稿：市委组织部办公室）

宣传工作

【概况】 合山市委宣传部共有6个编制，其中，5个行政编，1个工勤编，3个领导职务。内设机构：设办公室、新闻宣传股2个股室，同时加挂合山市精神文明建设委员办公室、合山市新闻出版局等2块牌子开展相关业务工作。合山市委讲师团为合山市委宣传部管理的事业单位，于2020年3月24日经合山市委编办批复成立，类别为公益一类，共有事业编制6个，其中，1个行政管理岗位，5个专业技术岗位，正职1个，副职1个。合山市社科联自2010年1月成立以来，均与合山市市委宣传部合署办公（执行两块牌子，一套人马）。合山市社科联现有编制3名，其中，合山市社会科学界联合会设主席1名（由市委宣传部一名副部长兼任），专职副主席1名（副科级），干部职工1名。

【理论学习与宣传活动】 抓好党委（党组）中心组学习。2020年，市委中心组共组织召开5次集中研讨学习，并开展宣传报道。完成“深入学习领会党的十九届五中全会精神、习近平总书记对广西工作的重要指示精神、习近平新时代中国特色社会主义思想的基本精神、基本内容、基本要求”等10个专题的学习。做到理论与实际紧密结合，结合转型发展、巩固脱贫成效、招商引资、旅游、民生建设等内容形成12篇调研文章。抓好党员干部党性理论学习。年初，制定下发《关于印发〈2020年全市学习宣传贯彻习近平新时代中国特色社会主义思想工作安排〉的通知》，对全市理论学习作出部署。将习近平新时代中国特色社会主义思想纳入全市理论学习，统筹全市理论学习工作。实行党委（党组）理论学习中心组学习巡听旁听制度，分组对3个镇党委理论学习中心组和部分市直党（工）委、党组理论学习中心组巡听旁听，进行指导。

宣传工作依托新时代文明实践中心（站、所），运用新媒体平台向居民群众宣讲依法、科学、精准防疫的知识，开展了学习贯彻中共十九届五中全会精神、习近平新时代中国特色社会主义思想等主题宣讲活动。发动各类志愿者开展宣讲活动，通过线下通过“线上＋线下”宣讲、文艺宣讲、身边宣讲的方式，共同抗疫。结合脱贫攻坚工作，开展“决胜全面小康、决战脱贫攻坚”、《习近平谈治国理政》第三卷、中共十九届五中全会精神主题宣讲，扎实推进宣讲进企业、进农村、进机关、进校园、进社区、进家庭，要求市四家班子领导、各单位主要领导、各单位宣讲员、驻村工作队员、第一书记开展宣讲。6月，自治区党委讲师团、来宾市委讲师团、合山市理论宣讲团联合到河里镇怀集村开展“决胜全面小康、决战脱贫攻坚”走基层宣讲活动。12月，自治区特聘教授洪明星到合山市和市里兰社区开展学习贯彻十九届五中全会精神主题宣讲。2020年，合山市结合各类主题宣讲开展讲习活动283场，受众人数40023人次。

【新闻报道】 2020年，合山市重点对组织开展“学习贯彻党的十九大精神”、疫情防控、脱贫攻坚等主题进行宣传报道。通过新华网、人民网、《广西日报》、广西云、广西广播电视台、《来宾日报》、来宾电视台、“大好合山”微信公众号、易企秀H5、抖音等平台，全方位、多层次宣传合山市转型发展亮点和成效。2020年，合山市共被地、市级以上党报党刊、电视台、电台等媒体采用稿件1799篇（条），其中，中央级媒体257篇，自治区级媒体403篇，地市级媒体1139篇。合山市电视台、“大好合山”微信公众号、易企秀H5、抖音等各类新媒体平台共刊发各类稿件8776篇（条）。合山市《“兔子”兄弟的创业秘籍》扶贫故事在央视总台英语频道刊播。2020年6月26日、10月2日央视总台《新闻直播间》分别刊播合山市绿色生态、工业研学。贫困村河里村村委会主任韦忠宝为“抗疫”献出生命的报道得到新华社、中新社、中央广电总台《国际在线》、中新网、“学习强国”学习平台、《广西日报》等媒体深度报道，全网点击量达430多万人次。新闻宣传报道成效显著。合山市荣获2019年度《广西日报》通讯报道甲等奖、中共合山市委宣传部荣获广西广播电视台通讯报道先进集体称号。

【新媒体整合】 2020年，合山市有新媒体平台6个，分别为“大好合山”微信公众号（粉丝量13832）、“合山市融媒体中心”抖音号（粉丝量6480）、“合山市融媒体中心”微博号、“合山市融媒体中心”百度百家号、广西云App合山客户端、新华社现场云App合山端。2020年，合山市新媒体平台共刊发（播）各类稿件6424篇，开展直播8场，总传播量3268098人次，其中，抖音号总传播量252万人次。2020年，合山市被“学习强国”平台采用稿件265篇，其中，被“学习强国”学习平台采用70篇，点击量超10万的有38篇，如《广西合山：党的十九届五中全会精神山歌宣讲志愿服务活动走进长模村》阅读量431万人次，《广西合山：山歌宣讲 让党的十九届五中全会精神进校园》阅读量72万人次等。发挥新媒体有全方位的数字化、有互动性、个性化等特点，借助市融媒体中心和新时代文明实践中心（站、所）等载体力量，录制小视频、设计宣传海报等融媒体产品，多渠道播放，提升社会宣传效益。2020年，共制作疫情防控宣传视频和海报、方言广播36个（张），新媒体平台累计浏览量27万人次，新媒体平台策划运营影响力有效提升。

2020年，合山市“融媒体＋政务服务”工作有序推进，实施媒体融合用好中央补助专项资金（100万元），购买全媒体传播所需设备，制定完善“策、采、编、发”等运行制度，对“广西云”“现场云”操作开展全员培训，构建“移动优先、多元传播”的融媒格局。在“广西云”合山客户端、“大好合山”微信公众号链接广西数字政务一体化平台（合山端）、交通安全综合服务管理平台、政府门户网站等便民服务项目。2020年9月，合山市融媒体中心通过自治区评估验收，获得“较好”等级。整合媒体矩阵形态，构建全媒体宣传矩阵。2020年，合山市搭建了媒体矩阵“四号两端一台一版”，即“大好合山”微信公众号、“大好合山”微信公众号、“合山市融媒体中心”抖音号、“合山市融媒体中心”微博号、“合山市融媒体中心”百度百家号、“广西云”App合山客户端、新华社“现场云”App合山端、合山电视台、《来宾日报》合山专版。微信公众号粉丝量从2019年4000多人涨

2020年3月27日，合山市组织开展“文明创建我志愿·决战脱贫攻坚我要拼”志愿服务活动 （宣传部提供）

到2020年13832人。2020年2月注册的抖音号粉丝量达6480人，平台传播力、影响力日渐增强。合山市融媒体中心、合山市新时代文明实践中心加速融合，打通宣传群众、教育群众、关心群众、服务群众的“最后一公里”，利用“壮美广西·智慧广电”平台打造村（屯）级新时代文明实践站网上平台17个。2020年，合山市融媒体中心制作的视频《粥和卷粉》获得新华社《小康中国千城早餐》优秀奖，报送的4部作品入围广西“疫去春来·歌传天下”第二届“三月三”短视频大赛，市融媒体中心荣获优秀组织奖和“广西日报第二届广西云十佳县级客户端”称号。疫情防控期间，合山市发挥县级融媒体作用助力疫情防控工作亮点被《广西新闻阅评》（第五期）中《来宾：紧扣疫情防控县级融媒体中心书写基层宣传责任担当》综合点评。《广西日报》2020年3月19日第15版头条对合山市融媒体中心发挥媒体融合作用助力脱贫攻坚做法进行正面宣传。

【网络管理】 2019年3月，市委网信办挂牌成立，是合山市委员会议事协调机构，行政级别为正科级，核定行政编制3名，设主任1名，副主任1名，内设股室综合股1个，下设二层事业单位合山市互联网舆情中心1个，核定事业编制4人。

2020年，合山市市委网信办制定《合山市突发重大网络舆情应急处置预案》《合山市进一步加强“网络促政”工作实施方案》。8月，组织开展来宾市网络安全宣传教育巡回轮训会（合山专场）业务培训，邀请上级相关领导和技术专家进行现场授课，对网络安全政策进行解读；进一步对网络安全知识常识进行普及，受训人数91人，分别对合山市北泗镇、合山市农村信用合作联社进行了2期网络安全工作巡回培训，受训人数138人；9月14日—20日举行2020年合山市网络安全宣传周活动。组织发放、张贴网络安全宣传手册、海报5600余份，发送网络安全公益短信20000余条，播放网络安全视频850余次，悬挂网络安全宣传横幅80余条，普及干部职工及群众共计22000余人。不断提升合山市网络安全工作业务水平和全市网络安全防护能力。

【学习党的十九届五中全会精神】 2020年，合山市利用合山电视台、《来宾日报》合山专版、广西云App合山客户端、"大好合山"微信公众号等融媒体平台，开设"深入学习贯彻党的十九届五中全会精神"专栏，多形式开展新闻宣传。通过制作推出图文、音频、短视频等融媒体产品，展现合山市上下学习贯彻中共十九届五中全会精神，凝心聚力推动合山市经济社会高质量发展的生动实践。2020年，合山市融媒体中心平台共发布相关主题稿件113篇（幅）。《广西合山：党的十九届五中全会精神山歌宣讲志愿服务活动走进长模村》被"学习强国"学习平台推送，浏览量达430多万。

【文明创建】 2020年，合山市创建自治区文明城市工作指挥部办公室印发《合山市2020年创建自治区文明城市工作实施方案》《关于调整合山市创建自治区文明城市指挥部成员的通知》等文件，分别召开创城工作动员部署和迎检工作推进会，高标准做好创城迎检各项工作，制作安装以"核心价值观""创城""讲文明树新风""诚信"等为主要内容的公益广告8500块，发放宣传资料3.5万份，通过手机短信平台发送宣传短信30万条，开展各种活动135场（次），投入资金810万元，外出考察学习先进县（市）创城工作经验和好做法3次，外出业务培训1人次共5天。组织全市干部职工开展问卷调查教育培训3次，组织社区干部和志愿者在城区全覆盖入户宣传，发放调查问卷4.5万份。全年召开材料审核培训工作会1次、材料审核推进会1次，具体明确各单位的分管领导和材料员150人次，市创城办派出工作人员到各单位指导收集整理材料31人次。

2020年12月28日，合山市获得广西壮族自治区文明城市称号。

【爱国主义和国防教育】 2020年，合山市依托公共文化设施、宣传文化阵地开展爱国主义、核心价值观教育。组织党员干部观看"新担当新作为新奉献"来宾榜样系列党员教育电视片、《红色传奇》等教育影片，强化革命传统教育，激励党员创先争优。2020年9月—12月，组织全市各级各单位干部职工观看以全国优秀共产党员、时代楷模黄文秀为原型创作的电影《秀美人生》，让广大党员干部和青年同志汲取榜样力量，为合山新时代发展做出贡献。7月20日，组织合山市实验小学代表队代表合山市参加来宾市"我邀明月颂中华"爱国诗词诵读比赛，作品《中国力量》荣获比赛三等奖。组织参加"看家乡新貌话小康生活"全区农民文艺会演，合山市共推送2个节目进行评选，其中，声乐类作品《阿妈她》在兴业分会场进行演出。组织人员参加"决胜小康奋斗有我"征文比赛、来宾市第二十七届青少年爱国主义读书教育活动征文、演讲暨讲故事比赛等，合山市实验初级中学获得来宾市第二十七届青少年爱国主义读书教育活动征文、演讲暨讲故事比赛优秀组织奖，合山市234名学生在青少年爱国主义读书教育活动征文、演讲暨讲故事比赛中获奖。以重大节日、重大活动为契机，扎实开展爱国主义教育。持续深化"践行价值观、文明我先行"教育实践活动，深化组织开展"学雷锋志愿者服务活动"、"我们的节日""扶贫济困"、清明云上祭扫、"4·4"全国哀悼日、国防教育进校园、疫情防控期间志愿服务、脱贫攻坚志愿服务等活动。在"五四""六一"期间，通过开展各类主题团日活动、主题队会活动、升旗仪式、新队员入团入队仪式、重温入团入队誓词等方式，把爱国主义教育融入日常实践中，激发广大青少年和少年儿童热爱国家、热爱党、热爱社会主义的朴素情感。9月24日，合山市在岭南民族初级中学开展2020年第20个全民国防教育日暨"国防教育进校园"活动，通过宣传展板展示、发放宣传资料等形式，让学生现场感受我国国防事业发展，引导全市中小学生从小树立国防意识、爱国主义意识。9月30日，在合山市新世纪广场革命烈士纪念碑前举办公

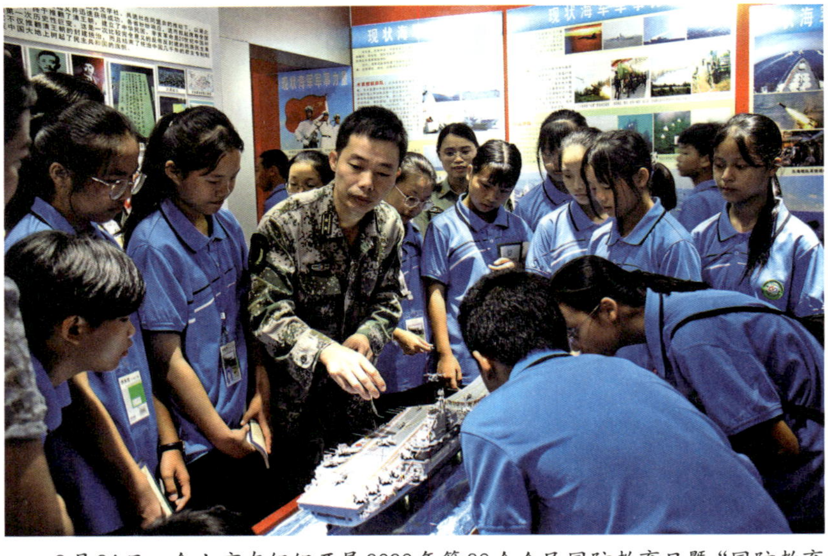

9月24日，合山市在组织开展2020年第20个全民国防教育日暨"国防教育进校园"活动 （宣传部 提供）

祭活动，缅怀纪念烈士，传承革命精神，弘扬红色文化，激发全市广大干部群众的爱国热情。通过形势报告会、交流座谈、专题讲座、专题培训等活动；利用合山电视台、《来宾日报》合山专版、大好合山微信公众号等新闻媒体，宣传爱国主义教育政策，以及活动中涌现出来的先进人物和模范事迹。

【未成年人道德思想建设】 2020年，合山市继续推进文明委成员单位和各级文明单位为未成年人办好事实事活动。通过报纸、网络、公益性广告牌等途径，宣传未成年人思想道德建设工作，营造全社会共同关爱未成年人健康成长氛围。组织引导未成年人参与“童心向党”“洒扫应对”“网上祭英烈”“网上签名寄语”“童谣征集”“向国旗敬礼”等教育实践活动，在网上祭英烈留言9500多条，“学习和争做美德少年”寄语7000多条。激发、引导未成年人的爱国热情和珍惜生活、努力学习，学会关爱、感恩和服务，从小培养良好的素质。开展以“奋进新时代争做追梦人”为主题的读书教育征文、演讲暨讲故事比赛。参加读书活动的学生9500多人，学生的爱国热情明显提高。5月30日，在来宾市新时代文明实践中心（来宾书城）举行的来宾市第二十七届读书教育活动讲故事和演讲比赛中，合山市石梦洁、庞昕玥分别获得讲故事比赛二等奖。韦朗清、凌樱芝、罗佳喜分别获得演讲比赛一、三等奖。9月30日，在金秀瑶族自治县桐木中心小学举办来宾市第三届来宾市乡村学校少年宫素质教育技能竞赛活动中，市合山岭南小学和河里小学分别获得技能竞赛二、三等奖。

2020年6月，中共合山市委宣传部被中共来宾市委宣传部、中共来宾市委统一战线工作部、来宾市民族宗教事务委员会评为“来宾市民族团结进步示范机关”。

（撰稿：市委宣传部办公室）

统一战线

【概况】 2020年，中共合山市委统战部（简称“市委统战部”），加挂中共合山市委台湾工作办公室、合山市侨务办公室、合山市民族宗教事务局，内设综合办公室1个股室。行政编制4名、工勤编制1名，实有在编4人，其中，部长1名、副部长2名。另设合山市民族语言办公室1个二层事业单位。11月23日，中共合山市委机构编制委员会同意设立合山市统一战线服务中心，与合山市民族语言办公室合署办公，事业编制8名，实有在编7人。

【民主党派与多党合作】 2020年，合山市有民革、民盟、农工党、致公党、九三学社5个民主党派成员11人，无民主党派基层组织。5月7日，市委印发《合山市2020年度政党协商计划》。7月2日，市委召开政党协商会议，围绕合山市国民经济与社会发展“十四五”规划听取民主党派、工商联、无党派人士意见建议，市委主要领导出席会议并讲话。9月28日，市纪委监委邀请民主党派成员、工商联负责人、无党派人士代表参加扶贫领域监督执纪工作专题汇报协商座谈会，通报合山市2020年，扶贫领域腐败和作风问题专项治理工作开展情况，围绕合山市扶贫领域监督执纪工作与党外代表人士进行座谈交流。

【党外知识分子工作】 7月9日，开展党外知识分子联谊会会员推荐工作。11月17日，成立合山市党外知识分子联谊会第二届会员大会筹备小组，并召开第一次会议。5月7日，合山市党外知识分子联谊会负责人受邀参加政党协商会议。

【非公有制经济】 2020年，市委统战部多举措宣传贯彻中央和自治区关于发展非公有制经济的方针政策。深入开展解决民营经济突出问题系列活动。1月13日，转发《关于继续开展解决民营企业突出问题攻坚行动的通知》。5月15日，印发合山市开展解决民营经济突出问题攻坚年活动方案。年内收集问题27个，推动解决25个，解决率达92.59%。2月下旬，开展规模以上民营企业复工复产情况调查，支持帮扶企业科学有序复工复产。推动“四上”民营企业登记注册广西“两个健康”促进云，引导民营企业通过“两个健康”促进云反映问题。11月，全市组织开展2020年民营企业家日主题系列活动，广泛营造尊重民营企业家、鼓励民营企业家创新的社会环境。搭建政企沟通协商平台。8月20日、10月4日，两次召开民营企业家座谈会，就当前经济形势、营造良好营商环境、构建亲清政商关系等，听取意见，查找问题，研究对策。引导非公有制经济人士自觉履行社会责任。2月2日，为打赢新冠肺炎疫情防控战、阻击战，市委统战部、市工商联向全市民营企业发出倡议，累计收到捐款30余万元、抗疫物资折合280余万元。十余家民营企业、商会参与马安村统一战线助力乡村振兴示范点创建，捐款捐物达10万余元。树立和表彰非公有制经济人士先进典型。广西合山虎鹰建材有限公司总经理杨少琪被授予“第五届广西优秀中国特色社会主义事业建设者”荣誉称号。广西杨强投资有限公司、广西合山虎鹰建材有限公司等4家企业被授予“广西民营企业参与脱贫攻坚先进单位”荣誉称号。

【新的社会阶层人士统战工作】 2020年7月7日，在全市开展新的社会阶层人士代表人士推荐工作。9月28日，印发《合山市新的社会阶层人士统战工作联席会议制度》《合山市新的社会阶层人士统战工作联席会议成员单位职责》。12月18日，合山市新的社会阶层人士联谊会成立大会召开，选举产生了合山市新的社会阶层人士联谊会第一届理事会领导机构成员。同日，合山市首个新的社会阶层人士统战工作实践创新基地在合山市华夏幸福养老服务有限公司挂牌。

【港澳台统战工作】 开展港澳台同胞调查，了解掌握全市港澳台基本情况。利用春节、中秋等中华民族传统节日，组织开展慰问台属和困难侨胞侨属活动。在全市广泛开展纪念《中华人民共和国归侨侨眷权益保护法》颁布实施30周年宣传活动，强化全市依法维护归侨侨眷权益意识，营造贯彻侨法和知侨、爱侨、护侨、懂侨的侨务工作。加强自治区侨办拨付资金管理，提高资金使用效益。

【海外统战工作】 开展广西海外侨界代表人士推荐工作，向上级统战部门推荐两名代表人士候选人。春节前夕，慰问合山市外派老挝教师唐兰萍家属，送去党委、政府的新春祝福，表达对家属支持华文教育事业的感谢。

【党外代表人士队伍建设】 6月29日至7月4日，在广西大学举办一期党外干部、非公有制经济代表人士暨“两新”组织负责人培训班，31名党外干部、16名非公有制经济人士“两新”组织负责人、3名新的社会阶层人士代表参加培训。开展少数民族、党外知识分子、非公有制经济人士和新的社会阶层人士等代表人士推荐确认工作，充实完善合山市党外代表人士数据库。推荐18名党外代表人士参加广西统一战线网络学院学习。将党外干部教育培养情况纳入年度统战工作督查内容。年内新提拔党外科级干部3人。截至12月底，12个政府工作部门配备了13名党外领导干部，占政府工作部门数的48%。其中，财政局、政务服务和大数据发展局配备了行政正职，法院领导班子配备有1名党外干部。

（撰稿：统战部办公室）

巡视巡察

【概况】 2020年1 2月，市委巡察办设主任、副主任各1名，其他工作人员4名（含市纪委监委抽调1名），市委巡察组设正组长3名、副组长3名。其中行政编制8人，事业编制3人，事业编制空编3名。

【常规巡察】 2020年，根据市委统一部署，市委巡察工作领导小组组织开展了2轮常规巡察，共巡察17个市直机关单位党组织。开展九届合山市委第九轮常规巡察。受新冠肺炎疫情影响，第九轮巡察推迟到4月28日正式启动。第九轮巡察根据“六个围绕一个加强”总体要求，以“四个落实”“三个聚焦”为重点，对12个市直机关单位开展常规巡察，共发现问题120个，移交问题线索3条。开展九届合山市委第十轮常规巡察。第十轮巡察于9月下旬与来宾市同步开展，本轮巡察共安排2个巡察组采取“一托二”“一托三”方式对5个市直机关部门党组织进行常规巡察，共发现问题40个，移交问题线索4条。同时，安排市委第二巡察组正、副组长参加来宾市委统一对教育系统、医疗系统上下联动专项巡察。

【上级巡察整改】 2020年1月15日，来宾市委第一巡察组反馈2019年9月26日至12月29日对市委落实巡察工作主体责任开展专项巡察意见。针对反馈意见，市委巡察办履行职责，协助市委整改办组织落实好整改工作，安排副主任参加市委整改办工作，协助制定了《来宾市委第一巡察组巡察合山市委落实巡察工作主体责任反馈意见整改落实工作方案》《市委常委会反馈意见整改民主生活会方案》等文件。2020年4月30日，来宾市委第一巡察组向市委反馈的5个方面13个具体问题中，已完成整改12个，基本完成整改1个，问题整改完成率为100%。42条整改措施中，落实到位41条，正在落实1条，措施落实到位率为97.62%。完成巡察机构自身整改工作任务，合山市委巡察机构对照《合山市委落实巡察工作主体责任反馈意见整改落实工作方案》全面认领了涉及巡察机构的4个方面10个具体问题，并将问题细化制定了29条整改措施，对每条措施明确了整改时限，截至4月30日基本完成整改任务。8月21日，来宾市委督导调研组“查漏补缺工作”督导中指出了合山市委巡察工作还存在一些问题和不足。针对这些问题，市委巡察机构能够认真对待，采取措施加以整改，并在规定时间内完成了整改任务。

【本级巡察整改】 2020年，市委开展两轮常规巡察共发现问题160个，其中，第九轮常规巡察反馈被巡察党组织整改问题120个，第十轮常规巡察反馈被巡察党组织整改问题40个。市委巡察机构履行督办职责，与市纪委监委、市委组织部等部门联合，通过开展巡察整改跟踪督办和日常监督检查等方式，强化巡察整改监督机制，压实整改责任，推动整改落实到位，共同做好巡察“后半篇文章”。

【巡察监督】 2020年，市委巡察工作领导小组组织开展了2轮常规巡察，共巡察17个市直机关单位党组织，共发现并反馈问题160个，向纪委监委机关移交问题线索7条。2020年，九届合山市委共巡察51个党政机关、13个事业单位、4个国有企业、3个镇，延伸巡察29个行政村、5个社区党组织，完成九届市委任期内巡察全覆盖100%。在巡察监督中，市委巡察机构坚持政治巡察定位，落实政治监督职责。严格巡察6个环节，确保政治监督按流程按环节开展。抓好巡察成果运用，确保巡察成果运用落实到位。严肃反馈，压实整改主体责任。严格执行“双反馈”制度，协调市委巡察工作领导小组成员参加巡察反馈会27次，反馈的严肃性、权威性不断增强，被巡察党组织对整改的重视程度、工作力度明显增强，整改成效明显提升。压实“一岗双责”和监督责任。落实“双抄告”制度，市委巡察办分别将第八、九轮共27个被巡察党组织的反馈意见分别以抄告函形式向市委、市政府分管领导、市纪委监委、市委组织部通报，提醒分管市领导落实整改“一岗双责”职责，督促纪检监察机构、组织部门履行整改日常监督，共同压实巡察整改责任取得了良好效果。加强跟踪督办。为适应疫情防控形势，市委巡察机构与派驻纪检监察机构采取印发巡察整改工作手册、列席巡察整改专题民主生活会、电话指导督导、抽查整改材料等方式指导督导整改工作。

（撰稿：市委巡察办公室）

直属机关工委

【概况】 中共合山市直属机关工作委员会（简称“市直工委”），设立合山市直属机关党员信息服务中心，为市直工委管理的事业单位，编制6名。市直工委辖基层机关党委3个，党总支部3个，党支部110个（其中，机关党支部81个），有党员1370名。

【学习党的十九届五中全会精神】 2020年，市直工委深入学习贯彻习近平新时代中国特色社会主义思想和中共十九大精神。坚持落实党管意识形态，把意识形态内容纳入“三会一课”，列入市直机关各党组织书记述职评议的重要内容。重视“学习强国”学习平台推广使用工作，创建“学习强国”党组织72个，创建率达89%，机关党员思想教育效果得到进一步提高。

【机关党建】 2020年，市直工委加强机关党的自身建设，组织党务工作者深入学习贯彻新修订的《中国共产党党和国家机关基层组织工作条例》，配齐配强党组织班子成员。组织支部党员深入贯彻落实《中国共产党支部工作条例（试行）》，落实中央决策部署特别是习近平总书记对广西工作的重要指示精神。开展“争做‘三个表率’、争创模范机关”活动。教育引导市直机关党组织和广大党员增强“四个意识”、坚定“四个自信”，做到“两个维护”，坚决贯彻严肃党内政治生活。巩固拓展“不忘初心、牢记使命”主题教育成果，把不忘初心、牢记使命作为加强党的建设的永恒课题和全体党员干部的终身课题。破解机关党建工作与业务工作“两张皮”问题，继续强化抓好党建促脱贫攻坚与促疫情防控工作，推动机关党建高质量发展。

2020年，机关党委完成选举1个，党支部到期换届5个、变更支部名称2个、补选或改选支部委员15个、增补纪检委员18个。2020年，整顿软弱涣散党支部2个，分系统举办党务干部培训6期，开展党建督查2次，坚持每季度到党建较薄弱的党组织进行指导、检查1次。

【党员发展和管理】 2020年，市直工委重视发展党员工作，把好党员的入口关。2020年，全市发展新党员32名。加强党员教育管理，提高党员队伍整体素质。加强党员队伍学习培训，通过党员学习会、党课等方式加强对党员党性教育和管理。深入学习习近平新时代中国特色社会主义思想和中共十九大精神，坚持每月开展主题党日活动。督促各党组织利用“学习强国”“八桂先锋”等学习教育平台，有针对性地开展党员学习培训。狠抓各党组织“三会一课”、组织生活会等制度的落实。

【党建“晴雨卡”】 2020年，市直工委开展基层党建“晴雨卡”动态管理，各级党组织党建工作动态管理考评赋分值100分，得90～100分的评为“晴天”等次，给予红色“晴雨”卡片公开亮化，得80～89分的评为“阴天”等次，给予蓝色“晴雨”卡片公示公开，得80分以下的评为“雨天”等次，给予灰色“晴雨”卡片公示公开。评价等次首先由各党组织对照任务清单自查自评，再由市直工委进行核验，等次结果统一在各单位公示栏公开，并定期在全市范围内进行通报。市直工委与市委组织部以开展基层党建督导调研为契机，全覆盖核验各党（总）支部“晴雨卡”等次，对照基层党建工作动态管理任务清单进行评分，调

2020年7月14日下午，市直属机关工委举办2020年党务工作者培训班
（市直工委提供）

整确定了各党组织基层党建工作“晴雨卡”等次。年内，市直工委81个党组织参与“晴雨卡”动态管理，其中，63个党组织获“晴天”卡，12个党组织挂上“阴天”卡，6个党组织被贴上“雨天”卡。

（撰稿：兰东灿）

机构编制

【概况】 2020年，中共合山市委机构编制委员会办公室核定行政编制5名，实有人数4人，其中，主任1名，副主任1名，内设综合股、行政事业机构编制股，下设合山市事业单位登记管理局和合山市机构编制运行评估中心。合山市事业单位登记管理局核定事业编制7名，实有人数6人；合山市机构编制运行评估中心核定事业编制5名，实有人数3人。管理和服务对象有行政机构60个（其中，纪检监察机关1个，党的工作机关11个，人大机关机构4个，政府机关机构25个，政协机关机构4个，群团机关机构12个，乡镇机关3个），事业单位机构163个（其中，财政全额拨款单位157个，差额拨款单位6个）。

【机构编制管理】 2020年3月，将合山市矿产管理站、合山市岭南镇矿产管理站、合山市河里镇矿产管理站、合山市北泗镇矿产管理站、合山市煤炭检查站经费形式由自收自支调整为财政全额拨款；明确合山市交通运输综合行政执法大队、合山市交通运输发展服务中心经费形式为财政全额拨款；设立合山市社会治安综合治理中心，为中共合山市委政法委员会管理的事业单位，事业单位类别为公益一类；设立中国共产党合山市委员会讲师团，为中共合山市委宣传部管理的事业单位，事业单位类别为公益一类；设立合山市退役军人信息数据中心，在合山市退役军人服务中心挂牌，实行“一套人马、两块牌子”管理模式。2020年5月，撤销合山市货运服务站事业单位建制；撤销合山市建筑设计室事业单位建制；撤销合山市园林苗圃事业单位建制；撤销合山市民政扶贫福利服务公司事业单位建制；撤销南柳二级公路合山段收费管理所事业单位建制；撤销合山市货运服务站事业单位建制；将合山市市场开发服务中心事业单位类别调整为公益二类，经费形式调整为财政全额拨款；撤销广西壮族自治区合山路政执法大队事业单位建制。2020年6月，将原在合山市各镇就业和社会保障服务中心挂牌的合山市各镇退役军人服务站调整为独立设置；设立合山市岭南镇社会治安综合治理中心，为合山市岭南镇人民政府管理的公益一类事业单位；设立合山市北泗镇社会治安综合治理中心，为合山市北泗镇人民政府管理的公益一类事业单位；设立合山市河里镇社会治安综合治理中心，为合山市河里镇人民政府管理的公益一类事业单位。2020年9月，设立合山市重大项目服务中心，为合山市发展和改革局管理的事业单位，事业单位类别为公益一类；设立合山市直属机关党员信息服务中心，为中共合山市直属机关工作委员会管理的事业单位，事业单位类别为公益一类；设立合山市巡察工作信息中心，为中共合山市委员会巡察工作办公室（中共合山市委员会巡察工作领导小组办公室）管理的事业单位，事业单位类别为公益一类。

2020年11月，将合山市森林防火指挥部办公室更名为合山市森林防火中心，仍作为市林业局管理的事业单位，事业单位类别为公益一类；撤销合山市防汛抗旱指挥部办公室事业单位建制；设立合山市统一战线服务中心，与合山市民族语言办公室合署办公，实行“一套人马、两块牌子”管理模式；设立合山市统计数据中心，为合山市统计局管理的事业单位，事业单位类别为公益一类；将合山市市场开发服务中心事业单位类别由公益二类调整为公益一类。2020年12月，设立合山市人大代表履职服务中心，为合山市人民代表大会常务委员会办公室管理的公益一类事业单位；设立合山市政协委员履职服务中心，为政协合山市委员会办公室管理的公益一类事业单位；设立合山市社区矫正服务中心，为合山市司法局管理的公益一类事业单位。

【乡镇机构改革】 2020年，根据来宾市统一部署，合山市开展深化乡镇管理体制改革工作。改革后，各镇统一设置综合性党政机构5个，即：党政办公室、党建办公室、经济发展和社会事务办公室、自然资源和生态环境监督管理办公室（应急管理办公室）、社会治理办公室（综合行政执法办公室），不再保留各镇原设置的社会事务办公室、经济发展办公室、卫生和计划生育办公室、社会治安综合治理办公室。各镇事业单位原则上实行以乡镇管理为主、上级业务部门进行业务指导的管理体制，各镇统一设置事业单位8个，即：农业农村综合服务中心、社会保障服务中心、便民服务中心、退役军人服务站、自然资源和村镇规建中心（应急服务中心）、公共文化服务中心（党群服务中心）、社会治安综合治理中心（综合行政执法队）、经济发展服务中心，不再保留各镇卫生和计划生育服务所（卫生和计划生育办公室）、文化体育和广播电视站、农村土地流转服务中心以及市级派驻各镇水利站、农业技术推广站（农产品质量安全监管服务站）、林业工作站、水产畜牧兽医站（动物产品质量安全监管站）、农业机械化管理推广站、矿产管理站等事业单位。

【事业单位分类】 2020年5月，将合山市市场开发服务中心事业单位分类由生产经营活动类调整为公益二类，11月由公益二类调整为公益一类。

【事业单位登记管理】 2020年，共办结登记管理业务253项，其中，设立登记27个，变更登记46项，注销登记47个。做好事业单位2019年度报告报送工作。2020年上半年受疫情影响，本来3月31日截止的年度报告公示顺延到5月31日。机构编制委员会通过电话、QQ工作群等方式通知各事业单位按要求报送年度报告。全市已登记的事业单位年度报告在5月31日前已全部提交，并及时一键公示到来宾市事业单位在线网站，公示率为100%，全面完成2019年度事业单位法人年度报告公示工作。机关、群团单位统一社会信用代码赋码工作。及时受理办结机关、群团统一社会信用代码赋码工作的各项工作，共办理新赋码2个，变更登记7个。

事业单位年度报告制度改革工作。2020年，选定了合山市文化馆、合山市妇幼保健院、合山市人民医院、合山市农业机械服务中心、合山市社会保险事业管理中心5个事业单位作为年度报告制度改革试点单位，其中，合山市人民医院院属公益二类事业单位，其他4个单位为公益一类事业单位。目前5个试点单位均能按要求规范填写试制版“事业单位法人年度报告书”，并保证其完整性和真实性，全市5个改革试点单位都全面完成试点任务。

【中文域名注册管理】 2020年，合山市行政事业单位机构数213个（行政42个，群团12个，事业单位159个），已注册单位数213个，已注册域名数224个，单位平均域名注册量105%，到期的域名都已经完成续费工作。

（撰稿：市编制办公室）

党　校

【概况】 2020年，合山市委党校内设办公室、党建室、教研室、财务室，机构编制10人，有在编在岗教职工8人，其中，校长1名（市委副书记兼任，不占编制），常务副校长1名，副校长1名，专职教师5名，工勤人员1名。在编在岗教职工中，研究生1名，本科6名，大专1名。专职教师中，副高职称1名，中级职称1名，初级职称3名。2008年7月，设立合山市行政学院。2012年6月，正式挂牌成立来宾市委党校合山分校。2020年11月挂牌设立合山市党支部书记学校。

11月12日，党校在国家矿山公园开展现场教学　（党校提供）

11月13日，合山市党支部书记学校在党校挂牌 （党校提供）

【党员干部培训】 2020年，创新教学模式。构建“党建＋教学”新型模式，让党员领导干部带头授课，课程设计方面有党性课程、有业务课程等，教学方法上有讲授式、互动式等。有序推进培训工作。1月，组织教师参加“来宾市2020年党校系统优质课比赛”，专题《聚民智，用民慧，强化公众参与 推进社会治理体系和治理能力现代化》荣获三等奖。4月，协助市委宣传部开展“学习强国管理员培训班”1期、市委组织部开展“合山市2020年驻村工作队员培训班”和“合山市2020年入党发展对象培训班”各1期，培训人数达380多人次。7—8月，举办合山市2020年全员培训班3期，共430多人参加，并邀请市委领导为学员授课。10月、11月开展“行动学习＋现场教学”培训模式，安排教师到合山虎鹰水泥厂、东矿国家矿山公园开展2场行动学习和现场教学活动。依托新时代文明实践所平台，组织教师到市直各单位、各部门、各镇、联系点开展理论政策宣讲共14场次，受众人数960多人。其中，开展十九届四中、五中全会专题宣讲，共4场次，宣讲受众人数200多人。

【科研成果】 合山市委党校始终坚持把教学科研工作放在工作的重要位置，坚持科研为教学服务，结合新时期出现的热点、难点问题开展研究，力推“教学出题目，科研出文章，成果进课堂”。2020年，撰写教学论文4篇，调研论文2篇，参与区社科院课题1项，公开发表论文1篇。

【科研资政】 合山市委党校围绕市委、市政府中心工作组织教师参与一线调研工作，有效提升研究成果的真实性和可信度，为市委市政府提供决策参考。2020年，向合山市委、市政府报送调研报告5篇，其中，约稿信息2篇，咨政报告3篇。咨政报告中《科学有效打造合山市“工业旅游”城市品牌》《合山市易地扶贫搬迁后续扶持工作对策与建议》《巡察工作中存在的问题及对策建议》均获市委领导批示。

【教师队伍建设】 合山市委党校按照“提高基层党校教师自身素质”的要求，努力建设成为一支结构合理、素质优良、富有活力的教职工队伍。2020年，通过对外招考，新增2名教师，充实教师队伍。2020年，组织教职工参加相关业务培训学习9人次。此外，分别派2名教师到组织部和巡察办学习锻炼。通过培训学习和实践锻炼，教职工的党性修养、服务意识和综合素质明显提高。

（撰稿：市委党校办公室）

党史工作

【概况】 合山市史志办公室是原中共合山市委党史办公室和合山市地方志办公室合署办公的简称，是市委、市

史志办开展新春送春联活动 （史志办提供）

政府直属管理的事业参公单位，一套人马、两块牌子。

【党史资料编纂工作】 2020年，根据专家组对《中国共产党广西合山历史（1950—2013）》书稿提出的意见和建议，史志办继续聘请人员对《中国共产党广西合山历史（1921—2013）》一书进行补充、完善。9月底已送出版社审核。书稿进入出版程序。根据来宾市委党史办公室的工作布置，5月，继续补充、核实完成《中国共产党广西来宾历史（1926—1978）》合山市部分资料的上报工作。2020年，参与来宾市委组织部、党史研究室拍摄的党史专题片《红色故事》第九集《合山英杰》和第十集《敢烈伏击战》有关故事、史料的采编和拍摄工作，同时为政协合山文史馆征编合山党史内容，以及河里村史陈列馆中设置的中共河里地下联络站材料。

【党史宣教】 2020年，继续推进党史资源服务社会工作。为各级单位、组织、人事部门及社会各界提供地情党史资料查询、咨询服务80多人次。派员到市直机关、学校开展宣讲合山地方党史教育课达10多场次，到革命纪念碑处给区内外有关单位讲述合山革命史8场次，不断提高合山的知名度，为宣传合山的“三个文明建设”作出了应有的贡献。

（撰稿：曾焕发　徐友香）

信　访

【概况】 中共合山市委员会、合山市人民政府信访局（简称“合山市信访局”），有1个二级机构——合山市信访信息网络中心。

【信访案件处理】 2020年，合山市信访局推进“阳光信访、责任信访、法治信访”工作，开展创建全国“三无”县（市、区）活动，依法及时就地解决群众合理诉求，最大限度维护群众合法利益，较好地完成信访工作任务。2020年，共接待群众来访162批460人次。其中，集体访22批238人次，来信共20件153人次。2020年，来宾市交办合山市信访积案3件，已全部化解，化解率100%。自行排出信访积案12件，化解10件，化解率83.3%。

2020年4月15日，合山市获得2019年度全国信访工作“三无”县称号，至此，合山市已连续三年获此殊荣。

【信访制度改革】 2020年，合山市推进“最多访一次”“人民满意窗口创建”活动，改善接待场所条件环境，让群众“只进一门、只访一次”就能有效解决诉求。移动端信访普及率逐步提升，视频信访系统充分应用，信访事项办理质量效率不断提高，信访法治化建设稳步推进，信访业务规范化、标准化水平进一步提升。2020年，网上信访36件82人次，及时受理率、按期办结率均为100%。

【领导干部接访】 2020年，合山市印发《2020年合山市领导干部包案带案下访工作制度》，进一步明确市委、人大、政府、政协主要负责人及班子成员接待群众来访时间及要求。2020年，合山市领导干部接待来访群众74批145人次；受理信访案件67件，全部按期办结。

【公开接待活动】 2020年，合山市坚持以人民为中心的发展思想，力促问题尽快解决，组织有关部门公开接待，当面答复来访人或者就来访人提出的问题作出解释。有关部门积极参与信访案件公开接待活动，及时有效化解来访群众的诉求，得到群众的高度评价，全市信访工作满意度明显提升。2020年，以来全市公开接待48批69人次。

（撰稿：李　燕）

接待工作

【概况】 2002年4月，根据《合山市机构编制委员会〈关于成立合山市接待办公室的通知〉》文件，成立中共合山市委、合山市人民政府接待办公室，2002年5月正式组建市接待办。市接待办属于财政全额拨款的参照公务员法管理的公益一类事业单位。2020年，行政管理岗位人员编制4人，在职在编3人，行政级别领导职数一正一副。

【重要接待】 2020年，完成接待任务346批次1990人。其中，厅级领导50批次477人；县处级及以下领导人员244批次1218人；商务客人52批次295人。2020年，其中，接待完成自治区、来宾市、各兄弟县（市、区）有关领导到合山市调研、交流等接待任务。完成9月份自治区扶贫县际交叉检查、11月份自治区“四合一”扶贫成效年终考核等接待工作。

（撰稿：市接待办公室）

督查与绩效考评

【概况】 中共合山市委市政府督查和绩效管理办公室内设综合股和1个二层事业单位合山市督查和绩效评估中心，作为市委工作机关。共有行政编制3名，设主任1名、副主任1名、评估中心事业编制10名。

【督查工作】 2020年，下发通报13期，呈报专报22期，办理上级党委、政府决策督查13件，优秀13件；承办中央领导、自治区党委领导、来宾市委领导批示件22件，其中优秀19件、良好3件；办理市本级领导批示件5件。印发《中共合山市委办公室 合山市人民政府办公室关于贯彻落实"基层减负年"有关事项的通知》，减少文件数量，规范部门发文，改进文风，压缩会议数量，坚持按照中央、自治区关于"基层减负"的要求，加大对文山会海的整治力度，对出现违反减负精神情况提醒整改，守住会议文件"只减不增"红线。2020年，前三季度全市各单位共下发文件1229件，同比减少21.7%。开展基层减负调研2次，印发通报2期，督促整改问题9个。印发《2020年合山市各部门、议事协调机构督查检查考核事项清单》，将19项工作内容列入2020年督查检查考核事项，相比2019年减少了25项。实行清单之外综合性督查检查考核活动报批制度，2020年，报批增加2项督查检查事项。按照清单事项内容开展督查检查27次，没有出现未审批而开展的督查检查事项，规范涉及企业、学校及医院的各类督查检查考核。采取路线图的方式，结合全年工作任务分解到各季度，督促《来宾市政府工作报告重点工作任务》《合山市政府工作报告》按时完成。2020年，来宾市政府工作报告重点工作任务35项，完成31项，合山市政府工作报告工作任务35项，完成29项。督办合山市第九届政府常务会议定事项263项。建立"红黑灰榜"通报制度，2020年，累计红榜表扬100次，黑榜通报8次，灰榜通报10次，通报情况与年度绩效挂钩。

【绩效考评】 2020年，分解自治区、来宾市绩效考评任务，把指标任务分解到各单位各部门，由指标牵头责任单位每周报送进展情况。及时排查存在扣分风险的指标任务，通过努力，合山市存在的风险分值由最初的77.69分，减至51.6分。2019年度自治区绩效考评社会公众对合山市提出的意见建议共有36条，2020年度自治区绩效考评社会评价中期评议对合山市提出的意见建议共有3条，所有问题已全部完成整改。组织3个考评组开展2019年度市本级绩效考评工作，牵头组织2019年度合山市四个专项工作考评工作。结合自治区、来宾市绩效考评方案和细则制定2020年市本级绩效考评方案和细则，2020年度市本级考评方案"等次划分"内容由往年的"一等45%，二等45%，三等或不合格等次10%"的比例，改为"年度绩效考评综合得分180分（含）及以上且定等加扣分1.5分及以上的方可评为一等等次；170分（含）及以上且定等加扣分0分及以上的方可评为二等等次；出现170分以下、定等加扣分负分情形之一的直接确定为三等等次；160分以下为不合格等次"，不再设置比例，只要达到条件均可以评为一等等次；细则重点考评企业、产业发展、项目建设、突发（临时）重大工作等指标，指标数比2020年各镇减少了16项，市直单位减少12项。

（撰稿：市督查绩效考评办公室）

合山市人民代表大会

【概况】 根据《合山市机构编制委员会关于调整合山市人民代表大会及其常委会机构设置的通知》和《中共合山市委机构编制委员会关于设立合山市人大代表履职服务中心的批复》精神，合山市人民代表大会常务委员会机关人员和机构设置：

合山市人民代表大会设置专门委员会2个：法制与内务司法委员会、财政经济委员会。每个专委设有主任委员、副主任委员，在职在编共有4名。

合山市人民代表大会常务委员会设置办事机构和工作机构4个：办公室、教科文卫与民族工作委员会、农业农村与环资城建工作委员会、选举联络工作委员会。每个工作委员会设有主任、副主任，在职在编人员共有8名。其他工作人员（抽调、聘用）共8名。

合山市人大常委会办公室设立合山市人大代表履职服务中心为公益一类事业单位，不定机构级别，核定编制3名。

【坚持和完善人民代表大会制度】 2020年，合山市第九届人民代表大会常务委员会与时俱进，全面坚持和完善人民代表大会制度。召开合山市第九届人民代表大会第七次会议，分别听取和审议合山市人民政府工作报告；审查和批准合山市2019年国民经济和社会发展计划执行情况与2020年国民经济和社会发展计划草案的报告，批准合山市2020年国民经济和社会发展计划；审查和批准合山市2019年财政预算执行情况和2020年财政预算草案的报告，批准合山市2020年财政预算；听取和审议合山市人民代表大会常务委员会工作报告以及合山市人民法院、合山市人民检察院的工作报告，并通过相关的决议；依法补选市人民政府市长1名；依法补选1名合山市第九届人民代表大会常务委员会委员。

重要会议

【合山市第九届人民代表大会第七次会议】 2020年4月27日至29日在市人民法院办公楼召开。出席会议代表147名。会议听取和审议合山市人民政府工作报告；审查和批准合山市2019年国民经济和社会发展计划执行情况与2020年国民经济和社会发展计划草案的报告，批准合山市2020年国民经济和社会发展计划、合山市2019年财政预算执行情况和2020年财政预算草案的报告，批准合山市2020年财政预算；听取和审议合山市人民代表大会常务委员会、合山市人民法院、合山市人民检察院工作报告。作出关于合山市人民政府工作报告等决议7项。依法选出合山市人民政府市长；依法补选1名合山市第九届人民代表大会常务委员会委员。会议期间，收到代表建议、批评和意见57件。

【合山市第九届人民代表大会常务委员会会议】 2020年，合山市第九届人民代表大会常务委员会共召开常委会会议11次。

第九届人大常委会第39次会议于1月14日召开。市人大常委会主任蓝宾北主持会议。市人大常委会副主任韦干稳、黄团杰、黄增美、黄建珠以及委员共19人出席会议。市人民政府副市长韦辰林，市监察委副主任黄壬申，市人民法院副院长李桂勇、市人民检察院副检察长韦承修、市人大常委会各工委副主任列席会议。会议审议通过了合山市人大常委会关于补选市第九届人大代表的工作方案，会议补选了来宾市第四届人大代表3名，会议表决通过关于同意接受潘振学辞去合山市人民政府市长职务的请求，会议还通过了有关人事任免事项，举行了任职人员集体宪法宣誓仪式。

第九届人大常委会第40次会议于2月10日召开。市人大常委会主任蓝宾北主持会议。市人大常委会副主任韦干稳、黄团杰、黄增美、黄建珠以及委员共15人出席会议。市人民政府副市长黄彦妮、市监察委副主任黄壬申、市人民法院副院长韦柳娟、市人民检察院检察委员会专职委员李华全列席会议。会议学习中央、自治区关于新型冠状病毒感染的肺炎疫情防控工作有关会议及文件精神；审议通过了合山市第九届人民代表大会常务委员会代表资格审查委员会关于个别代表的代表资格的报告。

第九届人大常委会第41次会议于2月25日召开。合山市人民代表大会常务委员会主任蓝宾北主持会议。常委会副主任韦干稳、黄团杰、黄增美、黄建珠以及委员共19人出席会议。市人民政府副市长袁永利、市监察委副主任黄壬申、市人民法院副院长韦柳娟、市人民检察院检察委员会专职委员谢伟光列席会议。会议审议通过了相关人事任免事项。为任职人员举行了颁发任命书仪式及宪法宣誓仪式。

第九届人大常委会第42次会议4月15日召开。合山市人民代表大会常务委员会主任蓝宾北主持会议。常委会副主任韦干稳、黄团杰、黄增美、黄建珠以及委员共19人出席会议。市人民政府副市长肖仁华、市监察委副主任黄壬申、市法院专职审委委员罗宝龙、市检察院检察专职委员谢伟光列席会议。会议审议了合山市人大常委会工作报告（送审稿），合山市第九届人民代表大会各专门委员会工作报告（送审稿）；会议审议通过了合山市第九届人民代表大会常务委员代表资格审查委员会关于个别代表的代表资格的报告；会议审议了合山市人民政府办理市九届人大六次会议代表建议批评意见的情况报告；会议还审议通过了关于召开市九届人大七次会议的决定（草案），关于市九届人大七次会议列席人员的决定（草案），市九届人大七次会议议程（草案），市九届人大七次会议日程（草案），市九届人大七次会议主席团和秘书长名单（草案），市九届人大七次会议议案审查委员会建议名单（草案），审议市九届人大七次会议议案办法（草案）等7个有关市九届人大七次会议事项。

第九届人大常委会第43次会议于6月22日召开。合山市人民代表大会常务委员会主任蓝宾北主持会议。常委会副主任韦干稳、黄团杰、黄增美、黄建珠以及委员共18人出席会议。市人民政府副市长韦辰林、市监察委副主任黄壬申、市人民法院副院长韦柳娟、市人民检察院检察委员会专职委员谢伟光、市人大机关各委（室）副主任列席会议。会议审议通过了《合山市人民代表大会常务委员会关于2020年开展听取和审议市人大常委会任命的部分“一府两院”人员履职情况报告的决定》；会议还审议通过了相关人事任免事项。为任职人员举行了颁发任命书仪式及宪法宣誓仪式。

第九届人大常委会第44次会议于7月15日召开。合山市人民代表大会常务委员会主任蓝宾北主持会议。常委会副主任韦干稳、黄团杰、黄增美、黄建珠以及委员共18人出席会议。市人民政府副市长蓝昭平，市监察委副主任黄壬申，市人民法院副院长李桂勇、市人民检察院检察长成雷、市人大机关各委（室）副主任列席会议。会议听取和审议了《合山市人民法院2020年上半年工作报告》和《合山市人民检察院2020年上半年工作报告》；会议还审议通过了相关人事任免事项。举行了颁发任命书仪式及宪法宣誓仪式。

第九届人大常委会第45次会议于9月30日召开。会议由合山市人民代表大会常务委员会主任蓝宾北主持。常委会副主任韦干稳、黄团杰、黄增美、黄建珠以及委员共20人出席会议。市人民政府副市长龙刚玉，市监察委副主任黄壬申，市人民法院副院长李桂勇，市人民检察院检察长成雷，市发改局、市公安局、市财政局、市住建局、市交通局、市农业农村局、市扶贫办、市交警大队各1名领导列席会议。会议听取和审议了《2018年以来合山市扫黑除恶专项斗争情况汇报》；听取和审议了《合山市2020年脱贫攻坚工作情况汇报》；听取和审议了合山市人民检察院《关于认罪认罚从宽制度实施情况的报告》；听取和审议了合山市人大常委会关于合山市贯彻实施《中华人民共和国道路交通安全法》情况的执法检查报告；审议了李荣华的辞职报告和审议通过市人大常委会关于接受李荣华辞去合山市第九届人民代表大会代表职务请求的决定（草案）；听取和审议了合山市第九届人民代表大会常务委员会代表资格审查委员会关于个别代表的代表资格的报告；会议还审议通过了相关人事任免事项。举行了颁发任命书仪式及宪法宣誓仪式。

第九届人大常委会第46次会议于10月29日召开。合山市人民代表大会常务委员会主任蓝宾北主持会议。常委会副主任韦干稳、黄团杰、黄建珠以及委员共19人出席会议。市人民政府副市长韦辰林，市监察委副主任韦瑞权，市人民法院专职审委罗宝龙，市人民检察院副检察长蓝宝然，市人大机关各委（室）副主任，市发改局、市财政局、市住建局、市审计局、市税务局、市教育体育局、市文旅局、市总工会各1名领导列席会议。会议听取和审议了《合山市人大常委会关于民族团结进步创建工作情况的调研报告》；听取和审议了合山市人大常委会关于合山市贯彻实施《中华人民共和国工会法》执法检查情况的报告；听取和审议了合山市2019年财政决算报告；听取和审议了合山关于2019年预算执行和其他财政收支的审计工作报告；听取和审议了关于2019年合山市财政结算草案审查结果的报告；听取和审议了合山市关于2020年上半年国民经济和社会发展计划执行情况的报告；听取和审议了合山市2020年上半年财政预算执行情况的报告；听取和审议了潘江的辞职报告和审议通过市人大常委会关于接受潘江辞去来宾市第四届人民代表大会代表职务请求的决定（草案）；会议还审议通过了相关人事任免事项。举行了颁发任命书仪式及宪法宣誓仪式。

第九届人大常委会第47次会议于12月17日召开。合山市人民代表大会常务委员会主任蓝宾北主持会议。常委会副主任韦干稳、黄团杰以及委员共17人出席会议。市人民政府副市长袁永利，市监察委副主任黄壬申，市人民法院副院长韦柳娟，市人民检察院副检察长蓝宝然，市人大机关各委（室）副主任，市政府办主任冯向铁，市经贸局局长覃桂很，市民政局局长谢新，市住建局局长韦献忠，市水利局局长覃小春，市农业农村局局长蒙伟宏，市文化广电旅游局局长范雷，市审计局局长兰绍丰，市医保局局长韦郦芸，市政务和大数据发展局局长黄东华，市卫生健康局、市财政局、市税务局各1名领导列席会议。会议听取和审议了《合山市人民政府关于重大疫情防控体制和公共卫生应急管理体系建设情况专项报告》；听取和审议了《合山市2019年国有资产综合报告》；听取和审议了《关于调整合山市2020年财政预算的报告（草案）》；听取和审议了《关于合山市2020年财政预算调整方案（草案）的审查结果报告》；听取和审议了《合山市关于2019年度财政预算执行和其他财政收支审计查出突出问题整改情况的报告》；听取和审议了《合山市人民检察院公益诉讼工作开展情况报告》；听取和审议了合山市第九届人民代表大会常务委员会代表资格审查委员会关于个别代表的代表资格的报告；听取和审议了2020年对合山市人大常委会任命的部分“一府两院”人员履职情况的报告；会议还对接受评议的11位局长（主任、副院长）进行满意度测评和审议通过了相关人事任免事项。举行了颁发任命书仪式及宪法宣誓仪式。

第九届人大常委会第48次会议于12月22日召开。合山市人民代表大会常务委员会主任蓝宾北主持会议。常委会副主任韦干稳、黄团杰、黄建珠以及委员共19人出席会议。市人民政府副市长黄彦妮、市监察委副主任黄壬申、市人民法院审判委员会专职委委员蓝华林、市人民检察院副检察长蓝宝然、市人大常委会各工委副主任列席会议。会议审议通过了相关人事任免事项。举行了颁发任命书仪式及宪法宣誓仪式。

第九届人大常委会第49次会议于12月30日召开。合山市人民代表大会常务委员会主任蓝宾北主持会议。常委会副主任韦干稳、黄团杰、黄增美、黄建珠以及委员共15人出席会议。市人民政府副市长罗刚、市监察委副主任黄壬申、市人民法院副院长韦柳娟、市人民检察院副检察长蓝宝然、市人大常委会各工委副主任、列席会议。会议审议通过了相关人事免职事项。

附：决议 决定 办法

合山市第九届人民代表大会第七次会议关于合山市人民政府工作报告的决议

合山市第九届人民代表大会第七次会议关于合山市2019年国民经济和社会发展计划执行情况与2020年国民经济和社会发展计划的决议

合山市第九届人民代表大会第七次会议关于合山市2019年财政预算执行情况和2020年财政预算的决议

合山市第九届人民代表大会第七次会议关于合山市人民政府关于2019年环境状况和环境保护目标完成情况报告的决议

合山市第九届人民代表大会第七次会议关于合山市人民代表大会常务委员会工作报告的决议

合山市第九届人民代表大会第七次会议关于合山市人民法院工作报告的决议

合山市第九届人民代表大会第七次会议关于合山市人民检察院工作报告的决议

合山市人民代表大会常务委员会第三十九次会议作出关于接受潘振学辞去合山市人民政府市长职务请求的决定

合山市第九届人民代表大会常务委员会第三十九次会议作出关于合山市人民政府代理市长的决定

合山市第九届人民代表大会常务委员会第四十二次会议作出关于召开合山市第九届人民代表大会第七次会议的决定

合山市第九届人民代表大会常务委员会第四十二次会议作出关于召开合山市第九届人民代表大会第七次会议列席人员的决定

合山市第九届人民代表大会常务委员会第四十三次会议作出关于开展2020年听取和审议市人大常委会任命的部分“一府两院”人员履职情况报告的决定

合山市第九届人民代表大会常务委员会第四十四次会议作出关于接受陈素珍辞去合山市监察委员会主任职务请求的决定

合山市第九届人民代表大会常务委员会第四十四次会议作出关于合山市监察委员会代理主任的决定

合山市第九届人民代表大会常务委员会第四十五次会议作出关于接受李荣华辞去合山市第九届人民代表大会代表职务请求的决定

合山市第九届人民代表大会常务委员会第四十六次会议作出关于批准合山市2019年财政决算的决议

合山市第九届人民代表大会常务委员会第四十六次会议作出关于接受潘江辞去来宾市第四届人民代表大会代表职务请求的决定

合山市第九届人民代表大会常务委员会第四十七次会议作出关于批准合山市2020年财政预算调整方案的决议

【代表视察】 2020年12月2日至3日，市人大常委会组织来宾市第四届人大代表合山市代表团及部分合山市第九届人大代表开展联合集中视察活动。听取市人民政府报告2020年经济社会发展和县域经济及产业高质量发展工作情况，听取市人民法院、市人民检察院书面报告工作情况；实地视察合山市科锐钙化物有限责任公司、合山市联泰木业有限公司、合山市火龙果扶贫产业园；代表们对合山市2020年经济社会发展取得的成绩予以充分肯定，针对投资市场增长难度大、新兴接续替代产业总量偏小、招商引资招大引强难度大等问题，对市人民政府提出了精准施策谋发展、加快推进重大项目建设、加大招商引资力度等意见和建议；同时，对市人民法院、市人民检察院工作也提出了相应的意见和建议。

【代表议案和建议办理】 人大代表依法行使职权、履行义务、发挥作用。对人民代表在大会期间，参加会议、审议发言、建议和在闭会期间，参加学习培训、视察、调研、执法检查、出席或列席有关会议等情况进行履职登记。并根据自治区人大“混合编组、多级联动、履职为民”的部署要求，组织代表开展“推动爱国卫生运动，强化疫情防控，促进卫生创建工作”主题活动。2020年12月上旬，全市23个联络站均开展了主题活动。自治区人大代表、来宾市人大代表、合山市人大代表和各镇人大代表共257名代表参加了进站履职活动，共提出意见建议24项，其中联络站重点建议19项，人大常委会依据各站实际指导各站制定主题活动方案，开展的活动的内容紧扣主题，真正把人民群众的意见建议反映上来，活动成效明显。各级人大代表积极参与民生监督平台App的应用工作，认真监督，在助力民生工作上发挥了促进作用。

【执法检查和专题调研】 2020年6月至10月，合山市人大常委会组织开展对全市贯彻实施《中华人民共和国道路交通安全法》《中华人民共和国工会法》情况的执法检查；2020年7月至11月，跟踪督办《中华人民共和国环境保护法》《中华人民共和国公共文化服务保障法》情况执法检查报告落实情况；协助来宾市人大常委会开展《中华人民共和国安全生产法》《中华人民共和国老年人权益保障法》《广西壮族自治区实施中华人民共和国老年人权益保障法办法》执法检查。通过检查，促进了有关执法部门的工作，推动了相关的法律法规更好地在我市贯彻实施。听取和审议“两院”2020年上半年工作报告，加强对“两院”的监督，维护司法公平正义，保证法律的正确实施。

2020年8月至10月，市人大常委会为推动全市民族团结进步创建工作有效开展，促进社会和谐稳定，开展民族团结进步创建工作专题调研。以听取汇报、查阅材料、实地调研等方式，了解全市民族团结进步创建工作开展情况，针对组织机构、宣传、传承、弘扬等方面存在的问题，提出意见和建议，要求市人民政府采取措施，对存在的问题予以解决。

【人大信访】 2020年，人大共受理信访19件次，其中来信3件次，来电5件次，来访11件次。当面解释引导并息访3件，现场解答政策、讲解法律当场答复咨询9件，转交相关部门办理答复7件，办结率为94%。在2020年全区人大信访工作经验交流会上，合山市人大作了书面交流。

【人事任免】 市人大坚持党管干部和人大依法任免干部的有机统一。大会选举产生市人民政府市长1名，补选市人大常委会组成人员1名；市人大常委会任命“一府一委两院”人员19人次，免职16人，接受4人辞职。任职人员接受任命书并进行宪法宣誓。

（撰稿：市人大办公室）

合山市人民政府

【政府自身建设】 深入落实中央八项规定及其实施细则精神，持续纠治“四风”，重点整治形式主义、官僚主义突出问题，大力精文减会，持续压缩三公经费。法治政府建设取得新进展，推进严格规范文明执法。主动接受市人大及其常委会监督和市政协民主监督，全面加强审计工作。完成政府机构改革任务，不断提升治理体系和治理能力现代化水平。

【经济社会发展主要目标】 2020年，全市地区生产总值增长9.8%，其中第一产业同比持平；第二产业增长24.9%；第三产业增长2.6%。规模以上工业增加值增长29.4%；固定资产投资增长15.3%；社会消费品零售总额下降5.5%；财政收入增长13.4%；城镇和农村居民人均可支配收入分别增长3.5%、8.3%。主要经济社会发展指标居来宾各县（市、区）前列，特别是GDP增速位列第一。

【实现工业转型“质”的提升】 2020年，全市规上工业总产值增长25.3%。煤炭企业稳产达产，生产原煤57.3万吨，增长351.7%；火电产业持续增长，电力行业产值增长17.1%；碳酸钙产业逐步扩大，生产碳酸钙系列产品及下游企业达19家，其中投产16家，全年规模以上碳酸钙企业产值增长9.9%；深入开展“三企入桂”招商行动，新引进亿元以上产业项目7个，新设外资企业2家，成功引进7个产业补链配套企业项目，涉及物流、木材深加工、医药制造、康养、碳酸钙制造等产业；加快培育规上工业企业，全年培育规上工业企业6家，超额完成任务。

【农业产业持续增长】 2020年，全市粮食种植面积增长4.5%，粮食总产量增长2.8%。蔬菜、水果产量分别增长4.9%、11.6%。生猪产能有序恢复，生猪出栏2.1万头，生猪屠宰场开工建设。大力发展林业经济，林业总产值增长6.7%。推动农业产业化发展，完成火龙果基地建设586亩，引进“桂金牛”牌牛肉干加工项目等。完成农村土地承包经营权确权登记颁证工作，被评为全国农村土地承包经营权确权登记颁证工作典型地区。大力推进高标准农田建设，完成自治区下达的8600亩高标准农田建设任务。

【服务行业平稳发展】 加快发展现代服务业，积极培育消费增长点，推动经济结构转型发展。组织多家零售、批发、餐饮及各大商超参加“壮美广西·三月三暖心生活节”“火红金秋·购物好精彩”合山特色产品、扶贫农产品展销及商品促销活动等，扩大居民消费，拉动经济增长。全年完成2家服务业企业上规入库。

【经济发展动力不断增强】 2020年，全市纳入来宾市重大项目31项，其中纳入自治区重大项目6项。全年完成投资13.2亿元，完成年度计划的119%；新开工项目10项，开工率100%；项目竣工4项，竣工率133%。扎实推进“五网”建设项目，列入自治区“五网”建设项目5项，有效改进合山市基础设施领域短板。多方筹措，积极申请专项债券与上级资金，获得专项债券、抗疫特别国债、乡村振兴补助资金等共计1.95亿元。加强项目储备，全市重大项目库储备项目237项，总投资99.6亿元。

全年新设立企业234个，同比增长64.8%。推进政务服务“简易办”改革，推动“一窗受理、集成服务”审批和流程再造，完成依申请政务服务事项基础集成套餐目录编制103个，完成自治区和来宾市下达的21个重要指标攻坚目标任务。

合山市人民政府办公室

【综合协调】 2020年，市府办充分发挥综合协调职能，主动加强重大项目、重大活动及重要工作的综合协调。积极抓好重大项目建设、碳酸钙产业发展、脱贫攻坚、疫情防控等工作的综合协调，先后组织召开各种专题协调会200余次，及时解决工作推进中遇到的困难和问题。强化重要任务推进落实，切实做好市政府常务会议、市政府党组（扩大）会议确定的重大事项、重要政策、重点工作协调落实。如坚持疫情防控常态化与促进经济社会平稳发展，认真做好“六稳”工作，全面落实“六保”任务，助力企业复工复产；新组建合山市大好河山投资发展集团有限公司，加快投融资平台转型升级；主动协调解决合山发电公司和虎鹰建材公司等企业生产中遇到的困难和问题。加强纵向、横向联络沟通，既主动做好与市委办、市人大办、市政协办工作衔接，又强化部门统筹协调工作，科学合理地安排政府政务工作，保障政府工作高效有序运转。

【秘书工作】 2020年，市府办发挥办公室中心枢纽作用，确保市政府各项工作高效有序运转。减文控会成效明显，全年接收并及时办理各类文件10000余件；以市政府名义发文248件，同比下降7%；以市政府办公室名义发文70件，同比下降15%。全年提供会务服务600余次。年内，市府办围绕改革发展、社会稳定、复工复产的难点、堵点问题，深入开展调研活动，全年开展调研50多次。

【政务信息报送】 2020年，市府办围绕自治区、来宾市以及合山市的各项中心工作，把握政务信息服务经济建设和社会发展、服务各级领导科学决策的宗旨，增强以文辅政能力，为各级领导掌握全市工作动态提供第一手资料。全年组织上报自治区的各类政务信息667篇，得到采用176篇。

（撰稿：市政府办公室）

政务服务和大数据

【概况】 合山市政务服务和大数据发展局（简称“政数局”）为合山市人民政府工作部门，正科级行政单位。配备局长1名、副局长2名，内设机构有办公室、大数据发展股、政务管理和行政审批股，下设电子政务服务中心二层事业单位。市政数局主要负责统筹推进全市信息化、数字化发展等工作。政务中心办证大厅位于市人民政府南路16～11号，总建筑面积5000多平方米。一、二楼办证大厅设置有咨询台、行政审批区、自助办证区、政府信息公开查询区、便民服务区、效能投诉区等。

【政务服务工作】 2020年，市政数局提升服务质效，进一步优化政务服务环境和营商环境。进一步优化窗口布局。合理调整窗口布局，实行服务功能分区分块进行，将存在共性业务的单位调整到一起办公，有效避免了办事群众到处跑、多头问的现象，实现“一站式”服务。开展“互联网+政务”服务。完善网上政务服务大厅功能，所有审批事项均实现网上咨询、预审。推行全程网上办理，对符合条件的审批事项，实行网上受理、办理、反馈、查询。更新行政审批事项和办事指南。及时更新上级已调整的行政审批事项，面向社会公开，接受社会各界监督。及时印发各窗口新的办事指南，对审批事项、法律依据、所需资料、办理流程、收费标准、办结时限、投诉电话等进行明确。进一步精简办事流程，让企业和群众办事更加方便快捷。采取多措并举规范大厅运行管理。整合全市政务服务相关资源，以政务服务中心为基础平台，设立相应办事窗口，配置办公和方便群众办事的设施。实行当场办结、承诺办结、代理代办的办理方式，将部门分设的办事窗口整合为综合窗口，实行“一门通办”。各单位派驻一批政治素质好、服务意识强、业务技能精的工作人员开展政务服务工作。

【“一站式”便民服务】 2020年，市政数局持续推进“一窗受理、集成服务”改革，进一步减少办事环节。在政务中心二楼办证大厅设置不动产登记、企业开办、工程建设项目报建、水电气四个综合窗口，打造“前台综合受理、后台分类审批、综合窗口出件”的“一窗受理”服务模式。各综合窗口牵头单位落实“一窗受理”工作方案，提供套餐式服务12项，全部推行“一份办事指南，一张申请表单，一套申请材料，牵头负责，并联审批”的运行模式。各镇便民服务中心理顺“一枚公章管审批”机制，推进政务服务“只进一扇门”，提高行政审批制度改革协同性，持续优化营商环境，不断提升市场主体和群众的满意度。各镇便民服务中心已完成实施“一枚公章管审批（服务）”的进驻事项清单的梳理工作。2020年，进驻各镇便民中心使用行政审批专用章的事项数为128项，其中，岭南镇44项，北泗镇

41项，河里镇43项。

【政务监督与服务】 2020年，市政数局落实行政审批首问负责制、限时办结制、责任追究制、一次性告知制、否定报备等制度，建立健全电话回访、投诉举报处理、中心进驻人员管理、红旗窗口、服务标兵评比等政务服务管理机制，通过采取巡查、规范审批行为，并利用电子监察系统对审批过程和审批行为进行实时监控，进一步强化纪律和效能监管，改进工作作风，进一步提升政务服务行政效能和服务形象，为全市经济社会发展营造良好的政务服务环境。2020年，合山市政务服务中心窗口工作人员未出现违法违纪行为，未出现超时办结和群众投诉现象。

【政务信息公开】 2020年，市政数局进一步完善网上政务大厅，形成网上政务大厅与实体政务中心和政府部门相互支撑、虚拟与实体相结合的政务服务体系。按照自治区、来宾市政务公开工作要点，全市进一步精简行政权力，凡需保留的行政权力事项须报经市政府批准，并向社会公开，接受社会监督。

【政府信息公开】 全市各职能部门始终坚持“公开为原则，不公开为例外”的原则，主动公开、及时更新政府部门信息，尤其是群众密切关注的政策性文件、民生信息、财政信息等重点领域信息。2020年，通过合山市人民政府门户网站主动公开政府信息12892条。

【服务网络建设】 推进政务数据“聚通用”建设，搭建政务信息资源共享平台。完成第一批非涉密数据中心和业务专网认定：市、镇级部门及其二层机构（含隶属管理的企业单位），已完成非涉密数据中心和业务专网认定。

【行政项目审批清理】 2020年，进驻合山市政务服务中心行政许可事项287项，其中，常驻窗口事项224项，综合窗口事项63项；进驻行政审批部门41个，窗口工作人员78人，设28个常驻办事窗口，4个“一窗受理”综合专窗，1个综合代办窗口，4个分中心，全面实行“一窗进出”“一站式”办结。

（撰稿：政务服务和大数据办公室）

2020年3月30日，市政数局开展疫情防控工作 （政数据提供）

机关事务管理

【概况】 合山市机关事务管理局内设办公室、财务股、房管股、车管中心、节能股、水电股、服务管理股、综合股等9个股（室）。核定事业编制75名，实际在编70名。设局长1名，副局长1名（副局长编制2名）。

【后勤服务保障】 2020年，合山市机关事务管理局较好完成后勤服务工作。完成临时聘用人员的招投标工作，新老物业有序交接，保证了物业服务工作的正常有序开展。加强水、电、电梯、消防、空调机组等维修保养，完成办公楼中央空调1个主控制器和10个液晶控制面板的更换。投入3万多元资金，更换行政办公大楼消防设备；投入近6000元，检修维护大院的监控摄像设备。完成对合山市青少年活动中心、中路招待所、税务局副楼、旧法院各驻楼单位水电表更名过户等工作，确保全年水、电、消防以及空调系统安全运行无事故。深化基建维修工作，完成政府大院道路全面改造工作。严控办公用房管理，对新合并改制所有单位的办公室进行了再次测量，并把测量结果交予纪委备案。做实机关饭堂管理及接待，为机关干部职工做好后勤保障服务，同时按要求做好扶贫产品进机关工作食堂行动，全年机关食堂消费扶贫产品共计3万多元。做好上级领导到合山指导和调研工作接待服务，全年共接待上级领导71批420多人次。

【机关饭堂管理】 2020年，合山市机关事务管理局贯彻执行《中华人民共和国食品安全法》《餐饮服务食品安全操作规范》，加强机关饭堂管理和服务人员培训，履行食品安全主体责任，指导职工合理膳食，2020，配合相关部门进行食材达标检测20余次。贯彻落实习近平总书记对坚决制止餐饮浪费行为作出的重要指示精神，开展“光盘行动”。2020年，发放宣传画册1000余份、张贴宣传画60多张、悬挂横幅10余条，及时制止身边餐饮浪费行为，倡导健康、合理的饮食习惯。

【办公用房管理与服务】 2020年，合山市机关事务管理局贯彻落实《各级党政机关工作人员办公室使用面积标准（试行）》《关于党政机关办公用房使用管理几项具体问题的解释》《来宾市市直机关办公用房统一管理实施细则》等，加强市直党政机关办公用房管理与服务工作。做好对新合并改制所有单位的办公室进行了再次测量，并把测量结果交予纪委备案，2020年，对全市机关办公用房使用情况抽检5次，未发现机关办公用房超标准使用情况。完成老旧小区改造调查问卷315户。

【公务用车管理】 2020年，合山市机关事务管理局把控车辆年审，严守公务用车管理制度，严格管理公务用车燃油经费，合理调配司勤人员，完成公务用车保障工作。车辆管理执行“一辆一档”管理制度，每一部公务用车都用一个专门的档案盒对应相关资料。其中，维修、燃油、保险等均已建立好归档台账。完成全市政府机关、单位部门的公务用车服务保障工作，2020年，共出车999余次，行驶总里程11万多公里。

【公共机构节能】 2020年，合山市机关事务管理局继续做好节约型机关创建工作2019年市机关后勤服务（节能）中心承担的行政职能已划归市政府办公室，但按照市政府办的工作安排，机关事务局仍承担此项工作任务。10月，完成市高中既有建筑面积18484平方米绿色化改造工作；完成市政府大院内24家单位“节约型机关”创建的前期工作。全年完成3个垃圾箱站的建设、100个分类垃圾桶的推广工作。年内，通过租赁方式完成4部新能源汽车的推广应用工作，完成1个新能源汽车充电桩示范点的建设工作。全年能源消费总量、人均能耗、单位面积能耗三项主要指标均控制在来宾市下达任务指标内。

（撰稿：机关事务局办公室）

地方志

【概况】 合山市史志办公室是原中共合山市委党史办公室和合山市地方志办公室合署办公的简称，是市委、市政府直属管理的事业参公单位，一套人马，两块牌子。单位核定编制6人，设置领导职数为主任1名，副主任1人，工作人员4名，实际在岗5人。大学本科5人。

2020年，地方志办以围绕地方志志鉴编修工作“两全目标”，推进《合山市志（1991—2005）》资料后期补充完善，组织编纂出版《合山年鉴（2020）》工作，同时完成《广西年鉴》《来宾年鉴》合山部分撰稿任务。协助指导乡镇、市直各单位、直线各部门和其他企事业单位开展年鉴资料整理、地情资料收集和编写工作。

【志书编纂】 2020年，落实自治区地方志编纂委员会《关于开展广西第二轮三级地方志书编纂工作意见》和《合山市第二轮市志编纂工作方案的通知》的文件精神，市史志办在完成志书总纂后，继续聘请4名退休人员为《合山市志（1991—2005）》特约编辑，对志书进行审改、补充。12月，全面完成对志稿全书的核改工作，并已进入全区出版序列。本书共设21篇，约120万字。

【综合年鉴编纂】 2020年3月，市史志办启动《合山年鉴（2020）》征编工作，制定编纂方案，报市政府审定下发，开始年鉴组稿工作。5—6月，对全市各单位提供的稿件的征集完成。7月，史志办实行分工负责制，并将文稿修改补充和校对等各环节落实到编辑人员手中，保质保量，如期完成组稿工作。8月，《合山年鉴（2020）》编写完成并交印刷厂排版。11月初，将文稿呈报市人民政府审定。11月下旬送中国文史出版社出版，12月底印刷完成。实现一年一鉴的目标。此外，还分别组织编纂完成并上报《广西年鉴》《来宾年鉴》合山部分的书稿任务，约4.5万字。

【地方志宣传与服务】 2020年，继续推进地方志资源服务社会工作。在为市农业局地理标志产品申报提供资料的同时为区内外各级单位、组织、人事部门及社会各界提供地情史志资料查询、咨询服务60多人次。不断提高合山的知名度，为宣传合山的“三个文明建设”做出了应有的贡献。

（撰稿：曾焕发　徐友香）

档案事业

【概况】 合山市档案局（馆）成立于1984年12月30日。2019年，新的一轮机构改革，档案局（馆）实行分设，根据《中共合山市委员会合山市人民政府关于印发〈合山市机构改革方案〉的通知》要求，将事业单位市档案局的行政职能划归市委办公室，保留市档案局牌子。在市档案局的档案管理事务性工作职责基础上，组建市档案馆，作为市委直属事业单位，机构规格为正科级，列为公益一类，由市委办公室代管。根据《中共合山市委办公室关于印发〈合山市档案馆职能配置、内设机构和人员编制规定〉的通知》，市档案馆事业编制8名，设馆长1名，副馆长1名。内设办公室、收集保管股、编研利用股、电子档案股，政府信息查阅股。2020年，实有在编人员5名。

【档案安全与管理】 2020年，合山市档案馆全面贯彻落实“防火、防水、防潮、防霉、防虫、防光、防尘、防盗”的档案管理规定。档案实体安全管理：制定了档案库房安全管理制度以及应对自然灾害和突发事件的应急预案，档案馆楼内外都安装有电子自动监控，档案库房安装有门禁系统、防火门、铁窗、自动报警系统、自动消防系统、温湿度自动监控系统、配备有档案密集架、消毒柜、防磁柜等设备，保证档案保管的安全性。楼层和走廊配备灭火器。全方位做好档案安全检查、各种器材安全使用和库房温湿度情况记录，坚持库房卫生清洁工作制度，保证档案库房的整洁卫生，坚持档案利用安全管理制度，在档案查阅利用工作中，严格按规章制度办理相关手续，2020年没有发生档案安全事故。

档案信息安全管理：制定了档案数据与信息安全管理制度和数字档案馆应急预案，加强对档案人员的保密教育。对数字档案资源进行异地备份，“十三五”期间，向自治区档案馆报送纸质档案数字化扫描数据备份光盘60盒，容量212.76GB。

【档案查阅与接待】 2020年，到档案馆查阅利用档案的机关工作人员和群众246人次，查阅利用档案550卷次其中，接待机关单位工作人员25人次，提供利用档案257卷次；接待群众利用民生档案221人次，提供利用档案293卷次。发挥档案为机关服务、为民生服务、为经济建设服务的积极作用。

【档案收集与利用】 2020年，档案馆馆藏档案有84个全宗，24508卷，比上年增长13.48%，图书资料1133本（册），实物档案652件。排架长度523米，按档案归属的历史时期及其载体形式，划分为民国档案、中华人民共和国成立后档案、照片档案、实物档案、死亡干部档案、图书资料六部分。档案内容涉及政治、经济、军队、科技、文化、教育、医药卫生等方面。

档案收集。2020年，接收市发改局、市编办、市岭南镇社保中心、市矿区事务管理处、市教育体育局5个单位的档案3288盒进馆，进一步丰富了馆藏。档案征集。征集合山市文化馆原馆长陆乃亮版画作品（152幅）、照片档案（777张）和版画刻板原件（10件）入馆保存。陆乃亮是一位立足合山本地、扎根群众的普通艺术工作者，版画作品多以矿山为题材。他参加工作时身居煤海，熟悉煤矿生活，为了用创作记录煤矿工人工作和生活的点点滴滴，陆乃亮每天深入矿区，寻找最能表达工矿文化特色的旧物件，并由此创作了版画长卷《乌金流程图》，反映了20世纪中国南方煤炭尤其是合山煤炭的生产流程。档案珍藏：修编于民国24年（1935）的《迁江县志》；修编于民国24年（1935）的《来宾县志》；合山市文化馆原馆长陆乃亮创作的版画长卷《乌金流程图》（12.5米）。

【档案信息化建设】 2020年，合山市档案馆加强档案数据库和档案信息化建设，对馆藏档案进行电子目录著录，对馆藏纸质档案逐步进行全文数字化扫描。录入文件级目录数据293043条，馆藏纸质档案全文扫描1361758页，容量942.99GB。其中，市委全宗、政府全宗、发改局全宗、税务局全宗（部分）、组织部全宗、纪监委全宗、农业局全宗、水利局全宗、卫生局全宗、人社局全宗、北泗镇全宗、河里镇全宗以及民政局全宗的低保档案和婚姻档案（1972—2004年），已经进行了全文数字化扫描，实现了档案的数字化管理与服务利用。

（撰稿：市档案局办公室）

矿区事务管理

【概况】 合山市矿区事务管理处是合山市人民政府管理的一个正科级事业单位。2020年，管理处内设办公室、社保股、财务室，在编干部职工总数15名，其中，管理岗人员编制12名，专业技术岗编制3名。工作职责主要是配合和协助社会保险经办机构及有关部门落实原合山矿务局企业改制后移交地方管理的离退休、抚恤、退养家属工、1至6级伤残和职业病、执行提前退休政策等人员的各种政策待遇；处理原合山市矿务局改制后的后续工作；管理原合山市矿务局改制后遗留的国有资产等问题。

【矿区管理和服务】 2020年，矿区事务管理处管理原合山矿务局离、退休等各类人员7344人。其中，离、退休人员6272人，离岗退养人员6人，供养人员996户1012人，工伤残长病人员54人。2020年，发放离岗退养人员及长病工伤残人员生活费及伤残津贴等38.48万元，发放在职供养人员费用125.44万元。为36名工伤人员住院、门诊的费用备案和申报。为32人工伤人员申报门诊住院医药费报销83750.45元，为192名退休职工办理死亡待遇申报；对原合山矿务局70岁以下退休人员宣传推行使用社会保障卡，为183人办理社保卡及账户变更服务。完成退休人员和供养人员每年一次的领取养老待遇资格认证。

【矿区困难群众的安置与管理】 做好受企业改制费拖欠影响的职工和供养人员的解释工作。配合市政府持续推进合煤公司破产清算，履行好债权人委员会委员职责。2020年，矿区获得清偿813万元职工债权。年内，已将受改制费拖欠影响的职工和供养人员历年的社保费、生活费全部支付和发放到位，后续每月的社保费和生活费均得到正常支付和发放，维护了职工合法权益和社会稳定。

【矿区遗留问题处理】 完成南宁南风家属小区“三供一业”(供水、供电、供气，物业基础设施)改造工程。2020年，利用自治区财政补助资金1968.5万元，用于合山矿务局南宁南风机器厂33号家属小区、南宁市长岗六里78-1号南风厂职工家属小区和广西桂煤干休所的“三供一业”改造。铺设新的供水管道、更换供电线路、修整建设小区花圃绿化带、硬化小区道路、规划建设小区电动车停车场等物业设施。2020年，供电、供水和物业基础设施改造已全部完成并投入使用，解决了原合山矿务局改制后长期存在的一大历史遗留问题。改善了家属区基础设施落后状况，提升了小区的生活环境质量。推进南宁长路三里9号职工小区危房改造工程。通过协调合煤公司等有关部门，推进小区危房改造项目，危改房住户签订搬迁补偿协议，南风厂无房或住房面积不达标的职工享受优惠购房待遇，项目于2020年4月12日正式开工，预计2023年6月30日交付使用。

2020年8月19日，矿区事务管理处干部接待原合山矿务局退休职工
（矿区管理处提供）

【矿区项目建设】 完成里兰矿区公共文化体育综合馆项目建设。2017年以来，争取市财政资金300万元，在里兰矿区建设面积为1434平方米的公共文化体育综合馆。项目于2018年动工，受财政资金困难和2020年疫情的影响，工程停工较长时间，2020年9月完工。里兰矿区公共文化体育综合馆的投入使用，有效改善矿区公共文化体育基础设施，满足矿区群众公共文化体育活动需求。

（撰稿：谭艳梅）

政协合山市委员会

【概况】 政协合山市委员会(简称“市政协”，下同)设有政协办公室，政协提案法制委员会，政协委员联络办公室，政协综合办公室4个委室，人员编制8个，主席1人、副主席4人，主任4人、副主任2人，主任科员1人。全市政协委员共126人。

【机关建设】 进一步完善政协机关各项管理制度，用制度管人管事，加强干部日常管理与监督，努力营造民主和谐的工作环境，推进机关各项工作规范运行，确保履职工作有效开展。结合政协工作实际，组织机关通过系统学习政治理论和政协知识，提升政协机关干部的综合素质和业务能力，致力推进“学习型、服务型、创新型、和谐型”机关建设，有力推动机关工作、联系基层和为民服务工作扎实有效开展。

【委员队伍建设】 发挥委员主体作用，抓好“两支队伍”建设。组织政协委员和机关干部开展理论学习和业务培训，提升委员“懂政协、会协商、善议政”的能力。引导委员立足岗位，响应市委、市政府号召，发挥自身优势，在履职实践中发挥作用，在联系服务群众中体现价值。2020年，组织政协委员献计献策、参与实践，投身抗疫一线，助力脱贫攻坚成果、创建文明城市、就业扶贫委员行动等活动，委员韦贵康带领群众发展肉兔养殖，荣获全国脱贫攻坚先进个人称号，委员苏子兰、韦宛利分别荣获自治区、来宾市劳动模范称号。

【民主协商】 2020年，市政协根据九届六次会议期间委员提案和社情民意，选取7项议题开展民主协商。其中，专题协商2项、提案办理协商3项、对口协商和界别协商各1项，并通过深入协商集中议政，汇集众智，督促相关职能部门落实办理。2020年，协商议题涉及的问题均已答复或解决。2020年，在全市3个镇创建镇级政协委员联络站，率先在来宾市实现乡镇政协委员联络站全覆盖目标，2020年10月，来宾市县（市、区）政协乡镇（街道）委员联络站建设现场交流会在合山市召开，市政协在会上做了典型发言。

【政协合山市第九届第六次全会】 政协合山市第九届委员会第六次会议于2020年4月27日——28日在合山市人民法院会议室召开。出席会议的委员有126名。会议的议程：听取和审议政协第九届合山市委员会常务委员会工作报告；听取和审议政协第九届合山市委员会常务委员会关于政协九届五次会议以来提案工作情况报告；委员大会发言；列席合山市第九届人民代表大会第七次会议，听取并协商讨论政府工作报告及其他报告；审议通过政协第九届合山市委员会第六次会议关于政协常务委员会工作报告的决议；审议通过政协第九届合山市委员会常务委员会关于政协九届五次会议以来提案工作情况报告的决议；审议通过政协第九届合山市委员会第六次会议政治决议；其他。

【政协主席会议】 2020年，政协合山市委员会主席会议共召开16次。

第五十次会议：1月2日召开，会议主要内容：传达市委2020年1月2日上午召开的九届五次全会精神；传达市委2020年1月2日上午召开的

2020年8月19日，市政协组织政协委员开展“671”水利渠道调研活动 （市政协办提供）

经济工作会议精神；审议修改市政协常委会2019年述职报告。

第五十一次会议：1月17日召开，会议主要内容：讨论审核政协九届六次全会的相关材料、准备工作；讨论审核2019年度优秀政协委员名单；讨论审核2019年度优秀提案；推荐先进提案承办单位名单。

第五十二次会议：1月20日召开，会议主要内容：讨论市委提交的政协委员增补人选名单。

第五十三次会议：2月4日召开，会议主要内容：布置政协九届六次会议相关工作；强调及时梳理政协工作中需要市委协调研究的事情；讨论近期扶贫工作；强调工作纪律，抓好当前的疫情防控工作。

第五十四次会议：4月15日召开，会议主要内容：讨论审议《2020年合山市政协常委会工作要点》；重新确定政协九届六次会议的时间、日程、特邀、列席人员等事项。

第五十五次会议：6月4日召开，会议主要内容：传达来宾市政协委员党委工作会议精神；传达学习自治区政协《关于解决市县政协活动经费的通知》；讨论《中共合山市政协党组关于加强市政协党的建设工作实施办法（试行）》《合山市政协委员活动小组编组方案》。

第五十六次会议：6月24日召开，会议主要内容：学习《合山市部分行政区域界线调整工作实施方案》（征求意见稿）；讨论《中共合山市政协党组关于加强市政协党的建设工作实施办法（试行）》；讨论关于设立市政协委员镇联络站的方案；商定政协委员镇联络站的站长、副站长。

第五十七次会议：7月10日召开，会议主要内容是讨论开展政协委员培训工作相关事宜。

第五十九次会议：9月11日召开，会议主要内容：讨论审定文史馆创建工作实施方案；讨论审定《2020年委员视察工作方案》；讨论联络站现场会召开相关事宜。

第六十次会议：9月23日召开，会议主要内容：讨论政协文史馆建设资金使用方案、文史馆建设工程招标工作。

第六十一次会议：10月26日召开，会议主要内容：讨论委员联络站建设现场交流会工作；讨论政协班子工作分工。

第六十二次会议：11月5日召开，会议主要内容：讨论政协九届合山市委员会第二十七次常委会议程。

第六十三次会议：11月17日召开，会议主要内容：讨论2021年项目经费预算。

第六十四次会议：12月22日召开，会议主要内容：专题研讨《合山市国民经济和社会发展第十四个五年规划纲要》（初稿）。

第六十五次会议：12月24日召开，会议主要内容：讨论通过成立合山市政协信息服务中心相关事宜。

【政协常委委员会议】 2020年，政协合山市第九届委员会常务委员会共召开5次会议。

第二十三次会议：1月21日召开，出席会议的常务委员会组成人员21人。会议主要内容：听取市政府蓝昭平同志通报政协九届五次会议提案办理情况；听取统战部莫国林同志宣读市委增补委员的文件，并作注明；审议通过政协合山市第九届委员会第六次会议各项议程材料；评选2019年优秀政协委员、优秀提案；集体廉政谈话。

第二十四次会议：4月15日召开，出席会议的常务委员会组成人员20人。会议主要内容：讨论通过《合山市政协常委会2020年工作要点》；重新确定九届六次会议的事项；传达来宾市疫情防控的情况及要求；覃武仕同志提几点意见。

第二十五次会议：4月28日召开，出席会议的常务委员会组成人员22人。会议主要内容：听取各小组汇报讨论各工作报告的情况；审议九届六次会议关于常委会工作报告的决议；审议提案工作报告决议；审议政协九届六次会议的政治决议。

第二十六次会议：7月15日召开，出席会议的常务委员会组成人员19人。会议主要内容：人事任免；学习市政协近期印发的《中共合山市政协党组关于加强政协党的建设工作实施办法（试行）》《关于设立市政协委员联络站的通知》两个文件精神；通报2020年组织市政协委员外出学习培训事宜。

第二十七次会议：11月6日召开，出席会议的常务委员会组成人员18人。会议主要内容：通过本次会议议程内容；学习贯彻中共十九届五中全会精神；讨论2020年市政协各调研组专题调研报告；通报政协文史馆建设进展并协商提出建议。

【民主监督】 2020年，市政协组织部分政协常委和委员通过协商活动、委员提案、视察调研、大会发言、反映社情民意信息、委员来信来访等形式提出批评和建议。组织听取市政府及其工作部门和执纪、执法部门通报相关工作情况，及时了解掌握各部门的工作情况，提出意见建议。选派委员12人次作为特邀监督员，分别到公安、法院、检察院、卫生、民政等部门担任监督员或人民陪审员，参与民主监督工作。

【参政议政】 2020年，市政协班子成员列席中共合山市委常委会会议38次、合山市人民政府常务会议23次，对合山市经济建设、社会发展、重点项目建设等进行协商，提出意见和建议。政协合山市第九届委员会第六次会议共收到委员大会发言材料8篇，组织委员在大会上发言，邀请市委、市政府领导班子成员及相关部门一把手到场聆听，市委、市政府对委员发言材料进行点评或作出批示，对委员提出的重要意见建议，纳入政府工作规划。组织委员开展合山市平安建设工作视察活动，对合山市平安建设进行探讨、提出对策，向市委、市政府提交视察报告，助力合山市平安建设工作持续健康发展。

【提案办理】 2020年，政协九届六次会议期间，共收到委员提案31件，经审查符合立案24件。对重点提案，政协班子亲自督办，通过召开重点协商、专题协商会等涉及民生问题的重点提案得到有效办理。提案办复率100%，采纳率91%，提案办复的满意和基本满意率90%以上。

【专题调研】 2020年，市政协组织开展对“溯河电灌站水利渠道维护及开发利用”和“建立合山市物流集散中心，发挥‘公铁水’交通网效率”两个专题调研活动，围绕如何合理利用水利渠道周边及水资源开发乡村旅游，增强水利服务合山市经济社会协调发展的支撑保障能力建言献策，对加快推进合山市物流业发展提出有效建议。通过调研形成《建立合山市物流集散中心充分发挥“公铁水”交通网效率调研报告》《合山市溯河电灌站水利渠道维护开发调研报告》，提交市委市政府决策参考。

【文史工作】 2020年，合山市被自治区政协列为县（市）级政协文史馆建设单位。市委市政府高度重视，及时落实建设场所、划拨专项资金支持建馆。市政协文史馆设在合山市矿山博物馆二楼，总面积280平方米，投入资金50万元。2020年，文史馆已收集到文史书4580多册，文史资料1300多篇、9万多字，1500多幅史料图片，文史馆室内装修、布展工作有序开展。市政协文史馆建成后，将更好发挥政协文史资料“存史、资政、团结、育人”的社会功能。

（撰稿：韦龙梅）

纪检监察

【概况】 2020年，合山市纪律检查委员会、合山市监察委员会（简称“市纪委监委”），一套工作机构合署办公，内设9个职能机构，机关核定行政编制23名，事业编制3名，工勤编制2名，纪委、监察领导班子职数均为7名。

【监督检查】 按照“4.3.2.1”要求开展谈话提醒工作，着力解决苗头性、倾向性问题。2020年，全市纪检监察机关运用“四种形态”处置196人次。其中，第一种形态138人次，占“四种形态”处置总人次的70.4%；第二种形态51人次，占26%；第三种形态4人次，占2.1%；第四种形态3人次，占1.5%。实现了第一种形态扩量，第二、第三种形态提质，第四种形态从严的态势。通过强化“六稳”“六保”监督，聚焦基本民生保障、复工复产等，充分发挥监督保障执行、促进完善发展作用，有力推动合山经济社会发展。

持续开展中央八项规定整治纠正“四风”，开展职业技能培训和就业扶贫优惠政策落实工作、农村基层党组织助残扶贫工程、产业扶贫以奖代补项目等扶贫领域“小专项”检查9次，倒逼各职能部门落实监管责任。2020年以来，共排查问题线索33条，立案6条，结案7件，诫勉谈话2件。持续开展“系统抓、抓系统”专项整治，督促职能部门履行监管职责，检查扶贫项目297个，检查扶贫资金10211.9435万元，发现问题5个，完成整改问题5个，有力推动脱贫攻坚工作取得实效。持续开展违规吃喝和违规发放津贴补贴问题专项整治，督促全市各单位重点围绕违规吃喝和违规发放津贴补贴开展自查自纠，主动查找问题，整治活动发现2个单位存在2个问题并督促整改，专项整治取得良好效果。持续抓好新冠肺炎疫情防控监督，综合协调开展新冠病毒疫情监督检查工作，派出督查组到全市各防控点开展疫情防控工作督查，排查发现问题11个，提出整改建议11个，及时督促责任单位整改。立案2起，结案2起，印发2期典型案例通报，有力推动了合山疫情防控工作。

【预防宣传】 常态化开展廉政教育。始终把筑牢廉政防护堤作为落实监督责任的第一要务，增强廉政教育密度和强度，积极协助市委召开2次全市领导干部集体廉政谈话会、2次警示教育活动和2次全面从严治党专题培训会，15个单位600多人到纪法廉政教育基础开展警示教育。强化通报曝光力度，用身边案例警醒身边人，在

2020年7月1日，合山市纪委监委纪法基地开展警示教育活动 （纪委提供）

2020年10月23日，合山市纪委领导重阳节慰问老党员 （纪委提供）

形成震慑的同时进一步强化警示教育效果。2020年，通报曝光11起13个本辖区查处的扶贫领域和疫情防控期间违反工作纪律问题典型案例，有效地增强了党员干部的责任担当和自觉拒腐防变意识。常态化开展以案促改。督促6个案发单位召开专题民主生活会开展案件剖析，建立健全长效机制2项，督促1个单位开展巡察反馈问题整改。全市范围内通报扶贫领域典型案例5期，以案为鉴，警示效果良好。利用新媒体曝光扶贫领域腐败和作风问，在各镇村屯张贴案例通报，今年以来通报曝光扶贫领域典型案例5期8件8人。常态化抓好信息稿件撰写。截至2020年12月31日，向中央纪检监察网、人民网、新华网报送信息稿件32条，获采用18条；向广西纪检监察网、《广西日报》、《党风廉政教材》报送64条，获采用49条；向来宾纪检监察网报信息送56条，获采用38条；全市各部门向《来宾日报》报送75条，获采用63条；在合山纪检监察网、微信公众号、合山党建网上发表262条。

【信访举报】 开展问题线索大起底大排查大督办，梳理中共十八大以来收到的问题线索，共排查出问题线索164件。突出强化“六个”管理、实现“六个”更加，认真受理办理检举控告，加强信访举报的分析和信息反馈，抓好信访检举举报平台建设工作，进一步畅通信访举报渠道。2020年，共受理信访举报93件，其中业务内64件，业务外29件，了结81件，转立案2件。

【审查调查】 坚持无禁区、全覆盖、零容忍，坚持重遏制、强高压、长震慑，始终保持高压态势不动摇，查办案件工作取得实效。深化扫黑除恶专项斗争监督执纪问责，收到涉黑涉恶腐败问题和“保护伞”线索19条，并全部办结。全市纪检监察机关处置问题线索197件，立案59件，给予党纪政务处分59人，双重处分2人，刑事处理11人，办理1件留置案，重点查处了合山市公安局交通警察大队原大队长李长星严重违纪违法案。

（撰稿：市纪、监委办公室）

群众团体

总工会

【概况】 2020年，合山市总工会内设机构有办公室、组织基层部；行政编制2名，领导职数设主席1名（由市人大常委会副主任兼任），党组书记、副主席1名，党组成员、副主席1名；后勤服务人员编制2名，在编2人。下设机构有工人文化宫，核定事业编制6人；聘用专职工会工作者6人、工资集体协商指导员2人。

【工会组织建设】 2020年，合山市总工会开展易地扶贫搬迁安置点集中建会入会行动和推动“八大群体”职工入会等工作，新增工会组织5个，涵盖企业9家，发展会员1075人。2020年，全市共有基层工会组织178个，会员达11432人。

2020年1月20日，合山市总工会开展春节送温暖慰问活动 （工会提供）

【职工帮扶】 2020年，合山市总工会开展职工帮扶活动。开展“就业援助月”“春风行动”等活动，为下岗失业人员和进城务工农民工提供求职就业服务，免费发放宣传材料12980份，免费提供劳动维权服务和法律咨询服务76人次。在“暖心行动”中，组织职工志愿者开展为返乡、返城农民工免费提供方便面、热水、八宝粥、矿泉水等服务，为30余名农村建档立卡农民工赠送车票，共计投入1万余元。开展“金秋助学”活动，资助贫困家庭在校学生23名，发放救助金达120000元。做好在档困难职工医疗、生活救助活动，医疗救助6人，发放救助金66940元，生活救助36人，发放救助金201078元。开展困难职工解困脱困“百日攻坚行动”，为3户无房困难职工解决住房问题，16户50人纳入低保，33户困难户解决就业问题，发动一家爱心企业——广西合山虎鹰建材有限公司为困难职工提供就业机会。做好疫情防控期间困难职工帮扶工作，共向在档36户困难职工发放生活补贴61050元。

【医疗互助保障】 2020年，全市84个单位及企业参加职工医疗互助保障活动，参保人数达4161人。累计受理补助354人次，赔付257人次，赔付金额达469189.81元。

【职工慰问走访】 2020年，合山市总工会做好职工慰问走访。开展元旦春节送温暖慰问活动，共对困难职工、一线职工、公安民警（辅警）以及劳模共计104人进行走访慰问，发放慰问金58000元、价值3813元的慰问品；开展“夏送清凉”慰问活动，为9个基层工会和900多名一线职工送去了7万多元清凉饮料、绿豆等防暑降温物品。深入疫情防控设卡检测点和各镇、村，开展慰问新冠肺炎疫情防控一线工作人员，共投入13.2万元，用于慰问参与疫情防控工作的一线医护人员及其在防疫期间无法照顾的直系亲属，以及购买口罩、消毒液、测温仪等防疫物资。

【职工权益维护】 2020年，合山市总工会加强职工权益维护工作。在合山市、镇两级工会建立服务职工律师站、点2个，长期聘请4名法律顾问，为职工提供必要法律咨询和援助，解决职工遇到的实际困难和问题。推进工资集体协商工作，促进25人以上企业单独签订工资集体合同。发挥人大代表App平台作用，拓展建立“职工维权服务”App平台，提升“职工维权服务”水平。2020年，职工维权服务App平台共受理职工维权诉求23件，承办事项满意度达90%以上，积极回应了职工群众关切的问题，及时解决了职工群众关心关注的热点焦点问题，提升职工群众的获得感、幸福感和安全感。

【职工疗（休）养】 2020年，合山市总工会开展职工疗休养基地建设和职工疗休养活动。完成打造1家县级职工疗休养基地；组织全市34名一线职工分6批到桂林工人疗养院和防城国际海员俱乐部开展职工疗休养活动；组织60名抗疫一线和脱贫攻坚一线职工分两批到金秀县、象州县职工疗休养基地开展职工疗休养活动。

【职工文化建设】 2020年，合山市总工会加强职工文化建设。举行6场“听党话、跟党走，建功新时代”文艺晚会。组织各基层工会参加自治区总工会举办的“壮美广西·团结进步”暨“助力脱贫攻坚”全区职工书法摄影比赛活动，其中，选送的一幅书法作品荣获全区二等奖，是来宾市唯一获奖作品。投入41.6万元打造合山市实验中学、合山市法院、合山市纪委“职工书屋”及合山市实验中学、广西科锐钙化物有限责任公司等文化长廊建设，其中，合山市人民法院工会委员会的职工书屋被来宾市总工会确定为“来宾市职工书屋”称号。投入3.5万元在“合山工会在线”微信公众号打造“书香工会”专栏，专栏配置10万册电子书、3万册集听书和300多种期刊，基本满足不同职工对不同专业书籍的需求。利用“书香工会”专栏不定期开设各种学习知识竞赛、知识抢答等活动，有效激发了广大职工读书热情，成为职工业余饭后的精神乐园。

【工会经费收支管理及审计】 2020年，合山市总工会做好工会经费收支管理及审计工作。做好工会经费收缴、划拨工作，实现2020年财政划拨工会经费372.87万元、税务代收工

2020年8月18日，合山市总工会开展送清凉慰问活动（总工会提供）

2020年11月7–8日，合山市总工会举办2020年“送培创工程”培训班（总工会提供）

会经费170.77万元，按区总工会的要求，全额纳入区总工会汇缴清算系统分解、上缴工作，确保各级工会经费及时分解到位。进一步健全工会经审组织，加强工会经费审查、监督和管理，促进收、管、用好工会经费。

【职工奖励和表彰】 2020年5月，合山市总工会被来宾市总工会评为“来宾市2019年度县级工会经审工作规范化建设考核二等奖”。2020年11月，合山市总工会“网上工会”云平台工会组织和会员实名制信息采集工作在来宾市排名第一名，获来宾市总工会通报表扬。2020年12月，合山市总工会“职工维权服务”App平台承办工作办结率100%获来宾市总工会通报表扬。2020年12月，合山市人民医院黄晓青被来宾市总工会命名为来宾市“最美职工”称号。2020年12月，广西合山市润鸿农业技术有限公司技术员苏子兰、来宾市合山市桂盛养兔专业合作社理事长韦贵康被中共广西壮族自治区委员会、广西壮族自治区人民政府评为自治区劳动模范。2020年12月，合山市实验初级中学工会委员会被来宾市总工会命名为来宾市先进职工之家。2020年12月，广西科锐钙化物有限责任公司工会委员会被来宾市两新组织党工委、来宾市总工会确认为来宾市党工共建示范点。

（撰稿：廖轶红）

共青团合山市委员会

【概况】 中国共产主义青年团合山市委员会（简称“团市委”）成立于1982年5月，现有行政编制2个，其中，书记1名，副书记1名。下辖的基层团委7个，教育团工委1个，团支部98个。全市29个行政村、5个社区均设有团组织，全市有共青团员1993名。

2020年8月18日，团市委在向阳小区开展“七彩假期，情暖童心”志愿服务活动 （团市委唐泽鸿提供）

【基层团组织建设】 2020年，团市委组织合山市各基层团通过主题团（队）日、线上线下互动学习等多种形式开展“绽放战疫青春·坚定制度自信”“致青春为家国”——争做黄文秀式好青年等主题宣传教育实践活动共计48场，引领广大青年坚定“四个自信”，做到“两个维护”，激励青年在党和人民最需要的地方奉献青春。2020年11月24日，合山市成为来宾市第一个完成村（社区）团组织换届工作的县（市、区）。举办2020年预防青少年违法犯罪工作暨基层团干部“青春引擎”培训班，采取“理论＋现场教学＋实地考察”方式，进一步增强新任村（社区）团干部的思想政治意识和业务工作能力。2020年12月4日，作为智慧团建各项指标综合排名靠前的代表做远程经验性总结发言。2020年，合山市获得自治区级“两红两优”奖项5个、来宾市奖项11个，是来宾市6个县（市、区）当中获得自治区级奖项最多的县。

【青年培训工作】 2020年，团市委围绕中共十九届五中全会精神、习近平总书记关于青年工作重要论述等内容向广大青年团员进行宣讲。以“青年大学习”行动为契机，动员广大青年团员参与“青年大学习”网上主题团课的学习人数累计达62505人次。团市委书记带头走进基层，开展新时代文明实践理论宣讲课，听课的，团员青年超过500人次。此外，团市委以“凝聚青年、服务青年”为工作出发点和立足点，举办“青春携手·共创未来”青年联谊活动共5场次，参加人员约200人次，通过搭建联谊活动的平台加强青年之间的沟通联系，不断推进青年工作迈向新台阶。

【青年文明志愿行动】 2020年，团市委以合山市“小青石”青年志愿者关爱未成年人志愿服务项目为主要载体，带领广大青年团员和青年志愿者先后组织开展“让温暖一起回家”、“暖冬行动”、学雷锋、“情暖童心”、抗疫爱卫、“六一”慰问和重阳节义诊等志愿服务活动共56场，总服务时长达1776小时。看望慰问贫困儿童家庭，给他们送上了食用油、牛奶、学习用具等慰问品和希望能量包合计近万元。2020年12月21日，合山市青年志愿者协会正式登记成立，团市委作为协会的主管单位，及时召开青年志愿者培训会和开展“保护母亲河 争当‘河小青’”志愿服务活动，为巩固合山市创建自治区文明城市成果贡献青春力量。

【青年文明号创建活动】 团市委持续抓好“青年文明号”创建工作，在青年中开展“树文明新风，做文明青年”主题活动，带动各机关企事业单位参与争创文明先锋。先后组织各青年文明号单位发挥自身优势，开展“争做新时代好队员”“青春心向党 奋力建小康”等活动。进一步发挥团员青年在发展中的生力军和突击队作用，展示合山青年的精神风貌，为合山市创建文明城市工作注入了新生活力。

【保护未成年人工作】 2020年，市级团委落实5万元预防青少年违法犯罪工作经费，各镇团委落实2万元预防青少年违法犯罪工作经费，做到经费专款专用，预防与保护相互促进。以“关爱未成年人 呵护祖国花朵”未成年人保护宣传月活动为契机，联合市未成年人保护委员会成员单位以及其他相关单位通过进社区进校园，开展“安全自护教育”“法治宣传讲座”“预防校园欺凌”等系列活动，共计13场，发放宣传资料3000余份，受众人群累计3000余人。以志愿服务为主线，创新实施“八个全覆盖”，深入开展“让温暖一起回家”“七彩假期情暖童心”支教活动、青春助力易地扶贫搬迁工作等活动，提升青少年法治意识，促进青少年尊法学法守法用法，未成年人保护和预防青少年违法犯罪工作取得一定实效。2020年9月8日，“合山市创新实施‘八个全覆盖’，为未成年人撑起一片蓝天”这一经验性做法获得共青团来宾市委书记苗志江的肯定性批示。

【青年创业创新活动】 2020年，团市委组织开展“创业创新沙龙进农村”，“青年创业故事”分享会等一系列活动，通过线上线下专业授课的学习方式培养农村青年人才，培育脱贫攻坚和乡村振兴“领头雁”青年30名，为全面打赢脱贫攻坚战贡献力。

【少先队工作】 2020年，开展中小学生防溺水的各项工作，通过开展“防溺水红领巾志愿者”主题争章、应急知识培训、防溺水知识宣传等活动，全市共颁发“防溺水红领巾志愿者章”自治区级8枚，来宾市级202枚，合山市级2192枚。团市委在向阳小区、光明小区两个易地扶贫搬迁安置点建立“青空间”和“校外红领巾基地”，2020年暑假期间开展“七彩假期”“关爱留守儿童”等志愿服务活动，为农村留守儿童、贫困学生提供假期陪护、学业辅导、自护教育、文体活动等志愿服务总时长约430小时，服务人数达152人次。建立健全共青团和教育部门协作机制，每半年至少专题研究少先队工作1次，及时沟通涉及中小学生、青少年和共青团、少先队的重要政策和工作部署，进一步深化教育督导管理体制改革，切实加强对少先队工作的领导，少先队改革工作落到实处。

2020年10月13日，团市委在少先队建队71周年纪念日举办少先队辅导员技能比赛和培训班等活动，采用“以赛代训、赛训结合”的方式，进一步提升少先队辅导员业务能力。2020年，合山市少先队辅导员覃秀益、少先队员姚彦劼和实验小学等分别荣获“广西优秀辅导员”“广西优秀少先队员”“广西优秀少先队集体”称号。合山市4名少先队员、6名少先队辅导员和5个学校大中队分别“来宾市优秀少先队员”“来宾市优秀辅导员”“来宾市优秀少先队集体”称号。

（撰稿：共青团合山市委员会）

妇女联合会

【概况】 合山市妇女联合会（简称“市妇联”），有编制2名，设主席1名，副主席1名。

【妇女儿童关爱工作】 2020年，市妇联利用“儿童之家”“家长学校”“妇女之家”等阵地平台，组织开展关爱贫困妇女儿童系列活动近百场。慰问贫困妇女儿童137名，慰问品折合人民币28700元。为10名农村贫困“两癌”妇女送去“农村贫困母亲‘两癌’救助”中央专项彩票公益金资金10万元。为贫困留守儿童筹集社会资助金2400元。与保险公司开展关爱女性健康“两癌”“四癌”保险宣讲等关爱活动85场，完成“四癌”保险10120份，保费金额50.6万元，6名妇女获理赔，赔付金额35万元，圆满完成合山市妇女“四癌”保险工作。获得了自治区“关爱女性健康‘两癌’保险工作优秀单位”表扬通报和来宾市“2020年关爱女性健康‘两癌’保险工作优秀单位”的称号。

【妇女创业就业】 2020年，市妇联针对疫情防控期间不宜聚集的实际情况，利用各种网络视频、微信群等平台组织妇女开展线上培训，指导广大妇女就业创业。针对疫情防控期间女性宅家太久产生的创业心理障碍等问题，组织村（社区）女干部、女网格员、女志愿者开展心理辅导活动。线

2020年1月16日，妇联在北泗镇云堡村开展"两癌"保险宣讲活动

下举办农村妇女"领头雁"培训，提升村（社区）"两委"女干部和妇联干部服务大局、服务基层、服务妇女水平。以"桂姐姐"宣讲活动为载体，组织广大妇女开展家政大篷车培训，提升妇女就业技能提升，促进贫困妇女脱贫致富。联合市人社局及市内企业帮助广大妇女选送就业岗位1000余个。支持、引导、壮大"巾帼示范基地"，发挥基地示范带动作用，帮助更多妇女实现创业就业。2020年，合山市焱磊养猪专业合作社被评为"来宾市巾帼科技示范基地"。

【家庭教育工作】 2020年，市妇联运用传统和现代媒介，广泛开展线上线下家风家教宣传展示活动。线下依托各"儿童之家""妇女之家""家长学校"平台，以"小家传大爱，共筑家国梦""女童保护"主题活动、"家家安康工程"家庭教育公益巡讲、"家庭教育宣传月"，举办亲子阅读、召开座谈会等形式，联合检察院等部门开展家风家教宣传。线上开展"优良家风家训"征集活动，在合山电视台开设"最美家庭"巾帼风采专栏，积极宣传、引导、教育广大家庭探索和培育良好家风。常态化开展"文明家庭""五好家庭"创建以及"最美家庭"寻找活动。2020年，合山市共有4户家庭获得"最美家庭"称号，1户荣获自治区最美家庭称号，3户荣获来宾市最美家庭称号。婚姻家庭工作获2020年度广西妇女儿童维权项目（婚姻家庭纠纷预防化解主题）成果评比优秀奖。

【节日活动】 2020年，市妇联以"我们的节日"、"三八"妇女节、"六一"儿童节等节日为契机，设定不同节日主题开展活动。"三八"妇女节期间，开展对抗疫一线医护工作者的慰问活动，共送去慰问和防疫物资9000元。组织巾帼志愿者对全市34个村（社区）的困难儿童进行排查、走访、慰问。与市电视台合作开展"巾帼风采"专栏报道，大力宣传在疫情防控、脱贫攻坚等方面涌现出的优秀妇女典型和先进事迹。"六一"儿童节期间，开展困境儿童走访活动，共组织慰问45名困难儿童，送去价值9000元的慰问品。依托"妇女之家""儿童之家""家长学校"等阵地，开展"书香八桂父母同行"家庭亲子阅读、"女童保护"及儿童权益、家庭教育等内容的宣讲活动。开展符合儿童特点和需求的关爱帮扶活动，让少年儿童深切感受到党和政府以及社会各界的温暖关怀。

【妇女儿童合法权益维护】 2020年，市妇联以"我们的节日"等重大节日为契机，联合司法局、检察院、来宾市小巨人社工组织等，深入学校、各村（社区）、"儿童之家""妇女之家""家长学校"，开展"法治进校园""女童保护""防家暴""防性侵防欺凌"等主题志愿服务活动，增强妇女儿童法律意识，知法懂法守法敬法，切实维护好妇女儿童权益。联合

2020年，妇联在"三八"妇女节期间慰问抗疫一线医护工作者 （市妇联提供）

市检察院推出系列网课——“‘疫’解答”，开展普法宣传。加强维权服务热线。2020年，妇女联合会共接待到访9起，其中，转交法律援助中心4起。信访工作分别获得2020年度广西妇女儿童维权项目成果评比优秀奖。

（撰稿：韦硕莹）

科学技术协会

【概况】 合山市科学技术协会（简称“市科协”）。2020年，合山市辖区内共有基层农村专业技术协会24个（其中，经民政部门登记注册18个），共有会员2083人。

【青少年科技活动】 为倡导科学思维，用科技引领教学，注重在科学实践中提升学生学习能力，突出开发青少年创新能力建设。3月，组织合山市青少年参加第35届广西青少年科技创新大赛，共获得小学生科技创新成果竞赛一等奖1项，二等奖1项；青少年科学DV作品竞赛一等奖1项；科技辅导员科技创新成果竞赛二等奖1人；优秀辅导员1人；少年儿童科学幻想绘画三等奖4人。通过组织参加竞赛活动，对培养青少年的创新精神和实践能力，提高青少年的科学文化素质，推动合山市广大青少年积极参与科技活动起到了重要作用。

【科普宣传】 2020年，市科协组织开展迎新春“三下乡”、“科技活动周”、全国科普日、“八桂科普大行动”等系列科技普及活动，参与活动的科普工作者400多人，参与活动的市民及青少年学生40000多人次。科技“三下乡”活动。联合市相关部门，于2020年1月8日在河里镇开展科技“三下乡”服务活动，活动设科普知识有奖问答、健康咨询、义诊和法律咨询等系列科技助农惠农项目，发放“科普知识”系列手册、农村实用技术资料、惠民政策、“扫黑除恶”、反邪教等各类宣传资料2000余份、赠送环保袋200余个、实用围裙100余张，接受现场咨询300人次，悬挂横幅标语10幅，组织健康咨询和义诊，服务群众800余人次，发放计生用品药具100余盒，受益群众达500余人次。科技活动周期间，围绕“科技强国，科普惠民”主题，精心制作科普展板3块，组织20余家全民科学素质领导小组成员单位干部职工开展内容丰富的宣传活动，发放科普宣传资料3800余份（册），收到了很好的宣传效果。

2020年5月18日，合山市组织开展社会科学普及活动周启动仪式暨“文明创建·我志愿”系列活动

（科协提供）

【农村实用技术培训】 2020年2月，由于受新冠肺炎疫情影响，借助广西科协开办的农家“云课堂”，举行2020年春季农业实用技术培训7期，受益群众1200人次。3月初，落实合山市青少年科技创新大赛事项。5月10日，深入东矿开展“快乐星期天”活动，向过往群众发放科普小册子120本，防震减灾、扫黑除恶、反邪教等宣传资料600余份。5月13日，在岭南镇岭南村委举办扶贫政策及科普宣传活动，涉及4个屯100余名群众。成立科技工作者脱贫攻坚志愿服务队，共计31人，成员由农业、教育、医疗等部门具有中级以上职称人员及具有专业特长的乡土人才组成。不定期开展技术指导，送技术、送服务下乡活动3次，惠及贫困人口及社区居民400余人。9月27日，在合山市岭南镇中心小学举办2020年“全国科普日”、“八桂科普大行动”和广西第八届青少年科学节启动仪式，在延续3个多月的科普活动期间，分别在3个镇和2个社区共开展5场科普知识有奖问答活动，同时组织相关成员单位现场发放相关的科普资料，开展科技咨询、健康义诊等活动。累计参加活动的科技工作者和科普志愿者达150余人次；参与群众达3000多人。在活动期间，发放的科技书籍和科技资料达1万多份。

【科普阵地建设】 走访慰问一线优秀科技工作者。2020年5月27日，市科协领导带队，走访慰问了合山市人民医院护师黄晓青和桂盛养兔协会会长韦贵康，2名一线优秀科技工作者代表，带去合山市委、市政府对广大科技工作者节日的祝贺和问候，并与各位代表进行了深入细致的座谈讨论，详细了解一线科技工作者的学习、生活和工作状况，特别是在新冠肺炎疫情防控期间的工作和生活情况，倾听他们的需求、建议和呼声。开通“慰问科技工作者短信”平台，向全市科技工作者群发慰问短信200多条。5月29日，组织3名科技工作者代表到东矿社区开展“科普进社区”志愿服务活动，接受服务居民人数多达200余人。

（撰稿：吴立新）

2020年11月3日，来宾市侨联到东矿调研侨法颁布30周年宣传活动情况
（侨联提供）

归国华侨联合会

【概况】 广西合山市归国华侨联合会，简称“合山市侨联”。编制2人，其中，主席1名，普通干部1名，内设一个股室即办公室。

【为侨服务】 2020年，合山市侨联结合工作实际，开展对合山市26户生活较为贫困的归侨侨眷慰问走访活动，并送出价值1.3万元的慰问品和慰问金。在2020年新冠肺炎疫情防控期间，市侨联根据市疫情防控指挥部安排，在此疫情防控期间从归国返回合山的华人华侨等重点人群做好入户排查工作，并依照规定告知这些该重点人群做好疫情防控措施。下半年经过摸底排查，为三位品学兼优的中学生进行捐资助学金，发放助学金共5000元。

【侨务活动】 2020年是《中华人民共和国归侨侨眷权益保护法》颁布实施30周年，作为中国第一部保护归侨侨眷的法律。11月3日，来宾市侨联主席韦宝全带队到合山市调研侨法颁布30周年宣传活动情况。听取合山市分管领导汇报后，韦宝全对合山市委统战部、市侨联开展的侨法颁布30周年宣传活动取得的成效表示肯定。

（撰稿：覃献娟）

工商业联合会

【概况】 合山市工商业联合会内设办公室、会员联络部，编制3人。设有主席1人，党组书记1人（由统战部副部长兼任），副主席1人，秘书长1人。现有3个镇商会，共有会员350名。

【组织建设】 工商联坚持以习近平新时代中国特色社会主义思想为指导，深入学习贯彻中共十九大和十九届二中、三中、四中、五中全会和中央经济工作会议精神，全面落实“政治建会、团结立会、服务兴会、改革强会”和“六个始终坚持”要求，聚焦发展壮大民营经济，为促进全市非公有制经济两个健康发展做贡献。6月，组织商会会员赴兴安开展红色文化主题教育培训活动。6月29日至7月10日，组织非公有制经济代表人士到广西大学培训。7月，联合检察院邀请非公有制经济代表参加检察开放日活动，引导企业依法维护合法权益。11月，召开常委（扩大）会议。12月22—24日到各基层商会开展学习贯彻中共的十九届五中全会精神活动。12月25日召开工商业联合会第五届第四次执委（扩大）会议。

【公益活动】 倡议广大民营企业和非公有制经济人士加入打赢疫情防控阻击战。2020年，总计捐款30余万元、捐赠物资价值280余万元，为合山打赢疫情防控阻击战做出重要贡献。开展光彩事业活动，组织会员在“六一”儿童节、春节慰问扶助贫困学生和留守儿童62人。8月1日，组织会员企业慰问消防大队干警，努力构建和谐军民关系。9月，倡导南宁合山商会、合山春旭环保有限公司等7家民营企业捐资10万余元加强马安村基础设施建设，巩固脱贫成果，推进乡村振兴战略计划示范创建。开展“百企助百村”助推精准扶贫行动。2020年，参与精准扶贫行动企业96家，企业实施项目377个，产业帮扶9972万元，惠及人数50344人。完善了全国“万企帮万村”台账管理系统录入工作。

【参政议政】 围绕经济建设这个中心，围绕市委和市政府中心工作，当好参谋助手。深入50家非公有制经济企业、合作社，调研企业生产经营情况，对融资、用工、生产、销售各环节进行了详细的了解，并汇总调研结果，形成调研报告《合山市乡村振兴战略背景下资本下乡存在的问题和建议》于12月份上报市委办信息股。2020年，向市委市政府和各相关部门反映多项涉企问题，均得到妥善解决，发挥工商联桥和纽带作用。

【商会建设和会员发展】 工商联始终把基层商会建设作为工作重点。4月，进行自治区“四好”商会申报摸底调查，并召集岭南镇商会、北泗镇商会、河里镇商会进行“四好”商会工作部署和培训。11月，岭南镇商会完成注册。12月，与北泗镇党委、政府协商，解决镇商会办公用房问题。2020年，工商联共有企业会员350名，其中，新增10个企业会员。会员有来宾市人大代表1名；合山市人大代表2名，政协委员15名。

【会员服务企业】 搭建内部交流平台，为会员企业提供政策、培训、融资、法律等高质量服务，助力民营企业健康发展。2020年，开展政金企对接系列活动6次，调研了解企业融资需求102家，金企对接73家。促进服务民营企业发展六项政策落地，丰富企业会员活动内容。10月，组织“政企银杯”气排球比赛。营造良好的融资氛围。2020年后，开展“结对帮扶·驻企服务”活动，对口服务40多家重点民营企业，支持企业复工复产。

（撰稿：市工商业联合会）

合山市文学艺术界联合会

【概况】 合山市文学艺术界联合会（简称“合山市文联”）下辖文学、书法、美术、摄影、戏剧、音乐舞蹈协会6个和诗词楹联、山歌学会2个，有会员360余人。

【文艺协会（学会）】 2020年，合山市文联加强对乡镇文联和各协会（学会）的协调指导和服务管理工作，支持各文艺协会开展创作活动。年内组织参加了来宾市和自治区举办的以庆祝建党99周年、建国71周年及脱贫攻坚等为主题的文学、书法、绘画及摄影等比赛和展览，多人多幅优秀作品斩获等次奖和入选展览。

【文学培训与采风】 2020年7月，派员参加自治区文联系统2020年文艺家读书班学习。8月，组织机关干部和文艺协会负责人集中学习习近平总书记在文艺工作座谈会上的讲话等；12月，组织5名骨干作家参加来宾市“麒麟”杂志文学培训班学习等。通过培训学习，有效提升全市文艺工作者和爱好者的政治理论水平和创作技巧，增强文化自信和责任担当。

【刊物出版】 培育文学氛围，厚植人文底蕴。2020年，精心编辑出版2期文学期刊《大好合山》，指导诗词楹联学会出版2期《合山诗联》。面对新冠肺炎疫情，市文联在6月出版的《大好合山》（2020年第1期、总第9期）上增设了“战疫篇”栏目，集中推出13篇反映抗疫主题的各式文学作品，增强了全市人民战胜疫情的信心和决心。

【文化惠民活动】 2020年1月，市文联与广西楹联学会合作开展文化扶贫惠民志愿活动，组织合山、南宁两地书法家20多人深入社区和圩镇现场挥毫，用笔墨讴歌合山市干群“志智同扶”助脱贫的创举和成就，共免费为干部群众和农民朋友书写春联和福字1200多对（副），受到干部群众的热烈欢迎。

【文化艺术交流】 2020年1月中旬，与广西楹联学会联合举办“合山—南

2020年1月13日，合山市在新世纪广场举办迎春文化惠民志愿服务活动

（文联黄飞提供）

2020年1月13日，“合山　南宁书画名家优秀作品展”在合山市文化馆展厅隆重举行
（文联黄飞提供）

宁书画名家优秀作品展览”，共展出两地书画精品力作近百幅，达到相互切磋交流、共同提高的目的。6月和12月分别应邀派员观摩武宣和金秀两县文联换届选举，加强与兄弟文联的交流学习。

（撰稿：徐忠文）

残疾人联合会

【概况】 合山市残疾人联合会（简称“市残联”）编制2人，其中，理事长1人。下辖合山市残疾人就业服务所1个直属事业单位，编制人员5名。

【社会保障】 2020年，合山市残联经办残疾证人数为4014人，其中，肢体残疾人数为2092人，视力残疾人数为639人，精神残疾人数为564人，智力残疾人数为236人，多重残疾人数为224人，听力残疾人数为192人，言语残疾人数为67人。

【康复服务工作】 2020年，组织实施残疾人精准康复家庭医生签约个性化服务行动。为全市462名（每人190元康复服务补贴）残疾人进行家庭医生签约个性化服务，按不同类别、不同级别残疾人的康复需求，制定个性化残疾人精准康复服务包，由家庭医生服务团队提供康复服务。为有需求辅助器的241名残疾人购买辅助器具，提高他们的康复训练效果和生活质量。为26名6～17岁有智力、听力、肢体方面的残疾儿童免费提供康复救助，着力保障残疾儿童基本康复服务需求。

【教育服务】 加强残疾人教育工作，2020年，残疾人学生接受中高等教育资助3名，每人资助1500元，共资助4500元。

【扶贫助残】 2020年，通过“阳光助残扶贫基地”扶持贫困疾残农户144户（每户发放50只鸡苗、80公斤饲料，价值1250元），共发放鸡苗7200只，鸡饲料11520公斤，合计资金23万元。通过“党员扶残温暖同行”项目，投入3万元，扶持30户（每户1000元）用于扶持农村贫困残疾人家庭发展生产。

【基层残疾人组织建设】 2020年，在全市的3个镇，5个社区（城中社区、城北社区、里兰社区、东矿社区、柳矿社区）及29个行政村配备了残疾人专职委员共37名，发放残疾人专职委员工作津贴13.58万元。

【全国助残日活动】 2020年，助残日期间，市残联开展看望、慰问贫困残疾人家庭40户，共发放慰问金8000元。

（撰稿：市残疾人联合会）

2020年8月25日，合山市残联开展农村贫困残疾人实用技术培训班
（残联提供）

法 治

政法委及综合治理

【概况】 中国共产党合山市委员会政法委员会（简称“市委政法委”）是协助合山市委领导和管理政法工作的职能部门。合山市委政法委机关行政编制9名，设书记1名，由市委领导同志兼任；副书记2名（其中，分管日常工作的1名副书记为正科长级，另1名为副科长级）。市委政法委内设有5个股室，办公室、人事教育与执法监督股、维稳指导股、综治督导股、反邪教协调与宣传信息股。下设二层机构市综治中心，代管合山市法学会。

【安全与维稳工作】 2020年，化解处置涉安全稳定案事件共15起，没有发生重大影响社会政治稳定的案事件，收集各类维稳信息共33条，发出预警8条，综合研判后上报23条，实现“五个不发生”工作目标，牢牢守住不发生影响社会稳定大事的底线。2020年，社会安全稳定动态工作在全区排名31位。全市推进网格化服务管理后，3个镇34个村（社区）划分为202个网格，236名网格员已全部上岗，实现城乡网格员全覆盖，矛盾纠纷化解工作力度得到加强，有效推进反邪教协调工作，为维护合山市社会政治稳定提供坚实的保障。

【矛盾纠纷排查化解】 坚持和发展新时代“枫桥经验”，健全矛盾多元化解机制，矛盾纠纷排查化解工作取得良好成效。全市各级调解组织共排查各类矛盾纠纷459件，调处459件，调解成功443件，调解成功率达到97%。2020年度全市矛盾纠纷调处情况测评为93.69%，在自治区111个（县市区）中排第24位，切实做到了“小事不出村（社区）、大事不出镇、难事不出市、矛盾不上交”。开展区域内个人极端案事件矛盾纠纷和风险隐患排查12790人次，调处166件。

【“扫黑除恶”专项斗争】 2020年，合山市扫黑除恶专项斗争持续保持高压态势，取得阶段性成效，在自治区专项调查满意度中排名15位；在来宾市排名第1位。2020年，市委、市政府将扫黑除恶专项斗争列入重要议事日程。共召开4次市委常委会、4次市政府常务会听取和研究部署扫黑除恶工作，落实专项工作经费，全方位加大宣传力度，通过在重点路段、重

2020年8月6日，合山市召开“七五”普法总结验收工作动员部署会

（政法委提供）

点场所，设置宣传栏、户外广告牌、标语横幅，各机关单位窗口、酒店宾馆、临街店铺LED屏定期滚动播放扫黑除恶宣传标语，采取集中宣传、入户宣传、文艺演出、新媒体和传统媒体相结合等方式进行宣传，提高群众对扫黑除恶专项斗争工作知晓率与参与率。2020年，共制作及更换扫黑除恶标语2000余个，发放宣传资料20万余份，宣传袋及宣传纸巾盒2万余个，向群众发送宣传短信累计15万余条，在各级媒体平台刊发扫黑除恶文章88篇。强化依法严惩，确保精准有效。2020年，合山市公安机关立九类涉恶案件5起，破案3起，抓获嫌疑人11人，刑事拘留5人，逮捕2人，取保候审5人，移送起诉6人。接受举报线索13条，办结13条。强化深挖彻查，确保纵深推进。合山市落实“两个一律”和“一案三查”的要求，市纪委监委统筹协调，整合力量，加强案件审查调查力度，2020年，办结“保护伞”案件1件，给予党纪政务处分1人。

【政法宣传】 2020年，合山市政法系统以“三个年”活动为抓手，推动政法宣传工作。聚焦社会治安、矛盾治理、扫黑除恶、从严治警宣传成效。发表宣传文章累计1767篇次，其中，国家级28篇次，自治区级108篇次，市级83篇次，县级1548篇次。市法学会实施“六个一百”工程，以“百名法学家百场报告会”法治宣讲活动、“法治文化基层行活动”为契机，加强法治宣传教育力度，开展法治宣讲活动3场，法治文化基层活动23场，不断推动市民崇德向善、遵法守法。开展群众安全感满意度集中宣传活动。每个季度深入3个镇集市及5个社区等地进行群众安全感满意度集中宣传活动，共发放宣传资料5万张、宣传品3万份受教育群众法律咨询3.5万人次，落实政法宣传专项经费24万元。

【群众安全感满意度调查】 制定出台《合山市进一步提升人民群众安全感满意度的实施方案》，贯彻落实群众安全感各项工作措施，推进群众安全感巩固提升工作。2020年，一季度自治区群众安全感度为98%，全区排名81位；二季度为97.03%，全区排名97位；三季度为98.36%，全区排名第46名，四季度为97.99%，全区排名第63位，年度为97.82%，全区排名第88名，超过自治区95%的指标要求。

落实“八个一”工作措施。各镇各部门按照方案要求在全市范围内开展提升群众安全感满意度活动。共发放宣传袋子4万个、宣传单《致群众的一封信》5万张、宣传纸巾2万盒、宣传纸巾盒1.5万盒、围裙1万条。

组建治安联防队。各镇依托辖区派出所组建成立镇治安联防队，治安联防队主要在辖区内开展日常治安巡逻，处理应急突发事件。治安联防队成立后加大对大街小巷、重点路段、人群聚集地段的巡逻力度，提高群众见警率，增强群众夜间出行的安全感。提高调查电话的接听率。市委政法委组织有关部门参照最新自治区问卷调查工作模式，对各镇、各单位固话和移动用户进行群众安全感调查问卷调查。并对电话接听率进行通报，进一步提高对“12340”群众安全感调查电话的接听率。

【平安合山建设】 市、镇、村三级综治中心落实整体化运行，推进平安建设。2020年，建成市级综治中心1个、镇级综治中心3个、村（社区）级综治中心34个，覆盖率达100%。市级综治中心人员编制设事业编4人，属市委政法委二层机构；岭南镇综治中心设事业编制13名，在岗11名；北泗镇综治中心设事业编制9名，在岗7名；河里镇综治中心设事业编制9名，在岗9名。各镇聘村级专职网格信息管理员29名，社区专职网格信息管理员5名，专职网格员54名，兼职网格员148名。按标准配齐配强网格员，落实网格员待遇，村级专职网格信息员每月工资1700元，每年养老金1000元；社区专职网格信息管理员和专职网格员每月工资2400元，每月五险等990元；兼职网格员每月工资500元。

【年度荣誉】 2020年6月17日，合山市荣获2019年度自治区平安县（市、区）称号。

2020年12月23日，合山市委政法委莫剑荣获2018—2019年建设平安来宾活动先进个人称号。

2020年12月23日，合山市委政法委被命名为“广西壮族自治区无烟党政机关”。

（撰稿：谭晓伦）

公 安

【概况】 2020年，合山市公安局共设机构23个，其中内设机构16个：督察大队（审计室）、政工室（党办、绩效办）、办公室（机要中队）、警务保障室、法制大队（信访办）、指挥中心、国内安全保卫大队、刑事侦查大队、经济犯罪侦查大队、交通警察大队、治安管理大队、禁毒大队（禁毒办）、巡逻警察大队、出入境管理大队、网络安全保卫大队、森林公安局；派出机构5个：岭南派出所、里兰派出所、北泗派出所、河里派出所、柳花岭派出所。监管场所2个：合山市看守所、合山市拘留所。二层事业单位1个，合山市公安局互联网信息安全中心。实有民警156名、事业编人员5名、工勤编人员6名、警务辅助人员201名、监委留置看护人员9名。局领导班子成员7名。全局设有基层党支部12个，党员166名，其中在职民警党员126名、辅警党员17名、退休党员23名。

【宣传工作】 2020年，做好疫情防控典型宣传。策划“众志成城共同抗‘疫’”，“我在岗位上”，“疫情当前警察不退”等主题宣传，深度挖掘一线执勤人员和警医家庭、双警家庭的感人故事。利用公安新媒体发布抗击疫情宣传243篇。被广西《法治日报》、《来宾日报》、来宾电视台等媒体采用抗击疫情稿件13篇。《网上办、预约办、掌上办——广西合山市户政开设业务办理“绿色通道”》被“学习强国”广西学习平台采用。警医家庭故事《你的样子，给我力量》被自治区政法委官方微信号“南天一剑”采用。结合扫黑除恶专项斗争为龙头的“亮剑”“云剑”“桂中扫毒风暴”“断卡”行动等多项行动开展宣传报道工作。人民网刊登《广西来宾合山警方抓获潜逃27年的2名犯罪嫌疑人》，《广西法治日报》刊登《反诈大数据推送线索，六人“杀猪盘”团伙落网》等。通过开展“向人民报告”警营开放日、警民恳谈会、公安大接访、案件大回访、集中返赃、主题宣传日等活动进一步扩宽警民交流渠道，发放宣传资料4万余份、摆放展板40余块、悬挂（播放）宣传标语100余条、接受群众咨询0.3万人次。利用公安微信、微博等新媒体发布和转发100篇文章，在中央级、自治区级、来宾级媒体发稿79篇，取得良好社会效果。

【队伍建设】 2020年，突出党建引领作用，把队伍建设同贯彻落实习近平总书记重要训词精神、“坚持政治建警全面从严治警”教育整顿结合起来。局党委班子领导建立党支部工作联系点，带头讲党课，全局民警、辅警全部接受党性教育。运用“学习强国”学习平台打造“比学赶超”的良好学习氛围，在合山市“学习强国”推广经验分享活动上作典型发言。组织丰富多彩的主题活动，为全体党员过“政治生日”发送贺卡。成立共青团合山市公安局支部委员会，团结凝聚青年民警。运用监督执纪“四种形态”，持续开展“五查五整顿”“以案为戒、以案促改、以案促建”“整顿纪律作风·重塑队伍形象”教育活动，推动全警纪律规矩意识持续增强、警营政治生态更加优良。强化职业保障，调整中层领导和民警岗位，落实两个职务序列改革，举行人民警察荣誉仪式。固化“轮训轮值、战训合一”训练模式，队伍素质及实战能力得到有效提升，在来宾市公安机关队伍思想政治工作会议上作“合山公安教育训练夺第一”警务实战大练兵经验发言。选树表彰扎根基层、执法为民、勇于担当的先进典型，2020年荣获区公安厅表彰集体荣誉称号2个；集体三等功1个、集体嘉奖3个；个人三等功3人、嘉奖29人、公务员优秀等次20人等。荣获全区职工书法摄影比赛二等奖、来宾市“最美家庭”“最美民警”“最美辅警”称号、来宾市“十佳党员教育好讲师”、合山市2020年“孝老爱亲”道德模范等多项荣誉称号。选派46名民警帮扶岭南镇思光村99户贫困户，2020年，思光村建档立卡贫困户全部脱贫。

【打击刑事犯罪】 “亮剑2020”成果显著，全年破获刑事案件167起，抓获犯罪嫌疑人208人，移送起诉118人，打掉犯罪团伙16个。打掉电信诈骗窝点4个，破获电信诈骗案件17起，抓获犯罪嫌疑人34人。破获现行命案2起，连续11年实现命案全破。开展“云剑2020”命案积案攻坚行动，侦破时间跨度达19年、27年的两起命案积案，将3名涉案逃犯绳之以法，超额完成2020年公安部命案目标逃犯“清零”任务。通过打击整治，震慑遏制违法犯罪活动。2020年，抢劫、抢夺刑事案件保持零发案，八类主要案件、入室盗窃、扒窃案件与2019年同比分别下降21.4%、71.4%、50%。

2020年4月21日，合山市公安局东环路警务室举行挂牌启动仪式

（市公安局提供）

【治安管理】 2020年，以解决人民群众反映强烈的社会治安突出问题为突破口，开展社会治安“大小整治”16次，取得良好效果。共查处治安案件184起，查处违法人员289人。2020年，新冠肺炎疫情发生后，全警闻令而动，投入抗击疫情和维护稳定工作中，检查过往车辆4万余辆，登记造册7万余人信息，排查采集出租房屋信息500多间，常态化做好数据分析研判、追踪摸排随访和公安内部防控等工作，为全市保持“零”疫情做出贡献。组织开展打击“黄赌”专项行动。查处赌博案件18起，查处70人，捣毁野外赌摊24个；破获跨境赌博案件1起；查处涉黄案件8起，查处15人。加大对全市旅馆业、废旧金属收购业、酒吧、涉枪涉爆单位、烟花爆竹经营点、加油站等行业场所的安全检查。督促重点单位落实各项安全防范措施和安全保卫人员，做到万无一失。以重大节点安保工作为主线，精心组织部署，开展矛盾纠纷排查，强化值班应急处置，完成春节、国庆、中秋等重大节假日和全国两会等重要活动、重大任务期间安保任务。加强对学校及周边的巡逻防范力度，深入全市学校开展安全隐患大排查，指导学校加强“人防、物防、技防”建设，完成高考、中考、会考等安保任务。

【经济犯罪侦查】 2020年，破获经济案件3起，移送起诉1人，取保候审2人。其中破获传销案件1起、购买假币案1起、年前税案1起。协助外省协查非法集资类、非法传销活动类案件20余起。按质按标准完成经侦联勤工作站建设任务。开展打击传销、打击侵犯知识产权犯罪、打击和处置非法集资等宣传活动，发放宣传资料3.3万份，接受群众咨询300余人次，有效提升辖区群众预防经济犯罪的意识。

2020年12月31日，合山市公安局在里兰广场举行“合山公安·向您汇报”2020年度工作成果展暨集中返赃活动 （市公安局提供）

【指挥中心110报警服务】 2020年，发挥“天网”、“三台合一”、扁平化视频、无线传呼等高科技技术在指挥调度工作的作用，形成六位一体的巡逻防控体系。形成立体化、全方位的视频巡逻监控。加强与政府各部门的协调与联系，建立110社会联动指挥中心平台，推动110社会联动工作的建设和发展。加强警务指挥“一张图”建设，提升110指挥平台的综合实战能力。2020年，110报警服务台接到有效报警3437起，其中，刑事警情72起、治安警情741起、交通警情944起、群众救助698起、其他警情982起。案件类警情回访率100%。开展“不忘初心110，共建共治享平安”主题宣传活动，发放宣传资料5000多份，解答群众咨询100余人次，增进警民和谐关系及群众对110工作的理解和支持。

【巡警（城警）工作】 落实“囤警街面、动中备勤”工作要求，科学合理部署警力，实施“警灯闪烁”工程，提高见警率，增强群众安全感和满意度。2020年，新冠肺炎疫情防控期间，巡逻警察（城区警务警察）大队承担驻守合山卡点的重要任务，自觉化身抗击疫情的“逆行者”，严守抗击疫情的最后一公里。根据城区社会治安形势，在合山市东环路与金融街交会处增设1个东环路警务室，实施24小时全天候治安防控。根据案发规律特点调整巡逻方式，2020年，共接处警500余起，出动警力3000余人次、警车1000余辆次，救助群众200余人次。把校园及周边安全作为社会面防控的重要环节，落实“护学岗”制度，护航校园安全。完成全市公安机关应急队伍迎考拉动任务，提高应对各类突发事件的水平。

【禁毒工作】 坚持突出问题导向、狠抓重点，推动禁毒工作再上新台阶。掀起“桂中扫毒风暴”，2020年，破获毒品案件89起，其中，破获毒品刑事案件29起，抓获犯罪嫌疑人45人，移送起诉42人。查处治安行政案件60起，查处吸毒人员336人，强制戒54人。缴获各类毒品356克。开展“吸毒人员管控年”工作，发挥合山市“全国社区戒毒社区康复工作示范单位”引领作用，强化禁毒基础治理，实现吸毒人员网格化服务管理全覆盖，各社区戒毒社区康复工作站点累计接受社区戒毒74人、社区康复48人。开展全民禁毒教育宣传。通过电视台、微信公众号平台以及广场、单位的LED大屏幕滚动播放禁毒公益宣传片。开展禁毒宣传活动29场，禁毒宣传进学校9次、进广场6次、进社区13次、进厂矿企业16次，合山市毒品预防教育基地接待2000人次。开展禁毒扶贫工作。坚持涉毒贫困人员“一人一档”，做到逐人核实、逐人登记造册，全市涉毒贫困人员脱贫率达100%。

【户籍管理】 2020年，推进户籍制度改革，全面放开进城落户，降低农业转移人口进城落户门槛，放开重点人群落户条件，缩短办事流程，下放审批权到派出所。开展第七次全国人口普查工作、户口整顿专项行动，为人口普查提供翔实数据，注销重复户口272人，解决无户口人员落户45人。2020年，户政部门办理居民二代身份证5449人、临时证1016人，办理迁入309人、迁出1569人、出生登记1251人、死亡注销1083人。推进“互联网＋公安政务”服务，最大限度方便群众办事，全局窗口服务单位短信评警满意率达100%。

【出入境管理】 2020年，加强“出入境管理窗口”建设，开通绿色通道。采取电话预约的方式，做好宣传告知工作，进一步打造人性化业务办公，有效应对新冠肺炎疫情防控时期群众办理业务需求及困难。全年共受理办理护照204本、港澳通行证147本、台湾通行证6本，受理签注308次，其中通过自助签注机办理续签75次。开展“亮剑—2020”打击非法入境违法犯罪专项行动，拘留审查非法入境人员4名，依法遣送出境。做到排查管理不漏管、不失控。

【流动人口管理】 2020年，推进“放管服”便民利民改革措施工作，优化营商环境。在办证大厅、岭南派出所、里兰派出所、交警车管所大厅、邮政服务大厅投放5台“三合一”（户政、出入境、交警车管）自助办证机，24小时不打烊为群众办理各项业务。根据新冠肺炎疫情防控的需要，在合山市新冠疫情防控指挥部领导下，合山市公安局发动全市各村镇、社区、单位在全市范围开展流动人口和出租房屋摸排工作，排查流动人口3000多人、出租房屋500多间。全年户政部门办理居住证136人，打印居住证明191人。

【基层派出所】 推动“枫桥经验”，开展“枫桥式公安派出所”创建活动。2020年1月，合山市公安局里兰派出所获得全区公安机关首批20个“枫桥式公安派出所”命名表彰，成为来宾市首个获此殊荣的派出所。里兰派出所在来宾市公安机关“枫桥式公安派出所”创建工作暨派出所工作会上作创建工作经验发言。合山市公安局将里兰派出所树为“基础标杆”，形成“头雁效应”，在全市派出所掀起创建“枫桥式公安派出所”热潮，实现“矛盾不上交、平安不出事、服务不缺位”的目标。推进民族团结进步工作，2020年，派出所共调处各类矛盾纠纷260余起。推进“抓基层、打基础，做大、做强、做实派出所”三年攻坚战，加强派出所基础建设，将新能源汽车、警用摩托车及35台新台式电脑配发到派出所，为派出所添加警用装备等。

【基层基础建设】 加强执法规范化建设，全面完成受立案问题清零工作目标。2020年，获得来宾市县级公安机关执法质量考评成绩第一名。打造规范执法品牌，投资900万元建成一栋四层楼的多功能执法办案中心，设立7个中心。建成交警大队、森林公安局、岭南派出所、里兰派出所、北泗派出所、河里派出所6个统一的接报案窗口，落实群众上门报案“三个当场”制度。投入20万元采购新冠肺炎疫情防控所需的口罩、防护服、护目镜、消毒剂、酒精、测温仪等防护用品配发全局民（辅）警。投入200多万元购买巡警巡防专用装备、公安技术设备、执法执勤车辆等。租用11辆新能源电动警务巡逻车配发到基层一线。

【道路交通安全管理】 2020年，合山市公安局交通警察大队按照“逢违必究，逢患必除”的原则，加大对交通违法行为的打击力度。全年共查处、纠正各类交通违法行为20976起，其中，查处酒驾违法行为232起、醉驾6起。全年立一般程序案件12起，立简易程序案件72起，没有发生一次死亡3人以上特大交通事故。开展“文明交通促平安”志愿服务活动，为合山市成功创建广西文明城市贡献公安力量。全年开展“零酒驾”“美丽乡村行”及122全国交通安全日等主题宣传活动72次，深入企业、单位、学校、乡村举办交通安全课40次，悬挂、制作宣传横幅、宣传标语（牌）210条（幅、块），发放宣传资料3万余份。

【机动车辆管理】 2020年，合山市公安局交通警察大队以“放管服”改革工作为契机，全面提升机动车辆管理工作，提升群众满意度。2020年，交通警察大队车管所共办理车驾管业务20962笔，其中，机动车业务15386笔，驾驶证业务5576笔；接受电话（现场）咨询4560次。深化公安交管“放管服”改革12项优化营商环境措施，驾驶证“一证通考”、异地分科考试、二手车入户手续、扩大机动车免检范围、网上审验学习等，方便群众“足不出户”就可以办理相关业务，减少群众跑车管所的次数。开展摩托车业务下乡培训活动，为200余名群众办理摩托车驾驶证考试，摩托车下乡考试发证初领58人、增驾73人。合山市公安局交通警察大队车管所被区公安厅评定为一等县级车辆管理所。

【交通警察队伍建设】 合山市公安局交通警察大队深入开展“坚持政治建警并全面从严治警”教育整顿、公安交管队伍“从严治警五查五整顿”、“三会一课”、领导素质提升行动等学习活动，组织党员民警学习习近平总书记系列讲话精神，围绕如何发挥党员先锋模范作用主题开展集中讨论，和业务学习形成一种常态。全年组织召开学习活动35次，进一步提升全体民警、辅警整体素质水平。在抗击新冠肺炎疫情中，交通警察大队全员上岗，在检测卡点24小时轮岗值守，配合检疫人员进行体温检测近4000人，查询车辆3000余辆，为疫情防控提供强有力保障。

【森林公安】 2020年10月，经合山市委编委批复，合山市森林公安局及其派出机构的人员编制整体划入合山市公安局。合山市森林公安局以维护森林生态安全和林区稳定为使命，严厉打击破坏森林生态和野生动植物违法犯罪活动，2020年，破获刑事案件21起，取保候审21人，移送起诉2人；查处林政案件13起，处罚人员22人；收缴涉案木材44.91立方米，补种1020株树木，木材变价及罚没款上缴国库15万多元。在合山市森林督查图斑案件行动中，查处涉嫌违法犯罪22个图斑，破获案件18起。在公安机关“昆仑2020”专项行动中，合山市森林公安局与合山市市场监管局联合救助1只国家二级保护动物猴面鹰，移交给野生动物保护站。

【年度荣誉】 合山市公安局2020年12月被广西壮族自治区公安厅评为“全区公安机关情报指挥行动一体化建设示范单位”。

合山市公安局里兰派出所2020年1月被广西壮族自治区公安厅评为“全区首批枫桥式公安派出所”。

合山市公安局网络安全保卫大队2020年1月获来宾市公安局记集体三等功1次。

黄猛，男，合山市公安局巡逻警察大队副大队长，2020年2月获来宾市公安局授予在疫情防控过程中表现突出个人嘉奖。

韦丁，女，合山市公安局派驻来宾市看守所民警，2020年2月获来宾市公安局授予在疫情防控过程中表现突出个人嘉奖。

樊合宁，男，合山市公安局巡逻警察大队辅警，2020年3月获来宾市公安局授予在疫情防控过程中表现突出警务辅助人员嘉奖。

罗才东，男，合山市公安局副局长，2020年1月获来宾市公安局记个人三等功1次。

廖如晓，男，合山市公安局北泗派出所教导员，2020年1月获来宾市公安局记个人三等功1次。

华玉仰，男，合山市公安局禁毒大队教导员，2020年1月获来宾市公安局记个人三等功1次。

（撰稿：宁　新）

检　察

【概况】 合山市人民检察院内设办公室、第一检察部、第二检察部、第三检察部、政治部。在职干警30名，其中，检察长1名、副检察长2名。

【刑事检察】 2020年，受理各类批捕案件64件113人，批准逮捕59件99人。受理各类刑事案件96件134人，审结93件124人，审结后提起公诉89件119人。发出纠正违法通知书5份，纠正漏捕7人，纠正漏捕判处3年有期徒刑以上刑罚3人。适用认罪认罚程序办理案件87件114人，对98人提

2020年6月22日，合山市人民检察院组织干警到城北社区开展预防性侵害宣传（检察院提供）

出确定型量刑建议。开展社区矫正工作巡查4次，进行讯问合法性核查1件1人，刑事执行活动违法监督8件8人。办理的罗某昌、罗某平贩卖毒品案获评2020年度广西检察机关精品、优秀纠正漏捕漏诉案件。

【民事行政检察】 2020年，受理民事诉讼监督案件11件，发出检察建议3份；受理行政诉讼监督案件4件，发出检察建议2件。

【公益诉讼检察】 开展对生态环境和资源保护，食品药品安全，国有资产保护，国有土地使用权出让。英雄烈士姓名肖像、名誉、荣誉保护等领域损害国家利益和社会公共利益的违法行为实施精准监督。2020年，受理公益诉讼案件线索27条，启动诉前程序23件，其中涉及生态环境和资源保护、英烈权益保护、疫情防控、未成年人保护等领域行政公益诉讼案件20件，提起首例刑事附带民事公益诉讼案件，获法院判决支持。

【控告申诉检察】 2020年，受理群众来信来访35件35人，其中来信5件5人，来访30件30人，所有来信均在七日内完成程序性回复，回复率100%。受理司法救助案件10件10人，发放救助金7.6万元。

【未成年人检察】 2020年，受理涉未成年人审查逮捕案件6件7人，涉未成年人审查起诉案件4件4人，发出书面纠正违法监督活动通知书2份。努力教育感化涉罪未成年人，注重办案触角的延伸，开展社会调查3次，跟踪帮教12次，附条件不起诉1件1人，不公开听证1件1人。开展未成年人普法宣传教育活动12场，受众师生累计6000余人次。完成不公开听证制度的建立及合适成年人库的建立，有力推进“一院一品”品牌创建工作。

【检察队伍建设】 巩固拓展“不忘初心、牢记使命”主题教育成果，开展专题党课活动11次，组织开展党组中心组理论学习4次24个专题。创新开展争做新时代优秀青年干警“合检新声”理论宣讲系列活动4次，开展谈心谈话活动30次，召开廉政教育大会、党风廉政警示教育主题党日活动7次，以身边案教育身边人，推动党员干部把“守纪律、讲规矩”内化于心、外化于行。

【年度荣誉】 2020年，获自治区级集体表彰3个、自治区级表彰3人，获市级集体表彰3个、获市级表彰7人。1人被广西壮族自治区人民检察院授予个人二等功；在全区检察机关业务类评选中，获评精品案件1件，典型案例1件。

（撰稿：市检察院办公室）

法　院

【概况】 合山市人民法院为正科级国家审判机关，依法独立行使审判权，接受上级人民法院的指导和监督，对合山市人民代表大会及其常务委员会负责并报告工作。2020年，设综合办公室、政治部、立案庭（诉讼服务中心）、刑事审判庭、民事审判庭、综合审判庭、执行局、审判管理办公室（研究室）、司法警察大队共9个内设机构和1个派出机构——北泗人民法庭。2020年，合山法院核定编制数59名，其中政法专项编制58名，工勤编制1名，法院配备院长1名、副院长3名，市纪委监委派驻法院纪检监察组组长1名，政治部主任1名，审判委员会专职委员3名。内设机构正副职领导15名及人民法庭庭长1名。全院实有在职在编干警总人数49人，其中，政法专项编制在编人员48人，后勤服务编制在编人员1人。大学本科以上学历48人，大学专科以上学历1人。在职干警中有党员32人，院机关成立党总支，下设有3个党支部。

【社会诚信建设】 2020年，合山市人民法院发挥审判职能作用，结合法院审判执行工作实际和特点，创新社会管理方式，推动社会诚信体系建设，实现法律效果和社会效果的有机统一。依法妥善处理各类买卖、借贷、担保等合同纠纷，鼓励诚信交易，严惩商业欺诈、恣意毁约、背信弃义等失信行为，打击制假售假、坑蒙拐骗行为，运用法律手段强化市场主体诚信经营意识。通过微信公众号、微博、报纸、电视、网络、户外LED显示屏等多维度、全方位曝光失信被执行人名单，以失信失德的反面实例，形成正确的社会导向，营造诚信社会氛围，强化崇法守信意识。2020年，累计发布失信被执行人137人次，限制高消费494人次。加强与成员单位的联合信用惩戒机制，对失信被执行人的各项惩戒措施落地见效。

【审判质量与效率】 2020年，合山市人民法院共受理各类案件1643，同比上升13.62%；新收案件1593件，同比上升18.79%；结案1601件，同比上升14.68%；未结42件，同比下降16%；结案率97.44%，同比上升0.90%。审判执行绩效指标得分位列来宾市基层法院第一。整体绩效指标呈平稳提升态势，在27项有具体达标要求值的指标中，与2019年同期相比，提升指标占有8项上诉案件发回重审率、法定（第一次）审限内结案率、上诉案件平均流转时长、员额法官人均结案数、刑民简易程序适用率、小额诉讼程序适用情况、涉企业民商事案件当场登记立案率、提高案件保全率，占总指标项的29.63%，持平指标9项（案件报结、一审知识产权民事案件办结周期、破产案件债权人回收率、有财产可供执行案件法定期限内实际执结率、终本案件合格率、信访办结率、规范案款管理、督办事项办理、网拍转换率），占总指标项的33.33%。

【审判执行信息化建设】 2020年，法院有执行指挥系统包括执法记录仪10台，移动执行工作具包2个，车载系统1部，执行指挥中心还设有值守系统，电脑端有GIS管理平台，手机端有智慧执行，有效促进了执行工作效率的提升，让执行工作实现智能化、规范化、常态化、可视化和阳光化。

【司法为民与司法公开】 2020年，持续深入推动扫黑除恶专项斗争工作向纵深发展。通过开展“六清”行动集中宣传和冲刺工作，持续掀起扫黑除恶强大攻势，提前完成“黑财清底”“打财断血”工作任务。创新工作方式方法，通过新媒体和传统媒体相结合的方式，展示人民法院专项斗争最新进展、工作亮点、审判成果，增强人民群众同黑恶势力作斗争的信心。依法服务保障“三大攻坚战”。多措并举提升重大风险防范化解能力。把案件风险预判评估机制贯穿立案、送达、审判、执行全过程，开展排查防范个人极端案事件风险隐患专项行动，细化依法处置、舆论引导、社会面管控等方面的工作预案，提升防范化解重大风险的能力。坚持党建引领，结合新时代文明实践、民族团结进步示范创建、乡村风貌提升“三清三拆”整治等工作，将扶贫、扶志、扶智有机结合，从思想和行动各方面充分调动群众发展生产的积极性，如期实现让帮扶联系点109户贫困户407人全部脱贫的工作目标。立足审判职能推进生态文明建设。发挥审判职能作用，加强环境司法保护，高效审结了合山市首例非法捕捞水产品公益诉讼案，在依法打击犯罪的同时，引导被告人运用公益诉讼手段增殖放流，修复生态，得到社会各界的广泛参与和认同。优质司法服务提升营商环境温度。围绕大局，服务优化营商环境。发挥服务职能，为企业发展排忧解难。2020年，累计开展普法宣传活动20余次，走访辖区企业75家，接受复工复产企业法律咨询32次。因案施策，持续监控，对2016年已终本的广西盛乐科工贸有限责任公司申请执行广西合山新合物资供销有限责任公司合同纠纷案启动恢复执行程序，并通过网络司法拍卖实现资产变现；平等保护，积极推动合山市联泰木业有限公司顺利投产；放水养鱼，助力大顺建材厂重获生机；灵活执行，保障疫情影响下罗军种植合作社的持续发展等。另外，还妥善化解（调解）了多起辖区重大疑难复杂案件，实现了办案法律效果和社会效果的有机统一。

2020年7月31日，合山市人民法院对合山市首例非法捕捞水产品公益诉讼案进行宣判，人大代表、政协委员到庭旁听 （潘晓丹提供）

合山市人民法院全面推行“一村（社区）一法官”，最大限度汇聚解纷资源，合力把矛盾纠纷解决在基层；推行多元化纠纷解决机制，打造“法院+”工作模式，累计诉前联调案件330件，占一审受理民商事案件总数的47.28%，有效缓解了办案压力。合山法院邀请特邀调解员联合开展诉前调解的探索作为经验典型，受邀在2020年全区中级法院院长座谈会的现场连线中与全区法院分享；加强“智慧法院”建设，群众通过虚拟导诉、诉讼风险评估、智能诉生成等智能诉讼终端便可实现自助立案。年内，“两个一站式”工作在最高人民法院诉讼服务指导平台质效评估得分中位列全区113家基层法院第2名；设立环境资源审判庭，实行环境资源行政、民事“二合一”归口审理模式，与各环境资源行政执法部门建立协调联动机制，全面推进环境法治化建设。

【刑事法院】 2020年，共审结各类刑事案件107件，结案率98.17%。落实提升群众安全感“八个一”工作措施，开展扫黑除恶“六清”行动，全年累计审理认罪认罚案件93件，审结93件，量刑建议采纳93件。其中，适用速裁程序54件，平均审理天数5天，让案件科学有效地通过速裁程序、简易程序、普通程序分流处理，促进司法资源配置更加优化。

2020年6月4日，合山市人民法院环境资源审判庭揭牌成立，开启环境资源民事、行政案件“二合一”的归口审理模式（潘晓丹提供）

【民商事审判】 2020年，共审结各类民商事案件672件，结案率96.28%。推进民商事案件繁简分流，推行速裁程序特别是小额诉讼程序的适用，速裁案件累计428件，占民商事案件收案总数的61.32%。适用小额诉讼程序审理案件191件，适用率为30.76%，平均审理周期32天。化解金融借款、劳务合同、民间借贷等各类矛盾纠纷；积极践行新时代“枫桥经验”，发挥家事审判在婚姻家庭救治、情感修复等方面的职能，维护好社会的和谐稳定。

【行政审判】 2020年，共审结各类行政案件18件，结案率94.74%。推动落实行政机关负责人出庭应诉制度常态化、制度化；加强与行政机关良性互动，探索诉前行政争议化解，努力把行政争议消灭在萌芽状态；为行政机关依法行政提供法律指导，助推法治政府建设。

【执行工作】 2020年，共执行结案685件，结案率为98.14%，执行标的额到位1797万元。开展“发挥执行职能、做好‘六稳’工作、落实‘六保’任务”专项执行行动、来宾市根治欠薪冬季专项行动、涉案财物集中整治行动等，加大对涉农民工工资、涉民营企业等未结案件清理的工作力度，共执结涉民生案件133件，执行到位金额284.02万元。因案施策，对已终本的案件持续监控，掌握被执行人的财产信息，启动恢复执行程序，保障申请执行人的合法权益。强化信用惩戒，推进联合惩戒机制建设，累计发布失信被执行人137人次，限制高消费494人次。推进网络司法拍卖，累计对34件标的物挂网拍卖，成交17件，成交金额295.65万元，溢价率118.69%，节省佣金14.78万元。

【人民陪审员制度】 2020年，合山人民法院继续加强人民陪审员的队伍建设，完善保障机制，发挥人民陪审员在参与审判、服务群众、听取民意、监督司法等方面的职能作用，使人民陪审员工作成为法院工作的重要组成部分和联系群众的有效纽带。

2020年，合山市人民法院共有在任人民陪审员26名，其中男性16人，占比61.54%；女性10人，占比39.46%；28岁至45岁15人，占比57.64%，45岁至60岁11人，占比42.36%，年龄60岁以上0人；高中以上学历26人，占比100%；从行业分布看，党政机关（含村两委、社区干部）9人，占比34.62%，企事业单位13人，占比50%，其他工作单位4人，占比15.38%。2020年，合山法院人民陪审员参与陪审案件111件，参与陪审173人次，为确保司法公正、促进社会公平正义做出了新的贡献。

【智慧法院建设】 2020年，合山法院争取上级资金支持，斥资近200万元在诉讼服务中心升级安装了虚拟导诉、诉讼风险评估、智能诉生成等系统，群众通过智能诉讼终端便可实现自助立案，网上立案、查询、公告查询、缴费等“一站式”服务功能便民利民，有效减轻了群众诉累，让群众真正在“一次办好”的现代化诉讼服务新体验中享有司法获得感。

【基层法庭建设】 北泗人民法庭位于合山市北泗镇柳邕路北面，占地面积1673平方米，总建筑面积1024平方米。

北泗人民法庭作为合山法院的唯一派出机构，是审判战线的前沿阵地，也是密切联系群众、掌握诉讼动态的信息窗口，在参与基层社会管理创新中责任重大。2020年，北泗法庭共受理案件61件，结案60件。为辖区经济社会发展与社会和谐稳定提供更加有力的司法保障。

【法院司法队伍建设】 坚持把党的政治建设摆在首位，始终把习近平新时代中国特色社会主义思想作为干警学习教育首要任务和必修课程，深入开展党性教育，巩固拓展“不忘初心、牢记使命”主题教育成果。2020年，院班子成员、支部书记共带头为干警上党课8次，为帮扶联系点党员干部、群众上党课4次，组织党员干警到企业开展党建活动3次。开展来宾市委政法委“三个年”活动和自治区高院统一部署的“两个坚持”教育和“法官看法院、法官看法官”学习讨论活动，开展“以案释德、以案释纪、以案释法”警示教育，全面落实防止干预司法“三个规定”专项整治。开展向“全国模范法官”胡国运和金秀民警庞文贵等先进典型学习活动。加强职业道德和文化建设，组织青年干警积极参加全区法院“坚持中国特色社会主义法治道路”主题辩论赛和广西法院成立70周年庆祝表彰会，并拍摄了“一村（社区）一法官”主题微电影《心桥》。深化纪律作风建设。深入开展以案促改活动，班子成员共开展谈话提醒36人次，开展全体干警集体廉政谈话196人次。强化日常监督，通过廉政监督卡制度、“八桂彩云”智能化考勤系统，抓好干警工作纪律。严格执行防止干预司法“三个规定”，排查出特殊人员过问案件1件1人次。

【年度荣誉】 2020年，合山市人民法院共有3个集体和4名个人获得自治区级以上表彰，2个集体和3名个人获得来宾市级表彰。2020年6月，合山法院获评“第一批来宾市民族团结进步示范单位”。7月，获评“全区法院档案工作先进集体”；2020年8月，自治区文明委继续保留合山法院“自治区文明单位”荣誉称号；9月，合山法院副院长、执行局局长农于宁获评“全区法院办案标兵”；12月，获评“自治区无烟党政机关”称号。

（撰稿：市人民法院办公室）

司法行政

【概况】 合山市司法局内设办公室、社区矫正管理股、行政复议与应诉股、行政执法协调监督股、人民参与和促进法治股、普法与依法治理股、公共法律服务管理股和律师管理股八个股室。派出机构为岭南、北泗和河里3个司法所，在职在编干警16名，其中局长1名、副局长3名。

【行政规范性文件审核备案】 严格执行规范性文件合法性审查、备案和清理制度。严格落实《广西壮族自治区规范性文件制定程序规定》《规范性文件三统一制度》等规范性文件十项制度和《合山市规范性文件管理规定》等规范性文件制定制度。凡是以市政府名义发布的规范性文件均由市政府法制机构进行前置合法性审查，审查通过后再予以发布。认真履行规范性文件合法性审查备案职能，截至2020年12月底，共收到市政府及有关部门进行合法性审查文件3份，经司法局合法性审查，已出具符合法律要求的意见书。

【行政复议】 2020年12月21日，合山市人民政府行政复议办公室在合山市司法局揭牌成立，标志合山市行政复议改革率先走在前列，为全市全面依法治市工作开展打下了坚实的基础。2020年，合山市司法局行政复议与应诉股共接收行政复议案件15件，受理15件，已审结13件。所有行攻复议案件均反复研讨论证、依法依规，按照法定程序进行审理，经得起考验与倒查，实体及程序均合法合规。

【行政诉讼】 2020年，行政复议与应诉股共参加应诉16件，其中一审9件，二审6件，再审1件，经过复议的10件，其中经本级政府复议的9件，经来宾市人民政府复议的1件。行政复议与应诉股以事实为依据，以法律为准绳，在行政应诉中展现高超的法律素养，无败诉情况发生。

【行政裁量权基准制度建立】 根据《来宾市全面建立行政裁量权基准制度的通知》要求，全市具有行政处罚、行政强制、行政许可、行政征收、行政给付、行政检查等行政执法权力部门均建立了相应的行政自由裁量权基准制度，并公示于合山市人民政府门户网站。不断强化行政处罚裁量权基准在案件办理中的运用，有效克服行政执法中的处罚畸轻畸重、滥用行政处罚权问题，促进行政执法部门严格规范公正文明执法。

【政府法律顾问制度建设】 2020年，合山市人民政府制定了《合山市人民政府法律顾问考核办法》对聘用法律顾问的条件、权利义务、服务范围和考核工作进行了规范。市政府法律顾问团为市政府重大决策、行政规范性文件合法性审查、重大行政合同修改、签订以及市直有关部门涉法事务提供法律意见82件次。

【行政执法监督】 2020年，全市各行政执法部门按照“公开是常态，不公开是例外”的原则，主动将行政执法部门机构职责、执法依据、执法权限以及权力边界、执法范围、执法人员、执法流程、执法过程、执法结果、行政救济途径和救济方式等可公开的信息在政府门户网站进行公开，切实保障公众的知情权、监督权，有效提高执法活动的透明度。积极推进网上听证、网上访谈和重大决策的网上意见征集和反馈等工作。及时回应网上行政执法投诉举报、网上咨询等，及时发现行政执法中存在的问题，有效化解行政争议。严格规范公正文明执法，强化行政执法监督工作，严格落实监督工作职责。全面实行行政执法人员持证上岗和资格管理制度，未经执法资格考试合格，不得授予执法资格，不得从事执法活动。持有广西壮族自治区行政执法证件人员220名，对行政执法人员持证、行政执法信息公开、行政执法案卷归档等情况开展监督检查，不断推进合山综合执法工作。

【法治宣传教育】 2020年，组织“法律进校园”7场次，开展企业法治宣传6场次，举办法治宣传讲座14场次，参训2000多人次；发放各种法治宣传材料、法治宣传手册50000余份；解答群众法律咨询3000余人次，悬挂法治宣传标语50多幅，法治宣传挂画80余份，LED滚动播放法治宣传标语100余条。

【人民调解】 2020年，合山市司法局开展矛盾纠纷排查调处活动（工作），持续推进完善市、乡（镇）、村、社区人民调解委员会以及社会团体和其他组织的调解组织。排查调解各类民间矛盾纠纷485件，调处485件，调解成功469件，调解成功率达到96.7%，及时把矛盾化解在基层，消灭在萌芽状态。合山市司法局整合多方资源，根据基层社会治理工作的需要，为全市34个村（社区）各创立一个司法行政工作服务群，选取具体业务专责人才担任网格员，及时为群众化解家庭、婚恋感情、劳动争议、邻里等矛盾纠纷，坚持矛盾不上交，就地解决的“枫桥经验”的灵活运用。

【律师事务】 2020年，全市有律师事务所1家，律师7名，2020年，律师共代理各类诉讼案件181件，其中民事案件157件，刑事案件24件，法律援助案件52件，代写法律文书10件，共计收入76.22万元。

【公证事务】 2020年，公证处共受理各类公证案件163件，办结163件（其中，继承类案件133件，声明类案件22件，委托6件，抚养权公证2件）。公证业务收费累计共43110元。解答群众公证咨询1300余人次。

2020年5月25日，合山市政法系统在新世纪广场开展大接访活动

（司法局提供）

【法律援助】 2020年，全市共解答来访来电咨询人次580人次，承办法律援助案件180件，认罪认罚案件102件，受援人数为282人。其中，民事案件为177件，刑事案件为3件。通过办理法律援助案件，切实维护了受援人的合法权益。

【社区矫正和安置帮教】 2020年，合山市继续加强对特殊人群的监督管理和教育帮扶，做好社区矫正对象监督管理工作，坚持高起点起步，高标准运行，创新工作模式，严把入矫关口，规范入矫程序，按照社区矫正管理“八必须”要求，对社区矫正对象进行规范化管理。2020年3月，合山市司法局投入使用“电子手环”，在提高社区矫正信息化水平的同时，强化了社区矫正对象监督管理手段，有效避免和减少社区矫正对象脱管、漏管和重新违法犯罪的发生。截至2020年底，全市累计接收社区矫正对象638人，累计解除矫正570人，在册68人，无脱管、漏管、虚管和重新犯罪的现象。此外，全面全市接收刑释解矫人员131人，通过各种渠道妥善安置131人，安置率100%，帮教率100%，无重新犯罪现象。

【司法行政队伍建设】 全面贯彻落实全区全面从严治警的部署要求，认真对照党章党规、党纪，对照政法干部执业规范、职业道德的各项要求开展“回头看”活动，查找不足，并撰写自查自纠报告。把学习中共十九大精神、“两学一做”学习教育、新时代司法行政讲习所宣讲活动和“不忘初心、牢记使命”主题教育等学习教育活动贯穿全面从严治警“五查五整顿”

2020年9月10日，合山市司法局到市住建局开展民法典“进机关”活动

（司法局供稿）

专项行动的始终，进一步丰富学习内容，拓展学习形式，不断深化学习成果，将学习成果转化为实际效果，将学习能力转化为工作能力。持续以深入开展政法系统全面从严治警“五查五整顿”专项行动为契机，积极推进制度建设建立长效机制，用制度统揽全局工作，规范干部行为。进一步建立健全上下班打卡及打卡月公开制度，干部纪律意识、服务意识、规范意识明显增强，慵、懒、散等问题得到有效遏制，干部队伍作风呈现新风貌。

【基层司法所建设】 2020年，全市有基层司法所3个。各司法所发挥基层调解组织第一道防线作用，每月底各村向司法所上报纠纷排查表，建立横向到边、纵向到底的信息网络，使各情况在一线掌握，问题在一线解决。2020年，通过“以调释法”“以案释法”，免费发放普法读物等形式开展法治宣传活动，累计发放宣传资料10000余份、宣传品1800份，提供法律咨询1000余人次，受教育群众10000余人。协助基层政府调处各类矛盾纠纷及参与社会治安综合治理工作。

【年度荣誉】 2020年，合山市司法局被自治区统计局评为“2020年部门统计工作规范化建设示范单位”。2020年合山市司法局北泗司法所所长贾树文被评为“2018—2019年度平安建设来宾活动先进个人”。

（撰稿：市司法局办公室）

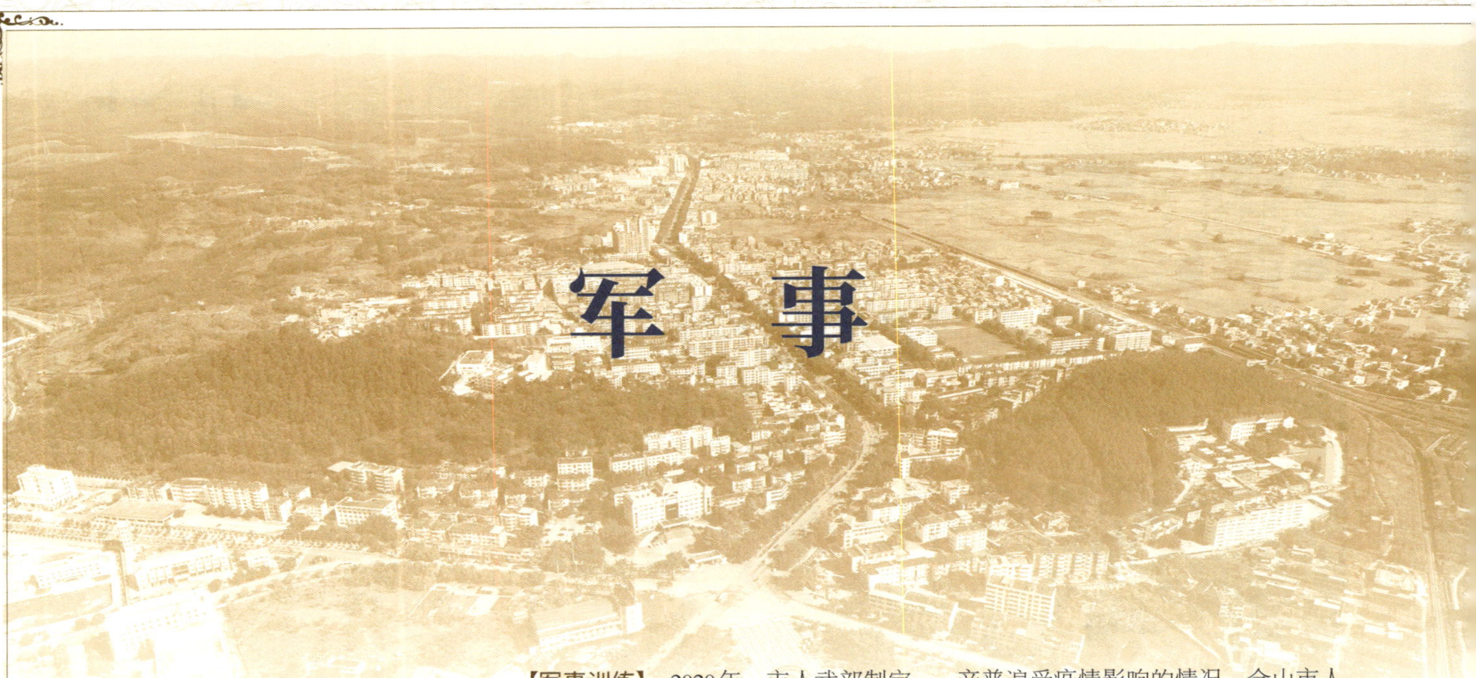

军 事

人民武装

【概况】 1982年2月，成立合山市人民武装部筹备小组，同年4月1日成立合山市人民武装部，下设办公室、军事科、政工科、后勤科，原来宾县管辖的合山煤矿、合山电厂和北泗公社划分为河里乡、北泗乡和岭南镇，同时成立相应的民兵武装部。

【班子建设】 2020年市人武部按照提高班子“三个能力”要求，着眼建设“学习型”党委，把提高班子成员理论水平作为第一需要，将习近平总书记系列重要讲话精神以及上级党委全会精神作为干部理论学习重点，落实党委中心组年度理论学习方案，围绕推进深化主题教育方案，从思想上、行动上、工作实践上提升干事担当的精神状态。9月，同步参加军区基层建设会议，形成按纲抓党建措施办法，进一步提升“四个秩序”试点建设成效。紧扣“忠诚”和“绝对”，系统组织对党规党纪文件的学习和上级通报案例剖析，进一步提升组织生活质量，巩固党课效果，在强化绝对忠诚的政治品德中保证各项工作完成。

【军事训练】 2020年，市人武部制定年度军事训练计划，以现役干部为重点，参加上级组织的首长机关军事训练；下发动员命令、作战计算等学习资料，组织干部进行自学训练；常态化疫情防控期间，区分下午、晚上两个时间段，安排操场和军体训练室两个场所，组织现役干部进行体能训练；参加军分区干部考核和国防动员指挥演练，取得良好的成绩。常态化组织专业技能训练，结合兵役登记、整组、征兵等时机组织专武干部以工代训。通过经常性训练、阶段性考核，以点带面实现军事训练水平的整体提升。

【双拥共建】 2020年，针对贫困户生产普遍受疫情影响的情况，合山市人武部及时到挂点村向贫困户送上生产物资，发动军地帮扶干部帮助贫困户在疫情缓解后增产增收。7月，北泗村里成立了村投泗滨有限责任公司，2020年实现盈收28万元。在搞好扶贫工作的同时，组织民兵参与驻地清洁乡村、扶贫助学、植树造林、维稳联防等活动，为驻地经济建设和社会发展做出贡献。

【后勤保障】 2020年，人市武部在经费开支上导向军事化，在2019年度经费的基础上，优先保证主责主业经费保障，突出工作重点把投向，坚持标准讲原则，厉行节约求效益。日常保障

合山市人民武装部组织基干民兵到帮扶村义务劳动 （武装部提供）

2020年4月，广西军区何仁学少将到合山检查指导武装工作 （武装部提供）

精细化，落实武器装备仓库检查和武器擦拭；制定车场日制度，购买车辆清洗设备，降低车辆运行经费；做好伙食保障，坚持科学调剂、营养饮食，严格实行分餐制和错锋就餐；积极筹措各类防控物资，持续提供防治中药汤，协调共建单位汇优先保障口罩、洗消设备和用品，提供疫情防控坚强保障。

【基层武装部建设】 2020年，合山市现有基层武装部4个，分别为岭南镇基层武装部、北泗镇基层武装部、河里镇基层武装部、市直工委基层武装部，设专武干部7名。2020年，按照基层武装部规范化建设要求，多措并举，全面推进武装部规范化建设，统筹兼顾硬件设施和软件设施两抓手，促规范、创特色。2020年，河里镇基层武装部被来宾军分区表彰为“先进单位”，岭南镇基层武装部被合山市表彰为“民兵工作先进单位”。

【年度荣誉】 2020年，市人武部承担广西军区“四个秩序”规范化建设试点任务，被广西军区评为“全面建设先进人武部”。

（撰稿：市人民武装部办公室）

中国人民武装警察部队合山市中队

【概况】 武警合山中队组建于1983年8月31日，由武警广西总队一支队，柳州地区支队二中队、鹿寨县中队、金秀县中队、柳城县中队抽调人员组成。隶属于中国人民武装警察部队柳州地区支队管辖。2003年4月，因原柳州地区撤地区建地级来宾市，原中国人民武装警察部队柳州地区支队改番号为中国人民武装警察部队来宾市支队，中队改为隶属于中国人民武装警察部队来宾市支队管辖。合山市中队主要担负合山市看守所外围武装警戒，驻地处置突发事件和“反恐”“维稳”等各项任务。合山市中队自1998年以来，连续22年实现执勤安全无事故，先后15次被武警广西总队评为基层建设先进（标兵）中队，8次荣立集体三等功，7次被总队表彰为“基层先进党支部”，2014年中队党支部被武警总部评为“先进基层党组织”。建队以来，先后有35人次在中队荣立二等功、三等功。

【思想政治建设】 2020年，合山市中队把政治教育搞强，打牢思想基础。围绕“讲战士能听懂的话，教战士能明白的理”，结合传达学习习近平总书记系列重要讲话和三级党委扩大会议精神，用“中国梦·强军梦·创先梦”目标激发官兵奉献警营的政治热情；开展以“爱本职、爱中队、爱驻地、爱战友”为主题的“四爱”教育，引导官兵立足本职建功立业。把经常性思想搞活，激发工作热情。按照“教育要主动、讲课要生动、课堂要互动”的要求，紧跟形势，严格落实“三个半小时”制度，分析传达全国两会精神，坚持用党的声音统一官兵思想；注重利用政治环境达到宣传育人的效果，因地制宜，在消防栓、电灯开关、楼梯黑板等地方设置政治标语和警示牌，营造浓厚的政治氛围。紧贴中心任务和官兵思想实际，抓好遂行任务中的政治工作，重点针对基于信息化条件下执勤联动报警系统建成后官兵思想容易松懈的特点，抓好形势任务、职能使命、战斗精神教育，打牢官兵立足本职、尽心履职的思想根基，回答好“为谁执勤”的问题，为完成执勤、处突、维稳任务提供了强大的精神动力。

【战备训练】 2020年，合山市中队着重提高官兵体能、擒敌、专勤专训和维稳处突的能力，提高了官兵的执勤能力，完成各类勤务。发挥“三个载体”作用，与目标单位共同集中治理执勤隐患，确保固定勤务万无一失。同时，中队还精心组织各类临时勤务，出色完成多次短途押解任务，以及春节、两会、“五一”、国庆、中秋等重大节日和时期的武装巡逻任务，有效履行职能使命，树立了武警良好形象。发挥应急班力量在执勤处突中的“尖刀”和“拳头”作用，从难从严练兵备战，在全面提升应急班能力上下功夫，有效提高了部队应急处置能力。开展形势任务、职能使命教育，强化官兵忧患意识和使命意识，时刻保持清醒头脑，培育官兵战斗精神。以“人人是尖兵、整体是尖刀”为目标，贴近任务定内容，坚持弱项求提高、难点求突破；结合中队可能担负任务的特点，采取集中学习、研讨交流等方法，按照分步细训、循序渐进、逐步提高的步骤，加大示范引领、动作练习的组训力度，注重从细节上提升训练标准，重点突出组织山地追逃、居民房搜索、营区防袭等科目的训练，确保部队遇到情况，能够做到“拉得出，打得赢”。

【后勤保障建设】 2020年，合山市中队坚持以“保中心、保生活”为重点，着力在规范管理上下功夫，坚决按上级要求狠抓后勤规范化管理。修改完善《中队后勤战备方案》，定期组织后勤战备演练。严格遵守财务制度，坚持支部理财，严格落实伙食管理制度，官兵对伙食满意率达100%。在地方党委、政府的大力支持和帮助下，不断完善中队配套设施建设及营区绿化和政治环境建设。

【议军议警会议】 2020年，合山市委、市政府议军会议召开。通过为武警中队解决智慧磐石建设、围墙建设等困难的决议，部分项目开工建设。

（撰稿：武警合山中队办公室）

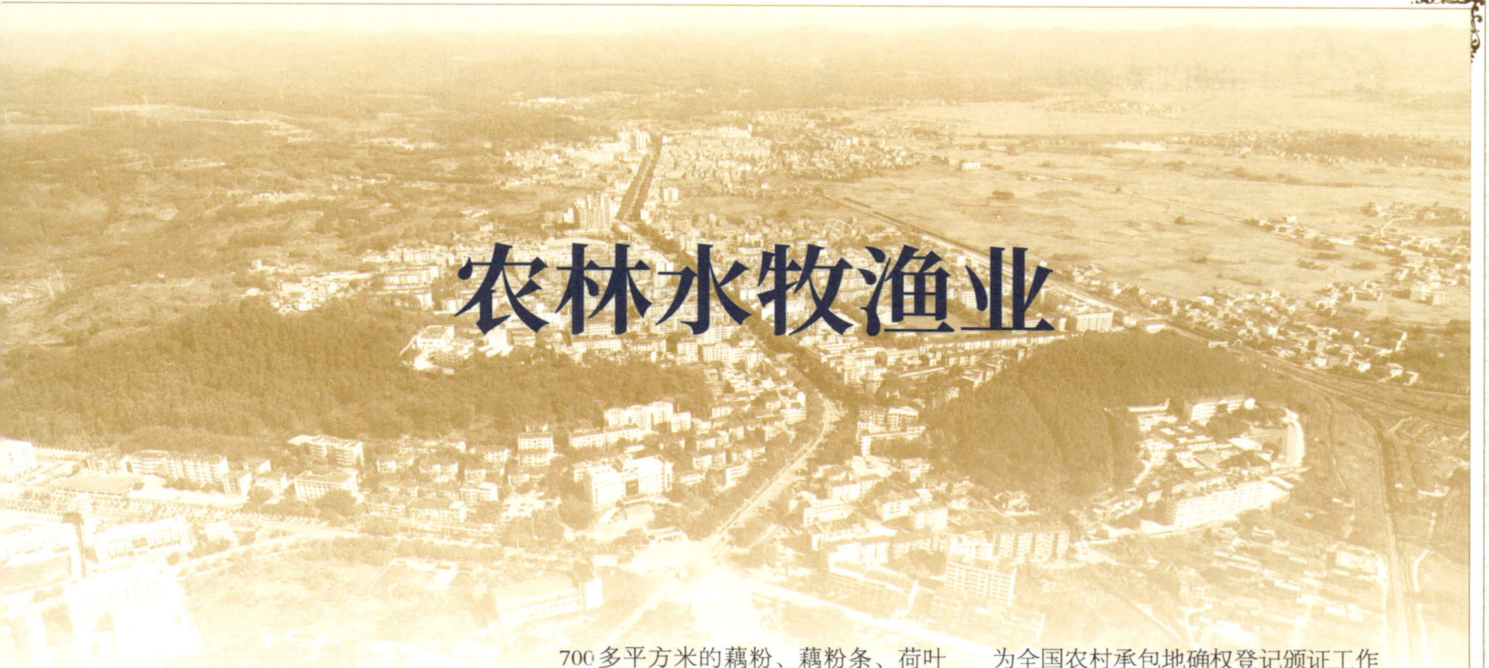

农林水牧渔业

农业农村

综　述

2020年，合山市粮食种植面积0.57万公顷粮食总产量2.79万吨；完成108万稻谷生产补贴和690万耕地地力保护补贴资金发放。生猪产能有序恢复，共出栏2.1万头。

特色产业快速发展。发展了澳洲坚果、里兰火龙果、北泗葛根等一批规模化的特色产业园。

农产品加工业持续发展。建成700多平方米的藕粉、藕粉条、荷叶茶等特色农产品深加工车间。建成1间润农心果蔬种植专业合作社选果厂，每天可分拣水果6万公斤，带动水果产业发展。建成陆广盛食品有限公司“桂金牛”牌牛肉干生产车间。

持续巩固产业扶贫成效。培育发展“5+2”“3+1”特色产业，特色产业覆盖率达98.15%，8个脱贫村的“3+1”特色产业覆盖率都达90%以上。落实以奖代补政策，累计已发放奖补资金1700.58万元。

农业农村改革工作初显成效。农村集体产权制度改革试点和农村土地确权试点工作全面完成，合山市被评为全国农村承包地确权登记颁证工作典型地区。

生态农业健康发展。2020年，合山市共发展稻渔综合种养产业面积20.53公顷，其中，稻＋螺模式种养面积0.67公顷，藕鱼模式种养面积1.33公顷，稻＋虾模式种养面积18.53公顷。合山市丰鑫种植专业合作社共种植富硒水稻20公顷。

2020年，合山市农业农村局开展绿色防控与统防统治植保技术试验、示范以及推广应用。在北泗镇云堡村建立合山市草地贪夜蛾综合防控示范区1个，核心示范区面积40公顷，辐射区666.67公顷，技术模式为“精准测报＋理化诱控（性诱）＋生物农药”技术模式；在北泗镇北泗村、屯山村，建立水稻病虫害绿色防控示范区1个，示范面积66.67公顷，辐射区2000公顷。在绿色防控项目示范区上重点推广应用太阳能杀虫灯5台、生态粘虫板500片，悬挂诱捕器100个，使用生物农药0.042吨。在示范工作中，举办合山市首次水稻、玉米重大病虫害植保无人机统防统治现场演练会1期，参加现场会人，受益数26人次，在项目区开展防控技术指导农民人数18人次，开办IPM农民田间学校培训班2期，培训农民人数72人次。通过示范、宣传与培训，提高农民的

合山市农村产权交易中心　（农业局提供）

科技素质和防治技术水平。通过专业化统防统治和绿色防控措施的推广实施，绿色防控示范区比农民自防区每亩节约成本124元，产品质量安全有保障，防控效益显著。

合山市秸秆以水稻、甘蔗、玉米秸秆为主，还有少数花生、大豆及其他瓜菜类秸秆，秸秆主要通过翻压还田、粉碎还田、堆沤还田、过腹还田、企业收购加工成秸秆饲料等形式加以综合利用。合山市秸秆综合利用率为85.64%，其中，肥料化利用率为68.33%，饲料化利用率为15.58%，燃料化利用率为1.63%，基料化利用率为0.1%。全市主要有水稻和甘蔗采用了机械化收割技术，收割机在作业过程中同时把秸秆粉碎还田。2020年全年实现机械化收割及粉碎还田6.71万亩。

【概况】 合山市农业农村局成立于2019年3月5日，是原合山市农业局、合山市水产畜牧兽医局两个局合并的正科级单位，属合山市政府工作组成部门。行政编制8个，实有人数8人。内设机构办公室、种植和养殖产业发展股、农村改革和农村社会事业股。合山市农业农村局二级事业单位10个，核定编制71个，实有人数62人，在岗人数62人。

【基本气候】 合山市气象站是合山市农业农村局所属事业单位。各项气象数据监测均由来宾市气象局负责，在合山市设有5个气象监测室，合山市政府每年需要交纳一定的维护经费，用于维护设备。2020年合山市年平均温度为22.4℃，出现最高气温为42.2℃，最低气温为4.9℃；平均相对湿度为79.6%，平均风速为1.9米/秒，各地总降雨量为1605.8—1756.2毫米。

【中国农民丰收节活动】 2020年9月22日，合山市在水谢石都公园广场举行庆祝"中国农民丰收节"暨"庆丰收、促脱贫"活动，展示新时代合山新农民的精神风貌，营造了全市农民庆丰收、扶贫成果展示晒丰收、全民参与享丰收的节日氛围。

【农业农村经济】 2020年，全市农业农村经济社会持续健康发展，农村居民人均可支配收入14359元，增长8.3%。全市加快推进农业现代化建设，农民专业合作社、家庭农场分别发展到132家、62家。农村综合改革取得阶段性成效，农村集体产权制度改革和"三变"改革基本完成，年经营性收入20万元以上的集体经济强村达6个。

【强农惠农政策】 合山市耕地地力保护补贴：2020年，全市共有18193户农户申报补贴，农户承包面积共计67314.86亩，扣减不符合补贴条件的面积共3801.16亩，应发放补贴的面积为63513.70亩。自治区下达合山市补贴资金690万元，每亩补贴标准为108.63元。实际补贴资金合计6899673.25元，其中，岭南镇补贴资金2078653.21元，北泗镇补贴资金2656474.00元，河里镇补贴资金2164546.04元。合山市打赢疫情防控阻击战促进经济平稳运行粮食生产补贴：2020年，全市共有2个种植大户申报补贴，申报面积共610.46亩，其中，玉米种植面积55.06亩，早稻种植面积283.2亩，晚稻种植面积272.2亩，补贴金额141604.80元。早稻生产补贴：2020年全市共有15755户农户申报补贴，申报面积共31293.90亩。自治区下达合山市补贴资金73万元，每亩补贴标准为23.32元，实际补贴资金合计729773.75元，其中，岭南镇补贴资金202403.99元，北泗镇补贴资金286801.07元，河里镇补贴资金240568.03元。稻谷生产补贴：2020年，全市共有15622户农户申报稻谷生产补贴，申报面积共29242.72亩。自治区下达合山市补贴资金77万元，每亩补贴标准为26.33元，实际补贴资金合计769960.82元，其中，岭南镇补贴资金228530.95元，北泗镇补贴资金276224.15元。河里镇补贴资金265213.40元。

【现代特色农业示范区建设】 2020年，合山市继续实施现代特色农业示范区建设增点扩面提质升级三年（2018—2020年）行动，新增村级示范点11个、村级示范点创建入围名单4个。

【农民专业合作社管理】 2020年，全市登记在册的农民专业合作社132家，家庭农场62家。获区级示范合作社5家，市级示范合作社9家；区级示范家庭农场2家，市级示范家庭农场7家。合山市新型农业经营主体朝着规范、健康、有序的方向发展。

【农村集体"三资"管理】 合山市出台《合山市农村集体资产管理暂行办法》，使"三资"管理有章可循，有规可依，全市29个行政村实现了"三资"管理制度上墙。切实加强"三资"管理业务培训，市、镇两级共举办相关业务培训会8次。完成农业农村部布置的年度清产核资工作，通过对村级集体资产的清产核资，建立完善好各类"三资"台账，真正做到村级资产来源、去向清楚，依据清晰。

【集体产权制度改革和清产核资】 2020年，合山市农村集体"三资"情况为：农村集体流动资产784.57万元（其中，货币资金742.77万元、应收账款6.45万元、存货35.35万元），固定资产8881.27万元（其中，经营性固定资产649.75万元、非经营性固定资产8231.52万元），耕地面积为13.27万亩，林地、未承包到户耕地、养殖水面、建设用地和未利用地等资源2.23万亩，待界定土地0.486万亩。

【农业执法】 合山市农业农村局要求规模养殖场按规定建立生产档案、用药记录等养殖台账，和负责人签订责任状，严禁使用瘦肉精、莱克多巴胺和苏丹红等违禁物，不能使用不合格的饲料，进一步完善养殖环节溯源机制。抓好检疫工作，严把检疫关。加强定点屠宰场的检疫，严格按检疫操作规程进行检疫，坚决杜绝未经检疫合格的畜禽产品出厂。对检出病害肉必须进行无公害化处理，坚决杜绝病害肉上市，保证人民群众食肉安全。确保待宰畜禽检疫率100%、屠宰检疫率100%、出厂产品持证率100%、病害畜禽及其产品无害化处理率100%。同时开展生猪及生猪产品违法违规调运专项整治行动，要求各镇水产畜牧兽医站严格落实检疫申报、产地检疫等制度，监管覆盖面达到100%；严格落实点对点调运制度，2020年，全市生猪产地检疫数为16675头，没有发现生猪产品违规调运的现象。

【农村产权流转交易市场建设】 2020年，合山市农村产权交易中心已建设完成，内设交易服务大厅、竞价交易室、信息发布区、办公区。产权交易中心具有六大功能：产权交易、市场咨询、农资采购、人员培训、产品展销、金融信贷。合山市农村产权流转交易平台已完成与自治区级平台联网并保持正常运行，为农民流转土地提供中介服务，开展业务指导，确保土地流转程序合法，合同规范，手续齐全。

【农民负担监督管理】 2020年，合山市贯彻落实“一事一议”财政奖补资金规定，开展群众自愿、筹资筹劳原则。2020年，全市获准实施农村公益事业财政奖补项目共计40个，涉及道路硬化、舞台建设、路灯等项目，共投入资金905.17万元（其中财政奖补资金共766.93万元；村民筹资0.4万元，集体收入补贴134.52万元，社会捐助3.32万元），涉及行政村数21个，总受益人口43996人，有效地改善了农民生产生活条件。

【农经调查统计】 2020年，合山市农经统计工作在各相关单位的大力支持下和上级业务部门的指导下，进一步强化自身的业务建设，完成各项工作任务。开展业务培训，提高乡镇人员的业务水平，提高统计数据的时效性和准确性，为农业生产和农业经济的发展作出应有的贡献。

【粮油作物种植】 2020年，全市粮食种植5638.08公顷，总产量27988吨，比上年增产767.44吨，增长2.82%。其中，谷物产量27688.49吨，其中稻谷24065.47吨，玉米3623.02吨，增长23.3%；豆类产量201.11吨，下降18.9%；花生产量1045吨，增长0.67%。

【经济作物种植】

甘蔗生产：2020年，全市甘蔗种植面积35200亩，其中，宿根蔗25234亩，冬春植蔗种植9966亩；翻种面积8698亩，新扩种面积1268亩。2019—2020年榨季，历时68天，合山市祥星制糖公司共进厂原料蔗229329.57吨；年产白砂糖29141.25吨。

桑蚕生产：2020年，全市桑园面积435亩，年养蚕1452张，鲜茧总产量49.1吨，产值142.39万元，总产量同比上年减少0.9吨，下降1.8%，主要原因是2019年因疫情导致茧价低迷，蚕农养蚕收益低，养蚕意愿有所下降。

蔬菜及食用菌：2020年，全市蔬菜及食用菌种植面积2540.8公顷，增长4.59%，产量58468.28吨，增长4.92%。其中，蔬菜种植面积2527.06公顷，增长4.6%；产量58261.96吨，增长4.92%。

水果生产：2020年，全市水果种植面积1.84万亩，产量2.47万吨，增长11.6%。其中，柑橘类水果发展较为迅速，产量1.49万吨，增长4.96%；其他类水果发展平稳。水果推广的品种主要有砂糖橘、沃柑、黄金柑、澳洲坚果和火龙果等。

另外：2020年，全市中药材种植面积（一年生和多年生）555亩，主要品种有：葛根、天冬、吴茱萸、橘红、莪术、牛大力、白及等品种，药材总产300吨，总产值约195万元。

【农业科技培训】 农民教育培训项目：根据2020年上级下达给合山市农民教育培训经费40万元，以及结合今年合山市农业产业发展情况，合山市培训任务共200人，截至2020年8月15日，已圆满完成培训任务。3个班学员云上智点评率均为100%。其中，种植综合培训1班，培训50人；种植综合培训2班，培训50人；畜禽养殖综合班3班，培训100人。

【农业科技推广与应用】 2020年，农业技术推广与服务项目资金11万元。项目资金主要用于合山市荷泉莲藕种植农民专业合作社65亩莲藕种植的高产创建，施用有机肥，建设为合山市基层农技推广体系建设的示范基地及其农产品加工企业合山市燎原生物科技发展有限公司。2020年，全市推广测土配方施肥推广12.1万亩；推广节水农业1.3万亩；推广秸秆还田8.42万亩；水肥一体化0.294万亩。开展农田土壤及农产品重金属污染定位预警监测23个布设点位，其中，省控点位采样13个，国控点位采样10个。开展农用地安全利用项目面积3.0276万亩，其中，安全利用类3.0262亩，严格管控类14.0亩。同时，抓好农作物重大病虫观测场建设项目。根据自治区的部署安排，在岭南镇思光村广邓屯建立合山市农作物重大病虫观测场1个，观测场地面积0.4亩。通过政府统一招标采购观测场配置重大病虫监测仪器设备：智能虫情测报灯1台、性诱监测诱捕器1台、气候监测仪1台、孢子捕捉仪1台、田间实时监测物联网设施设备1套；建立合山市病虫信息化处理系统，配置高清显示屏，实时显示远程监测的田间病虫害发生状态。配套基础设施（护栏防护网、供电线路及电源设备、观测场所有设备基座、观测场标牌），安装所有仪器设备都能正常运行。

【农作物病虫害防治】 2020年，全市各乡镇均有草地贪夜蛾发生为害玉米，全年累计发生面积3820亩次，占种植面积50.9%，防治面积3540亩次，占发生面积92.67%。6—9月统一采购应急防治物资（农药）、开展统防统治和绿色防控等工作。专业化统防统治与绿色防控面积1600亩，占防治面积45.2%。经防治后挽回粮食损失287.1吨，实际损失56.74吨，总体防治效果83.7%，农民满意度达到95%以上。从而，确保了不大面积暴发成灾，最大限度减轻灾害损失，同时，推进了统防统治和绿色防控、减少了农药使用量等方面取得的成效。针对水稻、玉米、甘蔗、果、桑、蔬等粮食及经济作物病虫害进行预测预报，2020年，共发布《病虫情报》21期，发报平均准确率为92.73%，印发病虫防治材料2500份，全年主要农作物病虫害发生总面积为27.97万亩次，防治总面积为27.85万亩次，总体防治效果为89.22%，经防治后挽回粮食损失5659.38吨，因病虫危害实际损失粮食1193.01吨。

【农业投保】 2020年，合山市农业政策性保险工作由北部湾财产保险股份有限公司合山支公司和中国人民财产保险股份有限公司合山支公司承保，农业政策性保险投保出单情况为：总政策性水稻种植保险为34126.56亩，总保费682531.2元。其中，按照各级财政补贴比例分别是：中央财政补贴40%，补贴金额273012.48元；自治区财政补贴40%，补贴金额273012.48元；农户自行负担20%：136506.24元。农业政策性保险是一种化解农业生产风险的补偿方式，不仅大大减轻了合山市农民经济损失的负担，也进一步降低了农业生产的风险。

【农业地理标志产品】 2020年，合山市农业农村局正式启动申请“合山澳洲坚果”农产品地理标志登记前期工作，对合山澳洲坚果的产地环境、品质特色、生产方式、人文历史、产品知名度、产业发展前景等六个方面进行前期资料收集、挖掘、整理等准备工作。合山喜生坚果种植农民专业合作社的“合山澳洲坚果”无公害农产品标志获得认证续展至2023年12月，至此，合山市“三品一标”有效产品数保有量为3个，产地规模250.33公顷，核准产量930吨。

【农药化肥监管】 利用电视、微信等方式，加强宣传《农药管理条例》《农药经营许可管理办法》《广西壮族自治区农药经营许可审查细则》《广西壮族自治区限制使用要定点经营（试行）》等相关规定，将办理条件、办理程序、受理机构、受理地点等告知农药经营门店。加强执法检查，对尚未办理农药经营许可证的经营者，及时派发《告知书》，在专项治理活动中，采取有力措施杜绝禁用农药流通、使用，以及限用农药超范围使用现象。打击和查处违规生产经营和使用国家禁止的高毒农药（重点以甲胺磷、甲基对硫磷、磷铵、对硫磷、久效磷等高毒有机磷农药和毒鼠强）、生产经营假劣农药；无登记证生产、添加未登记成分、擅自更改标签、擅自扩大使用范围和防治对象、一证多用、未登记和套用或冒用证件、标签不规范及“以肥带药”等违法行为，对16家经营农药进行检查，出动执法人员35人次。

【农业产业提质升级】 主导产业发展稳中有升。2020年，合山市粮食种植面积8.5万亩，粮食总产量2.7988万吨；完成690万元耕地地力保护补贴资金发放。生猪产能有序恢复，共出栏2.67万头。特色产业快速发展：发展了合山澳洲坚果、里兰火龙果、北泗葛根等一批规模化的特色产业园。农产品加工业持续发展：建成藕粉、藕粉条、荷叶茶等特色农产品深加工车间。建成润农心果蔬种植专业合作社选果厂，每天可分拣水果6万公斤，带动水果产业发展。建成陆广盛食品有限公司“桂金牛”牌牛肉干生产车间。巩固产业扶贫成效。培育发展“5+2”“3+1”特色产业，特色产业覆盖率达98.15%，8个脱贫村的“3+1”特色产业覆盖率都达90%以上。落实以奖代补政策，累计已发放奖补资金1700.5851万元。农业农村改革工作初显成效。农村集体产权制度改革试点和农村土地确权试点工作全面完成，合山市被评为全国农村承包经营权确权登记颁证工作典型地区。

【生态种养殖】 2020年，合山市共发展稻渔综合种养产业面积308亩，其中稻+螺模式种养面积10亩，藕鱼模式种养面积20亩，稻+虾模式种养面积278亩。合山市丰鑫种植专业合作社共种植富硒水稻300亩。

【新农业技术推广】 2020年，合山市农业农村局开展绿色防控与统防统治植保技术试验、示范以及推广应用。在北泗镇云堡村建立合山市草地贪夜蛾综合防控示范区1个，核心示范区面积600亩，辐射区10000亩，技术模式为“精准测报+理化诱控（性诱）+生物农药”技术模式；在北泗镇北泗村、屯山村，建立水稻病虫害绿色防控示范区1个，示范面积1000亩，辐射区30000亩。在绿色防控项目示范区上重点推广应用太阳能杀虫灯5台、生态粘虫板500片，悬挂诱捕器100个，生物农药0.042吨。在示范工作中，举办合山市首次水稻、玉米重大病虫害植保无人机统防统治现场演练会1期，参加现场会人数26人次，在项目区防控技术指导农民人数18人次，开办IPM农民田间学校培训班2期，培训农民人数72人次。通过示范、宣传与培训，提高农民的科技素质和防治技术水平。通过专业化统防统治和绿色防控措施的推广实施，绿色防控示范区比农民自防区每亩节约成本124元，产品质量安全有保障，防控效益显著。

【农作物秸秆综合利用】 合山市秸秆以水稻、甘蔗、玉米秸秆为主，还有少数花生、大豆、桑蚕以及其他瓜菜类秸秆，秸秆主要通过翻压还田、粉碎还田、堆沤还田、过腹还田、企业收购加工成秸秆饲料等形式加以综合利用。合山市秸秆综合利用率为85.64%，其中肥料化利用率为68.33%，饲料化利用率为15.58%，燃料化利用率为1.63%，基料化利用率为0.1%。全市主要有水稻和甘蔗采用了机械化收割技术，收割机在作业过程中同时把秸秆粉碎还田。2020年，实现机械化收割及粉碎还田6.71万亩。

（撰稿：蓝巧玲、张现强、覃喜莲、黄静连、蒙凌志、黄福斌、覃正才、兰云鹏、兰芳）

农业机械化服务

【概况】 合山市农业机械化服务中心是市人民政府直属正科级公益一类事业单位，由市农业农村局代管，市农业机械化服务中心二层机构有合山市农业机械化技术推广站，专业技术岗位编制数10名，实有10名。

【农业机械化普及】 2020年，合山市主要农作物耕种收综合机械化水平69.53%（其中，水稻生产耕种收综合机械化水平82.32%），机耕面积6328公顷。全市农业机械总动力85746千瓦，拥有各类拖拉机2737台，其中，大中型拖拉机131台，小型拖拉机2606台。拥有拖拉机配套机具2164台，农业动力机械2076台，稻麦联合收割机135台。

【农业机械化投入和作业】 2020年，合山市农业机械购置投入841.08万元。农作物耕、种、收、运输、初加工等环节投入农业机械作业值6139万元。2020年，合山市农机化作业服务组织有5个，农机户2783户，全年机耕面积6328公顷，水稻生产机收面积4502公顷。

【农机安全执法】 2020年，合山市继续做好拖拉机、联合收割机及驾驶人牌证规范化管理工作，加强农机安全源头治理，开展道路执法检查和隐患排查；开展道路安全执法检查，重点对变形拖拉机进行安全检查，严厉查处假牌、套牌、逾期未年检、违法载人等严重违法违规行为。组织农业综合执法人员，对全市农机安全生产主要监管的30千米乡村道路进行安全隐患排查。通过农机手微信群、手机短信向全市农机手宣传道路运输、农机监督管理的相关法律法规。组织农机手进行道路运输安全培训，提升农机手的安全驾驶意识。结合乡村道路

新型农机推广　（农机中心提供）

隐患排查情况设立和翻新乡村道路的农机警示标志标牌，切实强化风险管控。开展专项整治行动以来，共发现安全隐患8处，已登记和责令整改8处，且组织人员进行后续跟踪，确保整改到位，突出整改实效。

【农机科技推广】 2020年，市农机中心组织农机技术人员到合山市丰鑫农机专业合作社和合山市丰乐农机专业合作社指导工厂化育秧工作，指导复工复产工作，2020年，合山市共完成工厂化育机插秧54公顷。2020年6月11日，市农机中心组织农机技术人员，到北泗镇东亭村古乙屯的合山市晨峰柑橘发展有限公司开展田间运输机械化技术推广志愿服务，该项农机技术为企业在施肥、收获等运输环节节省了成本，提高了效率。2020年，市农机部门共培训农机手党员共50人次。推广各类农机新机具217台。

【农机购置补贴政策】 2020年，合山市共获得中央分配农机购置补贴资金50万元。合山市共发放农机购置补贴资金50.44万元，其中历年剩余资金0.44万元。补贴各类农机具217台（套），其中拖拉机2台，联合收割机3台，旋耕机4台，田间运输机3台，微灌设备204台，组合米机1台，受益户214户，拉动内需157.79万元。

（撰稿：蒙乃勇）

林　业

【概况】 合山市林业局内设机构2个，局属二层机构有4个，均是全额事业单位编制，其中合山市营林管理站，编制7人，实有5人。合山市农村能源办公室，属参公事业单位，编制4人，实有4人。合山市森林防火中心，编制5人、实有5人。合山市林政管理办公室，编制4人、实有人数4人。营林、林政、防火、能源4个单位中，工程师编制2人，助理工程师5人，技术人员编制9人，非专业技术人员2人。林业局代管单位1个，即合山市柳花岭林场，属国营林场，企业性质，在职89人。

2020年3月12日，合山市林业局在里兰村下寨屯开展义务植树活动

（林业局提供）

【林业经济生产】 2020年，合山市的森林总采伐蓄积量154752立方米（其中，集体采伐蓄积量119906立方米，柳花岭林场采伐蓄积量34846立方米）。截至2020年12月30日，合山已累计受理里面采伐许可3174起，核发采伐许可的蓄积量162938立方米，严格控制在森林采伐限额以内。2020年，已完成木材生产量121796立方米。

【林业生态建设】 加强林地资源经营管理，2020年，共办理长期征占用林地审核审批4宗，总面积27.3公顷；森林植被恢复费金额353.84万元。办理临时占用林地审批1宗，总面积37.61公顷；森林植被恢复费应缴金额301.69万元。加强对违法使用林地及毁林开垦的调查处理。2020年，共计发生违法使用林地1起，违法使用林地总面积64.35亩。

【生态公益林建设】 2020年，合山市自治区级以上公益林面积6.68万亩(其中，国家级公益林5.06万亩，自治区级公益林1.62万亩），经验收合格面积6.68万亩。中央和自治区安排下达我市森林生态效益补偿基金管护补助为112.02万元，其中，中央级77.22万元，自治区级34.8万元。合山市应签订森林生态效益补偿基金的重点公益林面积为6.68万亩。全市完成签订生态公益林补偿管护合同面积6.68万亩，占应签订合同面积的100%。本次验收合格面积6.68万亩，发放面积6.68万亩。2020年度管护补助已发放102.08万元，其中，中央75.12万元，自治区26.96万元。管护资金结余9.49万元，其中，中央2.1万元，自治区7.39万元。

【林政资源管理】 林业局按照《广西壮族自治区林木采伐管理办法》的有关规定，依法依规发放林木采伐许可证，加强对伐区进行监管工作，制止乱砍滥伐林木的行为。安全生产管理方面，2020年，主要开展涉林经营企业单占用林地调查核实，安全生产大检查，大整顿工作及整治企业乱象，扫黑除恶专项斗争线索摸排工作，确保全市木材经营加工企业安全生产。

【营林工作】 2020年，完成植树造林面积18000亩，其中迹地人工更新造林4651亩，萌芽更新造林13349亩。完成油茶新造林面积1516亩；完成全民义务植树30.6万株；完成森林抚育（中幼林抚育）面积46500亩。2020年，完成育苗面积76.2亩，育苗数量90.9万株。

【森林防火】 2020年，开展森林防火宣传活动，悬挂森林防火宣传标语横幅150条，在移动通信短信平台发布森林防火宣传警示短信20万条，向群众分发防火告知书、森林火灾危害、违规用火惩处规定等防火方面的知识资料12000多份，形成立体式、全覆盖的宣传格局。开展森林防火隐患排查和火灾扑救应急预案，加强对重点林区巡查监管，要求进山人员扫“防火码”进出林区，制止随意用火、不安全用火行为，把森林火灾隐患消除在萌芽状态。2020年全市共发生森林火灾1起，森林受害率控制在0.4‰以下。有1起卫星监测热点信息，森林防火工作趋于平稳。

【森林公安】 2020年，森林公安局共计接处警107起，立刑事案件36起(其中，盗伐林木刑事案件8起，滥伐林木刑事案件19起，失火案4起，破坏生产经营案件2起，侵占林地案件3起)，破案21起，取保候审21人，移送起诉2人；受理林政案件15起，查处13起（其中，无证运输6起，滥伐林木3起，盗伐林木2起，非法改变林地用途2起，其他2起），林政处罚人员22人，收缴涉案木材44.91立方米，补种1020株树木，木材变价及罚没款上缴国库15.4325万元。2020年，关于办理国家林草局广州专员办督办的合山市森林督查图斑案件行动中，林业局在2019年初步调查涉嫌违法图斑情况82个，经调查不予立案59起，行政处罚1起，涉嫌违法犯罪图斑共计22个，合山林业局民警已查处22个图斑，立案17起，破获案件18起，查处来宾督办的涉林案件2起，抓获犯罪嫌疑人20人，取保候审20人，其中5个图斑撤销刑事案件。来宾市公安局关于打击破坏森林和野生动植物资源犯罪“百日会战”专项行动下达破案任务数10起，林业局迅速侦破了15起，专项行动战果显著。2020年，开展的广西公安机关“昆仑2020”专项行动中，林业局民警与合山市市场监管局救助了一只猴面鹰，并将猴面鹰移交野生动物保护站。

2020年4月17日，湿地局组织相关部门到怀集水库验收水葫芦清理情况
（林业局提供）

【森林有害生物防治】 合山市现有林总面积178865亩，其中松树19333亩、杉木295亩、桉树144827亩、其他树种14410亩。根据全年的森林资源野外调查监测结果统计显示，2020年，全市林业有害生物累计发生面积共计2100亩，实际发生面积2100亩，其中河里镇油桐尺蛾轻级发生面积200亩；柳花岭林场油桐尺蛾发生面积1600亩、桉大扁蛾发生面积300亩，均为轻级发生。没有成灾面积，成灾率为100%，在目标管理指标规定成灾率4.5%以下。

【野生动植物保护】 2020年，林业部门做好野生动植物保护和管理工作。对离群、受伤、染病、老弱的野生动物以接管的方式进行保护行动，出动人员45人次、车辆36辆次，主要对市场、运输线路和饭店餐馆、花鸟市场、宠物店进行检查，查处非法收购、出售、加工野生动物资源等违法犯罪行为，保护野生动物的安全。

【洛灵湖湿地公园建设】 根据《2018年中央财政林业改革发展资金——广西合山洛灵湖国家湿地公园保护与恢复项目实施》方案项目建设包括界桩162个、界碑8座；清理水葫芦108亩，设置3处水葫芦拦截网；进行湿地植被恢复，乔木29株、挺水植物1370平方米；疏浚清淤共1637米；设立警示牌8个，普通宣传标牌2个；新增项目：种植乔木284株。项目于2020年9月通过竣工验收。项目批复情况：2020年，编制了《2019年中央财政林业改革发展资金——广西合山洛灵湖国家湿地公园湿地保护与恢复项目实施方案》《2020年中央财政林业改革发展资金——广西合山洛灵湖国家湿地公园湿地保护与恢复项目实施方案》《2020年自治区财政林业改革发展资金——广西合山洛灵湖国家湿地公园湿地保护与恢复项目实施方案》三个项目实施方案共投资400万元，均获得来宾市林业局批复。

（撰稿：覃晓德、黄雪婷、李月玲、徐智敏、覃晓芬、兰朝英、卢晓燕、庞斌斌、韦小丽、蒙文晶）

柳花岭林场

【概况】 合山市柳花岭林场实行场长、书记一肩挑法人代表负责制的全民所有制企业，为副科级单位。林场内设场长室、行政办、党建办、纪检监察、工会、营林科、财务科、林政科；下设1个分场2个林站，即上垌分场、直属林站和东矿林站。林场职工总数236人，其中在职干部职工89人、退休职工147人，在职党员24人，退休党员7人。林场实行政府购买服务对公益林进行管护的管理运行模式，公益林管护的所有经费全部纳入当地财政预算。林场发展取得的各项收入由林场自收自支，主要用于各项营林生产投入和职工工资及各项社会保障、福利资金等，林场建立了与新的管理体制适应的财务管理制度和会计核算办法。

【基础设施建设】 2020年，争取到中央预算内投资资金30万元，并推进了东矿林站加马护林点改扩建管护用房项目，该项目于年底已全面完工并投入使用。

【森林资源】 林场总面积64972亩，林地经营面积55923亩，林地面积54448亩，其中商品林面积有44370亩，公益林面积有10078亩；非林地面积5403亩。活立木蓄积量40.61万立方米。

【经济发展情况】 2020年，林场全年总收入1055万元（其中木材收入936万元，其他收入119万元），总支出875万元（其中管理费用支出485万元，营林成本支出382万元，其他业务成本支出8万元，）全年营业利润为180万元；全年净利润额161万元（全年营业外收入5.5万元，营业外支出24.5万元）。

【营林生产】 2020年，完成速生桉人工植苗更新2200亩，采伐迹地人工促萌更新1700亩，中幼林抚育11000亩，森林病虫害防治3000亩，防火线维修23千米。

【森林资源管护】 2020年，林场有可正常使用的风力灭火机24台，专用防火车5辆，专用扑火器械室一间和储备室一间，防火值班室内有电视机、电话及对讲机。防火办公设施齐全，有防火通信专用对讲机（150兆）18部，林区内对讲机的信号覆盖率达100%。林场建立有森林专业扑火队20人，半专业扑火队18人，防火工作执行24小时值班制，年内发生火警4起，受害面积约2亩。2020年，林场以扫黑除恶专项斗争为契机，加强林区治安综合整治工作，积极配合政法部门打击各类破坏森林资源的违法犯罪行为，年内共报给合山市森林公安局立案8起（其中刑事案件1起，治安案件7起）。经过综合整治专项行动，林区治安基本稳定，各项营林工作有序开展。2020年，林场国有林地被侵占回收任务917.5亩，截至年底，林场回收林地2126.53亩，年度任务完成231.8%，如期完成回收任务。

【山林纠纷调处】 2020年，林业局调处林权纠纷，采取有效应对措施，化解了一批山林纠纷，受理“三大纠纷”案件6起；受理信访案件9起，答复5起，其中，转自然资源局2起，转柳花岭林场及森林公安1起，信访局转来案件2起；案件办理终结4起。山林纠纷是长期困扰合山市林业生产秩序稳定的一个重要因素，全局将大力纠办加大调处力度，将矛盾化解在基层，消除林业生产中的不稳定因素。

（撰稿：覃晓德、梁红棉、莫彬、谭芳妮）

水　利

【概况】 合山市水利局为市政府的工作部门，主要承担全市农田水利基本建设、水利规划、防汛抗旱、水资源的统一管理、水土保持监督执法、乡镇供水、农村人畜饮水等职能工作。年内，合山市水利局机关行政编制5名。设局长1名，副局长2名。另设市河长制办公室专职副主任（副科长级）1名。内设综合股（行政审批办公室），下设6个二层机构（事业单位）。其中，合山市防汛抗旱办公室编制2名，实有人数2人；农村水利建设管理站编制9名，实有人数9人；水电工程管理站编制6名，实有人数6人；水政水资源水土保持站编制3名，实有人数3人；水政监察大队编制7名，实有人数7人；合山市灌区管理站编制21名，实有人数18人。市水利局办公地址合山市岭南镇建安路51号。

【农村水利基础设施】 2020年，合山市水利局共实施农村山塘整治工程五个分别为，河里镇洛满村古排江淮山塘，河里村岑长山塘，岭南镇里兰村思甘五塘山塘，北泗镇文定村上垌山塘整治工程，云堡村古梨山塘等整治工程项目。工程于2020年5月12日获得合山市水利局批复，批复概算资金450.05万元，资金为自治区财政专项补助资金，于2020年10月开工建设，同年12月底完工并经验收投入使用，工程加固后可恢复灌溉面积80亩。

【农村饮水安全巩固提升工程】 2020年，合山市水利局实施岭南镇溯河村、石村、北泗镇灵台村新旧洛山屯、灵台村金鸡屯、灵台村灵台屯、灵台村王贤屯、文定村上垌屯、文定村东好屯、河里镇洛满村洛沙那沙屯、仁义村饮水工程高位水池改造11个农村饮水安全项目，批复概算资金1612.2万元，项目于4月初开工建设，同年9月底完工并经验收投入使用，受益人口18069人，其中建档立卡贫困人口2623人。

【中小河流治理】 石仁河桥体防洪治理工程：批复总投资1500万元，批复河道整治总长度为1735米，工程于2020年8月开工建设，至12月底完成河道整治长度1000米，完成总投资900万元，计划2021年底完工，工程完工后可保护人口1900人，耕地800亩。合山市岭南镇柳花岭河古樟支流防洪治理工程等7个项目，批复总投资1499.97万元，批复整治7条排洪沟，分别为：合山市岭南镇柳花岭河古樟支流防洪治理工程、合山市岭南镇柳花岭河柳矿支流防洪治理工程、合山市岭南镇柳花岭河古城支流防洪治理工程、合山市北泗镇瀑泉古亮河防洪治理工程、合山市北泗镇洛山河洛山水库支流防洪治理工程、合山市河里镇河里河蝶山下凌支流防洪治理工程、合山市河里镇洛满北歪河防洪治理工程。整治河道总长7581米，工程于2020年10月开工建设，至12月底完成河道整治5条，整治河道总长度4500米，完成总投资950万元，计划2021年底完工，工程完工后可保护0.67万亩的农田。合山市北泗河北泗乡防洪治理工程批复概算总投资2750.57万元，计划治理河道总长约8.9公里，新建护岸总长16.107公里。项目中标价为1982.58万元，工程于2017年10月10日开工建设，截至2020年12月，工程共完成投资约900万元，完成河道治理约5公里，新建护岸约9.8千米。合山市北泗干流中游段防洪治理工程批复概算总投资1979.46万元，计划整治河道总长约6.51千米，新建防洪堤长1836米，护岸长9256.2米，新建排洪渠长860.16米，拆建阻水通桥2座，人行桥3座，防洪堤、护岸沿线设排水涵7座、下河步级35座等。2020年底项目已基本完工，进入项目完工验收及结算审计阶段。

【水行政执法】 2020年3月，在辖区内组织开展3.22世界水日、3.22—28中国水周水法规宣传活动，围绕“坚持节水优先、建设幸福河湖”的主题开展宣传活动，发送4000条手机短信，悬挂20幅宣传横幅。实施取水许可制度，依法征收水资源费166.4万元；加大执法力度，严厉打击河湖违法行为。2020年，共开展河道、水资源管理执法巡查33次；清理整治砂场起砂码头1处，强制清除侵占库区违建土石坝1处；河道非法采砂罚没3.76万元。

【水政水资源水土保持】 2012年6月合山市被确认为全国第二批水土保持监督管理能力建设县。经近两年的努力工作，于2014年5月29日顺利通过区水利厅组织的评审、验收工作，总评分96分，成绩优良。2013年5月实施《合山市东亭河小流域水土保持综合治理一期工程》项目，总投资275万元，其中上级资金190万元。完成治理面积13.9平方千米。2020年，全市累计治理水土流失面积10079.84公顷。总投资148230万元，其中，中央投资4690万元，地方投资5755.5万元，群众投资4384.59万元。

【防汛抗旱】 2020年，根据汛情发展适时启动应急响应，发布预警信息40多次、发出预警短信3000多条。2020年，开展各类水利工程检查15多次、检查人员89人次，完成大坝迎水坡面板缝浇灌沥青（约9350平方米）、8座水库启闭机，阀门加油上漆养护，修复启闭机线路破损780多米、修缮六里、下里水库管理房及8个水库监控系统线路、摄像头，新建水库大坝公示牌40多块、在13处涉水危险区设置救援杆20多根，备齐重点危险区域救援设施，目前整改基本完成。2020年，开展山洪灾害预警监测系统设备维护8次、检查维护4次、修复雨量站设备2套，水库水位测站2套，确保合山市汛期的水雨情监测、预警、预报工作，雨量水情等基础数据支撑作用。合山市2020年自治区统招项目是红水河流域硬件设备安装，完成雨量站建设13个、安装简易水位报警器5个，无线广播5个，按质按量完成年度项目建设工作。2020年10月中旬，开通全市山洪灾害危险区涉及的村屯住户发放山洪灾害明白卡3000份，并向群众宣传山洪灾害知识，在合山8个水库下游危险区开展水旱灾害防御推演，演练内容包括，紧急处理水库险情，持续组织以转移疏散为主的山洪灾害防御演练，使群众熟悉预警信号、转移路线和安置地点，提高基层水旱灾害防御组织协调能力。

【河长制】 2020年，根据《广西壮族自治区人民政府办公厅关于加快推进江河湖库管理范围划定工作的通知》《关于加快推进河湖管理范围划定和河湖水城岸线保护与利用规划的通知》，2020年5月，合山市水利局通过政府采购，委托广西桂禹工程咨询有限公司开展合山市辖区所有河、库的管理范围划定工作。10月，合山市率先来宾市各县（市、区）完成合山辖区的河、库管理范围划定工作任务。2020年，合山市各级河长认真履职，巡河制度得到贯彻落实。按照自治区总河长令1号要求，督促合山市各级河长开展巡河查库工作，做好巡河记录并对巡河发现存在问题限期责令整改。2020年，市合山各级河长巡河共开展巡河4066人次，其中市河长巡河共发出68张限期责令整改告知单，完成了河长巡河查库任务，巩固了“清四乱”问题整治成效。

（撰稿：水利局）

畜牧水产兽医

【概况】 2019年3月5日，合山市水产畜牧兽医局与原合山市农业局合并改称为“合山市农业农村局”，属正科级国家机关，合山市政府工作组成部门。原工作职责不变。

【畜牧业生产】 2020年，全市规模养猪场7个，养牛场1个，羊场24个，禽类养殖场4个。生猪出栏2.67万头，同比降低6.32%；肉牛出栏0.86万头，同比降低53.7%；山羊出栏0.53万只，同比降低13.8%；家禽出栏33.5万羽，同比增长116.1%。

【渔业生产】 2020年，全市渔业已养殖面积3840亩，占应养殖面积100%；水产品总产量为2202吨，同比增0.4%。其中，池塘养殖1845亩，养殖产量1221吨；山塘、水库养殖1785亩，养殖产量887吨；河沟养殖60亩，养殖产量6吨；其他养殖150亩，养殖产量43吨。渔业生产总产值2797.6万元，同比增0.22%。

【渔政执法】 渔业生态保护执法：2020年共开展渔业生态保护执法行动43次，出动执法人员193人次，检查出动执法船舶16次，航程325公里，航时62小时，出动执法车辆41辆次，登临检查渔船20艘，检查不使用渔船作业人员4人，张贴宣传标语22条，宣传横幅11条，发放宣传资料618份，手机微信（短信）宣传13条，电视（报纸）媒体宣传2次，共查获电鱼案件2起（移交合山市法院一起），缴获电鱼设备3套，地笼87条，没收渔获物22公斤，处罚金2000元。合山市共有在册渔船2艘，组织开展增殖放流活动，对红水河段的天然渔业资源进行养护。2020年向自治区申请增殖放流项目1个，项目资金20万元，分别于红水河水榭石都观景台及合山港两个地点放流，放流鱼苗数量145万尾。渔业安全生产情况：制定《合山市2020年第三季度渔业安全生产工作方案》《2020年合山市开展“壮族三月三”、清明节、“五一”节期间渔船非法载客载物专项整治行动方案》和《合山市农业农村局关于做好2020年全国“两会”期间农业安全生产工作方案》，做好安全生产隐患排查，确保人民生命财产安全。2020年，共开展渔业安全生产执法行动10次，出动参加执法行动人员55人次。与渔船船主签订了安全生产责任状2份。水产品质量安全监管工作开展情况：2020年，水产渔政站开展水产品兽药残留及非法投入品专项整治及水产品快速检测工作，共抽检水产品4个批次，17个样品，抽检范围覆盖全市38个规模养殖场，抽检合格率达到100%。

【动物疫病防控】 落实动物防疫工作责任制，开展春秋两季重大动物疫病防疫注射工作。建立免疫档案，发放免疫证，并对免疫的生猪钳封耳标。对畜禽标识的管理实行入库、出库登记制度。2020年共完成猪血清240份、牛羊血清120份，鸡血清360份，鸭血清120份的样品检测任务。监测结果抗体免疫合格率为：猪口蹄91.5%、羊口蹄93.5%、猪瘟87.5%、禽流感89.5%、鸡新城疫85.5%、小反刍兽疫95.5%；监测布牛羊鲁氏菌病200份，监测结果均为阴性。全市春、秋两防高致病性禽流感、口蹄疫等应免畜禽免疫密度均达100%，免疫抗体合格率均达70%以上。

【饲料安全监管】 2020年，合山市兽药饲料经营企业从原来的5家减少至2家，确保兽药饲料质量安全。全年共出动执法车辆24辆次，执法人员49人次，对全市兽药经营户进行检查，严厉打击经营禁用兽药、假劣兽药饲料的违法行为。完善兽药饲料经营进出库台账记录，使兽药饲料质量安全得到保障。查处兽药饲料违法案件2起，处罚金额400元。

【无害化处理】 合山市于2015年4月初在岭南镇启动了第一个无害化处理中心，之后陆续于5月、6月分别启动了北泗镇，河里镇两个无害化处理中心，将无害化处理范围覆盖全市所有乡镇。合山市采取了由财政预先支付无害化处理经费的方式，其中70元支付给乡镇渔牧公司（50元支付给具体负责处理的渔牧公司工作人员、20元支付给公司以维持无害化处理中心的日常运作），10元支付给向渔牧公司申报无害化处理的养殖户。2019年2月至2020年2月，全市共无害化处理病死猪3202头，申报养殖环节病死猪无害化处理补助经费256160万元。

【农村防疫队伍建设】 2020年，合山市共有防疫员25名，岭南镇防疫员7名，北泗镇防疫员10名，河里镇防疫员8名。防疫员主要负责全市动物免疫和耳标佩戴工作，主要免疫强制性免疫疫苗的种类有猪牛羊口蹄疫、小反刍兽疫、高致病性禽流感等，要求畜禽群体免疫密度应常年维持在90%以上，其中应免畜禽免疫密度达到100%，免疫抗体合格率应全年保持在70%以上。耳标佩戴率要求达100%。

【养殖技术培训】 2020年，合山市农业农村局举办不同类型的科技推广养殖技术培训12期，参加培训人735人次，推广牛人工授精技术一项。

【重点养殖基地简介】

（一）生猪养殖基地

合山市朱荣芳养猪场

该养猪场位于合山市河里镇河里村，养猪场分为一场和二场，一场2018年通过五星级畜禽现代生态养殖场认证，一场猪场占地面积10000平方米，栏舍面积3000平方米，沼气池体积500立方米，化粪池体积2300立方米，积粪房300立方米，雨污分流管道430米，现存栏2200头猪。二场猪场占地面积13340平方米，栏舍面积3000平方米，建有550平方米的发酵床，化粪池体积400立方米，积粪房150立方米，雨污分流管道500米，现存栏2200头猪。2020年两场共出栏8800头，共计盈利1320多万元，平均每头盈利1500元。

焱磊养猪合作社

该合作社位于合山市北泗镇文定村上文定屯36号，2018年通过四星级畜禽现代生态养殖场认证。猪场占地面积7800平方米，栏舍面积3200平方米，沼气池体积600立方米，化粪池体积500立方米，积粪房400立方米，雨污分流设施400米，拥有可供消纳粪便的种植土地面积13300多亩。现存栏2000头猪，全年出栏2400头，盈利650多万元，平均每头盈利1400元。

文大养猪合作社

该合作社位于合山市北泗镇文定村上垌屯，2018年通过四星级畜禽现代生态养殖场认证。猪场占地面积6600平方米，栏舍面积3200平方米，沼气池体积400立方米，化粪池体积1500立方米，积粪房400立方米，雨污分流设施450米，拥有可供消纳粪便的种植土地面积5000多亩。现存栏2200头猪，全年出栏3400多头，盈利560多万元，平均每头盈利1300元。

明润养殖专业合作社

该合作社位于岭南镇里仰村老里朝屯，2018年通过四星级畜禽现代生态养殖场认证。猪场占地面积20亩，栏舍面积3500平方米，沼气池体积550立方米，化粪池体积600立方米，积粪房200立方米，雨污分流设施420米。现存栏2100头猪，全年出栏2400头，盈利460多万元，平均每头盈利1200元。

合山市聚仁种养农民专业合作社

该合作社位于河里镇仁义村委会，2019年11月建成并开始养殖，合作社占地面积5000亩，猪舍发酵床2400平方米。其中猪舍面积300平方米，料房100平方米，兽医室15平方米，消毒室12平方米，自动刮粪机2套，自动供料系统2套。现存栏5300头猪；全年出栏10600头，盈利1590多万元，平均每头盈利1450元。

合山市海浪生态养猪农民专业合作社

该合作社位于北泗镇在勤村委会，2019年11月建成并开始养殖，公司猪场占地面积546亩，贮液池60平方米，异位发酵床300平方米。其中猪舍面积1500平方米，料房50平方米，兽医室20平方米，消毒室12平方米，自动刮粪机1套，自动供料系统1套。现存栏1100头猪，全年出栏2200头，盈利330多万元，平均每头盈利1400元。

合山市合亨畜牧养殖合作社

该合作社位于岭南镇里兰村委会，2019年11月建成并开始养殖，公司猪场占地面积510亩，贮液池50平方米，异位发酵床200平方米。其中猪舍面积共计1200平方米，料房50平方米，兽医室20平方米，消毒室15平方米，自动刮粪机1套，自动供料系统1套。现存栏1000头猪，全年出栏2000头，盈利300多万元，平均每头盈利1350元。

（二）山羊养殖基地

合山市广昌隆山羊养殖专业合作社

该合作社位于合山市里仰村，成立于2013年8月，是合山市山羊圈养示范基地。合作社占地5亩多，栏舍面积1200平方米、积粪房面积100平方米，雨污分流设施300米；合作社主要进行种羊繁育、山羊圈养、羊病防治、成品羊销售。采用“合作社＋基地＋贫困户”的农民专业合作社运行模式，推动合山市农业结构调整，增加农民收入。2020年与合作社合作到期的社员有95户，发放350头种山羊作为返还入股资金给社员自己发展养殖。目前存栏羊300多头，全年出栏肉羊430头，盈利16多万元。

（三）肉牛养殖基地

六畜兴牧业有限公司

该公司创建于2012年10月，2013年6月成立合山市六畜兴牧业有限公司，现成为合山市最具影响力的肉牛养殖场。养殖场占地面积18009平方米，已建成栏舍面积5500平方米，种植牧草20多亩，现存栏牛100多头，全年出栏肉牛285头，盈利560多万元。猪场建设沼气池体积30立方米，化粪池体积20立方米，积粪房200立方米，雨污分流设施300米，拥有可供消纳粪便的种植土地面积300多亩。

（撰稿：樊荣超、蒙凌志）

工业和信息化

工业综述

2020年，受新冠肺炎疫情的影响，合山市统筹推进疫情防控和企业复工复产。一手抓疫情防控一手抓生产，督促和指导企业认真落实“工厂企业疫情防控工作十严格”，指导企业开展有序复工和疫情防控工作。一方面，以市经贸局、市发改局、市税务局、市投促局、市应急局、市工商联和市工管委等单位作为责任单位，组织全市50多家工业企业的复产复工服务工作；另一方面，重点突出，采取市领导联系企业服务的工作模式，加强对企业的疫情防控指导，对合山市15家规模以上工业企业和6家重点培规工业企业进行复工复产全程跟踪服务。截至2020年2月底，合山市15家规模以上工业企业已全部实现复工，复工率为100%。

2020年规模以上工业总产值同比增长25.3%，规模以上工业增加值同比增长29.4%，工业投资同比增长18.1%，工业技改投资同比增长12.8%；林产品深加工规上工业企业产值增长441%，规模以上碳酸钙企业产值同比增长9.9%，煤炭企业生产原煤53万吨，同比增加351.7%，电力生产业工业产值同比增长17.1%，发电量同比增长29.6%；全年完成6家工业企业上规入库，超额完成全年培规工作任务，规上工业企业总量为20家。

2020年合山市社会消费品零售额下降5.5%；批发业商品销售额下降32.11%；零售业商品销售额增长3.98%；住宿业营业额下降32.53%；餐饮业营业额下降15.37%；外贸进出口额同比下降62.02%。完成培育限上企业2家，分别是合山市新华书店有限公司、合山市妞妞五街美食城。

【工业经济】 2020年，合山市工业企业数75户（不含个体数），规模以上工业企业主要以大唐桂冠合山发电有限公司、合山市祥星制糖有限公司、广西华纳新材料科技有限公司、合山市山鑫钙业有限责任公司等20户。规上工业总产值同比增长25.3%，规上工业增加值同比增长29.4%，工业投资同比增长18.1%。

【投资项目建设】 2020年，合山市在建碳酸钙及下游项目有5个，分别是广西科锐钙化物公司二期年产50万吨碳酸钙项目，新昊天钙业有限公司年产40万吨碳酸钙精深加工项目，合山市春旭环保新材料公司年产100万吨高活性氧化钙项目，广西合山华臻新材料有限公司年产26万吨高分子改性复合材料项目，广西合山虎鹰建材公司二期日产5500吨新型干法水泥项目。广西科锐钙化物公司二期年产50万吨碳酸钙项目为合山市2020年新开工建设项目，目前项目前期工作正在有序推进。新昊天钙业有限公司年产40万吨碳酸钙精深加工项目已完成“三通一平”，正在开展生产线施工及矿山配置等相关工作。合山市春旭环保新材料公司年产100万吨高活性氧化钙项目一期已开工建设并试产，相关矿山配置手续正在办理。广西合山华臻新材料有限公司年产26万吨高分子改性复合材料项目已完成项目备案、环评批复等手续，正在进行生产线施工。广西合山虎鹰建材公司二期日产5500吨新型干法水泥项目已完成产能置换，项目备案等相关手续办理，项目于10月30日建成并试产。

【工业园区建设】 2020年园区工业总产值增长8%，完成当年增长7%的指标任务。园区基础设施完成投资0.25亿元（完成今年基础设施投资0.25亿元的指标任务）。2020年在建重大基础设施项目11个，在建项目合同投资额9611万元。新建重大基础设施项目5个，新建项目合同投资额1570万元，目前各项目工程建设有序推进。

【企业质量管理】 2020年，合山市主要工业产品产量（据统计数据），电力业1—12月累计发电量为36.8亿千瓦时，同比增长29.6%。采煤业完成原煤产量52.4万吨，同比增长351.72%。制糖业全年累计产量为2.4万吨，同比下降42.4%。全市碳酸钙生产企业共计设计产能581万吨。其中，合山市南星石灰制品有限责任公司生产石灰石1.1万吨，石灰3.41万吨，受疫情影响石灰产量同比下降25.3%。合山市润诚太金石材有限公司生产天然大理石建筑板材108000平方米，同比增长8.7%。广西合山虎鹰建材公司生产硅酸盐水泥熟料210万吨，同比增长8.9%；生产水泥191.3万吨，同比增长24.9%。随着疫情缓解，已走上生产正轨，并且由于市场销售旺盛，企业二期建成试产，企业的产值将有望进一步增长。

【企业节能降耗】 根据广西壮族自治区工业和信息化委《关于补充下达2018年煤炭行业化解过剩产能目标任务的通知》，合山市人民政府2018年6月6日公告三矿三号北斜井（设计产能15万吨／年）实施关闭，2018年9月18日通过合山市人民政府验收，2018年9月30日通过来宾市人民政府验收，2018年11月9日通过自治区工信厅验收。

2020年合山市规模以上工业企业主要产品产量情况一览表

表3

企业名称	产品名称	产品产量		2020年总产值增长率（%）
		计量单位	2020年	
大唐桂冠合山发电有限公司	发电量	亿千瓦时	36.8	17.1
合山市祥星制糖有限公司	成品糖	万吨	2.4	−39.4
合山市山鑫钙业有限责任公司	石灰	万吨	10.77	−11.6
	石灰石	万吨	44.53	
	商品混凝土	立方米	9.91	
合山市南星石灰制品有限责任公司	石灰	万吨	3.41	−0.5
合山市海盛纸业有限公司	卫生用纸原纸	吨	4288	1.7
广西华纳新材料科技有限公司	纳米碳酸钙	—	—	4.8
广西合山虎鹰建材有限公司	硅酸盐水泥熟料	万吨	210.4	13.9
	水泥	万吨	191.3	
合山市润诚太金石材有限公司	建筑用石	平方米	107900	9.2
广西福斯特再生资源环保科技有限公司	环境污染处理专用药剂材料制造	—	—	−70.7
合山市宜森木业有限公司	单板	立方米	36500	20.1
	人造板		32800	
合山市春天木业有限公司	单板	立方米	40800	38.8
	锯 材		8800	
广西联泰木业有限公司	人造板	立方米	109500	—
广西富新木业有限公司	单板	立方米	64800	—
合山市合胜木业有限责任公司	人造板	立方米	34500	—
广西集合中药饮片有限公司	植物类饮片	千克	2607000	27.4
合山市华盈智能科技有限公司	电气机械和器材制造业	—	—	70.1
广西合丰能源开发有限公司	烟煤和无烟煤开采洗选	万吨	3.8	−65.5
合山贵能能源开发有限责任公司	烟煤和无烟煤开采洗选	万吨	48.9	—

续表 3

企业名称	产品名称	产品产量		总产值增长率（%）
		计量单位	2020年	2020年
合山市华美新能源有限公司	锂离子电池制造	吨	—	—
广西楚天塑业有限公司	塑料丝、绳及编织制造	万只	—	—

煤炭工业

【概况】 合山矿区隶属于广西壮族自治区来宾市合山市，地处广西中部，红水河之滨，东，西，南和兴宾区毗邻，北面与忻城县接壤，所在地理坐标为北纬23°39′45″～23°56′00″，东经108°49′45″～109°03′00″，中心位置北纬23°50′00″，东经108°56′00″。南（宁）柳（州）二级公路纵贯市区，南至自治区首府南宁市168公里，北距广西工业重镇柳州市97公里，东距来宾市60公里，总面积360平方公里。

国道南柳G322南北向贯穿全市，东距南柳高速公路50多公里。铁路与湘桂铁路干线相接。红水河航运可直抵贵港、梧州、广州及港澳地区，交通便利。2020年，合山市境内有两家煤炭企业：广西合丰能源开发有限公司（简称合丰公司）和合山贵能能源有限责任公司（简称贵能公司），合山市煤矿年产量总设计产能为156万吨。

【企业改制】 煤炭企业合煤公司由于重整后失败宣告破产。通过拍卖程序，2019年7月23日，贵能公司竞拍获得原广西合山煤业有限责任公司三矿（石村二号井），水电厂，广西合山矿安爆破工程有限公司的资产。2019年12月，三矿（石村二号井）完成办理采矿许可证，安全生产许可证，复工复产。

【企业生产经营】 贵能公司自接收三矿以来，2020年，完成安装一套总价约5000万元的综采设备，实现补充产能，力争2021年达到年产量90万吨。

合丰公司河里洛山井及平峒井因采矿证许可到期，矿井处于停工状态。三矿三号南斜井矿井目前处于机械化改造，无原煤生产。

【安全生产管理】 2020年，合山市全面落实自治区陈武主席在全区安全生产工作会议暨自治区人民政府2020年防范重特大安全事故工作电视电话会议的安全生产工作部署，根据《广西壮族自治区安全生产委员会关于开展安全生产“强监管严执法年”专项行动的通知》，《来宾市安全生产委员会办公室关于切实做好汛期安全防范工作的通知》等文件要求，多措并举，加大安全教育宣传力度，开展煤矿专项安全检查和煤矿安全整治工作，对发现的安全隐患采取闭环式管理措施，及时有效地消除了煤矿安全隐患，确保煤炭安全生产形势稳定。

【技术改造】 广西合丰能源开发有限公司三矿三号南斜井机械化改造项目（原广西合山煤业有限责任公司三矿三号南斜井通过机械化改造项目），通过机械化改造生产能力由6万吨/年提高到15万吨/年，完成约85%项目建设进度，预计2021年7月完成项目改造工作。

【企业主要经济指标】 2020年合山市煤炭企业煤炭产量53万吨，同比增加351.7%，煤炭工业产值同比增长421%。

【企业选介】

合山贵能能源有限责任公司（简称贵能公司）成立于2019年7月，投资4亿元，通过淘宝司法拍卖网成功竞得原广西合山煤业有限责任三矿资产包，公司总投资6亿元。下属部门有供电部、广西合山矿安爆破工程有限责任公司、广西恒裕安全技术服务有限责任公司，广西祥达矿产品质量检测有限责任公司等，在册员工600多人，拥有齐全的各类工程技术人员，其中高级工程师6人，中级工程师15人，助理工程15名，注册安全工程师8人。贵能公司的核心资产为三矿（石村二号井），年产值3亿元，利税3000万元。三矿（石村二号井）设计生产能力为90万吨/年，矿井主要采掘工艺为综掘，综采，原煤2700～3800大卡。

广西合丰能源开发有限公司（简称合丰公司）从广西合山矿务局改制后2013年1月1日开始独立运行。公司主要承接原挂靠广西合山矿务局的非国有投资部分的矿井。2020年，合丰公司共管理矿井3对。三矿三号南斜井设计生产能力为15万吨/年，河里洛山井设计生产能力为30万吨/年，河里平峒井设计生产能力为21万吨/年。合丰公司本部共设置有7个部室，综合办公室，生产技术部，通风防尘部，安全监察部，机电部，人力资源部，资产财务部。下辖管理3对矿井，各矿井均设立和公司本部相对应的安全管理机构。公司本部及3对矿井在册员工500多人，拥有齐全的各类工程技术人员，其中，高级工程师12人，中级工程师24人，助理工程26名，注册安全工程师4人。

（撰写：李素青、蓝宝、徐程川、刘智慧、韦郑敏）

电力工业

大唐桂冠合山发电有限公司

【概况】 大唐桂冠合山发电有限公司（简称：合山发电公司）成立于2001年9月28日，是一个以发电为核心的内陆火电厂。发电总装机容量133万千瓦，由两台33万千瓦亚临界燃煤机组，一台67万千瓦超临界燃煤机组构成。公司注册资本为人民币112154万元，各股东以人民币货币形式出资。其中桂冠电力出资93354万元，占股比83.24%。广西合山隆唐实业有限公司出资18800万元，占股比16.76%。

【公司经营范围】 电源的投资开发和经营管理。对与电力有关的技术开发，咨询。电力（热力）的生产，销售。电力设备检修与调试。对与电力相关的煤炭，环保实业投资及经营管理。日用品及机械电子设备的销售。粉煤灰，脱硫石膏的销售。电力相关业务培训，技能鉴定，资产租赁。

【创新发展】 合山发电公司秉持新发展理念，以推进产业和区域协调发展、可持续发展为路径，聚焦能源主业，围绕清洁能源快速发展和煤电产业转型升级，沿着价值链条捕捉发展机会。该公司利用闲置灰场资源投资光伏项目，规划总容量10.2万千瓦，工程静态投资42638.4万元，该项目拟计划于2021年底投产发电。

【企业生产经营】 2020年，合山发电公司以广西分公司“六位一体”战略管控和建设“三个桂冠”战略布局贯穿全局，落实提质增效专项行动要求，2020—2022三年攻坚行动为统领，应对疫情防控非常态化下风险挑战，坚持抓实干成一流“三个行动计划”（创一流行动计划、扭亏减亏行动计划、消灭供电煤耗落后机组治理行动计划），推动提质增效持续稳中向好。合山灰场一、二期10.3万千瓦光伏项目列入广西2020年第二批平价光伏项目建设名单。合山南洪水库光伏项目立项申请已上报集团公司审核。

【安全生产管理】 2020年，合山发电公司开展“电力安全三年专项整治行动”。以“一九六”安全工作方略为指导，开展“反违章”，季节性安全检查，危险化学品安全综合治理，外包工程及外来人员安全专项治理等活动，完成问题整改449项，整改完成率92.01%。2020年，开展应急演练49次，共计1023人次参加。职工积参与各类安全知识培训与竞赛，人员安全意识稳步提升。

【技术改造和维护】 2020年，合山发电公司实现安全生产“零”事故，1、2号机组B级检修中发现并处理好2号发电机绕组定冷水漏水的安全隐患，完成重点技改项目13项，自主完成1、2号机组超低排放改造、燃料1、2号露天煤场防风墙改造等工作。科技创新再结硕果。2020年，新增专利授权6项，其中发明1项，实用新型技术5项，新增专利储备6项，提升科技创新管理“显示度”。

【企业环境保护】 2020年，合山发电公司开展生态环保问题排查治理，主要污染物无条件达标排放。国家“节能减排”政策号召，根据《全面实施燃煤电厂超低排放和节能改造工作方案》方案要求对1、2号机组进行超低排放改造。

【职工教育培训】 合山发电公司树立“人力资源是第一资源”的人才理念，着重培养建设管理，技术和技能“三支人才队伍”。2020年，组织参加各种特种作业证和岗位资格证培训共13个项目，共136人次。开展全员岗位综合能力评价考核，采用“走出去，请进来”或网络培训模式等多种培训方式，加强对员工综合能力培训，培训做到全覆盖，既要做到专业全覆盖，又要做到人员全覆盖。加强“长板凳计划”人才和“加长板凳计划”人才梯队培养，为公司高质量发展提供一流人才保障。

2020 年合山市电力企业主要经济指标完成情况一览表

表 4

发电量	水—火发电权转让	火—火（核）发电权转让	发电设备平均利用小时	发电厂用电率	供电标准煤耗
36.80亿千瓦时	13.39亿千瓦时	3.5亿千瓦时	2767小时	4.56%	306.60克 / 千瓦时

【荣誉】

一、2020年先进集体：

大唐桂冠合山发电有限公司党委荣获2020年大唐集团公司“先进基层党组织”称号。

大唐桂冠合山发电有限公司广西质量管理与设备监理协会授予2019—2020年度质量管理先进单位。

来宾市乡镇、企业专职队和微型消防站业务比武竞赛“水罐消防车双干线出三支水枪操”第一名。

二、2020年先进个人

聂柳清荣获2019—2020年广西电力行业生产统计工作先进个人。

韦建垒荣获2020年度大唐广西分公司“安全生产先进个人”称号。

谢大好荣获大唐广西分公司2020年度综合性“感动桂电人物”称号。

傅鸿飞荣获大唐广西分公司2020年度综合性先进“四双”典范称号。

（撰稿：郭　援）

电力供应

【概况】 来宾合山供电局于2017年4月7日登记注册，由合山供电公司改制而成，隶属广西电网公司县级供电企业（分公司），担负着合山市3个乡镇的供电服务及供电业务。该局机构设置有6个职能部门、2个直属机构和10个班组，截至2020年底该局现有领导班子职数6位，主业在岗职工149人，管理类人员20人，专业技术类员工20人，技能类员工106人，辅助类员工3人，离退休职工64人。该局辖区内共有35千伏变电站2座（其中公用2座）（已由来宾供电局统一管理），总容量1.95万千伏，10千伏配电线路509.65千米，配电台区736个，容量20.97万千伏安，拥有客户5.2万户。

【电网建设与运行】 加快推进项目建设进度。抓好110千伏望楼岭变电站10千伏线路负荷转移和接入。各部门提前谋划，加强协作，9月顺利完成7条10千伏线路负荷接入110千伏望楼岭变电站。加强施工队伍管理，合理安排施工任务，2020年基建配网项目投产率达100%。密切跟踪紧急项目的施工进度，合山合忻碳酸钙产业园10千伏业扩配套工程较业扩建设周期提前30天投运。

严格落实技改，修理项目里程碑进度计划。全年项目里程碑进度计划完成率为100%，项目共21项，2020年需投产15项，投产率100%，年度投资金额为83.49万元（含税）。2020年修理项目（施工类）完成总投资1110616.78元（含税金及物资款），完成年度投资计划的133.02%。

【安全生产管理】 持续推进“纵深推进依法治安构建本质安全型企业”建设。制定年度实施行动计划共50项，按月跟踪管控行动计划完成情况，按期完成率100%。强化各级安全生产责任落实。逐层逐级分解安全生产目标指标，全覆盖签订安全生产责任书，年内根据职责、机构调整动态签订24份，确保各岗位安全生产职责明晰。推进“大安全”监督管理格局。将专业监督及现场管控监管频次及要求细化融入各级岗位到位职责，2020年现场监督检查306个施工现场共992人次。注重人员安全技能提升。强化员工技能培训，持续抓好输配电班组员工的技能培训提升，2020年，共开展2期“保命”教育评价培训，参培151人。开展输电安规调考2次，配电安规调考3次，基层员工基本安全技能得到巩固。加大安全生产考核问责力度。执行《来宾供电局问责方案及安全生产奖惩工作指引》，对各类违法违规行为“零容忍”。六是加强巡视运维，有效管控35千伏合望线等13处交叉跨越，处理8处同杆架设线路故障带来的电网风险。21条设备风险有效管控。完成51处配电涉电公共安全隐患整改和34处设备缺陷消除，连续五年未发生有责任的涉电公共安全事件。

【经营管理与服务】 全面服务合山市转型发展，累计降低企业用电成本3952.77万元。助力合山市打赢脱贫攻坚战，累计投资3165.95万元，提前一年实现新一轮农网改造升级目标。累计为低保、五保户落实优惠电政策15.2万元，落实光伏用户补贴40.16万元。提质增效管理取得实效。完成往来款项支付35.62万元。2020年投产项目年度暂估率100%。连续6年电费回收率100%。查处窃电及违约用电13起，追回电费379万元。台区线损异常率由30%降至3.67%，挽回电量2.5万千瓦时。

2020年售电量3.59亿千瓦时，增长15.43%。综合线损率3.87%，下降0.06%。客户平均停电时间（中压）10.945小时，同比下降17.7%，客户平均停电时间（低压）9.081小时，同比下降19.85%。第三方客户满意度82分。连续6年在地方公共服务评价名列第一。

【队伍建设】 干部人才队伍干事创业积极性进一步激发。落实优秀干部人才“三级四进”递进式培养工作，储备培养后备技术技能专家12人。选派9名青年员工到来宾供电局锻炼学习。编制实施青年人才培育工作方案，全年组织培训及开展志愿服务活动28期，参与人数513人次。在广西电网公司县级配电自动化技能竞赛，来宾供电局用电检查，输电，党建业务，青年辩论赛等各类竞赛成绩喜人。为来宾网区输出1名四级副干部。承接广西电网公司班站所长人才队伍建设实施意见，新提拔的3名中层干部中具备班组工作经历占比33%，3名青年员工提拔担任班组长，基层、实干的用人导向得到有效传递。坚持党管意识形态。牢牢抓住意识形态主动权，巩固宣传舆论阵地，累计对外发稿88篇，其中学习强国发稿18篇。

建材工业

【概况】 2020年，合山市建材行业企业数16户，即合山市山鑫钙业有限责任公司，广西虎鹰建材有限公司，合山市润诚太金石材有限公司，合山市南星石灰制品有限责任公司，广西合山鑫璐实业有限公司，合山市鑫阳石灰制品有限公司，合山市新昊天钙业有限公司，合山市大亿工贸公司，合山市东成石材有限公司，广西合山尖鹰混凝土有限责任公司，合山市宏润混凝土有限公司，合山市山鑫混凝土有限公司，广西科锐钙化有限责任公司，合山市春旭环保科技有限责任公司，广西合山华臻新材料有限公司，广西合山迎晟建材有限公司。

【行业发展规划】 充分利用合山发电公司发电产生大量的粉煤灰，灰渣，脱硫石膏和合山市丰富的碳酸钙矿产资源，结合处理各种生活、生产垃圾，进行环境净化，发展循环经济综合利用项目。

【水泥质量与管理】 2020年，全市全年生产水泥熟料210万吨，水泥190万吨。产值增长率达13.9%。全市水泥质量管理，严格遵循水泥行业管理规则，继续推广国家水泥新标准（GB 175—2007），加强行业质量监督管理，在全市开展质量检查，严格把关。

【虎鹰建材综合利用项目】 广西合山虎鹰建材有限公司循环经济综合利用项目分两期建设，一期工程建设一条日产熟料5000吨、采用双系列五级旋风预热器带在线喷腾式分解炉的新型干法水泥生产线，设计年产P.O42.5普硅水泥150万吨、P.C32.5复合水泥150万吨，水泥散装与袋装的比例为70%:30%。此外，此项目将同步配套建设低温余热发电系统，余热电站的电力全部回用于本项目水泥熟料生产。同时，配套建设广西合山虎鹰建材有限公司年产60万立方米商品混凝土搅拌站、年产150万立方米加气混凝土砌块项目、年产60万吨预拌砂浆项目及年产一亿只包装袋生产线。

二期工程扩建一条5500吨/天熟料，采用双系列五级旋风预热器带在线喷腾式分解炉的新型干法水泥生产线，同步配套建设纯低温余热发电系统，余热电站的电力全部回用于生产。设计年产P.O42.5普通硅酸盐水泥150万吨，P.C42.5复合硅酸盐水泥100万吨，二期项目已开始试投产。项目建成后每年协同处置工业固废约100万吨、污泥及城市生活垃圾各10万吨。水泥窑协同处置10万吨/年工业废物项目拟依托广西合山虎鹰建材有限公司二期工程，建设一套10万吨/年水泥窑协同处置危险工业废弃物系统。主要包括工业危废收集、储存、预处理系统及危险废物入窑系统等。废物主要来源于本地区化工、医药、农药、冶炼、金属表面处理及工业焚烧飞灰及城市污泥等产废企业。

广西合山虎鹰建材有限公司循环经济综合利用项目（一期）于2018年正式投产，2020年满产达产实现工业产值超过6亿元。循环经济综合利用项目二期于2020年10月30日进入点火调试和试生产阶段，二期项目竣工投产实现满产达产后，年产值可增加8亿元，年利税增加5000万元，可增加500个就业岗位，将有力促进合山市经济社会的发展。

【碳酸钙生产】 合山市境内碳酸钙资源非常丰富，有表露面积10平方公里的碳酸钙含量95%以上、白度90%以上的石灰石，储量约15亿多立方米。白度在90%以上方解石5亿立方米。境内碳酸钙矿体分布在全市十多个矿点，其中比较集中于里仰矿点、解放村矿点、坡村矿点和古表矿点等四个矿点区域，其矿石岩性主要是灰白色、青灰色中厚层状泥晶灰岩。从化学成分看，各矿点的矿石符合水泥原料用灰岩的工业指标的要求，达到生产重钙、轻钙和纳米碳酸钙的指标。

【碳酸钙企业】 全市现有生产碳酸钙系列及碳酸钙下游企业19家，其中规模以上企业有合山市山鑫钙业公司，广西华纳新材料科技有限公司，广西合山虎鹰建材公司，合山市润诚太金石材有限公司4家。完成建设投入生产的规下企业有合山市南星石灰责任有限公司，鑫璐实业公司，鑫阳石灰公司，昊天钙业有限公司，瑞云科技公司，大亿工贸有限公司6家及石材企业东成石材有限公司1家，混凝土企业1家宏润混凝土有限公司。在建项目企业有7家。全市碳酸钙生产企业共计设计产能581万吨。2020年1—12月，规模以上碳酸钙企业产值增长率为9.88%。

【红砖生产经营】 2020年全市红砖厂生产企业主要是合山太顺建材厂，合山闽松页岩空心砖厂，合山市鑫星页岩多孔砖厂，合山市闽盛真空砖厂四家。2020年受疫情影响较大，主营业务收入同比增长17.66%。

【石灰生产经营】 2020年合山市石灰生产规上企业有合山市山鑫钙业有

限责任公司，合山市南星石灰制品有限责任公司两家公司，共生产石灰77444.97万吨，产量同比增长226.93%。生产石灰石84803.46万吨，产量同比降低38.3%。生产商品混凝土47199.24立方米，产量同比增长331.2%。两家企业产值同比增长171.29%。

【石材生产经营】 合山市生产石材的企业主要是润诚太金石材有限公司，润诚企业成立于1983年，生产基地占地5万平方米，拥有多条自动化生产线。自有材质稳定，储存量大的矿山多座，其蕴藏的大理石品质、花色、纹理、新颖独特。在行业内率先推出“大理石品牌化运营＋标准化生产＋区域代理＋数字展厅＋商城选材＋自助设计及销售清分结算模式”，打破困惑石材行业多年来无序竞争的混乱局面，成为自有多座大理石原矿储备，花色品种三十余种，产品自成体系的石材企业。

2020年推出新型超薄大板系列，具有施工速度快，运输风险低，体薄质轻，节省空间、减轻高层负重等多种优越功能，解决石材在装修行业中的各种痛点和难题，该研发已经获得国家加工技术专利。2020年生产天然大理石建筑板材107929平方米，产量同比增长8.67%，产值同比增长9.2%

（撰写：李素青、蓝宝、徐程川、刘智慧、韦郑敏）

造纸工业

【概况】 合山市海盛纸业有限公司成立于2013年9月30日，位于广西来宾合山市产业转型工业园岭南片区，拥有员工150人，地处322国道旁，交通极为便利。公司现拥有1760型卫生纸机4台，1880型卫生纸机4台，3800型包装纸机1台，2800型包装纸机3台，主要产品有生活用纸，包装纸，薄页纸。

【企业生产经营】 合山市海盛纸业有限公司一季度生产卫生用纸原纸721吨，产量同比增长10.0%。二季度生产卫生用纸原纸1057吨，产量同比增长266.63%。三季度生产卫生用纸原纸1276吨，产量同比下降7.3%。四季度生产卫生用纸原纸1234吨，产量同比下降12.54%。2020年全年生产卫生用纸原纸4288吨，产量同比增长14.9%，产值同比增长1.7%。

【技术改造及主要产品】 2019年企业进行改扩建，2020年1月完成改扩建工程。主要生产销售瓦楞纸、灰底白板纸、包装用纸、薄页纸、特种纸、生活用纸等。

【环境保护】 按要求安装自治区联网废水在线监控设施，实现废水处理在线监控。2019年全面开展环评工作，并于2020年2月通过环评。

（撰写：李素青、蓝宝、徐程川、刘智慧、韦郑敏）

制药工业

【概况】 2020年以来，全市生物医药产业取得长足的进步，全市共引进生物制品生产企业4家，其中广西农大康园生物药品有限公司，广西集合中药饮片有限公司，广西胜合制药有限公司，广西科莱药业有限公司已量产，生物医药总产值，销售收入，利润总额保持较高的增长率，显示良好的发展势头，基本形成以原料药为基础，中成药协调发展的产业布局，生物医药产业向园区化、集群化方向发展。

【企业生产经营】 合山市制药工业的规上企业是广西集合中药饮片有限公司，2020年公司生产植物类饮片2607283千克，同比增长96.7%，工业产值同比增长27.4%。

【产品研发及效益】 广西集合中药饮片有限公司已发展成为集科研，生产两位一体的中药饮片生产企业，对中草药进行净制，切制，炒制，炙制，酒制，蒸制，煮制，燀制，醋制，盐制，制炭，煅制等精制加工。公司设有普通饮片生产车间和毒性饮片炮制车间。综合检验办公楼建筑面积1000平方米，设有实验室，精密仪器室，产品留样室，中药材标本室，配备各类高效检验设备及精密检验仪器，原子吸收，紫外分光光度计，气相色谱仪及五台高效液相色谱仪等精密仪器，日本进口的岛津全自动高效液相色谱仪和美国进口的赛默飞全自动高效液相色谱仪，中药二氧化硫测定仪、自动旋光仪等检测仪器，对产品的质量实施有效地控制。

（撰写：李素青、蓝宝、徐程川、刘智慧、韦郑敏）

工业园区管理

【概况】 合山市产业转型工业园管理机构为合山市产业转型工业园管委会，位于广西壮族自治区来宾市合山市工业园岭南片区纵一路1号，内设有综合办、建设规划部、资产管理服务部、财务室4个部门，现有人员20人，其中主任1名，副主任2名，其他工作人员17名。

【园区规划和建设】 合山市产业转型工业园包括岭南、马安和桂中厂，电厂四个工业片区，规划范围总面积为

1213.29公顷，以电力产业，碳酸钙产业，物流产业，木材加工产业为主导产业。工业与各项事业协调发展，工作和生活方便，环境优美，生态优良，以经济产业发展为龙头，具有可持续发展综合竞争力，设施完善，经济，社会，环境效益相协调的工业示范园区。

【工业企业生产状况】 2020年，工业园区内共有企业38家，其中28家位于岭南片区，7家位于桂中厂片区，2家位于马安片区，1家位于电厂片区。企业正常生产23家，停产中11家，厂房建设中4家，规模以上企业8家。

【项目推进情况】 2020年，工业园区建设规划建设围绕三通一平展开，主要推进道路交通项目建设，解决园区内工业企业交通需求。

主要建设项目，纵一北路路网工程项目，合山市产业转型工业园纵一北路延长线工程，合山市产业转型工业园纵二支路工程，合山市产业转型工业园合忻工业大道工程，山市产业转型工业园横三西路路网（二标）工程，合山市产业转型工业园横四路路网工程，标准厂房西面土地平整B—1区工程，合山市产业转型工业园华纳一期用地基础设施工程，合山市产业转型工业园岭南片区排水系统工程等项目进行项目建设。对达到施工建设条件的项目积极推进施工进度，跟踪建设情况。

【招商引资及企业入驻】 2020年以来，围绕碳酸钙，智能制造，木材深加工，生物医药，新型环保材料，用电用气大户，物流等产业积极对接京津冀地区，长三角地区，粤港澳大湾区开展“三企入桂”招商活动，新引了进总投资1.5亿元的江苏新超物流有限公司合山市义来物流园项目，总投资1亿元的柳州富森木业有限公司年产10万立方米胶合板建设项目，总投资2.5亿元的广西合山鑫璐实业有限公司年产20万吨超细重质碳酸钙项目，总投资1500万美元（折合人民币1.05亿元）的广西寰宇新材料科技有限公司（港澳台投资）合山市年产10万立方米胶合板建设项目，总投资3.5亿元的广西中煤地质有限责任公司，总投资110亿元的广西地润矿业投资有限公司广西高值多金属资源一体化绿色高效利用新技术产业示范基地建设项目，总投资1.5亿元的深圳市前海君澄投资有限公司合山市现代医药物流中心项目。

【园区管理和服务】 打赢园区疫情防控阻击战。合山市产业转型工业园管委会成立5个包抓企业小组，对所辖41家企业进行网格化，地毯式排查，指导企业开展好疫情排查，监测，宣传等工作，协助市文旅局做好园区隔离点的建设工作。通过印发《疫情防控工作告知书》《致企业党组织一封信》等宣传资料，在服务企业微信群推送最新疫情动态，组织党员加入“党员先锋志愿者”，深入古楼村和城北社区，摸排和劝返点的24小时值守工作。全力抓企业复工复产工作。合山市产业转型工业园管委会在疫情防控常态化的形势下，一手抓疫情防控，一手抓企业复工复产，到今年4月园区企业已全部复工复产，通过开展上半年工业经济稳增长百日攻坚战工作，园区总产值第二季度即扭负为正，另外配合市经贸局积极向来宾市工信局申请合山市2020年3月和4月符合条件的合山市　海盛纸业有限公司等20多家工业企业两批次基本电费财政补助申报工作，推动企业早日实现复产达产满产，确保全市全年工业经济增长稳步推进。加强沟通，争取上级扶持资金。为减轻本级财政投资资金压力，合山市产业转型工业园管委会积极主动向上级政府、业务主管部门汇报园区建设工作的亮点和存在的困难，紧紧围绕“乡村振兴产业发展基础设施公共服务能力提升三年行动计划”目标，积极推进园区基础设施项目建设，争取将项目能列入自治区层面重大项目建设。2020年2月争取到自治区乡村振兴补助资金1600万元，用于合忻工业大道，纵一北路延长线，合山市工业污水集中处理工程及合山市产业转型工业园标准厂房西面用电线路迁改工程等四个项目的建设。

（撰稿：工管委）

自然资源·住房建设·生态环保

自然资源管理

【概况】 合山市自然资源局，作为市政府工作部门，机构规格为正科级。内设机构有综合股、自然资源确权登记局（行政审批办公室）、规划耕保利用股、矿管地籍执法股，机关行政编制8名。设局长1名，副局长4名。全局干部职工总数158人，其中公务员和参公人员9人，事业编制115人，工勤编2人，编外人员（含劳务派遣）32人。

【土地利用规划】 《合山市土地利用总体规划（2006—2020年）》批复后，2020年，合山市因项目建设进行了1次规划局部调整，调整地块位于岭南工业园区，涉及批次为合山市2019年一城市建设用地。强化节约集约用地机制，2020年，土地利用工作，合山市2020年挂牌出让土地零宗。划拨方式供地7宗，面积21.89公顷；处置闲置土地8宗，面积44.61公顷。常规巡察建设用地25宗，并逐宗上传数据、照片给上级部门，同时完善土地供地台账，更新土地动态系统数据。

【土地开发整理】 2020年，在建两大旱改水项目：合山市河里镇马安村、仁义村2个旱改水项目实施面积6910.69亩，总投资1.25亿元，新增水田4866.06亩，2021年7月底竣工；合山市河里镇怀集村、五塘村、仁义村3个旱改水项目实施面积3436.69亩，总投资0.55亿元，新增水田2474.11亩，2021年4月底竣工。合山市全力推进增减挂项目周转指标交易，2020年，成功挂牌完成771.73亩指标交易，为财政争取项目资金1.93亿元。

【地质灾害防治】 2020年，市自然资源局积极组织相关人员对全市范围内的地质灾害隐患点等开展隐患排查，对巡查中发现的问题，及时落实责任进行整改，点设置警示牌，不能整改排除的及时形成材料上报，争取各级各部门的资金和项目加以解决。2020年，合山市共发生2起地质灾害，即河里崩塌1起，塌陷1起，位于河里木弄与岑桥之间崩塌1起。为提高地质灾害监测人员业务水平，切实做好合山2020年地质灾害防治工作，9月11日，合山市自然资源局组织开展2020年地质灾害防治监测员及监测负责人业务知识培训会，共计60余人参加培训。

【征地安置】 2020年，完成征地面积

2020年6月24日土地日宣传 （自然资源局提供）

412.亩，共涉及22个项目。桂中治旱一期工程项目征地1.79亩；合山市光明路工程项目征地29.71亩；河里怀集文化旅游项目征地1.83亩；里兰村提质改造项目征地0.703亩；合山市溯河矿区塘莲矿地质环境治理道路修复工程项目征地0.82亩；合山市经济适用住房小区外道路和排污管道项目征地8.13亩；合山市工业园合忻碳酸钙机场片项目征地36.943亩；合山产业转型工业园区集中供热工程项目征地8.91亩；柳州经合山至南宁高速公路征地0.76亩；岭南卫生院消防通道、停车项目征地1.325亩；合山市春旭环保科技有限公司年产100万吨复合环保新型材料项目征地18.341亩；绿墅智家（合山）装备式房屋项目征地43.421亩；合山市佳和园林科技有限公司年产30万立方米、合板基材单板产业园项目征地56.015亩；合山市贡模瑶族移民新村综合提升工程（一期工程）征地15.629亩；合山港码头项目征地7.452亩；合山市产业转型工业园污水集中处理工程征地19.586亩；合山鑫璐实业有限公司项目征地1.87亩；合山贵能能源有限责任公司存煤场建设项目征地18.601亩；合山市怀集至河里公路改扩建工程征地120.551亩；合山市中医院配套道路纵一路征地4.184亩；合山市光明小区西路工程道路征地5.469亩；合山市北泗应急水源工程征地9.965亩。

【不动产登记】 不动产登记交易工作便民高效。攻坚目标的4种类型不动产登记环节减少为2个，申请材料简化为3项；办结时限由原来的平均5个工作日逐步减少为现在的1个工作日办结，已经达到了攻坚目标的要求；实现了与住建、税务部门组成的“一窗受理，并联办理”综合窗口办理模式；出台了《合山市解决不动产登记历史遗留问题处理办法》，使不动产登记中遇到的历史遗留问题有章可循，合山市的不动产登记历史遗留问题已经解决90%以上。合山市不动产登记工作按照《不动产登记暂行条例》《不动产登记暂行条例实施细则》《不动产登记操作规范（试行）》等法律法规的规定，拟定了不动产登记流程，印制了办事指南，明确了各类登记所需的材料，并在市政务服务中心开设了专门的不动产登记受理窗口。2020年，共颁发不动产权证书1735本、不动产登记证明470本。

【矿产资源管理】 重拳整治采石场，开展矿产资源管理秩序治理整顿工作。采取专项整治与动态巡查相结合的办法，坚决打击非煤矿山非法开采活动。对于越界开采的矿山，自然资源局发通知书责令其退回矿区范围内开采。2020年，合山市已开发的矿产资源有煤、石灰岩、页岩等3种。2020年，全市采矿权人（矿山企业）18家，采矿权（矿山）22家，其中省级发证5个，市级发证2个，县级市发证15个。年内县级市审批发证3个。年内应采矿权信息公示21个，实际采矿权信息公示21个。

【国土资源执法检查】 2020年，自然资源局对辖区范围内开展自然资源动态执法巡查130余次，395人次，最大限度地发现和制止自然资源违法行为。查处土地违法案件9件、矿产违法案件4件，结案13件，结案率100%。开展“农村乱占耕地建房”整治工作。2020年，共排查出7宗。经过各镇及有关部门的配合，于2020年11月完成了合山市农村乱占耕地建房7宗整治整改工作（拆除5宗，补办手续2宗）。

【信息化建设】 2020年，市自然资源局从业人员、技术人员1人，计算机保有量68台，台式机66台，PC服务器3台（其中国产1台、进口2台），业务网络连通节点数11个，视频会议联通节点数3个，2020年，经费投入7.1209万元（其中，硬件投入1.2万元，维护投入2.3209万元）。

【地质环境治理】 2020年，合山市第一期煤炭矿山地质环境治理工程共有27个子项目（含地方配套资金项目），预算总投资43284.38万元，规划治理总面积67.28平方公里。全年完成投资37891.71万元，占比87.54%，完成治理面积65.0平方公里，占比96.6%。2020年，完成验收待竣工决算14个，即江滨段废弃矿坑地质环境治理工程、里兰矿区矿业遗迹保护工程、合山矿山设备遗迹保护工程、合山市东矿大型煤矸石堆及周边地质环境治理工程、溯河矿道路基础设施修复工程、东矿矿区矿业遗迹保护工程及矿业遗迹加固工程、里兰中北井北段地质环境治理工程、上塘矿区地质环境治理工程、广西合山国家矿山公园博物馆建设项目、溯河矿区GD203大型煤矸石堆地质环境治理工程、合山市东矿井下采煤体验区、2010年度矿山地质环境监测工程、溯河矿区塘莲矿道地质环境治理修复工程、广西合山国家矿山公园博物馆展陈。终止项目2个，即东矿矿部及周边地质环境治理工程、2011年度矿山地质环境监测工程。正在施工1个，即合山市东矿井下采煤体验区项目室内装饰装修工程。

【规划审批】 2020年，自然资源局正式接收公建建筑的建设工程规划许可证核发工作职能，2020年12月初，正式接收私建建筑的建设工程规划许可证核发职能。此前，在职能过渡期间，自然资源局和住建局共同合作，仍然由市住建局开展职能工作，由自然资源局在证书上盖章。2020年1月1日至12月31日，共核发建设项目用地预审与选址意见书6宗，建设用地规划许可证7宗、建设工程规划许可证52宗（其中，公建17宗，私建35宗），审批总平面图15宗，建筑设计方案15宗。

（撰稿：黎焯辉、樊东文、覃敏、潘宾峰、陈燕、石秋兰、莫维红、谭亮、罗盼春、梁杰、梁滨、谭杰、谭玉洁、黄雪娟）

住房建设

【概况】 合山市住房和城乡建设局（简称市住建局），二层单位有合山市规划管理设计室、合山市建设工程质量安全监督站、合山市路灯管理所、合山市环境卫生管理所、合山市园林绿化管理所、合山市广场公园管理所、合山市房地产管理所、合山市城市建设管理监察大队、合山市墙体改革办公室、合山市人民防空办公室共10个；内设机构1个，即综合股。

【园林绿化】 2020年，合山市建城区绿地面积274.2公顷，绿地率36.32%；绿化覆盖面积312.2公顷，绿化覆盖率41.35%；公园绿地面积78.2公顷，人均公园绿地面积14.24平方米。

【园林绿化养护管理】 2020年，完成482996平方米公园及道路绿地，5865株行道树养护管理工作，累计修剪草坪面积约584816平方米，清理绿地垃圾200多吨，修剪道路公共绿化树3560株，修剪片植灌木面积约154290平方米，处理危树151株。

【城区路网建设与维护】 合山市中医院配套道路工程合山市中医院配套道路工程包括纵一路和横二路，纵一路北起八二路，南至横二路，2020年12月正式开工建设。城区道路标志线规划与调整在创城期间住建局通过对城市道路出行状况进行普查，投入60万元对市区道路重新画标线，对人民中路、东环路、教育路、电北路等路段进行了标志线重画改造，增加了大约800个非机动车位、改造机动车车位60个、新增机动车车位15个、新增的士停车位10个。

人行道维修为改善市合山居民出行条件，2020年5月，合山市投入18万元，对破损的人民中路、教育路、金山路、八二路、东环路进行维修，共维修约900平方米。

安装道路隔离栏为优化合山市城区道路资源，缓解了城市交通的压力，合理的分解车流，2020年7月购买隔离护栏，用于人民路，共安装隔离护栏1000米。

【城市供水与节水】

供水情况 合山市城区有供水单位一个，即合山市供水有限责任公司，设有净水厂2座，分别是江滨净水厂和虎岭净水厂（备用）。供水公司净水厂设计供水规模为每天3.5万立方米，实际供水规模每天2.0万立方米。向全市城区、矿区、乡镇供水，用户达到10万人左右，年供水量650万立方米，城区覆盖率为100%，村镇覆盖率为80%。

节水情况 为了提高合山市居民节水意识，供水公司在2020年的“全国城市节水宣传周”开展用水节水宣传活动，向用水户发改节水宣传单1000多份。在各村屯开展节水知识宣传，通过开展活动，有助于提高社会对节水工作重要现实意义和长远战略意义的认识；有助于增加投入开发推广应用节水的新工艺、新技术、新器具；有助于提高城市用水的综合利用水平。

2020年，为提高供水节水效能，供水公司对净水厂、取水泵站进行节能降耗升级改造，通过更新工艺、新技术，进一步降低水损，达到有效降节水降耗；对高位水池进行扩容改造、对净水厂进行扩能改造，在提高生产效率的同时，对供水管道及时更新和维护以降低管网水损率，提高产水率。

【城镇燃气供应与管理】 合山市燃气企业有3家，分别为合山中金燃气有限公司、合山市信合液化石油气站、合山市兴源液化石油气有限公司。2020年，通过召开专题会议、梳理瓶装燃气非法经营行为类型，集中对生产和流通领域的燃气器具及瓶装液化气开展专项排查整治行动，排查燃气企业3家、个体商户25家、瓶装液化气销售网点28家。2020年1—12月，发放预防一氧化碳中毒及安全使用燃气方面的宣传手册50000余份，张贴宣传知识80000余份，悬挂横幅300余条，发送短信1000余条。各成员单位门口LED滚动播放宣传标语，教育部门组织全市各学校开展“防范非职业性一氧化碳中毒”主题系列的班会活动共计350多次，以“小手拉大手”的形式提醒家长注意防范；印发15000多份致学生家长的一封信，告知家长一氧化碳中毒事故防范应对知识。

【城区管网改造】 合山市城北社区、里兰社区市政排水维修改造工程为改善社区住户的居住环境，2020年9月投入31.81万元对城北社区、里兰社区市政排水维修改造，2020年10月底完成改造。合山市实验小学校区排涝改造工程为改善校园排涝能力，提供良好的教学环境，2020年9月投入23.24万元对合山市实验小学校区进行改造，2020年10月底完成改造。合山市光热小区与人民南路排涝设施改造工程为改善合山市的排涝能力，2020年9月投入28万元对光热小区与人民南路排涝设施改造，2020年10月底完成改造。

【城市环卫保洁】 2020年，环卫所对市区公共道路清扫保洁区域65.6万平方米进行清扫保洁，每天清扫2次，每天保洁6次以上。在垃圾分类工作上，环卫所每天安排专人专车对餐厨垃圾进行收集，2020年共运输餐厨垃圾372车，共364吨。2020年6月至7月，配合合山开展创建文明城市行动，协助建安小区、红河小区、机电小区等小区和单位清理各类垃圾，深入背街小巷清理卫生死角，清理卫生死角2万多平方米，共派出395人次、86车次，清理各类垃圾约176吨。

【环卫设施建设】 2020年，环卫所管理生活垃圾转运站3座，8座地埋式垃圾站运营，现中心城区的3座主要垃圾站已经无法修复，处于停用状态。2016年，合山市垃圾转运站新增压缩机1辆，2018年新购买洗扫车和压缩车各1台，目前均正常使用。管理公厕17座，共有各类环卫专用车辆25辆，生活垃圾收集点51个，市区街道的果皮箱数量为500多个。

【城市垃圾运输及处理】 合山市垃圾通过清扫、收集后统一压缩转运至来宾市焚烧发电厂进行无害化处理。2019年，垃圾收集转运项目已推入市场化，由承包公司管理经营，由于市区3座中转站老化损坏造成垃圾转运困难，之后承包公司自主投入了2辆12吨、一辆8吨的垃圾压缩车负责中心城区的垃圾收集、转运，2020年全年共运输生活垃圾18601.36吨。

【文明城市创建】 整治城区环境通过整合力量，组织出动963人次，环卫机械55辆，对城区主干道、大街小巷以及各小区开展全面清扫和保洁，生活垃圾做到日产日清，保证了城区环境的干净、整洁。城管大队以街面、铺面和墙面整治为突破口，重点治理城区乱搭乱建、乱涂乱画、乱堆乱放等问题，对小广告进行大面积清理，扼制“城市牛皮癣”的泛滥。完善市政基础设施建设。对全市路灯进行全面排查，检查变压器13台，低压配电箱40个，电缆总长90公里，灯杆1953根，光源3811盏，为群众营造明亮、安全、舒适的出行环境。开展社会宣传，深入小区和中心市场商户开展一对一入户宣传，让市民多层次、多方位认识和了解创城工作，主动配合并参与创城工作。组织环卫志愿者向居民发放垃圾分类宣传资料3500份，增强市民环保意识，推进垃圾分类工作。

【乡村风貌提升三年行动】 2020年，自治区下达合山市风貌提升的任务为基本整治型村庄102个，设施完善型村庄3个，精品示范型村庄1个。截至12月，102个基本整治型村庄，3个设施完善型村庄已经全部完成建设，1个精品示范型村庄目前完成90%工程量。2020年，以“三清三拆”再战100天集中整治大行动为抓手，助力乡村风貌提升，全市房前屋后清理10560户，清理池塘淤泥36处，清理沟渠淤泥171处，拆除乱搭乱建58处、735平方米、拆除农村危旧房232间、19294.5平方米，拆除废弃建筑77处，微菜园建设65处、887平方米，极大改善了农村人居环境，村容村貌焕然一新。

【农村危房改造】 2020年，合山市四类农村重点对象危房改造任务176户，其中建档立卡贫困户128户，三类重点对象48户。截至12月合山已完成335户农村危房改造。超额完成任务数的190.34%。其中建档立卡贫困户151户，三类重点对象47户，边缘户33户，一般农户104户，发放补助资金共计430.2万元。

【村镇污水处理】 北泗镇生活污水处理厂于2016年12月8日正式开工建设，占地面积约3905平方米，建设规模为500吨/天，处理工艺采用A/O工艺，污染物排放达国家一级B标准，工程总投资962.8万元。项目于2017年12月底竣工并投入试运行，现由广西日千里环保投资有限公司经营与管理。为提高城镇生活污水处理厂进水质量，在污水厂进行分流制改造、管网改造，总投资169万元，项目于2019年8月开工建设，2020年3月完成建设。2020年1—12月，污水处理厂进水总量12.9万吨，COD进水浓度106.16毫克/升，运行负荷率71.3%。河里镇生活污水处理厂于2016年12月8日正式开工建设，占地面积约2956平方米，建设规模为500吨/天，处理工艺采用A/O工艺，铺设约2.77公里的污水收集管网，污染物排放标准达国家一级B标准。工程总投资为985.93万元。项目于2017年12月底竣工并投入试运行，现由广西日千里环保投资有限公司经营与管理。2019年8月在污水厂进行分流制改造、管网改造，总投资205万元，2020年3月完成建设。2020年1—12月，处理厂日进水量12.8万吨，COD进水浓度95.73毫克/升，运行负荷率70.5%。

【建筑市场监管】 2020年，合山市开展了建筑市场专项治理工作，依据《中华人民共和国建筑法》《中华人民共和国行政许可法》《建筑市场管理条例》《建筑工程施工许可证管理办法》的规定，加强对建筑市场的管理，加大力度进行整顿，打击检查过程中发现的无证施工，违法发包、转包、违法分包及挂靠等违法行为，有效控制了合山市建筑市场的秩序，确保合山市建筑施工领域安全生产事故可控。2020年，共下发整改通知书29份，其中限期整改18份，停工整改11份。有效的指导施工单位开设农民工工资支付专户，规范施工单位与农民工签订的劳务合同，制作维权信息告知牌并公示工资发放、考勤等信息。同时，为全面落实治欠保支工作责任，做好保障农民工工资支付工作，联合人社、发改、财政、交通、水利等部门对合山在建工程项目开展夏季冬季专项欠薪整治行动，配合劳动监察部门协调处理房建和市政建筑施工领域欠薪问题。稳步推进广西建筑农民工实名制管理平台数据录入，要求所有在建项目采集农民工实名信息，基本做到应录尽录。协调银行深入工地办理桂建通卡并绑定。指导各项目工资支付专户绑定。要求在建项目通过实名制平台发放工资及督促符合条件的项目安装考勤设备。

【建筑工程质量安全监管】 2020年，合山市监督工程项目18个，建筑面积9.9万平方米，总造价20801.4万元；其中上一年度续监工程16个，2020年，新办监督手续2个，建筑面积20907.08平方米，总造价4385.66万元。2020年通过竣工验收工程4个，办理竣工验收备案工程4个。2020年共出具整改通知单90份，其中质量安全停工整改66份，质量安全限期整改6份，质量安全隐患整改通知书17份，工程质量安全隐患局部停工整改通知书1份，发现处理重大危险源1处。2020年，开展了7次安全检查和专项整治活动。

【建筑工程招投标管理】 合山市贯彻落实《招标投标法》及《招标投标法实施条例》。2020应招投标的8个工程项目已实行公开招投标，招标率达100%。8个项目分别为合山市石都农贸市场建设项目EPC总承包、合山市岭南民族初级中学教学楼工程总承包、合山市实验小学新增教学综合楼建设项目工程总承包、合山市中医医院整体搬迁建设二期工程项目附属工程配套用房及总平建设、合山市中医院配套道路工程、合山市中医医院整体搬迁业务综合大楼二次装修工程、合山市中医医院整体搬迁建设二期工程项目——后勤服务综合大楼、来宾合山供电局调度技术业务用房项目。

【建设工程监理】 2020年，合山市在建工程项目18个，开展监理检查7次，共下发建设工程质量安全隐患停工整改通知书9份，建设工程质量安全隐患限期整改通知书4份。

（撰稿：住建局）

住房公积金管理

【概况】 来宾市住房公积金管理中心合山市管理部位于合山市人民路212号，为来宾市住房公积金管理中心一个派出机构。

【住房公积金归集管理】 2020年，合山市管理部围绕来宾市住房公积金管理中心下达各项指标任务，在归集管理工作中，主要开展汇缴分配、扩面、提取等业务，并严格执行“控高保低”政策。全年新增缴存单位241个，新增开户265户，缴存覆盖面（主要是行政、事业、国有企业等单位）已达100%；全年住房公积金归集额为11500万元，比2019年的10744万元增加756万元；办理住房公积金提取3156笔，提取金额为9285万元，比2019年的8252万元增加1033万元。

【住房公积金贷款发放】 2020年，合山市管理部按照《关于切实提高住房公积金使用效率的通知》文件要求，在市中心统一部署下，推行简化业务审批要件，放宽住房公积金贷款购买商品房最低首付比例，在风险可控的前提下，放宽条件，提高额度。2020年，共受理公积金贷款28笔，发放28笔，发放金额607万元，贷款余额为3856万元，委托贷款比率为12.08%。2020年，合山市管理部以确保贷款资金安全回收为工作重点，做到加大与委托贷款银行的核算力度，做到月清月结；加大对逾期借款的催收，采取逾期一期电话、二期发放通知书、三期起诉法院等催收措施，确保住房公积金贷款资金安全回收。2020年，共回收住房公积金贷款本金762万元，利息126万元，期末逾期率为0。2020年，中心围绕“一事通办”的精神，推进住房公积金“一事通办”改革，引进符合住房建设部“双贯标”要求的软件系统，营造高效便民的政务服务环境，精简办理要件，优化办理流程，缩短办理时限，同时提高业务网上办理率，单位归集、个人贷款的办理时间大大缩短，实现住房公积金提取秒到账。

生态环境保护

【概况】 2020年，经机构改革，原二层机构合山市环境监察大队更名为合山市生态环境保护综合行政执法大队，与来宾市合山生态环境局实行“局队合一”。原二层机构合山市环境保护监测站（事业单位）上收来宾市生态环境监测站。

【污染物减排】 2020年，大唐桂冠合山发电有限公司投资3400万元对1、2号机组进行超低排放改造。内容包括对原脱硝系统采用预留层加装一层催化剂方案；增加SCR系统吹灰器；进行脱硫系统将原吸收塔的除雾器更换为高效除雾器；GGH拆除及拆除后的烟道贯通；旁路烟道封堵；CEMS改造；对现有脱硫系统设备进行修复检修；湿烟囱进行涂层防腐改造。改造后，合山发电有限公司1、2号机组在标态、干基、6%氧气条件下排放净烟气氮氧化物浓度不大于50mg/Nm³、二氧化硫浓度不大于35mg/Nm³、烟尘浓度不大于10mg/Nm³，满足国家超低排放要求。

【大气环境质量】 2020年，合山市$PM_{2.5}$实况浓度23微克／立方米，控制在上级下达的全年改善目标内（目标值31微克／立方米）。PM_{10}实况浓度42微克／立方米，控制在上级下达的全年改善目标内（目标值48微克／立方米），优良天数率为95.6%。

【水环境质量】 2020年，红水河合山电厂国控断面，马安区控断面水质均符合《地表水环境质量标准》（GB 3838—2002）Ⅱ类标准，达标率100%，达来宾市下达合山市地表水水质控制目标要求。合山市在用城镇集中式饮用水水源地水质均符合《地表水环境质量标准》（GB 3838—2002）Ⅱ标准，达标率100%。能容备用城镇集中式饮用水水源地水质为《地下水质量标准》（GB/T 14848—2017）Ⅴ类标准，主要超标因子为总大肠菌群和菌落总数。

【农村环境整治及综合治理】 2020年，获得中央农村环境整治资金717万元和自治区乡村振兴资金100万元，共计817万元，在北泗镇灵台村金屯，北泗镇六龙村高龙屯，龙王屯，岭南镇岭南村双寺屯和上雷屯，河里镇甘林村马王屯，河里镇仁义村新古排屯，河里镇环洛满村安塘屯等8个屯建设农村集中式污水处理站7座及配套管网。完成合山市农村生活污水治理专项规划（2021—2035年）编制工作。

【环境宣传教育】 合山市全方位宣传和动员群众参与生态环境工作。通过电视台、机关单位LED、宣传车、横幅、宣传单、宣传短信等形式，推行烟花爆竹燃放和露天焚烧秸秆（甘蔗叶）管控宣传进机关、进学校、进社区、进企业。“6·5”环境日，在市新世纪广场举行“坚决打赢污染防治攻坚战，在行动”暨“健步走·我快乐”助力环保志愿服务活动，以实际行动践行低碳、绿色出行。2020年，共发放宣传资料10000余份。

2020年1月29日，开展环境安全隐患大排查大整治 （生态环境局潘幸宁提供）

【重点流域水污染防治】 实施合山市管网修复工程和污水处理厂改造项目，总投资约为7614万元。项目建设规模为新建污水管21.5公里，对现状破损的截流干管进行更换，疏通堵塞的污水管道，收集漏接的污水，对雨污混接的管道进行改造。该项目于2020年9月17日完成立项，预计2021年11月底完成项目建设。实施合山市中心城区雨污管网分流改造，总投资约18000万元。2020年，合山市获得自治区乡村振兴补助资金600万元开展城区雨污分流项目一标段建设，计划投资1065万元对合山市南部片区进行雨污分流改造。项目预计2021年11月底完成项目建设。加强对岭南镇和河里镇污水处理厂运行情况进行监督检查，确保运营正常污水达标排放。经第三方每季度监测情况污染物排放达国家一级B标准。加强船舶污染防治，严格执行交通运输部《“十二五”期推进全国内河船型标准化工作实施方案》及自治区港航管理局的要求，继续做好水污染防治政策宣传工作，对于证件不齐以及没有安装防止生活污水污染设备的船舶，不予办理国内水路运输经营许可证。对辖区内的港口进行检查，重点检查合山港码头，确保全市重点流域水体不受污染。

【饮用水水源地保护】 制定《合山市集中式饮用水水源地环境保护专项行

动实施方案》，组织相关部门对合山市饮用水水源一、二级保护区范围进行全面深入排查，全面完成合山市城市地表水饮用水水源地环境保护专项整治工作，2021年5月底完成合山市区饮用水备用水源保护及供水工程项目建设并通过验收。针对饮用水安全形成制度化管理，供水公司化验室按照规定每天对源水、出厂水进行22项目水质检测，建立水质检测记录工作台账，发现异常情况及时汇报；建立生物鱼池检验法，对制水系统进行封闭管理，实行全天24小时值班看守。加强水源地水源保护区环境问题整治工作，执行《合山市水源地环境保护巡查制度》，每季度生态环境局和水利局巡查水源地1次以上，岭南镇政府每月巡查水源地1次。对水源地二级保护区内2个自然屯（岭南镇溯河村下村屯和街上屯）农村生活污水处理项目处理村屯生活污水进行监督检查，确保水质达标排放。2020年，按照自治区生态环境厅文件要求认真开展黑臭水体排查工作，经合山市相关部门摸排，合山市城区无黑臭水体存在。

【环境监测系统建设与维护】 合山市空气质量自动监测站2018年底建成运行，能快速精确监测出国家计入AQI污染物项目的六项指标，自动采集城区空气质量数据，实时监测气温、气压、湿度、风向、风速5个气象参数，迅速、准确地收集、处理、上报监测数据，分析出环境空气质量状况及其变化规律，为合山市有效控制大气污染提供科学、准确可靠的依据。合山市微型水质自动监测站2019年底建成运行，位于红水河合山电厂断面，监测项目为pH值、水温、溶解氧、电导率、浊度高锰酸盐指数、氨氮、总磷和总氮共9项指标，可通过线上平台对控制断面实时自动监测，及时掌握断面水质状况，把握水质变化规律，为区域水污染防治工作提供决策支撑。空气和水质自动监测站由自治区生态环境厅委托第三方社会机构负责运维。

【环境信访】 2020年，接到环境纠纷、环境信访投诉案件15件，处理15件，处理率100%，回复率100%。有效维护了群众的合法权益。

【危险废物管理】 开展危险废物整治专项行动，加强对辖区内涉危废企业的日常监督和管理，督促企业做好危险废物的管理、处置和转移，建立健全管理台账，适时开展应急演练，确保辖区内环境安全。2020年，合山市未发生非法倒卖、运输、倾倒、利用处置危险废物等违法行为。

2020年合山市空气质量统计表

表5

日报天数	无效天数	优天数	良天数	轻度污染天数	中度污染天数	重度污染天数	严重污染天数	优良天数	优良率（%）	SO_2 μg/m³	NO^2 μg/m³	PM_{10} μg/m³	CO mg/m³	O_3-8H μg/m³	$PM_{2.5}$ μg/m³
366	0	201	149	14	2	0	0	350	95.60	23	10	42	1.8	122	23

2020年合山市地表水水质类别一览表

表6

断面名称	水质类别											
	1月	2月	3月	4月	5月	6月	7月	8月	9月	10月	11月	12月
合山电厂	Ⅱ	Ⅱ	Ⅱ	Ⅱ	Ⅱ	Ⅱ	Ⅱ	Ⅱ	Ⅱ	Ⅱ	Ⅰ	Ⅱ
马安	Ⅱ	Ⅱ	Ⅱ	Ⅱ	Ⅱ	Ⅱ	Ⅱ	Ⅱ	Ⅱ	Ⅱ	Ⅱ	Ⅱ

2020年合山市集中式生活饮用水水源水质状况

表7

水源名称（监测点位）	水源类型	水质类别			
		1季度	2季度	3季度	4季度
合山水厂水源地	河流	Ⅱ	Ⅱ	Ⅱ	Ⅱ
能容饮用水水源保护区	地下水	Ⅴ			

环境监察与执法

【概况】 合山市生态环境保护综合行政大队（原合山市环境监察大队），与来宾市合山生态环境局实行局队合一制，负责辖区环境监察执法工作。

【环保专项行动】 2020年，来宾市合山生态环境局开展三个行业环境问题排查，疑似危险废物排查，环境安全隐患大排查大整治，强监管严执法年专项行动、汛期环境风险防范、国庆、中秋双节假期期间环境安全隐患排查等10个专项行动，共计出动执法人员150人次，车辆60车次，检查工业企业75家次，有效震慑企业环境违法行为，消除了一批环境风险隐患，保障了重大节日环境安全。

【环境执法】 2020年，来宾市合山生态环境局严格环境执法，以打击违法排污行为和消除环境安全隐患为重点，以维护民众环境权益与保障环境安全为主线，开展环境监察工作。采取“双随机一公开”及日常环境监察执法结合的方式开展环境监察执法工作，2020年，共出动执法人员255人次，执法车辆85车次，检查工业企业125家次，下达责令整改文书10份，有效督促企业依法治污、合法排污。

【环境污染案件查处】 2020年，来宾市合山生态环境局立案查处环境违法案件3起，累计经济罚款29万元，移送公安机关案件2起。接到环境纠纷、环境信访投诉案件15件，处理15件，处理率100%，回复率100%。有效遏制了企业环境违法行为，促进企业达标排放。

广西合山大好河山投资发展有限公司

【概况】 广西合山大好河山投资发展集团有限公司（简称“合投集团”）经合山市人民政府批准，2020年5月15日成立，属于国有独资公司，注册资本为5亿元人民币。由合山市人民政府授权市财政局作为出资人依法行使股东职权。是合山市集国有资产经营管理与投融资功能为一体的综合性平台。集团公司代表合山市人民政府对全资、控股、参股企业行使出资者权力，并接受市人民政府委托，承担各类项目投资建设任务。合投集团拥有3家子公司：合山市建合城市开发投资有限责任公司、合山市强合工业投资开发有限责任公司、合山市创合农旅投资有限责任公司；6家孙公司：合山市振合集中供热有限责任公司、合山市合创建筑工程有限责任公司、广西合山市广旭易高酒店有限公司、合山市盛合旅游开发有限责任公司、合山市顺合汽车租赁有限责任公司、合山市融合劳务派遣服务有限责任公司；由所属公司控股、参股公司3家：广西合忻产业投资发展有限公司、广西强合嘉捷能源科技发展有限公司、广西合山迎晟建材有限公司。集团公司通过整合合山市国有资产及国有股权，实行多元并举的运营模式，投资方向：创业投资、工程建设、资产管理、房地产、现代农业、酒店旅游管理服务、商贸等行业。

【项目建设】 2020年，合山市已完成河里镇甘林村马王屯，洛满村安塘屯，仁义村古排屯。北泗镇六龙村龙王屯，高龙屯，灵台村金鸡屯。岭南镇岭南村双寺屯，上雷屯。溯河村街上屯，下村屯等村屯污水处理设施建设。合山市农村养老服务中心2号项目工程，于2020年1月开工建设，位于原合山矿务局东矿中学校园内，建造一栋新的综合性养老服务楼，共五层，设有厨房、卫生室、餐饮室、储物室、居住室等功能用房，总建筑面积为2658.09平方米。养老服务中心周边的路网完善，交通便利，给排水畅通，供电、通信等城市公用配套基础设施较完善，为养老中心正常运行提供可靠保障。该项目于2021年1月通过了竣工验收。项目建成后投入使用，可供66张床位，并为入住老人提供医疗护理、康复支持、休闲娱乐、保健等综合性养老服务。

【经营性项目】 合山市石都农贸市场建设项目工程，于2020年5月28日正式开工建设，该项目投资3385.67万元，位于合山市石都大道与福礼路交界处，建设规划用地面积为6656.6300平方米，总建筑面积为14479.84平方米，工程建设为一栋地下1层，地上5层的综合农贸市场。该工程计划于2021年6月竣工，现已销售楼房面积5676.64平方米，销售金额为25065640元。

【融资工作】 2020年，合投集团拓宽融资渠道，创新融资手段，着力提升集团公司的主体信用评级，为合山城市建设发展所需资金提供强有力保障。2020年，共计获批贷款3.491亿元，其中3.091亿元已发放到账。

供水有限责任公司

【概况】 合山市供水有限责任公司是国有控股企业，公司在职员工77人。设有党支部、董事会、工会、监事会等机构，下设办公室、财务科、生产科、工程和物资管理科、村镇供水科和合山市供水有限责任公司矿区分公司六个职能部门。水源取水点有红水河取水泵站一座。净水厂有日处理能力20000立方米的江滨净水厂和日处理能力15000立方米的虎岭净水厂（备用），东矿设有供水第一加压站和第二加压站各一座。年供水量650万立方米，供水人口10万人，供水覆盖市区、矿区及岭南镇、北泗镇、河里镇农村，城区供水覆盖率100%，供水总资产5275万元。水质综合合格率99%，水质、水压符合国家标准。

【供水能力】 2020年，完成供水量633万立方米，比2019年增长12%；用水户数44089户，比2019年增加8160户，售水量500万立方米，比2019年增长13.15%。

【项目建设】 2020年3月，完成合山市北泗镇、河里镇村镇供水系统工程新管接入旧管工程，使北泗镇、河里镇村镇农户6546户接入市政供水管网，进一步实现城乡一体化供水目标，为合山市实施乡村振兴战略夯实基础。2020年9月，从供水安全和稳定供水考虑，投入资金60多万元，新建西环路供水管道，自金融西路路尾沿西环路至八二路铁道口（交叉口），连接至市府门口敷设一条长1100米的PE315供水管道，从而使主要城区形成环状供水，保障主要城区正常供水，提升服务质量，增强群众获得感和幸福感。

交通运输·邮政·通信

公路运输

【概况】 合山市公路交通主要由97条等级公路组成，其中，国道1条，省道1条，县道3条，乡道9条，村道83条。公路里程总计292.65公里，其中兴宾公路局管养里程42.514公里。交通系统设合山市交通运输局及其二层事业单位合山市交通运输发展服务中心、合山市交通运输综合行政执法大队共3个行政、事业单位，干部职工总数39人。

【交通工程投资建设】 2020年，续建项目合山市里兰至马安码头二级公路工程，项目总投资9965万元，完成总工程量的95%。

【交通安全管理】 2020年，合山市交通运输局持续定期组织人员对合山市车站、港口码头、客运企业及在建农村公路工程项目进行安全检查和宣传工作，制定安全隐患大排查大整顿行动方案。2020年，共出动车辆15辆人(次)，人员90人次，发现隐患4处，整改2处。2020年，合山市交通运输局持续开展全区统一治超和多部门联合治超行动，共出动执法人员223人次，执法车辆72辆次，检查车辆45辆次，查处车辆2辆，强制卸载货物142.4吨，有效遏制因违法超限超载行为引发的安全事故。为抓好道路运输安全工作，合山市交通运输局开展道路交通运输大检查大整治专项活动。2020年，共查处违章车辆75辆/次，其中，非法营运2辆/次，不按规定线路行驶1辆/次，不按规定收费1辆次，非法改装50辆/次，不按期维护和检测4辆/次，货物脱落扬撒17辆/次。开展安全检查117次，发现安全隐患15次，完成整改15处，有效地维护道路运输市场的安全。

【城乡公路路网建设】 合山市怀集至河里改建工程，全长7.1公里，计划总投资9960万元，上级补助3124万元，地方自筹6836万元。项目2018年列入来宾市2018年绩效考核开工项目。项目分为两期工程实施，一期工程累计完成总投资1500万元。

【路网和农村公路建设】 2020年，合山市农村公路安全生命防护建设工程共29个，总里程101公里，处置隐患里程50.2千米，计划总投资1071万元（其中，上级补助376万元，合山市自筹695万元）。2020年，29个安防工程项目均已完工，完成投资1071万元。2020年，合山市建设建制村窄路拓宽改造建设工程项目2个，分别为怀集至怀集村公路加宽工程、河里至羊樟公路加宽工程，总投资307万元，其中上级补助102万元，本级自筹205万元，两个项目已全部完工，完成投资307万元。2020年，建设“五网”——交通网建设项目武庙经北泗小学至邓村公路总投资1400万元，全长1.204公里，二级公路。2020年，已完成招投标，签订施工合同并开工建设。工程建成后有利于缓解北泗街交通压力，完善合山市交通网结构，促进区域社会经济发展。

【公路养护管理和运输服务】 2020年，合山市交通运输局投入资金13.5万元，完成对东亭至文定等16条乡道、村道的路肩修整、排水沟清理、割草等日常养护工作，确保公路畅通。合山市交通运输局加强道路运输行业管理，规范运输市场秩序，提高道路运输行业的服务质量和水平。2020年底，全市拥有营运车辆511辆，其中客车62辆，货车415辆，出租车34辆；受新冠疫情影响，2020年，合山市公路水路运输大幅减少，运输市场严重萎缩，恢复缓慢。2020年元旦、春运、清明节、“三月三”4个节假日共运送旅客5685人，仅为2021年同期的十分之一。2020年，公路完成客运量69.29万人，客运周转量3843.98万人／千米，货运量270.9万吨，货运周转量44061万吨／千米。

【高速公路建设】 2020年，柳州经合山至南宁高速公路建设项目主线工程已基本完工，合山连接线及收费站正按计划施工，预计2021年7月实现通车。

航　运

【概况】 合山市航运管理机构为合山市港航管理所。2020年，并入合山市交通运输发展服务中心及交通运输行政综合执法大队，主要执行国家、自治区有关水路运输行业、港口建设和经营管理的法律、法规、规章及方针政策。编制全市水路运输行业发展规划并组织实施。对港口岸线及其陆域，水域实施行政管理。履行全市水路运输，水路运输服务业和港口经营业的行业管理职责。负责水路运输，水路运输服务业市场监督检查。履行地方航道行政管理职责。负责全市水路运输行业，港口统计调查，统计分析及预测，信息服务以及相应的管理工作。履行全市水路运输行业安全生产监督检查和行政执法职责。履行港口，码头安全生产监督检查和行政执法职责。

【水路运输安全管理】 2020年，合山市在水上安全与生产安全上没有发生事故与险情，在港口生产安全与渡口安全运输中，事故件数，沉船艘数，伤亡人数与经济损失为0。

【合山港简介】 合山港为新建设4个500吨级的泊位，年通过能力72万吨，预算投资4691万元。项目水工工程于2009年1月动工，工程共投资约1100万元，基本完成码头水工前沿工程建设。后续工程主要是陆域建设及装卸工艺建设。第二期工程第一阶段实施区主要是堆场与道路建设，堆场面积为3324平方米，设计散货一次能堆存10000吨，年堆存12万吨，集装箱一次能堆存500个标准箱，年堆存1.5万个标准箱，当前阶段计划投资420万元，2015年完成设计，2016年4月完成招投标。第二期工程已完成1～3号引桥，道路建设及堆料场所，2019年11月，合山市交通运输局将合山港移交给合山市强合工业投资开发有限公司开展后续工程建设。

城市公共交通

【概况】 合山市全顺公共汽车交通有限公司前身为1983年成立的国有企业（合山市汽车公司），2008年改制成为股份制有限公司。

【城市公交基础设施建设】 2020年，合山全顺公交公司完成50辆新能源公交车辆司机驾驶区防护隔离栏安装、一键报警设备安装、车载智能视频监控安装工作。

【公交线路的设置与运行】 合山市共有公交营运线路6条，分别为1路里兰—河里，2路里兰—东矿，3路里兰—柳矿，4路电厂—机厂，5路电厂—古楼，6路合山高中—五塘。其中1路和6路公交车票价为3元／人次，其余为2元／人次，所有营运线路均实行无人售票。

【城市公共汽车安全管理】 合山全顺公交公司落实公交企业安全生产主体责任，开展日常安全检查、营运动态安全监管、隐患排查整改工作。做好公交营运车辆维修和日常保养工作，每天发班前和收班后实行车辆安全例检，定期组织司乘人员，进行安全教育学习，确保合山市公交的安全运行。

【出租车公司营运与管理】 2020年，全市拥有出租车公司2家，有出租车34辆。2020年，对出租车公司开展安全检查12次，发现安全隐患3处，完成整改3处，有效维护出租汽车市场

2020年11月20日，合山市交通运输综合行政执法大队与合山交警在本市辖区G322国道开展联合治超工作　（交通局提供）

的稳定有序发展。

通信业

中国邮政合山分公司

【概况】 1998年8月27日，合山市邮政局邮电分营后挂牌成立，自2015年5月起更名为中国邮政集团公司广西壮族自治区合山市分公司，2020年5月再次更名为中国邮政集团有限公司广西壮族自治区合山市分公司。主要经营邮政专营业务，承担邮政普遍服务义务，受政府委托提供邮政特殊服务，对竞争性邮政业务实行商业化运营。内部机构设一部一室，分别为综合办公室、市场营销部。下设支局所班组三级管理。共有5个代理金融网点，即合山市城中六街营业所、合山市金山东路营业所、合山市人民南路民贵花园营业所、合山市北泗乡营业所、合山市河里乡营业所，5个邮政支局(所)，即合山市里兰邮政支局、合山市火车站邮政支局、合山市北泗邮政支局、合山市河里邮政支局、合山市东矿邮政所，以及1个班组即综合业务班。

【邮政网络和邮路】 通过优化网点布局和已建立的"村邮乐购"服务站点等方式，整合网络资源，提供金融和电商服务。合山分公司优化辖内9条普邮邮路即河里至木弄段，河里至怀集段，北泗至在勤段，北泗至云堡段，里兰至马安段，东矿至里仰段，市一段(城区报刊投递)，市二段(石村、思光片区)，市五段(电厂片区)。条快递揽投邮路即金山路至防疫站段，榕园小区至建安小区段，市中心市场片区，一中路至工业园区，里兰片区。全市邮路里程数达690公里。

【业务经营】 2020年，合山市分公司开展"积分有礼"、"服务三农"、节日营销等多种活动，发展代理金融业务，农资分销，函件，集邮等业务，提高邮政从业人员服务质量和业务操作水平，为广大客户提供更优质服务。2020年，合山市邮政业务总量累计完成1321.1万元，同比下降11.91%。其中累计订阅报刊105.84万份，同比增长4.37%。累计销售邮票0.59万枚。集邮品册累计销售0.06万册。函件累计完成0.27万件。国内快递累计完成3.1万件。快递包裹累计收寄3.24万件。国内普通包裹39件。

【行业安全监管】 2020年，落实寄递企业安全生产主体责任，强化"三项制度"。开展"平安邮政"建设工作以及全市邮政业"安全生产月"活动。加强安全管理，落实全员安全责任。强化收寄验视源头管控，切实做好实名收寄。加强"两个体系"教育培训和监督检查，增强从业人员对风险点分级管控水平，提高隐患辨识和治理能力。定期开展安全应急预案演练活动，努力提升行业本质安全水平，全力确保全市寄递渠道安全畅通。

【快递业务】 开通防疫捐赠物资寄递绿色通道，做到"四不中断、四免费办"，实现了快递物流服务不限量、不拒收、不限流、不打烊，保障防疫应急物资运送，党报、党刊及机要邮件传递。加大政企单位客户走访沟通力度，了解各单位寄递需求，根据疫情情况，重点对法院，车管，政务文件等项目进行营销宣传，做好重要物品和文件的传递工作。研究"一县一品"特色产品，做好水果和农特产寄递服务支撑工作，2020年累计农特产品寄递量1.3万件。

（撰稿：李婵祺）

中国电信合山分公司

【概况】 中国电信股份有限公司合山分公司(简称"合山分公司")，是中国电信股份有限公司来宾分公司的下辖公司。合山分公司设置办公室、市场拓展部、客户服务支撑中心、渠道运营中心等4个部门；下辖合山支局、北泗支局、政企支局等3个支局。

【基站建设】 2020年，完成7个5G站点开通，实现市区及乡镇主要街道等重点区域5G信号的覆盖。新增4G小区11个，4G小区累计达到437个。农村区域4G村屯153个，4G覆盖率达到98.71%。完成FTTH设备升级，实现城市小区千兆宽带全覆盖，农村区域155个自然村屯光纤宽带全覆盖。光衰整治成效明显，FTTH光衰达标率从94.7%提升至97.22%。

（撰稿：电信公司）

中国移动合山分公司

【概况】 中国移动通信集团广西有限公司合山分公司(下简称中国移动合山分公司)，下设综合部，销售部，网络部等3个部门。2020年，中国移动合山分公司年末用工总量36人，其中在岗党员11人。

【业务经营与管理】 2020年，中国移动合山分公司通信客户规模达7万余户，家庭宽带用户达1.5万户。营业服务网点19家，其中，驻点商家1家，委托加盟店3家，手机专卖店14家，特约代理点2家。市场营销方面，在小区、社区，围绕网络升级服务、宽带义诊服务等主题，宣传智慧家庭产品，为客户提供更加优质的上网服务；在农村区域，结合室内、室外摄像头产品，通过设备实物展示、使用效果演示，提升用户对安防产品的认识，助力打造平安乡村。

【网络建设】 2020年，中国移动合山分公司基站总数400余个，较2019年增长41%，已在合山市区，岭南镇东矿社区，北泗镇，河里镇建设5G基站。4G网络已覆盖合山市区，岭南镇，北泗镇，河里镇各村屯。全市累计开通小区达270余个，其中市区家庭宽带覆盖率99%，乡镇家庭覆盖率98.20%。

【网络安全与网络维护】 2020年，中国移动合山分公司在疫情防控期间响应政府和卫健局的通信需求，克服困难，在3小时内完成应急中心的网络覆盖，固话全部调试安装完毕。48小时内完成合山市入城的老陇南收费站等四条通道电路专线建设，为疫情的防控做出应有的通信保障。

【客户服务】 2020年，中国移动合山分公司围绕“全心全意，满意10分”基本服务理念，多举措开展客户满意度工作。2020年，累计开展社区服务192场次，集团服务日51场次，户外村屯服务达到672场次以上。疫情防控期间，党支部响应政府号召，开展各项疫情防控工作。党员志愿者在社区对商铺门面、小区开展地毯式排查，防控卡点值守等工作。根据市防疫指挥部要求，为各单位开展疫情防控提供产品服务支撑，为市民宣传疫情防控知识。市区城站营业厅在疫情防控期间不打烊，对各类公共场所实行杀菌消毒，配备红外体温计，为到厅客户进行体温测量，同时宣传、引导客户利用App、短信等方式自助办理业务，努力为客户提供快速、简洁、安全的服务。

（撰稿：移动公司）

中国联通合山市分公司

【概况】 中国联合网络通信有限公司合山市分公司(下简称中国联通合山分公司)，下辖合山五街，合山中心，北泗3个营业厅。2020年，合山联通公司以“全面贯彻新发展理念，聚焦新合作战略，稳健推进公司混改”为主线，抢抓发展机遇，加快有效发展，持续推进各项工作不断取得新进展。

【基础设施建设】 2020年，合山联通公司响应国家“宽带中国，提速降费”的号召，累计完成48个老旧小区的光纤化改造，累计改造FTTH端口1.8016万个。同时还加快4G/5G网络的连片覆盖，为提升农村地区信号深度覆盖率，联通公司在通信方面，2020年，实施两期基站建设、改造升级项目，共新建造64个4G/5G基站，累计敷设光缆1799.19皮长公里。升级31个存量基站，共投资1310万元，其中建设覆盖农村的通信基站63个，提升农村通信信号强度，扩大覆盖面积，确保贫困地区通信网络稳定流畅。

【服务水平持续提升】 2020年，合山联通服务工作围绕“NPS攻坚”重点工作，通过“网络攻坚”，“全员服务行动”，国务院大督查专项治理，促进公司服务质量改善，提升客户口碑，进一步降低客户投诉率，实现营业厅投诉率降低1.5个百分点，移动宽带客户满意率达96%，宽带客户满意率达97%，投诉处理及时率达95.2%的目标。并以重复投诉、升级投诉，申诉为抓手，构建严格的问题解决评估及投诉责任追究制度。

【企业改革】 2020年，划小改革是贯彻党中央、集团公司国企改革新要求的重大举措，更是联通突破发展困境，实现员工收益分享和企业生产经营双目标的一把“金钥匙”。2020年，公司落实集团公司党组决策部署，坚持党的领导贯穿划小改革全局。通过完善市场化机制，增强再创业意识，强化价值创造导向，抓好内部服务支撑，健全评价体系，转作风、抓落实，力戒官僚主义，形式主义，进一步激发员工的内生动力和活力，提升企业资源配置效率和投入产出效益，为企业健康持续发展注入新动能，最终实现员工收益分享和企业生产经营双目标。

（撰稿：联通公司）

商业贸易

经济贸易

【概况】 2020年，合山市经济贸易局（简称“市经贸局”）是市人民政府工作部门，正科级单位。机构改革后，合山市经济贸易局（加挂合山市科学技术局）机关人员编制数9名，其中行政编制数7名（局长1名，副局长3名，主任科员1名，副主任科员1名，科员1名），工勤人员数1名，空缺数1个。局机关内设办公室（行政审批办公室）、党建办、商务股、企业发展股、科技股、煤炭行业管理股，办公地址在合山市人民中路461号（原合山市中路招待所）。局所属二层事业单位有3个，其中，合山市商务服务中心实有编制8人，在岗职工8人；合山市工业经济技术指导站，实有编制7人，在岗职工7人；合山市科学技术情报研究所，实有编制4人，在岗职工4人；合山市市场开发服务中心实有编制4人，在岗职工4人。

【商贸物流项目】 2020年，合山市商贸物流项目为合山市义来物流园项目，项目业主合山市义来物流有限公司。项目计划用地100亩，总建筑面积19860平方米。建设办公楼一幢2420.8平方米、配电房198.8平方米、宿舍楼3121.8平方米、综合检测车间1632平方米、综合服务办公楼2751平方米、检修车间1726.8平方米、物流车间一4050平方米、物流车间二4050平方米。项目于2020年5月21日在市发改局完成备案。已完成投资5000多万元，购置100辆运输车，产生税收达500万元。

【集市贸易】 2020年，合山市集市贸易市场共有7个，其中城区3个，乡（村）4个。城中市场、岭南市场、东矿市场、北泗市场、河里市场5个市场由合山市市场开发服务中心统一自收自支管理。2020年10月1日，合山市国资委批复将合山市5个集市贸易市场的管理权转交给广西合山大好河山投资发展集团有限公司。城东批发市场，里兰市场等2个市场为私营投资运营管理的市场。

【个体私营经济】 受新冠疫情影响，合山市2020年社会消费品零售总额同比下降5.5%。其中，批发业销售额同比下降32.11%。零售业销售额同比增长3.98%。住宿业营业额同比下降32.53%。餐饮业营业额同比下降15.37%。

【电子商务】 合山市电子商务运营中心位于合山市岭南镇人民中路379号（原宏祥大酒店一、二楼），电商办设主任1名、副主任1名、电商办干事4人。2020年，合山市县级电子商务服务中心1个，电子商务进农村覆盖率达到100%。

【农村电商发展】 市经贸局与广西百姓乐淘科技有限公司签订《合山市电子商务进农村示范项目合作协议》，协议为期一年，项目资金99.75万元。采购包括实施项目建设、电商培训服务、电商创业孵化指导、运营、管理、维护市乡村三级电商服务体系、管理公共品牌等服务。

【市场开发服务中心】 2020年11月23日，根据《中共合山市委机构编制委员会关于调整合山市市场开发服务中心机构编制的批复》文件，同意将合山市市场开发服务中心事业单位类别由公益二类调整为公益一类。原合山市市场开发服务中心事业编制共18名。调整后，合山市市场开发服务中心核定事业编制4名，核减合山市市场开发服务中心事业编制14名，调整到其他部门。

【疫情防控物资储备及使用管理】 市经

贸局按照合山市新型冠状病毒感染的肺炎疫情防控工作领导小组指挥部医疗物质保障组的统一部署，开展物资储备工作。按照《合山市物资保障组消毒剂防范方案》《合山市物资保障组近期防控新型冠状病毒的肺炎工作方案》等文件要求，市经贸局申请划拨和筹集口罩、筹集消毒剂，消毒液，雨棚等应急物资，并按规定做好调配工作。2020年10月20日，同广西和煦阳光医药有限公司签订疫情公共防控应急采购储备物资合同，承储企业根据合同要求开展物资储备工作。

【企业复工复产】 按照合山市委市政府的统一部署，市经贸局对全市商超，餐饮住宿等商贸流通企业进行疫情防控宣传和复工复产检查，要求各企业严格执行卫生操作流程，做好经营场所通风，消毒等环境卫生，落实各项防控措施。商贸企业须在入口处设置体温检测点，对到店人员进行体温测量，并扫二维码进入。从业人员一律佩戴口罩上岗服务，在经营场所设置明显的提示，提醒消费者做好相应的个人防护，对发现异常情况及时向卫生疾控部门报告。加强对各餐饮店等密集人流的地方疏导指引，避免局部大量人流长时间聚集。疫情防控期间对复工复查企业落实“十严格要求”和联防联控工作。在疫情封锁期间，很多供应商无法复工，企业复工复产物资仍然紧缺严重，口罩、体温监测设备、消毒水等，采取物资保障组部分保障，其余部分企业积极自筹的方式，开展企业复工复产工作。2020年4月30日，合山市14家商贸企业全面复工，复工率100%。

【壮族“三月三”电商节】 2020年3月26日，2020年“壮美广西·三月三暖心生活节”启动。合山市重点推出“本地生活·惠在身边”专题活动，结合市民吃、购、行、娱日常习惯，合山市电子商务运营中心工作人员深入各大商超，小微企业，民间小吃店，农民合作社，宣传暖心节系列活动，指导商家进行活动申请，注册，消费。3月26日至6月29日，参与“壮美广西·三月三暖心生活节”活动支付宝线下实体店促销期间，全市有60多家零售、批发、电器、汽车、旅宿餐饮企业及各大商超积极开展促销活动扩大销售。合山市通过消费券直接拉动消费的形式，有效应对新冠肺炎疫情对实体经济冲击，提振市民消费信心，促进消费稳定增长。

（撰写：李素青、蓝宝、徐程川、刘智慧、韦郑敏）

粮食流通管理

【概况】 自2019年3月机构改革，合山市粮食局挂牌在合山市发展和改革局，设1个股室。

【粮食购销和粮食直补】 2020年，合山市国有企业合山市储备粮管理公司收购早籼稻谷2595.88吨，其中本级储备粮购入1395.88吨。本级储备粮销售1395.88吨，完成购销任务100%。为来宾市第一个完成自治区储备粮收购任务的县(市、区)。实现直接补贴种粮农户28.8万元。

【粮食仓储建设与管理】 2020年，完成合山市粮食储备中心库智能化升级改造项目2个，实现视频监控系统、粮库智能化管理系统、运维监控与自治区级平台互联互通，实现粮油仓储业务信息化、智能化、自动化管理。完成粮食产后服务体系项目建设，目前可开展粮食产后代清理，代收储业务，提升粮食产后服务能力。2020年，对危仓老库进行维修改造。

【粮食行政执法】 2020年，共检查涉粮企业20次，出动检查人员50余人次，检查企业2家、个体户5户，无处罚案例。组织开展了2020年粮食库存自查工作，按上级有关文件要求，开展2019年政策性粮食库存数量和质量大清查发现问题整改“回头看”，并完成整改工作。

【粮油企业经营管理】 2020年，公司现有员工15人、经理1人、副经理2人。员工文化程度为大专1人、中专7人、中技4人。具有国家粮食局职业技能鉴定指导中心发证的粮油保管员5人，粮油质量检验员4名，是一支具有专业技能较强，素质较好的从事粮食收购，储备，调运能力的专业技术队伍。

【粮食流通与调控】 2020年，合山市落实地方粮食储备规模，每个月末实际库存量超过规模的70%。落实应急成品粮，并进行动态轮换，备应急之需。严格执行政策性粮食收购政策，按自治区规定的收购价开展政策性粮食收购活动。通过粮食交易平台进行粮食购销活动，有效维护粮食交易市场秩序。实行粮食市场价格监测，通过粮食市场价格信息监测直报点定期报送市场价格信息，监测区域内粮食价格波动情况，确保粮食价格平稳。认真开展粮食质量监测工作，2020年共抽取了38个样品送自治区质检中心进行质量检验，未发现有质量不合格的粮食流入市场，确保了粮食安全。

（撰稿：覃淑芳）

烟 草

【概况】 广西壮族自治区合山市烟草专卖局、广西壮族自治区烟草公司来宾市公司合山营销部。简称“合山局（营销部）”。单位办公地址位于合山市城站路31号，员工24人，内设专卖监督管理股、专卖管理中队、客户服务部、物流中转站、综合管理股、内管派驻组等6个机构，服务范围为岭南、北泗、河里三个镇。

【卷烟专卖市场执法与监管】 2020年，发挥烟草、工商、公安等职能部门长效协作机制作用，在元旦、春节、清明、“五一”、中秋、国庆节前后分别开展好市场清理整顿专项整治行动，根据区局、市局的有关要求，“春雷”，无证经营整治，物流寄递环节销非整治等专项行动，提高市场的净化率。2020年，合山市共查处各类涉烟违法案件74起，完成年度任务121%，其中，万元案件11起，完成年度任务183.33%；千元案件13起，完成年度任务130%，持证户违法（违约）案件46起，完成年度任务102%，实物查处36万支，完成年度任务110%。

【卷烟销售及网络建设】 狠抓品牌培育工作，提升销售结构。全力加强真龙、云烟等品牌的培育，取得较好效果。2020年，卷烟销售实现3962箱，单箱销售额实现27002元，一二类卷烟实现1590箱，占卷烟销售总量40%，为卷烟销售结构和销售毛利提升奠定良好基础。加强卷烟零售终端建设工作。通过努力，完成城市类客户终端维护2680户/次，打造了辖区客户的干净整洁，标准陈列，形象美观的零卷烟销售终端。加强现代终端建设工作，引导客户自我升级，提升客户品牌经营能力和赢利能力，打造现代终端建设客户共118户。加强营销基础工作。加强客户日常走访，提升客户服务质量。加强客户培训工作，宣讲重点培育品牌，完成客户培训75场次，培训客户1309人次。加强网上订货工作，网上订货客户共552户，网订率98%。加强营销规范工作。辖区内未发现虚拟客户、拆单分摊等形式的违规行为。

（撰稿：烟草局）

中石化合山分公司

【概况】 中石化广西来宾合山石油分公司有零售在营加油站7座，其中城区站3座，乡村站4座，主营石油，石油化工，化纤及便利店的销售，成品油市场运行平稳，油源充足，年销售成品油1.36万吨，便利店经营日用百货、香烟、饮料等，员工总数34人。

【成品油资源及销售】 2020年，公司油品供给充足，所经营油品（汽、柴油）均由广西石油分公司采取统一配送渠道，全年汽、柴油价格经历13轮调价，其中5次下调，7次上调，汽油价格每吨累计上调510元，柴油价格每吨累计上调615元。2020年公司销售量为92号乙醇汽油0.52万吨、4394万元，95号汽油0.13万吨、1183万元，0号柴油0.71万吨、5282.4万元。

（撰稿：中石化）

供销社

【概况】 合山市供销合作社是为农服务的经济联合组织，是参照公务员法管理的事业单位，内设综合股，财务审计监察股2个股室，现有在编人员6人，其中领导职数2人，理事会主任1名，监事会主任1名。合山市供销合作社管辖6个独立核算的企业，其中直属公司4个，即农资公司，土产公司，供销社招待所，供销畅快电子商务有限公司，下属基层供销社2个，即北泗供销社，河里供销社。

【生产资料购销】 2020年，多方协调，做好农资调运各项保障工作，畅通化肥经营销售渠道，备足货源，确保市场供应。2020年，共销售农业生产资料24454万元，销售化肥104244吨。

【助农增收服务】 2020年，合山市供销社系统共组建县级农合联1家，镇农合联3家，领办农民专业合作社15家。其中以丰登农业综合服务专业合作社助农增收，发展产业脱贫成效最为显著。通过举办农民大讲堂流动课堂，精准扶贫农技培训班，提高农民群众农业技能，2020年，共举办培训班3期200多人次，发放各类资料300多份，有效实现科技兴农、助农增收。

【主要经济指标】 2020年，商品销售总额51685万元，完成目标任务的100.03%。消费品零售额23753万元，完成目标任务的100.14%，农业生产资料销售额24454万元，完成目标任务的100.10%。利润总额173.5万元，完成目标任务的100.29%。

【项目建设工程】 推进村级供销社建设，打通为农服务“最后一公里”，2020年，争取自治区项目资金8万元，共发展4家村级供销社，合山市河里镇五塘村供销合作社，合山市河里镇仁义村供销合作社，合山市北泗镇古楼村供销合作社，合山市北泗镇古邦村供销合作社，发挥供销合作社连接城乡的独特优势，促进振兴乡村经济，进一步提升供销社自觉服务乡村，扎根乡村、振兴乡村的体制功能，实现机制创新与再造。

【品牌创建工程】 创新农业社会化服务方式和手段，开展专业化，规模化，标准化优质水稻种植，推进“保姆式”“菜单式”等多种形式的土地托管服务模式，2020年，新增土地托管5068.8亩。

【网络拓展工程】 市供销社成立合山市供销畅快电子商务有限公司，借助于供销E家网络，通过电子商务平台，突破物流、信息流瓶颈，实现了网货下乡，农产品进城的双向流通方式。以经营农业生产资料，日用百货，农副产品，成品饮料，通信设备等电子商务为主，集采购、销售、仓储、物流、客服为一体，推进供销主体经营优势——农业生产资料销售业务的拓展，开发，引领合山市特色产业项目，扩展经营合山土特产销售业务，并将借此平台以及发展电子商务商机，把本土具有特色的农副产品销往各地，打造出合山特色的第一电商品牌。

【城乡综合服务平台】 市供销社完善“三位一体”构架体系建设，由基层供销社，农合联，综合服务站组成“三位一体”构架体系。通过提升农村综合服务能力，扩展农技、土地托管、金融、医疗、水电等多功能服务，深度延伸综合服务项目，在为农增收，服务创新，拉动需求上，提升供销社的综合实力。

【乡镇供销合作社】 合山市河里镇供销合作社占地面积8500平方米，现有职工46人，其中在职职工23人，退休职工23人。2020年，有经营门店33个，日用综合超市1个，农资一条街，农资农家店8个，微银行1个，组建农合联1个。主要经营百货、农业生产资料、化工、五金交电、农副产品等。合山市北泗镇供销合作社占地面积13500平方米，现有职工42人，其中在职职工17人，退休职工25人。2020年，有经营门店35个，日用综合超市1个，农资配送中心1个，农资农家店8个，微银行1个，组建农合联1个。主要经营百货、农业生产资料及化工、五金交电、农副产品等。

（撰稿：供销合作社）

财政 · 税收

财 政

【概况】 合山市财政局为合山市人民政府工作部门，主要负责贯彻执行国家和自治区财政、税收、相关国有资产管理的方针政策、法律、法规、规章和财务会计规章制度。承担合山市各项财政收支管理的责任。负责编制全市年度预决算草案并组织执行。受市人民政府委托，向市人民代表大会报告全市预算草案及预算执行情况，向市人大常委会报告决算。组织制定经费开支标准、定额，负责审核批复部门(单位)的年度预决算。

【政府性基金与社会保险基金收支】 政府性基金收支：2020年，政府性基金收入4314万元，其中，国有土地使用权出让金收入3862万元；城市基础设施配套费收入29万元，污水处理费收入423万元。上级补助收入7666万元，上年结余收入3784万元，地方政府专项债务转贷收入6500万元，收入总计22264万元。政府性基金支出21520万元。其中，文化体育与传媒支出25万元，社会保障和就业支出915万元，城乡社区事务支出6455万元，农林水事务支出113万元，其他支出6689万元，债务付息支出196万元，抗疫特别国债安排的支出7127万元。收支相抵后，年终结余744万元。社保基金收支，2020年，社会保险基金收入10507万元，其中，城乡居民基本养老保险基金收入2885万元，机关事业单位基本养老保险基金收入7622万元。2020年社会保险基金支出10238万元。其中，城乡居民基本养老保险基金支出1952万元，机关事业单位基本养老保险基金支出8286万元。收支相抵后，2020年社会保险基金年终结余269万元，2019年基金结余7907万元，年滚存结余8176万元。

【经济与民生事业保障】 社保卫生投入，拨付城乡居民基本医疗保险资金5042.14万元。支持就业再就业工作，加大职业岗位培训，千方百计增加就业岗位，共安排投入就业补助资金1397万元。安排民生资金2744万元，其中，城乡最低生活保障补助资金1964万元，农村五保供养资金259万元，残疾人两项补贴330万元，80周岁以上老年高龄生活津贴191万元。补助城乡居民基本养老保险资金2104万元。

教育发展资金投入，2020年，安排预算资金教育经费15027.26万元，其中经费保障方面，落实改善教师待遇的各项政策，确保全市中小学教师年平均工资高于公务员平均工资。逐步改善薄弱学校办校条件。2020年，投入新建教学综合楼三栋，教师周转房两栋，新建幼儿园两个，教育信息化建设一批，预计资金总投入6500万元。配合教育体育局做好“控辍保学”工作，落实各项教育经费补助按时足额发放到位。其中义教生均公用经费已支付672.35万元，寄宿生生活补助已落实271.6万元。支付学生营养餐补助资金250.28万元，使学生食宿得到了有效的保障和改善。同时，支付特岗教师工资191.08万元。在保障义务教育发展的同时，促进学前教育、高中、职业教育快速发展。实际支付学前教育免保教费81.22万元，支付职校助学金2.55万元、高中助学金99.72万元，支付高中免学费、免学杂费补助共98.04万元。

继续推进棚户区改造续建项目，2020年，累计拨付保障性安居工程相关项目资金共计597.7万元，农村危改资金256.56万，推动全市环卫工作能力建设，全市大部分地块环卫工作承包第三方，市环卫所起到日常监管责任，2020年，累计拨付环卫领域资金654.03万元，其中，两个标段清扫保洁费394.38万元，垃圾清运费207.01万元，垃圾焚烧费52.64万元。

农村公益事业财政奖补项目，2020年，广西壮族自治区财政厅下达合山市农村公益事业财政奖补资金为861万元（其中，中央资金108万元，自治区资金753万元），农村公益事业财政奖补项目仍按照原“一事一议财政奖补”建设机制推进。经组织市农业农村局、住建局、交通局等部门对各镇申报项目进行现场勘查及评审。审核评议项目为25个，项目建设总投资为5110816元，其中，村民筹资、村集体资金、社会捐助等共计968104元，申请财政奖补资金4142712元。

【经济与民生事业保障财政资金监管】 “准、快、实”用好用活中央直达资金。直达资金预算安排情况，全市直达资金预算安排数为19706.08万元，已全部下达至项目。直达资金倾斜支持“六稳”“六保”情况，用于支持社保体系，惠及基本民生方面。用于支持社保体系，惠及基本民生方面的预算数为1564.72万元。用于基层“三保”方面。用于基层“三保”方面的预算数为10106.93万元。用于助力企业复工复产方面。用于助力企业复工复产“惠企”方面的资金为800.91万元。直达资金支出情况，一般性支出情况。一般性预算数为12166.50万元，已支出12166.50万元，支出进度100%。抗疫特别国债支出情况。抗疫特别国债直达资金预算数为7539.58万元，已支出7539.58万元，支出进度100%。

【政府采购】 合山市政府采购严格遵循公开透明，公平竞争，公正及诚实信用原则，不断挖掘采购资源，规范采购程序，创新采购方法，获得政府采购经济效益和社会效益双丰收。政府采购项目完成情况，2020年，全市完成政府采购888项，采购预算25856.44万元，实际采购金额24713.29万元，节约资金1143.15万元，节约率4.42%。其中，完成货物类采购800项，采购预算7451.69万元，实际采购金额6524.92万元，节约资金926.77万元，节约率12.44%。完成工程类采购57项，采购预算15165.71万元，实际采购金额15066.99万元，节约资金98.72万元，节约率0.65%。完成服务类采购31项，采购预算3239.04万元，实际采购金额3121.38万元，节约资金117.66万元，节约率3.63%。政府采购监管，2020年，全市加强对政府采购各环节的监督管理工作。处理投诉案件1例，举报案件2例，行政处罚案件1例。优化营商环境，工作措施及取得成效，为加快实施互联网＋政府采购活动，推进电子化政府采购平台和电子卖场建设，提升供应商参加政府采购活动的便利程度。电子卖场信息系统于2019年12月30日已建成并上线运行。2020年6月22日起已正式启用“政采云”项目采购系统。“政采云”项目采购系统的正式运行，使采购活动的办事程序得到优化，政府采购限额标准以上，需要委托代理机构进行采购的项目应当通过项目采购系统实施，实现采购项目全过程网上留痕和记录，提高政府采购工作效率。支持小微企业参与政府采购，降低市场交易的成本并规范采购合同的签订和管理。要求各代理在采购活动中统一按照规定降低市场交易的成本，压缩签订政府采购合同的时间，并在规定的时间内将政府采购合同在指定媒体上公告，以提高政府采购活动办事效率。促进政府采购领域公平竞争，优化营商环境。加强执法监督，发现对供应商实行差别待遇或歧视待遇等影响公平竞争的情形时，依法依规进行严肃处理。提升支付与交付效率，优化政府采购结算流程。采购监督管理办公室与各支出口股室相配合，采购活动结束后能按时完成拨付。采购贫困地区农副产品：为支持国家扶贫事业，从去年年底开始，要求有食堂的预算单位都要预留一定的采购份额采购贫困地区的农副产品。2020年，是脱贫攻坚年，又受疫情影响，脱贫任务繁重。从下半年开始，财政局加大催促力度，要求各预算单位加快采购进度，确保完成预留份额采购。年内全市预算单位采购贫困地区农副产品金额近23万元，仅完成预留采购份额的17%。

【财政服务经济发展】 加快扶贫资金支出进度，助力打赢脱贫攻坚战。

2020年，全市共收到上级财政专项扶贫资金2486.05万元，截至目前，累计支出2486.05万元，支出进度为100%。第一批财政专项扶贫资金支出情况。全市收到第一批资金2000万元，安排产业发展995.89万元，农村饮水安全保障工程527.3万元，小型农田水利工程75.89万元，村级临时性扶贫岗位补贴116.8万元，贫困劳动力稳岗补贴176.59万元，区外务工贫困劳动力交通补贴47万元，产业路建设工程40.53万元，项目管理费20万元。截至2020年12月24日，支出1998.92万元，支出进度99.95%。第二批财政专项扶贫资金使用情况。4月，收到中央和自治区第二批财政专项扶贫资金432.84万元，安排产业发展项目资金311.19万元，小额信贷贴息资金60万元，雨露计划培训经费49.84万元，小型农田水利工程11.81万元。截至12月24日，支出432.84万元，支出进度100%。第三批财政专项扶贫资金使用情况。5月份到第三批中央和自治区财政专项扶贫资金33.21万元，该批次资金全部安排用于河里镇以奖代补资金。截至12月24日，支出33.21万元，支出进度100%。来宾市扶贫资金使用情况。

4月底收到来宾市扶贫资金20万元。全部安排用于雨露计划培训经费，支出20万元，支出进度100%。全力做好疫情经费保障工作。2020年1月是新冠肺炎暴发高锋期，从1月至今，筹集防控疫情经费1580.83万元，拨付疫情防控经费362.62万元。其中，医治救助10万元、卫生医务人员疫情防控补助109.91万元，设备防控物资支出185.12万元，购买板房等其他支出57.59万元。企业复工复产投入846.9万元，其中，2020年春节期间为防控疫情提供紧缺急需物资保障生产企业和保障民生商贸配送企业一次性吸纳就业补贴27.6万元，农民工疫情补贴0.77万元、农民工稳岗补贴187.74万元，农民工交通补贴48.74万元，农民工临时性岗位补贴116.8万元，对广西科锐公司2月份无功电费补贴18.69万元，虎鹰公司基础设施建设扶持400万元，工业企业复工复产财政奖补资金46.56万元。为打赢新冠肺炎疫情战役提供资金保障。搭建银行及企业融资平台，破解融资难题。召开政银企对接会，主动对接。3月18日下午，在市政府六楼大会议室隆重举办合山市2020年首次大型政金企对接集中签约活动，市主要领导及相关成员单位负责人，56家企业的董事长，总经理参加了此次签约活动。此次政银企签约活动4家银行机构对21家企业完成融资授信，授信金额42944万元，并且银行机构在会议现场与21家授信企业签订了合作意向书，达成合作协议。6月2日下午，在市政府六楼大会议室隆重举办第二季度政银企对接活动，此次政银企活动以“合山市优化税收营商环境暨‘政税银企互动’”为主题。市主要领导及有关单位负责人，50家企业负责人，总经理等参加了此次会议。会议过程中有4家企业与银行机构达成融资需求，授信金额32400万元，并现场签订合作意向书。引导企业平台上发布融资需求。为更好地实行复工贷及稳企贷财政贴息政策，要求银行机构积极引导企业到广西综合金融服务平台注册并发布融资需求，银行在平台上面与企业及时对接，完成融资需求。截至10月31日，在金融服务平台上面已有189家企业发布融资需求，需求金额10716.38万元，金融机构已完成授信170笔，授信金额11640.38万元，已完成放款166笔，放款金额10951.38万元（含南宁市兴业银行、光大银行向合山市两家企业放款5400万元）。

【财政收支预算、决算执行情况】 收入情况，2020年，合山市共组织财政收入25459万元，完成年初预算数23115万元的110.14%，比上年增加3017万元，增长13.44%。其中，公共财政预算收入完成14062万元，比上年增加2370万元，增长20.27%。上划中央“两税”收入6592万元，比上年增加279万元，增长4.42%。上划中央所得税1989万元，比上年增加351万元，增长21.43%。上划自治区“四税”2816万元，比上年增加17万元，增长0.61%。支出情况，2020年，合山市公共财政预算支出120127万元，完成年初预算数91277万元的131.61%，比上年增加9811万元，增长8.89%。其中，一般公共服务支出13374万元，同比减少4193万元，下降23.87%。公共安全支出7873万元，同比减少2170万元，下降21.61%。教育支出18114万元，同比增加569万元，增长3.24%。科学技术支出1543万元，同比增加1359万元，增长738.59%。文化体育旅游与传媒支出2352万元，同比增加805万元，增长52.04%。社会保障和就业支出21199万元，同比增加3309万元，增长18.50%。卫生健康支出15876万元，同比增加843万元，增长5.61%。节能环保支出1095万元，同比减少322万元，下降22.72%。城乡社区支出10951万元，同比增长4285万元，增长64.28%。农林水支出15069万元，同比增加3511万元，增长30.38%；交通运输支出1361万元，同比减少943万元，下降40.93%。资源勘探信息等支出2020万元，同比增长585万元，增长40.77%。商业服务业等支出226万元，同比减少323万元，下降58.53%。金融支出609万元，同比增加600万元，增长6666.67%。自然资源海洋气象等支出3205万元，同比增加1871万元，增长140.25%。住房保障支出1684万元，同比减少101万元，减少5.66%。粮油物资储备支出590万元，同比减少321万元，减少35.24%。灾害防治及应急管理支出1394万元，同比增加411万元，增长41.81%。其他支出135万元，同比减少57万元，下降29.69%。债务付息支出1452万元，同比增加94万元，增长6.92%。2020年，按照一般公共预算支出额的1%安排预备费1000万元，2020年没有支出。财政收支平衡情况，2020年，全市财政总收入127491万元。其中，公共财政预算收入14062万元，返还性收入3692万元，一般性转移支付收入85698万元，专项转移支付收入18963万元，债务转贷收入2200万元，上年结余收入2876万元。财政总支出127491万元。其中，公共财政预算支出120127万元，债务还本支出2203万元，上解上级支出760万元，年末结余4401万元。收支相抵后，实现当年财政收支平衡，略有结余的管理目标。

【政府债务管理】 2020年，全市政府债务余额为57139万元。其中，政府负有偿还责任的债务50549万元，政府负有担保责任的债务6590万元。

2020年，政府债券转贷收入8700万元。其中，再融资债券2200万元，用于化解2020年9月到期2015年广西壮族自治区政府一般债券（十期）1200万元，2020年5月到期的2017年广西壮族自治区政府一般债券（五期）1000万元，共计化解债务2200万元。新增专项债券6500万元，均为公立医院专项债券，安排用于合山市中医医院整体搬迁建设二期及其配套工程5000万元，合山市人民医院介入治疗及ICU设施建设项目1500万元。

【金融风险抵御与化解】 完善金融风险防控机制。合山市金融办先后出台《合山市金融领域扫黑除恶专项斗争工作方案》《合山市金融工作办公室关于建立合山市金融领域扫黑除恶专项斗争工作机制的通知》等有关扫黑除恶文件。2020年6月，出台《合山打击和处置非法集资工作领导小组关于印发2020年合山市开展涉非涉稳风险专项排查工作方案的通知》《合山打击和处置非法集资工作领导小组关于开展2020年防范非法集资宣传月活动的通知》，8月根据来宾市处非办工作部署要求，出台《关于印发〈金融放贷行业专项整治工作方案〉的通知》，做好全市金融领域防范化解金融风险工作。开展金融放贷业务阶段性专项整治工作。根据市扫黑办的文件及工作部署要求，2020年5月，在市公安局组织各有关单位在市场监管局召开合山市2020年打击传销暨非法集资联席工作会议。会议强调当前全市金融领域仍存在非法集资，非法传销，非法催债，高利转贷等涉黑涉恶乱象，公安部门及有关单位坚决给予联合打击，营造全市金融市场环境良好健康发展。金融放贷领域及涉非涉稳专项整治。合山市打击和处置非法集资领导小组出台《合山市打击和处置非法集资工作领导小组关于印发〈2020年合山市开展涉非涉稳风险专项排查工作方案〉的通知》，合山市财政局出台《关于印发〈合山市十大重点行业领域金融放贷专项整治工作方案〉的通知》等文件，有关单位根据文件要求开展金融放贷领域专项排查及金融领域涉非涉稳专项整治工作。主要通过对电子商务，商贸，工业市场，网吧，娱乐场所，旅游景区，银行及保险机构等领域进行专项走访排查，走访排查涉及的内容有，是否有黑恶势力到金融系统制造谣言，制造恐慌。是否有黑恶势力煽动群众到银行挤兑，冲击金融机构。是否存在非法吸收存款等非法集资行为。是否存在非法从事互联网金融业务。是否存在暴力催收贷款行为。是否存在非法发放高利贷行为。是否存在以收取“押金”“预付款”“预付卡”“发售储值卡”等，通过走访排查，全市金融领域暂未发现有风险隐患。打击非法集资宣传月活动。2020年6月，合山市打击和处置非法集资工作领导小组出台《合山打击和处置非法集资工作领导小组关于开展2020年防范非法集资宣传月活动的通知》，组织有关单位针对6月份的打击宣传月活动进行工作部署。利用合山市文化广电和旅游局有线电视台的有利资源，从6月15日起每日中午12点及晚上8点，两个时段，进行打击非法集资宣传片的播放，播放时长1分钟，共播放30次。通过不间断及通俗易懂宣传的形式，提高社会公众识别非法集资的能力和水平，也给全市营造了良好的宣传氛围。并针对重点人群即老年人，农民等易受侵害群体的宣传，市打非办向26家成员单位分发宣传资料及宣传品，各成员单位到各自挂点镇、社区、村，进行设点宣传，推动宣传教育做到进机关，进学校，进村组，进社区，进家庭，形成多层次的宣传。各成员单位利用各单位的电子滚动屏幕24小时滚动播放打非宣传标语，并在单位外横挂宣传横幅。在广场及二级路口，两个人口集中的聚集地的电视大屏幕上播放宣传资料。全市共印刷宣传单、宣传册各5000份，订制宣传购物袋1000个，围裙各2000个。全市累计出动工作人员100余人次，制作宣传板报26块，制作悬挂条幅20余条，发放宣传册4500余份，发放宣传购物袋1000余个，宣传围裙1600余个。通过打击非法集资宣传月活动的开展，全市金融领域非法集资情况整体形势较好，区域内尚未发现潜在金融风险隐患和实质性非法集资活动，社会秩序良好。加强对地方金融个人极端案件风险隐患排查。市金融办在9月、11月分别对合山市融汇小额贷款有限公司所有职工开展个人极端案件风险隐患排查，主要排查内容有，家庭纠纷，婚姻感情纠纷，邻里纠纷，房产物业纠纷，医患纠纷，农村妇女土地权益问题，征地拆迁，涉法涉诉，下岗人员，扬言报复社会人员，扬言采取极端行为维权人员，刑满释放人员，社区矫正对象，吸毒人员，精神障碍患者，患有重症疾病而扬言报复人员，遭黑恶势力欺凌人员，失学失管问题青少年等风险隐患问题，经两次排查均未发现全市地方金融机构发生个人极端案件风险事件。协助地方法人金融机构清收不良贷款资产。合山市合煤公司及其子公司因经营不善，形成1.12亿元不良，涉及多家农合机构，时间跨度5年之久。为进一步化解合山联社风险处置工作，市政府多次组织有关单位（部门）召开专题协调会，共商对策，最终确立先由合煤公司破产管理人采取网络公开拍卖形势处置抵押物，再由国有企业收购不良资产方式，处置合煤公司不良贷款。2020年12月26日，最终竞拍成功，以1.28亿元顺利摘牌，成盘活自治区“首单最大”农村金融机构不良资产——合山市农村信用联社1.2亿元不良贷款资产，实现合山联社不良资产顺利摘牌，把不良资产率控制在5%风险警戒线以内，为全区农村信用联社改革发展，全区金融机构化解重大金融风险开拓了新的路径，为地方“十四五”经济转型，高质量发展夯实了根基。2020年，全市地方法人金融机构合山联社各项贷款余额15.47亿元，比年初增长1.53亿元，增幅11%。不良贷款余额4637万元，比年初下降2444万元，不良率为3%；逾期90天以上贷款余额4588万元，比年初下降2469万元；逾期90天以上贷款余额占不良贷款的比例为98.92%，逾期90天以上贷款全部纳入不良贷款，各项监管指标较年初有所优化。

【乡镇财政所概况】 合山市岭南镇财政所，2020年5月31日完成2019年度稻谷生产者发放工作，共发放补贴资金309915.81元，受益农户2650户。2020年10月31日完成发放2020年度地力保护补贴资金2078653.21元，受益农户5504户。2020年9月30日完成2020年粮食直补资金131752.56元，受益农户446户。2020年岭南镇获批7个农村公益事业财政奖补项目，总投资1204135.5元，其中申请财政补贴为1058851.50元，村民筹资145284.00元(其中村集体收入补138224.00元、村民筹资7060.00元)。

合山市北泗镇财政所，2020年，成功发放“耕地地力保护补贴”2655985.16元，惠及6805户农民。发放“粮食直补”30852.72元，惠及114户农民。发放2019年“稻谷生产补贴”402233.65元，惠及6812户农民。做到了操作程序规范，认真核实登记，数据测算准确，资金足额兑付。2020年，北泗镇获批28个农村公益事业财政奖补项目，总投资6333835.00元，其中申请财政补贴为5502974.00元，村民筹资830861.00元(其中村集体收入补782198.00元、社会捐助48663.00元)。

合山市河里镇财政所，发放稻谷生产补贴资金36.78万元，农村耕地地力保护资金216.38万元，订单粮粮食补贴12.53万元。通过银行存折发放到农户手中，受益农户8987户。全面深化农村综合改革，实施村级“一事一议”财政奖补工作，2020年完成7个项目村的村级综合小广场和亮化工程建设，财政奖补资金114万元。

国有资产管理

【概况】 合山市设立机构共有182个，其中行政单位单位53个，事业单位129个；在编人数3547人，年末实有人数3178人，较上年度增长了11人。2020年，行政事业单位资产合计183498.92万元。其中，流动资产55183.63万元，占资产总额的30.07%。固定资产73247.60万元，占资产总额的39.92%。无形资产859.36万元，占资产总额的0.47%。在建工程46275.83万元，占资产总额的25.22%。

【国有经济】 合山市现有国有企业13个(其中正常对外经营企业10个，1个不对外经营，2个处于停业状态)比上年增加了两个，其中新成立1年，由经营性事业单位改制为企业的1个。2020年国有企业资产总额为161168.51万元。所有者权益实收资本(或股本)22125.83万元，其中，国有资本22054.88万元，法人资本70.95万元(属于民营资本)。合山市国有企业营业总收入为5325.74万元，营业总成本6061.30万元，营业利润为亏损688.91万元。

【国企改革】 根据来宾市委改革办、市国资委《关于做好2020年第二批改革典型经验(国资国企)推广工作的通知》精神，为做好改革典型经验(国资国企)复制推广工作，全面推进国资国企改革向纵深发展，结合合山市实际并经过筛选，选定合山市强合工业投资开发有限责任公司开展以“混”促“改”的复制推广项目，并由市深改委，市财政局联合制定并出台《合山市贯彻落实自治区2020年第二批改

2020年，合山市税务局荣获第六届全国文明单位称号 （税务局提供）

革典型经验（国资国企）推广工作的实施方案》推动合山市强合工业投资开发有限责任公司参股民营企业，收购广西合山义通装卸有限公司34%股份，成为公司的最大的股东。结合合山市国有企业的实际情况及上级精神出台《关于推进国有企业发展混合所有制经济的实施意见》，即将出台《合山市属国有企业职业经理人选聘和管理办法（试行）》《合山市属国有企业人才引进管理办》《合山市派驻企业监事会工作规则》《合山市属国有企业“三重一大”决策管理实施办法》等文件。根据各企业的具体情况，坚持“一企一策”的处置原，则规范国有企业监管，增强国有经济活力，推动地方国有经济发展。

【投融资工作】 合山市财政分别投资入股广西来宾金投融资担保有限公司500万元、来宾市小微企业融资担保有限公司1500万元。总计2000万元投资入股担保公司在合山市开展担保贷款业务。

（撰稿：财政局）

国家税务

【概况】 国家税务总局合山市税务局内设13个行政股室，级别为正股级。具体为办公室，法制股，税政股，社会保险费和非税收入股，收入核算股，纳税服务股，征收管理股，税收风险管理股，税源管理股，财务管理股，人事教育股，机关党委，纪检组。设立派出机构3个，级别为副科级，具体为第一税务分局（办税服务厅），第二税务分局、岭南税务分局。设立事业单位信息中心1个，级别为正股级。截至2020年底，在编干部职工人数为97人（其中包括事业编、工勤编5人），退休干部职工32人，劳务派遣用工39人。

【税务分局】 派出机构第一税务分局（办税服务厅），按照专业化管理，负责全市税收，社会保险费和有关非税收入的征收和服务工作。派出机构第二税务分局，按照专业化管理，负责全市重点税（费）源的集中管理，风险应对和服务等工作。辖区纳税管户144户，其中，重点税源企业140户，个体工商户4户。派出机构岭南税务分局，按照属地管理，管辖范围为岭南镇，北泗镇，河里镇。负责辖区内一般税（费）源的管理，风险应对和服务等工作。辖区纳税管户4166户，其中，企业纳税人798户，个体工商户2268户，组织临时登记384户，扣缴义务人信息登记50户，登记报验户666户。

【税收收入】 2020年，合山市税务局组织国家税务总局考核口径税收收入22149万元，增收2830万元，同比增长14.65%。组织区政府考核口径收入21869万元，增收3293万元，同比增长17.73%，完成市局分配年度任务22106万元的100.19%。其中，五大重点税源行业入库情况是制造业税收入库4476万元，电力生产和供应业税收入库7257万元，建筑业税收入库1926万元，金融业税收入库1749万元，批发和零售业税收入库2590万元，五大行业税收收入占总税收82.97%。

【税收优惠政策落实】 2020年，税收共减免4530090.23元，其中，提供公共交通运输服务，生活服务，以及为居民提供必需生活物资快递收派服务取得的收入免征增值税610403.83元。免征捐赠物资增值税，消费税等983.16元。疫情防控捐赠税前全额扣除（企业所得税）41652.66元。抗击疫情财产行为税地方性政策1515377.06元。支持个体工商户复工复业减免增值税2361673.52元。

【税收规范管理】 2020年，合山市税务局辖区纳税管户4314户，其中，企业纳税人942户，个体工商户3372户。按照“大党建，大征管，大纳服”的工作思路开展各项业务。“互联网+”信息化手段不断应用到税收征管工作当中，电子税务局，ITS系统、社保费征管信息系统，金税三期系统并库运行升级，征管规范2.0版以及纳税服务规范3.0版等一系列配套文件和操作手册的出台，改变以往传统的“面对面”办税模式，使得网上“非接触”办税成为现实。2020年2月，合山市税务局向3000户纳税人逐户打电话进行疫情防控期间税收政策宣传，引导纳税人“非接触式办税”。因受疫情影响的纳税人可按照规定申请延期申报，延期缴纳税款，免费邮寄发票等，其中，申请延期申报1户，申请延期缴纳税款6户，涉及各项税费共计20.42万元，在税务登记，纳税申报，缴税缴费，管控监督等方面实现了“少跑马路，多跑网路”全新的办税模式。推进征管数据质量整治工作，筛查出699条纳税人地址不详，经营地址与城建税率不符的数据，下发各税源管理部门进行核查改正。做好AI智能无感身份认证系统建设项目后续工作，提升税收征管能力，提高纳税人税法遵从度和满意度，降低征纳成本，增强税收治理能力。

【社保费征收】 2020年，税务局征缴各项社会保险费收入12746.2万元。其中，机关事业单位基本养老保险费，共有141个机关事业单位缴纳，征缴6124.6万元。企业基本养老保险费，共有167个企业缴纳，征缴594.6万元。企业、机关事业单位缴纳的

"三险"即基本医疗保险，失业保险，工伤保险共征缴3736.1万元，其中，基本医疗保险有225户缴纳，征缴3488.9万元。失业保险有239户缴纳，征缴200.8万元；工伤保险有145户缴纳，征缴46.4万元。城乡居民基本养老保险共有11404人缴纳，征缴482.6万元。城乡居民基本医疗保险共有49333人缴纳，征缴1309.5万元。灵活就业人员缴纳社会保险费498.8万元，其中，基本养老保险有657人缴纳，征缴486.9万元；基本医疗保险有42人缴纳，征缴11.9万元。

【税收宣传】 2020年4月1日，举办绿色骑行税收宣传活动暨税收宣传月活动，组建"春风税宣队"，骑上共享单车，载着减税降费宣传标语的彩旗和政策宣传手册，走街串巷，沿途向小店和小规模纳税人宣税法，将税费政策宣传"大礼包"送到小店经营者们手中，使纳税人准确理解和充分享受减税降费优惠政策，帮扶小店经济复商复市。4月2日，合山市税务局机关一、二党支部联合大唐桂冠合山发电有限公司党支部开展"税企共建学党史党员担当办实事"主题党员日活动，辅导企业员工使用个人所得税App进行个人所得税汇算清缴，为企业提供精准化个性化服务，共同构建"亲""清"征纳关系。4月13日，走进岭南民族初级中学，举行合山市税务局减税降费"六进"税收普法活动启动仪式，将税法宣传活动带进校园，增强税法在全社会的渗透力和影响力。4月19日，参加并巧借"壮族三月三民族体育炫"系列活动，向市民发放税收政策大礼包，指导群众手机"指尖办税"。4月21日，组织青年党员走进北泗镇屯山村田间地头，开展乡村振兴税收宣传活动，向当地天冬药材种植户了解农业生产情况，查看天冬药苗长势，宣传相关税收惠农政策。4月25日，邀请中共党员，首批"中国人民志愿军抗美援朝出国作战70周年"纪念章获得者之一，抗美援朝老兵周贤守为党员干部上党课，向老兵赠送党史书籍和新的税务制服，并集体重温入党誓词，传承红色基因。4月25—26日，开展医保费缴纳政策宣传活动，结合党史学习教育，开展"我为纳税人缴费人办一件实事"实践活动，面向全市40户残疾人户宣传医保政策，进一步提高社会对医疗保障政策法规的知晓率和认知度，激发群众参保积极性。

【纳税服务】 2020年，市税务局从三个方面加强纳税服务工作，优化营商环境方面，落实"非接触式办税"，助力疫情防控阻击战。2020年，面对突如其来的疫情，纳税服务股在市局党委领导下有效落实疫情防控期间各项工作部署，发挥电子税务局"非接触式"办税主渠道作用，采用"网上办""预约办""延期办""邮寄办"等有效措施，提高网上办理覆盖面，提升通过电子税务局相关信息系统网上办税服务能力和服务水平。2020年，共通过电子税务局办理各类涉税事项760多件，通过免费寄递平台寄递发票71份，网上申报率达到99.68%，努力营造一个"安全"、安静的办税大厅。进一步提升纳税服务水平，优化合山市税收营商环境。贯彻落实疫情防控期间各项税费优惠政策。通过税企微信QQ群、短信平台、纳税人学堂、办税服务厅公告栏等多种方式宣传最新税收政策。同时推广广西税务局网上纳税人学堂、广西税务局抖音号、来宾税务"蓝姐说税"等特色宣传栏目。2020年，通过短信平台发送各类税费优惠提醒短信13000多条，发放各类宣传资料3000多份，推送各类宣传推文60多条。提升服务队伍的素质和能力。参与来宾市税务系统开展的办税服务厅人员"每日一学"，"每周一测"，"每季一考"，以考促学。办税服务厅人员业务水平和操作能力得到了全面提升，为纳税人提供更高效和便捷的服务。优化发票领用管理。进一步简化发票申领办理流程，通过利用信息化技术手段，整合税收大数据等方式，开展发票领用分类分级管理工作。对纳税信用评价等级和税收遵从度高，无涉税风险的纳税人，税务机关纳入"白名单"管理，根据实际经营情况实行发票领用按需供应，即时办结。提高发票首次申领量，对符合条件的新办纳税人实行申领增值税专用发票最高开票限额不超过10万元的，每月最高领用数量不超过25份。增值税普通发票最高开票限额不超过10万元，每月最高领用数量不超过50份。依托纳税信用评价体系，推动"银税互动"。2020年，为推动全面复工复产，创造有利条件解决中小企业融资难题，合山市税务局和金融部门主动作为，做实税务信用"资产化"，盘活税收数据"金矿"，助力实体经济发展。2020年，辖区金融机构通过"银税互动"平台发放各类贷款达1.46亿元。

【主要纳税企业】 2020年，合山市税务纳税前十名单位为大唐桂冠合山发电有限公司，广西合山虎鹰建材有限公司，合山市农村信用合作联社，合山贵能能源有限责任公司，合山市祥星制糖有限责任公司，合山市建合城市开发投资有限责任公司，广西合山大好河山投资发展集团有限公司，广西电网有限责任公司来宾合山供电局，广西壮族自治区烟草公司来宾市公司合山营销部，合山市山鑫钙业有限责任公司。

（撰稿：原忠雄、施茜、黄存、覃冬、梁益宁、农运策、龚莹莹、庞丽萍、丁浩晏、韦新悦）

金融·保险

中国农业银行股份有限公司合山市支行

【概况】 中国农业银行股份有限公司合山市支行（简称农行合山市支行）辖有支行营业室、岭南支行、里兰支行3个营业网点，机关内设部门有综合管理部、纪委办公室、风险管理部、信用管理部、客户部、三农客户服务部2个部门。共有员工40人。

【存贷款业务】 2020年，在新冠肺炎疫情的严重影响下，农行合山市支行推进“六稳”“六保”金融支持工作，围绕当地经济发展重点，推进网点基础金融服务设施建设，强化科技赋能，聚焦政务服务、民生消费、同业合作三大重点领域，加快“衣食住行”等高频生活场景输出，用好营销宝和金融小店，加强“聚合码”业务营销，集中开展线上营销活动。2020年，农行合山市支行各项存款余额为106015万元，比上年末增加6566万元，各项贷款余额为65450万元，比上年末增加15675万元。

【服务“三农”】 2020年，农行合山市支行贯彻落实上级行的工作部署，继续秉承“服务三农”理念，紧扣打赢脱贫攻坚战、实施乡村振兴战略和“建设壮美广西共圆复兴梦想”发展目标。2020年，农行合山市支行惠农卡12261张，比上年末增加1366张，涉农贷款余额35770万元，比上年末增加17806万元。其中，农户贷款7136万元，比上年末增加2931万元。

【内控管理】 2020年，农行合山市支行按照上级行的部署，推广“三线一网格”管理模式，通过以党建的建设为统领，以纪检监督为保障，以案件风险防控为重点，以员工行为网格化管理为抓手，以IT系统平台为支撑，把员工行为管理网格化，把每个部门或营业网点组为一个网格责任区，全体人员均处于相应的网格责任区内，履行对格内人员思想行为的监督职责，形成“全行成网、网中有格、格中定人、人负其责”的管理格局，把苗头性问题及时消除于萌芽状态，杜绝了各类违规、违纪、违法事件的发生。农行合山市支行持续推进岗位“零违规”创建，增强合规操作和案防意识，强化依法治行、从严治行理念，开展“从严治党、从严治行”教育、党风廉政建设、“六五”普法和警示教育等活动，保持惩治腐败和违规操作高压态势，筑牢广大干部员工廉政的思想防线；层层签订责任书，抓好安全保卫物防、技防、人防建设，扎实做好全行的案件防控工作，全行管理基础得到了夯实；加强舆情监控、信访、突发事件等应对工作；发挥工会在政策宣导、权益保护、困难帮扶等方面职能作用，进一步增强员工凝聚力和向心力，有效维护和谐发展大局。

【网点建设】 2020年，农行合山市支行推进网点数字化转型建设，加大财务资源投入，狠抓网点硬件设施建设，打造以线上办理业务为主的智能化金融服务，减轻网点人工柜台工作强度和工作压力，缩短客户到店办理业务时间，彻底扭转了客户排长队的现象。2020年，农行合山市支行先后为3个营业网点配备了超级柜台，为广大客户提供更加方便、快捷的金融服务。农行合山市支行现有支行营业室、岭南支行、里兰支行（金融便利店）3个人工服务网点，4个离行式和3个在行式自助服务银行，共有13台ATM机（自动存取款机），金融服务全面覆盖全市3个乡镇。

【金融扶持】 2020年，在新冠肺炎疫情和全球经济萎缩等多种因素影响下，农行合山市支行贯彻落实上级行关于做好企业复工复产的金融服务政策，深入企业调查摸底，收集信息材料，简化业务办理流程，提高办事效率，为企业复工复产提供信贷支持。2020年，农行合山市支行为11家企业复工复产提供信贷支持31笔，金额1089万元；1户种植大户复工复产提供信贷支持1笔，金额140万元。同时，农行合山市支行还主动履行社会责任，积极参与“抗疫阻击战”，为2所学校捐赠医用口罩6000只、医用手套500双、消毒液7件等防疫物资，为当地抗击新冠肺炎疫情做出应有的贡献。

【互联网金融】 2020年，在新冠肺炎疫情影响下，农行合山市持续推进网络金融业务的发展，借助数字化手段走出物理场所，实现与客户生产生活场景的无缝对接和深度融合，最终实现“金融服务无处不在”。农行合山市支行根据上级行部署的“创新引领场景拓展，实现开放银行和场景金融大发展”的要求与政务、学校、商超深度合作，上线了智慧政务、智慧食堂、智慧商圈等互联网场景，融入人们的生活各方面。2020年，合山农行掌银App注册人数达到25574户，年活跃客户数12038户，动户率达到47.07%，农行聚合码收款商户新增514户，互联网场景建设新增7户。农行的网络金融为各行各业不同领域的客户带来了全新的线上金融服务体验。

（撰稿：蒙如敏）

中国工商银行合山市支行

【概况】 中国工商银行股份有限公司合山市支行是中国工商银行来宾分行辖属一级支行，是一家集本外币存款、贷款、结算、国际业务、理财、电子银行、信用卡等业务为一体的综合性支行。现有职工16人，营业机构1个，自助银行3个，其中，男职工9人、女职工7人。

【存贷款业务】 2020年，工行合山市支行储蓄存款余额4.54亿元，比年初增加4856万元，日均余额4.25亿元，比年初增加4339万元，两项完成率均辖区内排名第一，实现时点、日均增量同业双第一。2020年，公司贷款余额2.05亿元，比年初增加1.96亿元，全年普惠金融贷款增加3800万元，其中个人经营性贷款增长1800万元，小微企业贷款增长2000万元，小微企业信贷客户数比上年增加4户，普惠金融业务提速发展。

【互联网金融业务】 2020年，合山市支行紧跟总行步伐，加快数字化转型，以“1+2+N”模式加快以客户为中心，线上线下一体化，N个产品配套的服务渠道模式转型，提升金融服务适应性、普惠性。推广互动式线上“云网点”、客户经理“云工作室”，提供“屏对屏”非接触金融服务；依托面向老年客群推出的手机银行“幸福生活版”，提升老年人智能金融服务体验；加大科技赋能乡村振兴，以电子网络为平台，实现存、贷、结算等产品全覆盖。赋能智慧政务，助力地方数字化转型。2020年，实现合山市农村财务软件系统与工行三资平台无缝对接，完成20个村集体组织账户开立及农银直联挂接，成为来宾地区银行业首家签约农村三资平台、首家系统上线、首家财务迁移的银行金融机构。

【内控案防】 合山市支行紧紧围绕存款、效益、资产质量三个核心指标，坚持从严治党、从严治行方针，加强党风、行风和工作作风建设，贯彻落实中央八项规定和“改进工作作风”要求，加强对“三重一大”的学习和执行，确保在人、财、物等重要领域运作规范，遵守办公用房、业务用车、职务消费等制度要求，执行廉洁从业各项规定，同时全面加强队伍建设、市场营销、案件防控、风险控制等工作。抓好内控合规，提升内部控制能力，围绕内控评价考核指标，责任到人、狠抓落实，强化各道防线尽职履责，前中后台密切配合，持续强化流程、岗位和人员管理，加强线上线下监督，切实把实质风险“拒之门外”；加强案防形势分析和员工思想行为动态排查，加大内控案防监督检查力度，严格落实“一岗双责”；紧扣上级行工作部署，开展各种合规教育主题活动，把内控案防工作贯穿于整个经营生产活动中，确保全年无重大案件、责任事故发生，实现各项业务稳健、快速发展。

（撰稿：李　芮）

建行合山支行

【概况】 2020年，建行合山支行共有员工10人，其中行长1人，营运主管1人，客户经理4人，柜员4人。其中大学本科学历6人，占全行员工的60%；大学专科学历4人，占全行员工的40%。其中，党员4人，占全行员工的40%。

【存贷款业务】 2020年，建行合山支行各项存款余额5.04亿元，比年初增长0.53亿元。其中对公存款时点余额2.28元，比年初增长0.29亿元，个人存款时点余额2.76亿元，比年初增长0.23亿元。2020年，建行合山支行各项贷款余额19691万元，贷款余额比年初减少570万元。其中企业类贷款余额15576万元，比年初减少570万元，个人类贷款余额4115万元，比年初新增424万元。

【普惠金融】 2020年，建行合山支行落实合山市委、市政府关于支持全市中小微企业发展的工作要求，通过普惠金融信贷产品解决企业融资难、融资贵问题。建行普惠金融产品的优势。纯信用，解决了中小企业缺少抵押物而无法向银行申贷的难题。审批快，该产品实现了线上申请、审批、签约、支用、还款的全流程网上自助办理操作，有效缩短审批时间，可以说是“秒批”。资金到账快，只要企业符合申贷条件，从申请到资金到账只需要短短几分钟，解决企业临时资金短缺的燃眉之急。利率成本低，贷款年利率仅为4.25%，比2019年再次下降0.25个百分点。

【脱贫攻坚】 建行合山支行扶贫帮扶对象为河里镇长模村，共计4户16人。2020年，建行合山支行4户帮扶贫困户已全部实现脱贫，较好地完成扶贫工作目标任务，助力打赢脱贫攻坚战。

【客户服务】 2020年，建行合山支行持续加强对企业及个人客户的服务能力，为广大个人客户提供优质的综合金融服务，包括以快贷、信用卡、分期贷款满足大额消费需求，并且为企业在结算账户、网银等产品的开立和激活提供高效服务，在产品费用、结算手续费等方面尽量给予客户减免，减轻企业成本负担，同时上门了解企业生产经营情况及金融需求，为企业现场解决金融问题。

（撰稿：建行办）

信用联社

【概况】 合山市农村信用合作联社（简称：“合山联社”）内设八部三室一中心，即人力资源部、市场开发与电子银行部、信贷管理部、稽核审计部、风险管理部、法律合规部、财务会计部、安全保卫部、党委办公室、行政办公室、监察室三室，以及远程授权中心；下辖联社营业部、北泗信用社、河里信用社、岭南分社、里兰分社5个金融服务网点。共有员工75人，具有大专以上学历的员工占95%以上。

【存贷款业务】 2020年，合山联社各项存款余额19.80亿元，较年初增长2.24亿元，增幅12.76%；各项贷款余额15.47亿元，较年初增长1.53亿元，增速10.96%。各项存贷款余额和增量均保持合山金融同业第一。

【服务“三农”】 2020年，合山联社坚持金融服务“三农”的市场定位，开展“三农”金融服务工作，重点加大对农户、个体工商户、种植养殖大户的信贷支持力度，有力地支持了当地农民增收和新农村经济的发展。2020年，累计发放涉农贷款5.12亿元。

【互联网金融】 2020年，合山联社加快互联网金融业务的发展步伐，利用手机银行、微信公众号等电子平台优势，加大拓展农信“易贷”、“金猪贷”、桂盛增利等业务，满足广大客户和社会发展新需求。

【内控案防】 合山联社坚持“无禁区、全覆盖、零容忍”的工作思路不动摇，狠抓廉洁从业教育，筑牢反腐防变思想道德防线。做好党建工作，完善基层党组织建设，严肃组织生活，严明组织纪律，强化基层党组织的政治引领作用，将“三会一课”和党员民主测评工作落到实处。

【网点建设】 2020年，合山联社完善各网点软硬件设施。对全辖网点金融电子设备进行了升级，同时对里兰分社、北泗信用社两个两点进行了装修改造，改善金融服务环境。在合山市全辖的29个行政村设立35个金融便民服务点，将金融服务由乡镇延伸至村屯，打通了金融服务乡村的“最后一公里”，为客户提供更加高效、便捷的金融服务，满足群众的金融需求。

【金融扶持】 2020年，合山联社发挥农村金融“主力军”的作用，服务和支持地方经济的发展。将信贷资金投向“三农”和小微企业，同时结合复工复产情况，推出木材行业产业链授信业务，累计向木材行业发放贷款5000多万元，全力支持企业复工复产，有效地支持了合山市经济的发展。

（撰稿：信用社）

中国人民保险

【概况】 中国人民财产保险股份有限公司合山支公司（简称“人保财险合山支公司”）隶属于中国人民财产保险股份有限公司，是国内一家大型国有财产保险公司。承保的主要险种包括机动车辆保险、企业财产保险、建筑工程保险、家庭财产保险、货物运输保险、责任保险、人身意外险、产品质量保险和政策性农业保险等。人保财险合山支公司内设经理室、综合部、续保团队、出单分部、理赔分部

5个部门。下辖1个交警远程出单点。公司员工14人，在职在编6人。

【业务经营】 2020年，完成保费收入605.8万元。人保财险合山支公司以服务地方经济发展为导向，发展三农保险股份，贯彻落实精准扶贫工作精神，履行“人民保险服务人民”的社会责任，推进中央政策性能繁母猪、育肥猪，甘蔗、水稻、水稻试种，公益林、商品林保险业务发展，拓展肉牛保险、柑橘保险地方政策性农业保险业务。

【队伍建设】 2020年，人保财险合山支公司完善网点功能和服务能力。在交警办证大厅设置保险办理点，指派专人定点办理保险业务，提供保险咨询和保险服务，为客户提供高效便捷服务，满足群众的保险需求。同时客户也可以用自己手机在广西人民保险微信公众号注册网上投保、网上理赔。

【保险服务】 人保财险合山支公司继续秉承“人民保险服务人民”的服务理念，持续深化公司经营管理体系改革，提升保险经营管理水平，推进公司专业化发展进程。

【保险理赔】 2020年，人保财险合山支公司在理赔服务方面，完善理赔专业知识培训，促进产品线和理赔部门之间的沟通、互动，理赔服务实行两人轮班24小时全天候值班，致力于提高理赔服务质量和效率。3000元以下财产损失一小时赔付的小案件。公司推出拇指理赔服务，微信关注“广西人保财险”，即可掌上报案，方便快捷。

经济管理与监督

发展和改革

【概况】 2019年3月机构改革，合山市发展和改革局加挂合山市粮食局牌子，代管合山市资源枯竭城市经济转型办公室（市人民政府直属正科级公益一类事业单位），设置机关行政编制10名。设局长（粮食局局长）1名，副局长3名，机关后勤服务人员控制数3名。内设办公室、综合规划股、固定资产投资股、审批股、粮食股、价格股6个业务股室。市转型办设置事业编制10名，主任1名，副主任2名。内设农村经济股、工业经济转型股、服务业发展股、社会发展股4个业务股。

【项目审批和备案】 2020年，合山市进一步推进投资项目并联审批制度改革工作，工程建设项目审批制度改革工作中取得重大进展。环节减少，工程报建备案类由12个环节压缩到10个环节。核准类和审批类由14个环节压缩到12个环节。限时办结，备案类项目，办结时限由30个工作日压缩到25个工作日。核准类和审批类由35个工作日压缩到30个工作日。精简材料，备案类项目，办理材料由30项精简到17项；核准类和审批类，办理材料由44项精简到20项，并且项目业主只需提供一份材料，综合窗口共同使用并存档。2020年，企业投资项目备案29个，总投资179968.8万元；政府投资项目立项66个，计划总投资51866.26万元。

【重大项目建设与管理】 2020年，合山市列入来宾市（含自治区层面）统筹推进重大项目31项，其中新开工项目10项，续建10项，竣工项目3项，预备项目8项，项目计划总投资76.28亿元。2020年，计划投资11.06亿元。2020年1—12月累计完成投资13.2亿元，占年度计划投资的119.35%。新开工项目，新开工项目10项，年度计划投资4.7亿元，1—12月完成项目投资2.64亿元，占年度计划投资额的56.17%，开工率100%。续建项目，续建项目10项，年度计划投资5.1亿元，1—12月累计完成投资9.15亿元，占年度计划投资额的179.41%。其中合山市联泰木业有限公司年产10万立方米胶合板项目已于7月竣工投产，完成投资0.2亿元。竣工投产项目，项目年度计划投资1.25亿元，1—12月累计完成投资1.26亿元，占年度计划投资额的100.8%。已竣工项目4项。竣工率133%。其中，年产10万立方米胶合板项目联泰项目提前竣工。如期竣工投产项目3项，大唐桂冠合山发电有限公司3号机组超低排放改造项目已竣工，实现实际竣工时间比计划竣工时间提前。

【固定资产投资】 2020年，全市固定资产投资同比增长15.3%。其中，5000万元以上项目增长23.9%，500万～5000万元以下项目同比下降47.1%，房地产同比增长148.9%，房地产拉动作用显著，成为拉动全市投资增长的主要支撑点。从行业看，工业投资同比增长18.1%，制造业投资同比增长16.4%，工业技改造投资同比增长12.8%. 从投资主体看，民间投资同比增长14%，非公投资同比增长14.7%。

【营商环境建设与优化】 审批效率进一步提高。市市场监管局进一步压缩企业开办时间和环节，开办时间由3个工作日压缩到0.5个工作日，申报材料由原来的25份缩减到线上一表申请，线下一套5份材料。市住建局牵头将办理建筑许可的填报表单从原来的10份缩减到4份，申报材料从原来的151份压缩到111份，一般投资类工程项目的审批时间由原来的105个工作日压缩为40个工作日，实现了每一阶段"一家牵头、一窗受理、一套材料、一张表单、并联审批"。企业运营成本进一步降低。合山市市场监管局不断降低企业开办成本，新印发了免费奖励4枚公章和税控盘的奖励办法。扩大电子营业执照和电子印章的使用范围，企业开办各部门平台等3项任务需要上级统筹整合和优化来推进。获得用水方面，目前合山市的供水管网已经延伸至乡镇和村屯，安装成本进一步降低。落实减免社保费政策。2020年，合山市免征中小微企业和以用人单位身份参保缴费的个体工商户三项社会保险费单位缴费部分达到2152万元，其中基本养老保险2019万元，失业保险67万元，工伤保险66万元；落实阶段性降低社保费率政策。2020年，累计为企业减轻负担1191.5万元，受惠职工人数达到8297人。政务服务质量不断优化。政务服务事项网上可办率达到100%。提升网上办事指南准确性，现有政务数据资源目录194条，政务数据总量194条。即办件为335项，占比17.6%。进驻事项为1489项，实际进驻事项1461项，未进驻28项，进驻比例98.1%。4个"一窗受理"综合专窗，1个综合代办窗口。依托广西数字政务一体化平台，实现全区通办事项41项，全市通办事项133项，全县通办事项1132项，通办率为90.14%。

（撰稿：凌露、欧秀妹、黄川源、杜勇）

2020年8月6日，合山市市长徐钊（前排左三）率队赴浙江省考察优耐富（长兴）自动化设备有限公司，洽谈碳酸钙下游产业项目　（投促局提供）

2020年8月26日，合山市市长徐钊（中）率队赴廉江市宏达电子科技有限公司考察，了解企业发展经营情况，对接洽谈意向合作项目　（投促局提供）

投资促进

【概况】 2020年，合山市投资促进局内设办公室、投资促进股、项目协调服务股和政策信息股4个股室，核定事业编制9名，实际在编9名，设局长1名，副局长2名。聘请编外人员2名。

【招商引资成效】 2020年，合山市所实施项目到位资金33.15亿元，完成广西区外招商到位资金目标任务33亿元的100.46%。新设外资企业2家，完成来宾市下达2家目标任务的100%；商务口径外资及港澳台投资到位60.29万美元，完成来宾市下达60万美元的100.49%。全市引进亿元以上产业项目7个，完成来宾市下达的5个目标任务的140%，协议总投资91.05亿元，涵盖碳酸钙、木材深加工、金属新材料、物流、康养等产业。其中，2020年签约当年开工项目5个，签约当年竣工投产项目1个。

【招商亮点】 2020年，合山市成立以市四家班子主要领导为组长的四个招商工作组，各招商工作组围绕碳酸钙、智能制造、木材深加工、生物医药、新型环保材料、用电用气大户、物流等产业对接京津冀地区、长三角地区、粤港澳大湾区开展"三企入桂"招商活动。2020年，外出考察30多家，接洽来访客商40多批次，成功引进项目7个，分别为总投资1.5亿元的江苏新超物流有限公司合山市义来物流园项目、总投资1亿元的柳州富森木业有限公司年产10万立方米胶合板建设项目、总投资2.5亿元的广西合山鑫璐实业有限公司年产20万吨超细重质碳酸钙项目，总投资1500万美元（折合人民币1.05亿元）的广西寰宇新材料科技有限公司（港澳台投资）合山市年产10万立方米胶合板建设项目，总投资3.5亿元的广西中煤地质有限责任公司广西合山煤田隐伏地热综合开发与温泉康养小镇建设项目，总投资80亿元的西藏博舜创业投资有限公司广西恒琨贵金属资源再生综合利用项目，总投资1.5亿元的深圳市前海君澄投资有限公司合山市现代医药物流中心项目。另外，合山市突出抓好利用外资工作，突破性完成三项外资绩效考评指标任务。

【项目实施】 2020年，合山市共召开6次招商引资工作指挥部会议，同时不定期组织召开项目协调推进会议，召集相关职能部门，研究协调解决义来物流、富森木业、寰宇新材料、广西中煤、广西恒琨等企业项目准入问题，新昊天公司一期项目用地扶持资金问题，义来、虎鹰公司管理人员子女就学问题，恒琨公司员工住宿、办公问题等，精准服务企业发展，推进项目建设，助力企业做大做强。2020年，合山市新签约7个项目中履约项目7个，履约率为100%；开工项目5个，开工率为71.42%；竣工项目1个，竣工率为14.28%。

（撰稿：覃建鹏　王艳荣）

审　计

【概况】 2020年，合山市审计局人员编制17名（行政编制6人，工勤人员编制1人，二层事业编制10人），在编16人（行政编制6人，工勤人员编制1人，二层事业编制9人）。

【财政预算执行情况审计】 2020年，合山市审计局完成合山市2019年度本级财政预算执行和其他财政收支审计以及农业农村局、投资促进局等2个部门的预算执行审计，共查出违规金额269.52万元，管理不规范金额2829.07万元，应上缴财政资金269.52万元，应调账金额1633.57万元，查出应缴财政款未上缴国库、非税收入未按时缴存国库、未及时清理往来款项等问题。通过审计，促进财政体制改革、规范财政管理、防范财政风险，揭示支出管理上的薄弱环节，规范预算收支管理，维护财经纪律严肃性，促进提高财政管理水平。

【经济责任审计】 2020年，合山市审计局完成市发改局局长、市林业局局长2位领导干部任职期间履行经济责任情况审计，在促进领导干部履行经济责任，规范权力运行及落实重大政策部署方面发挥了积极作用。为加快落实事业单位改革工作，完成了市场开发服务中心等6个生产经营类事业单位主要负责人任期经济责任审计。

【固定资产投资审计】 2020年，合山市审计局完成了河里镇河里村五彩田园道路二期工程、中路招待所维修工程2个项目竣工决算审计；开展了合山市中医院业务综合大楼工程、合山市粮食储备中心库工程、合山市妇幼保健院公共卫生服务综合楼工程等6个重大工程项目跟踪审计。通过审计，督促建设单位以及财政部门切实履行职责，加强管理，提高政府资金投资效益。

【专项资金审计（调查）】 2020年，合山市审计局开展了市扶贫办2019年度扶贫资金管理使用情况专项审计，重点关注专项资金分配方面是否符合国家、自治区相关政策，专项资金收支的真实性和合规性，揭示挤占挪用、虚报冒领、违规发放资金问题和扶贫小额信贷发放存在问题风险等。按照市委组织部的安排，开展全市2019年党费收缴、使用、管理情况专项审计。重点围绕党费的使用程序是否合规、严格，使用项目是否符合规定，是否监管到位，党费开支是否符合规定的使用范围等进行审查，促进党费在基层党组织建设中发挥更大的作用。

【审计成果】 2020年，合山市审计局完成审计项目19个，查出主要问题金额3098.59万元，其中应上缴财政269.52万元，应调账处理金额1633.57万元；已上缴财政269.52万元，已调账处理金额1633.57万元。

（撰稿：邓文娟）

统　计

【概况】 合山市统计局属正科级建制，下设办公室和专业统计股。另有一个参公事业单位（合山市城市和农村社会经济调查队）和事业单位（合山市统计数据中心）隶属于统计局，在职在编干部职工有12人。

【规范化建设】 2020年，合山市主要通过四个方面推进基层统计规范化建设进度。强化领导，落实保障。形成局长负总责、副局长具体抓、股室专业分工协作的工作机制，推进各项工作落实；上半年已落实1万元作为基层统计规范化建设工作专项经费。加强业务培训，强化业务指导水平。局内不定期召开基层统计规范化建设业务培训，不断提高各专业人员业务指导水平，更好地指导相关部门、乡镇、企业开展基层统计规范化建设工作。以会代训、以调研代检查推动工作。利用各专业年报业务培训会、各类工作会议和深入调研向部门、乡镇、企业统计员、分管领导讲解实施方案中的重点、难点，宣传基层统计规范化建设工作的重要性，营造氛围，最大程度获取部门、乡镇、企业领导对该项工作的支持与配合，加强基层统计规范化建设工作积极性。抓好示范引领作用。通过实地学习、分享经验等方式组织各层面部门到已获得示范单位学习；建立工作交流群加强沟通交流和经验分享。2020年，共有4个部门、5家企业达到示范标准。

【数据质量管理】 2020年，合山市统计局聚焦提高统计数据质量，深化统计管理体制改革，全面加强数据质量管理体系建设，进一步完善惩戒统计造假的制度机制。在全市开展整治弄虚作假专项行动，力促提高统计数据的真实性、准确性和可比性。同时强化各级统计机构依法查处统计违法行为的责任，加强统计执法队伍建设，增强执法力量。畅通统计弄虚作假举报渠道，加大主动执法检查力度。

【统计信息化建设】 2020年，合山市统计局持续加强统计信息化建设，实现与各镇的统计专网连接，并加强网络安全管理，进一步提升统计网络速率、稳定性、安全性，保障统计年定报等各项业务工作的顺利开展。按照网络信息安全等级保护要求，从网络、设备、系统、人员、应急、机房等方面对制度进行修订，形成全方位的网络与信息系统安全管理体系，落实网络安全责任；加强对基础网络、计算机终端、信息设备的使用管理，开展专项检查，对网络配置进行优化，提升网络、应用系统的稳定性；开展信息化技术培训工作，提升全员信息技术能力，增强信息安全意识。

【统计服务】 2020年，合山市统计局致力于建立健全统计信息咨询服务体系，增强统计服务的主动性，从过去注重完成报表任务向完成报表和服务地方经济社会发展转变。围绕市委、市政府的重要工作部署，制定统计服务工作措施，做好统计资料的收集、整理和审核工作，及时向社会发布统计信息，为广大群众了解社情和参政议政提供优质服务。全年共编印发放《统计快报》11期，统计公报1篇。

【统计普查】 2020年，合山市统计局按照国家、自治区和来宾市第七次全国人口普查的工作部署，组织力量“早安排”、“早布置”，通过成立机构、落实保障、强化培训、加强宣传，抓好人口普查各项工作。

【经济社会调查队伍】 合山市城市和农村社会经济调查队是合山市统计局二层单位，主要负责统计全市基本单位名录库，承担国家布置的国情国力调查，农村统计调查，规上、规下工业企业调查，限上、限下批零住餐企业调查，工业能源消费调查工作，规上服务业调查，城乡居民可支配收入调查，社会科技统计调查等统计工作。

（撰稿：统计局）

市场监管

【概况】 合山市市场监督管理局（简称“合山市市场监管局”）于2019年3月5日在原合山市工商行政管理和质量技术监督局机关大院完成机构组建并挂牌成立，内设机构17个；设计量检定测试所为二层事业机构。合山市市场监督管理局挂牌成立后，原合山市工商行政管理和质量技术监督局、原合山市食品药品监督管理局全部人员，以及市发展和改革局的价格监督检查人员于机构组建时完成向市场监督管理局的人员转隶。2020年，合山市市场监督管理局共计有行政编制39名，实有公务员36人，机关后勤控制数5名、实有4人；参照公务员管理编制33名，实有31名（其中2人为参公工勤）；事业编制4名，实有4人；另有政府购买服务辅助执法和食品快速检测人员13人；全局实有人员88人，其中局领导班子员成员6人。

【市场主体注册管理】 2020年，合山市市场监管局从减少办理环节、减少登记程序、减少登记材料等方面，把企业开办涉及的企业登记注册、印章刻制、发票申领、医保和社保登记、公积金缴存开户登记6个环节实现了在2个工作小时内完成，完成企业登记、印章刻制、申领发票、医保和社保登记、公积金缴存开户登记、办理银行开户7个事项压缩至0.5个工作日内的目标。2020年，新办各类型企业注册登记241户，认缴注册资本139725万元；新办农民专业合作社7户，认缴注册资本487万元；新办个体经营户1268户，认缴注册资本11515.79万元；办理各种市场主体变更1498户项次。

【合同监督管理】 2020年，合山市市场监管局共出动执法车辆20辆次、出动执法人员50人次，检查通信、物流、供水等行业的格式合同20余份，走访动员50家次企业参加自治区“守合同、重信用”企业的申报，有19家企业在自治区在“守合同、重信用”网址申报成功，最后有9家企业被评为自治区“守合同、重信用”企业。

【市场主体监督管理】 开展市场主体年报公示。2020年，合山市企业年报率93.90%，农民专业合作社年报率102.84%，个体工商户年报率92.36%。推进“双随机、一公开”检查工作。根据各部门职责制定《合山市2020年度“双随机、一公开”部门联合监管抽查计划》，2020年，共开展自治区局下达的15次“双随机、一公开”检查工作，涉及食品销售监督检查（农/集贸市场）、广告行为检查、成品油产品质量监督检查（加油站）、对拌混凝土企业进行产品质量监督抽查等13个检查事项126户各类市场主体。开展了11次跨部门联合双随机一公开检查工作，涉及订单粮食收购检查、合山市种子经营单位联合检查、人力资源市场专项检查等检查事项，共计检查市场主体105户。单部门双随机任务和跨部门联合双随机任务完成率均达100%。

【广告监督管理】 2020年，合山市市场监管局开展重点行业广告监管的工作。共出动执法车辆15辆次，出动执法人员50人次，检查经营户200多户，检查户外广告200多条，广告投诉4起，有效打击合山市的广告违法行为。

【商标监管与地理商标申报】 2020年，共出动执法车辆30车次、出动执法人员70人次、走访企业及经营户200多次、动员经营户成功注册商标6个、成功申报专利4个。

【消费者权益保护】 在“3·15”期间，合山市市场监管局针对疫情防控重点，为防止人员聚集、发生交叉感染，采取“线上宣传为主，线下检查为辅”的方式开展消费宣传维权活动，利用“大好合山”公众号、来宾市局网站、合山市政府网等各类媒体平台加大宣传攻势；多举措提高参创热度，成功开展放心消费示范街创建活动，动员合山市三街的经营户参与创建，2020年，共有47家店铺申报创建放心消费示范单位；共受理投诉100件，举报47件，接待咨询8件，初查率达到100%，调解成功率87%，挽回经济损失约8.8万元。

【市场监管执法】 2020年，合山市市场监管局共查办案件107件，一般程序案件95件（其中，食品类77件，化妆品类9件，无证无照经营类8件，质量类1件）。简易程序案件12件（其中，食品类4件，药品类2件，无证无照经营类5件，医疗器械类1件）。货值金额82864.86元，罚款金额168437.10元，没收财物金额52674.25元。无打击侵权假冒伪劣商品案件。

【服务非公经济】 合山市市场监管局围绕“强服务、助复产、稳经营”的活动主题，通过设置政策咨询台、悬挂宣传横幅、发放宣传资料、接受咨询服务等形式，宣传党和国家鼓励、支持和引导个体私营等非公有制经济发展的政策，促进合山市非公有制经济发展。在宣传月期间，共计深入企业宣传115户次，深入辖区内各集贸市场宣传14次，深入贫困村宣传5次，召开座谈会3次，共计出动人员515人次，发放宣传资料5000余份。利用新闻媒体宣传“小个专”各类先进事迹，共上稿8篇。

【队伍自身建设】 把抓好党建作为打开全局工作的突破口，成立党建办公室作为党建工作常设机构，日常化开展“不忘初心、牢记使命”主题教育活动，全面提高全局工作人员精神风貌。加强组织纪律性建设和岗位技能培训工作，在岗位技能大练兵活动中，开展军训，提高干部听指挥、打胜仗的能力，强调令出必行、战则必胜的新型市场监管工作作风。全面提高市场监管队伍综合素质。

【乡镇市场管理站（所）概况】 按照合山市市场监管综合执法改革工作的安排，整合工商所、食药监所职责，组建市场监督管理所，作为合山市市

2020年合山市市场监督局开展学校周边“双随机”联合检查 （市场局提供）

场监督管理局派出机构，在职权范围内行使市场监督管理领域的执法监管职能。在全市各乡镇及矿区等重要经济区域分别设立，城中、岭南、里兰、北泗、河里5个市场监督管理所。派出的执法机构以市场监督管理局领导和管理为主，建立健全纳入乡镇统一指挥协调的工作机制。

【质量监督管理】 2020年，合山市强化制造业工业许可后续监管，通过巡查回访、质量分类监管评价、企业年度自查等形式，督促企业落实质量主体责任。年度内企业无不符合审查项，企业用工业设备、实验室设备符合工艺要求，且履行有产品送检、自检义务。同时统筹协调实施合山市2020年质量强市战略重大问题和部署有关重大行动。2020年，完成制造业3批次工业产品抽检，22批次食品生产类产品抽检，食用农产品抽检161批次，食品流通领域快速检测3930个批次，合山市本级农产品质量安全抽检501批次，总体合格率96%以上；工程质量施工3项，竣工2项，监察覆盖合格率100%。

【计量监督管理】 2020年，加强民生领域计量监管，计量器具强制检定975台（件），服务企业数52家，器具使用个人581人次，累计减免强制检定费用27万元，有效保障了企业计量器具量值准确、民生市场公平交易环境。

【标准化技术建设】 深入企业开展标准自我声明公开宣传和指导工作。2020年，合山市有27家企业公开上报223项标准，涵盖229种产品，进一步完善了企业自我声明内容的监管机制。2020年，合山市各类认证认可有效证书13张，涉及8家企业，其中质量管理体系认证8张、职业健康安全管理体系认证2张、环境管理体系认证1张、其他自愿性工业产品认证2张。

【打击制售假冒伪劣产（商）品行为】 2020年，合山市市场监管局联合各“双打”成员单位开展了30多次的检查，检查集贸市场20个次、检查车站码头15个次、检查各种企业150家次、检查个体工商户1000户次；抽检流通领域商品6个批次，合格率100%。动员经营户成功注册商标6个、成功申报专利4个。

【特种设备安全监察】 2020年，全市使用单位70余家，辖区内特种设备总数506台（不含气瓶），其中，在用设备中锅炉有15台，压力容器185台，电梯68台；叉车21台，起重机械217台，压力管道12890米。2020年，共检查特种设备使用企业68家，抽查特种设备108台，发现安全隐患15个，当场消除安全隐患12个，口头责令整改26项/次，完成整改26项。下达安全监察指令书8份，经复查已整改完毕。全年合山市没有发生任何特种设备安全事故。

【行政审批】 2020年，依据优化营商工作要求以及部门工作实际情况，合山市市场监管局办理的食品生产许可审批、食品经营许可审批承诺办结时限为10个工作日，小餐饮许可审批、小作坊生产许可审批承诺办结时限为5个工作日，其中现场核查不计入承诺办结时限。食品药品审批业务总体提速率达到86%以上，群众满意度100%。2020年，食品生产许可审批2户；小作坊登记审批27户，延续3户，注销5户；食品经营许可审批107户，变更36户，注销76户；小餐饮许可审批156户，变更6户，注销41户；药品许可审批（材料初审）18户，变更38户，注销3户。新办特种设备从业人员证书9本，复审特种设备从业人员证书34本。

【食品生产流通安全监管】 2020年，开展元旦、春节期间食品安全、野生动物非法交易、校园及周边流通环节食品安全风险隐患排查、食品小作坊、非洲猪瘟、厄瓜多尔进口冻南美白虾、冷冻肉类食品、夜市等专项检查行动20余次，共检查农贸市场14个次、食品生产企业53家次、食品小作坊86家次、食品经营店475家次、食品摊贩12家次、市场内禽畜类及水产类经营店（摊）48家次、学校食堂46个、大型酒店4家、大中型餐馆22家、其他餐饮服务单位378家；完成食品销售风险等级评定512家；餐饮服务单位已明厨亮灶177家，明厨亮灶率75.3%。全市未出现食品安全事故。2020年，对农贸市场食用农产品开展快速检测，共完检测食品（农产品）4840批次，合格率100%。完成食品生产企业“区抽”22批次，“县抽”44批次，“国抽” 5批次。完成食品抽样送检样本382批次，配合广西壮族自治区市场监督管理局委托承检机构完成“国抽”送检23批次。对冷冻库进行非洲猪瘟5个采样批次，并配合市疾控中心完成检测核酸食品样品采样63批次，完成冷冻从业人员检测核酸采样75人次，完成检测核酸环境样品采样114批次。

【医疗器械监管】 2020年，合山市市场监管局在辖区内开展了主题为“安全用械，守护健康”的医疗器械安全科普宣传周系列宣传活动，普及医疗器械安全知识。开展医疗器械经营使用环节监管，重点检查医疗器械经营单位是否未经许可（备案）从事经营（网络销售）医疗器械、是否经营（网络销售）未取得注册证或者备案凭证等，保障合山市医疗器械安全。2020年，医疗器械不良事件任务下达总数为24例，实际报告数32例，报告完成率133.33%。医疗器械不良事件上报数每百万人口达到280份。

【保健食品化妆品监管】 2020年，合山市市场监管局开展保健食品、化妆品抽检工作，共检查药品经营、使用单位220家次，医疗器械经营、使用单位181家次，化妆品经营企业38家次；抽检保健食品3批次（暂未收到检验报告），抽检药品6批次（均合格），抽检化妆品5批次（均合格）。

（撰稿：市场监督局）

物价管理

【价格调控、民生价格管理】 完成粮油、副食品、猪肉、禽蛋等重要商品价格监测的旬报和液化气、生猪、食用油价格的周报工作以及每月、每季度、上半年市场价格动态分析，年市场价格动态分析。关注民生商品价格变动。疫情防控期间加大价格监测频次，对民生商品及抗疫物资价格变动及时做出分析预判。2020年，合山市居民消费价格指数（CPI）同比上涨2.0%，低于预期涨幅3%目标。启动价格监测应急机制保价格稳定，春节前夕由于新冠疫情与非洲猪瘟叠加，市场物价出现大幅波动，价格形势出现诸多不确定因素。为密切关注价格形势变化，2月初启动价格应急机制，对市场重要民生商品和疫情物资采取每日一报。2020年，上报各类价格监测报及分析397份，疫情防控期间还向党委、政府报送价格调研分析各一份，客观分析了当前价格形势，为政府价格决策提供依据。深入实施社会救助和保障标准与物价上涨挂钩机制，2020年，疫情直接影响居民收入，再叠加物价上涨因素，低收入群体特别是困难群体生活面临更大困难。为强化对困难群体救助措施，做好困难群众的兜底保障，按照上级文件精神，市民政、人社、退役军人事务局已完成1—6月（7月后未达启动条件）发放价格临时补贴发放工作，发放补贴303.38万元，受益低收入人群34641人次。最为突出变化的是落实提高补贴标准、扩大补贴范围，即自3月份起将联动系数由居民消费价格指数（CPI）阶段性调整为居民基本生活费用价格指数（SCPI），且补贴标准提高1倍。两项政策叠加使价格临时补贴标准呈数倍提高，让全市的困难人群在困难时刻得实惠。

【价格认定】 2020年，完成价格认定业务314宗，认定金额4437.03万元。其中，办理刑事及行政处罚案件价格认定206宗，金额117.97万元，应税物认定108宗，金额4319.06万元。

【价格调整】 降电价 合山供电局全年落实降电价政策2725.19万元。落实疫情以来各项降价政策为企业节约用电成本489.06万元。其中，在2月份至6月30日疫情防控期间办理业务降低企业用电成本24.47万元。落实2月份至年底降工商业及大工业电价95%政策，为合山3801户工商户节约电费251.64万元。24家工业企业享受到政府补贴基本电费212.95万元。落实国家其他降成本政策为企业节约成本2236.13万元。其中，降工商业电价为一般工商业用户节约用电成本691.70万元。执行峰谷分时电价，为电动公共汽车节约用电成本11.78万元（低谷时段用电执行大工业用电价格的50%）。辖区共25家大工业用户参加市场化交易，节约用电成本1519.39万元。优惠居民电价13.26万元。

降水价 落实降低疫情防控期间非居用水价格。合山供水公司主动配合阶段性对非居民用水执行降价10%，2—6月累计减收水费9.75万元。多项举措为合山市企业复工复产带来了实实在在的红利。暂停各项调价政策对农村生活用水价格、高中住宿费标准等申请调价项目按照区党委办区政府办印发《关于扎实做好“六稳”工作全面落实“六保”任务的实施意见》文件精神暂停调价程序，全年未出台调价政策。

（撰稿：凌露、欧秀妹、黄川源、杜勇）

应急管理

【概况】 根据《合山市机构改革方案》部署要求，将市安全生产监督管理局的职责，市政府办公室的应急管理管理职责，市公安局的消防管理职责，市民政局的救灾职责，市国土资源局的地质灾害防治、市水利局的水旱灾害防治、市林业局的森林防火相关职责，以及市防汛抗旱、抗震救灾、减灾、森林防灭火指挥部的职责，事业单位市地震局的震灾应急管理救援等职责整合，组建市应急管理局，作为市政府工作部门。合山市应急管理局（简称“市应急局”）于2019年3月5日正式挂牌成立，办公地址设在合山市人民中路2号。2020年有行政编制7名，实有人员7人；领导职数4人，设局长1名，副局长3名。局内设办公室、矿山股、综合股；合山市安全生产监察大队是参照公务员管理的局二层机构，编制11名，实有人员8人，大队长由合山市应急管理局分管矿山安全的一名副局长兼任；2019年新设立合山市应急管理救援综合服务中心，为合山市应急管理局管理的公益一类财政全额拨款事业单位，编制22名，实有人员18人，负责应急值班值守、防汛抗旱、森林防灭火、抗震救灾、减灾等工作。

【应急监察】 2020年，市应急局开展煤矿、非煤矿山、烟花爆竹、危险化学品、工贸行业等重点领域安全检查613次，下发执法文书903份，行政处罚26次，累计罚款87.94万元（检查罚款3.72万元，事故罚款84.22万元），其中煤矿方面安全生产违法行为立案调查2件，行政处罚2家企业3对矿井，罚款金额人民币30800元整。

【安全生产专项整治】 坚持定期开展安全生产大检查和领导干部带队检查安全生产，通过全面检查与专项检查相结合，有效防范和治理事故隐患，防控生产安全事故发生。开展煤矿，非煤矿山，烟花爆竹，危险化学品，等高危行业安全生产专项整治三年行动，确保高危行业安全有序运转。

【重大事故隐患排查治理】 2020年7月7日，来宾市安全生产委员会下发了《关于2020年度市级重点监督整改11项生产安全事故隐患的通知》，将合山市海盛纸业有限公司SZL12-1-6-H承压蒸汽锅炉水冷壁安全隐患列入来宾市级重点监督整改项目，并进行挂牌督办。按照文件要求，市应急局、河里镇组织相关工作人员对合山市海盛纸业有限公司SZL12-1-6-H承压蒸汽锅炉水冷壁安全隐患进行现场复查验收，发现存在安全隐患的锅炉设备已停止使用，该项隐患已得到消除，并于2020年12月予以核销。

【许可证核发】 2020年，市应急局行政许可实施数量为，申请数量9宗，受理数量9宗，许可数量9宗。

【安全生产宣传教育及培训】 2020年，组织开展“安全生产月”活动，制定下发《合山市安全生产委员会办公室关于印发合山市2020年，“安全生产月”活动方案的通知》。围绕“消除事故隐患，筑牢安全防线”主题，开展系列宣传教育活动，在合山市人民中路沿街，各镇，各企业悬挂横幅，在合山新世纪广场大屏幕连续播放一周安全生产警示教育片。邀请专家开展企业负责人，监管人员培训。组织企业观看安全生产警示教育片。在合山市一街至二街街头开展安全宣传咨询日活动，以“大喇叭”沿街循环播放安全生产法规，当天现场发放各类宣传手册、资料3500余册（份），环保安全宣传袋300余个，接受市民咨询1000余人次。

2020年4月29日，市应急局、水利局、合山供电局联合在合山市北泗镇东亭水库下游开展山洪灾害危险区防御应急演练 （应急局提供）

【森林防火】 2020年，合山市共发生森林火灾1起，地点在河里镇长模村长模弄，森林火灾过火总面积3.84公顷，其中有林地面积3.18公顷。起火原因为群众炼山，森林公安机关已立案处理，未发生人员伤亡情况。2020年防火期，全市核查卫星林火监测、火情遥感监测热点2起。接到信息后第一时间核实火情，按照就近就地组织原则，迅速组织精干力量参加扑救，确保火情及时控制，未造成人员伤亡。

【防汛抗旱】 2020年，重新调整防汛抗旱指挥部成员，为安全度汛提供有力的组织保障。落实责任制，市本级与各镇签订2020年防汛责任状，辖区内8个水库已实行镇村干部包段责任制。组织市防汛抗旱成员单位召开专题会议，进一步部署汛期安全风险防范工作。落实防汛值班，执行24小时值班制，确保信息通畅，准确迅速处理各种突发情况。抓好水库安全度汛工作，加强对辖区内8座水库进行多次汛前、汛中、汛后安全检查。2020年汛期期间，辖区内未出现洪涝灾情及人员伤亡情况。

【地震监测】 全市4个地震监测台站于2019年10月全部完成基础工程建设，2020年6月，由自治区地震台网中心安装地震监测设备并联网上线投入使用，监测站对合山市辖区地下矿区24小时全覆盖进行监测，观测数据纳入广西地震台网共享，提高合山市的地震监测能力。

【地震知识宣传】 开展防震减灾宣传教育。2020年5月，开展防灾减灾知识“进校园”“进社区”活动，为合山高中，实验中学赠送5000多册防灾减灾知识手册。在合山市实验中学、合山市岭南中心小学设置应急避难场所，并配备和完善相关设施设备。在中心市场二街设点宣传，展示图文并茂，内容丰富的防灾减灾科普知识板报，发放防灾减灾知识手册，防灾标语环保袋和围裙等宣传物品4000多份，接受群众咨询4000余人次，营造了全民参与防灾减灾工作的良好氛围。

【灾害防御与应急演练】 2020年4月，市应急局、水利局、合山供电局联合在合山市北泗镇东亭水库下游开展山洪灾害危险区防御应急演练。11月，市防灭火办（设在应急局）组织各镇在柳花岭林场开展防灭火技能提升业务培训及森林防灭火演练活动，通过培训演练，进一步提升全市森林消防队伍实战水平及协同灭火作战的能力。

消防救援大队

【概况】 合山市消防救援大队，下辖合山市岭南消防救援站，大队现有消防指战员52人，其中领导干部7人，消防队员12人，政府专职消防员25人。消防文员8人。

【消防站建设及规划】 合山市岭南消防救援站于2014年12月开工建设，2016年11月竣工，配备有综合楼、训练塔、食堂、训练跑道、硬化篮球场等基础设施，是一座集驻军、训练、办公等功能为一体的一级消防站。2020年，随着迁江华侨工业园和合山市产业转型工业园作为工业产业集聚区，入驻企业的数量和类型不断增加，大型仓储物流企业、高科技、高精尖、高复合、高密集生产加工场所急剧增加，易燃易爆危化品生产、加工、储存工艺更为复杂，火灾危险性、扑救难度与传统业态相比大幅提升，目前迁江镇还未建设消防站，灭火救援任务仍由岭南消防救援站承担。根据《城市消防站建设标准》（建标152—2017）消防站的布局应满足接警后5分钟内能到达责任区边缘要求，合山市规划建设3个消防站，消防站布局分别为岭南片区中部，占地面积为1.49公顷；电厂片区西部，占地面积0.66公顷。马安片区西南部，占地面积1.43公顷，拟纳入《合山市重点产业片区空间发展规划》。

1月28日，市消防救援大队宣传员到河里镇仁义村开展消防安全宣传教育
（消防队提供）

【消防装备】 合山市岭南消防救援站配备有城市主战消防车1辆，泡沫水罐消防车1辆，抢险救援车1辆，登高平台消防车1辆，重型泡沫水罐消防车1辆，消防宣传车1辆。配备消防员基本防护装备，特种防护装备，抢险救援器材，灭火器材等四大器材类别。其中，消防员基本防护装备配备率86.3%，特种防护装备配备率68.2%，抢险救援器材配备率87.8%，灭火器材配备率99.5%。

【火灾隐患专项整治行动】 消防救援大队坚持“预防为主、防消结合”的方针，围绕“最大限度地减少火灾隐患和火灾危害”的总体目标，根据《合山市消防安全专项整治三年行动方案》，组织开展打通“生命通道”，集贸市场，物流仓储，木材加工企业，冬春火灾防控，电动自行车，居民自建房等消防安全专项整治行动。2020年，共完成划设7个居民住宅小区的消防车通道标志标线，共设置警示标识标牌30余个，张贴警示标语80余张，清理占用消防通道的杂物、货物4处。提请市政府划拨5.5万元专项资金整改合山市岭南市场的消防安全隐患。该市场火灾隐患已经整改完毕。指导打造合山市社会福利院，合山市人民医院，合山市高级中学，合山市汇佳购物中心，合山市百姓超市，合山市奇石博物馆等一批行业消防安全

2月7日，岭南消防救援站指战员为合山市岭南镇龙珠屯饮水困难群众送水
（消防队提供）

标准化管理示范单位。提请岭南人大代表团向市人大提出议案，专题讨论改善合山市住宅小区，企业事业单位消防安全条件，其中重点涉及电动自行车充电设施的建设，光明小区已完成电动自行车充电设施，停放场所的建设，水榭石都小区正在建设实施阶段。在疫情防控期间，大队落实督促各单位制定“一企一策”，逐一列出火灾隐患。整改责任清单，每日通过微信、短信、电话等形式实行远程跟踪指导服务，确保疫情防控期间场所的消防安全。2020年大队共检查社会单位862家（次），下发责令改正通知书431份，督促整改火灾隐患或违法行为845处，行政处罚55起，提请政府挂牌督办重大火灾隐患单位2家（已完成销案）。通过严格执法，消除火灾隐患，全市火灾形势平稳。大队消防监督执法连续六年实现零错案、零投诉、零复议、零举报、零信访。

【抢险救灾】 消防救援大队结合辖区灭火救援实际，以战斗力为标准，开展冬、夏季的全员岗位大练兵，全面提升灭火救援实战能力，确保队伍时刻拉得出、冲得上、打得赢。2020年，岭南消防救援站共接处警167起，出动消防车448辆次，出动警力2688人次，其中，火灾51起，死亡0人，受伤0人，抢险救援13起，社会救助103起，为缺水群众送水共计223吨。

【消防网络化管理】 消防救援大队因地制宜，多管齐下，将消防安全网格化管理纳入社会治安综合治理平台，同部署，同推进，同落实，按镇、社区、村委会、自然屯、村民小组等划分为大、中、小网格，编织“层层有网、网中有格、格中定人、人负其责”的消防安全网络，依托综治平台，实现基础工作信息化，网络排查常态化，隐患督查整改流程化。

【消防宣传】 消防救援大队制定了重点人员培训计划，先后对党政领导干部、单位消防安全管理人员、社区民警、村居委会工作人员、网格员、物业人员、小企业主、进城务工人员、安保人员、重点单位员工等10类人员开展培训、宣传、教育活动50余场次，培训人数达3000余人。指导建成超市、村委等领域社会单位消防体验区7个。全面建设示范社区（村屯）微型消防站6个。利用合山市奇石文化广场大型LED显示屏播放火灾警示案例、滚动播放消防安全提示字幕。联合移动公司定期发送日常生活防火知识、安全提示和警示标语等消防短信4万条。开放消防科普教育馆、消防救援站，对外接待群众累计达2000余人次。消防宣传车先后深入辖区各村屯开展走村入户宣传，惠及人群达上万人，行车覆盖率达100%；发放宣传资料12000余份。

（撰稿：消防大队）

文化·广电·旅游

文　化

【概况】 2020年，合山市文化广电和旅游局内设3个股室，4个直属事业单位，分别有办公室、文化广电股、旅游股、文化市场综合行政执法大队、文化馆、图书馆、文物管理所，共有干部职工55人（其中，抽调到市创城办1人），实有在岗职工46人，通过来宾市汇才劳务服务有限责任公司聘用16人，合山市合安劳务服务有限公司聘用2人。

群众文化

【戏剧下乡活动】 2020年合山市文化馆开展戏曲进乡村巡演活动，在全市29个行政村中选定14个行政村进行巡演活动，覆盖率超过50%，参与巡演活动的演职人员近百人，在现场观看的群众累计达到2万人/次以上，受益群众累计达到3.5万人次以上。

【乡村（社区）文艺骨干培养】

6月22日—24日，合山市文化馆到河里镇贡模新村开展文艺培训活动，参与培训累计230多人次。

7月3日—7日，合山市文化馆到岭南镇里兰社区开展文艺进社区活动，活动形式有舞蹈、声乐、戏剧，参与活动累计有150人次以上。

7月10日—14日，合山市文化馆组织文艺志愿者到各社区开展快板进社区、声乐进社区活动，此次活动累计有310人次参与。

9月29日，合山市文化馆组织志愿者到岭南镇文化站开展《2020年合山市文化馆开展新时代中国特色社会主义思想文艺进乡村活动》，共有60人参与。

9月28日在合山市党校开展三期“三区”人才培训班，参训人员有100多人，来自各镇文化站文艺骨干、各村、社区文艺骨干。通过开展“三区”人才培训班，发掘和储备专业技能过硬的文艺人才。

12月21日，市文化馆到北泗镇开展“红色文艺轻骑兵”小分队文艺进乡村志愿服务活动。参与人数21人。

【文化体制改革】 根据《中共合山市委员会办公室合山市人民政府办公室关于印发〈合山市机构改革实施意见〉的通知》文件精神，组建合山市文化广电和旅游局，并于3月18日正式挂牌，于4月1日前整合办公楼，文化广电和旅游开始合并办公。按照文件要求原合山市文化体育广电局直属事业单位合山市广播电视新闻中心更名为市融媒体中心，作为市委直属事业单位，由市委宣传部代管，不再隶属合山市文化广电和旅游局。原合山市文化体育广电局直属事业单位合山市业余体校划入教育体育局，不再隶属合山市文化广电和旅游局。2019年9月26日中共合山市委机构编制委员会下文组建合山市文化市场综合行政执法大队。2019年11月27日中共合山市委机构编制委员会，撤销合山市文化市场综合行政执法大队管理。

【图书馆建设与管理】 合山市图书馆实有在编人数9人，2020年7月，接收因机构改革单位撤销转入的北泗镇矿管站3人、合山市煤炭行业办1人，编制从5个增加到9个。2020年，利用流动图书车深入社区开展图书推广活动5次，受益群众100余人次。开展图书业务培训1次，受益群众12人。

【彩调剧《儿子》创作与巡演】 脱贫攻坚题材大型彩调剧《儿子》是广西当代艺术创作工程三年规划（2019—2021年）第二批入选项目。故事讲述扶贫干部周响亮坚守对战友“托母”

的承诺，坚守作为一名党员的承诺，回乡投身农村工作，致力扶贫事业，带领全村发展龙王茶扶贫产业，承担起一个“儿子”的责任，尽心尽孝，不辱使命。《儿子》于2020年12月15日在来宾市大剧院顺利完成首演，并在2021年元旦前在全区完成公演。

文化市场管理

【文化市场执法】 2020年，合山市文化市场综合行政执法大队共检查网吧、歌舞娱乐场所、出版物经营单位、印刷企业、旅行社、景区等文化旅游经营单位1089家次，地摊游商165家次，查缴非法出版物606份（册），依法拆除收缴非法地面卫星接收设施10面。取缔2家经营单位擅自从事娱乐场所经营活动的行为，收缴电子游戏机5台，查办案件5件（含简易案件），行政罚款20200元整。开展文化市场平安元旦、春节、健康寒暑假、净化校园周边文化市场等专项整治行动，开展文化旅游行业复工复产、“五一”假期安全生产检查工作，在抓好文化场所疫情防控工作的同时深入开展文化市场法律法规、文化市场“扫黑除恶”宣传工作，12318文化市场举报保持畅通，无举报电话，日常监管到位。

【扫黄打非专项活动】 2020年，合山市文化广电和旅游局根据来宾市、合山市“扫黄打非”办（设在市委宣传部）的工作要求，落实“扫黄打非·新风”“扫黄打非·正道”工作行动方案，对“净网”“护苗”“秋风”等重点工作进行认真落实，重点开展查堵反动出版活动，扫除政治性有害内容和淫秽色情信息，从严查处侵权盗版出版物等突出问题。全年共检查出版物经营单位、印刷企业198家次，地摊游商165家次，查缴非法出版物606份（册），依法拆除收缴非法卫星电视接收设施10面。全年办结“扫黄打非”案件3件，行政罚款200元整。

文　物

【非物质文化遗产】 合山市非物质文化遗产有合山壮师剧、龙王壮族婚嫁习俗、汉族抢花炮3个通过第五批自治区级非物质文化遗产代表性项目名录，其中合山“壮师剧”荣获文化部命名2014—2016年度国家级“中国民间文化艺术之乡”，2017年潘厚诚获自治区级非物质文化遗产代表性项目《壮师剧》代表性传承人，2019年阮必龙获自治区级非物质文化遗产代表性项目《汉族抢花炮》代表性传承人。

广电网络

【概况】 广西广播电视信息网络股份有限公司合山分公司（简称“广西广电网络合山分公司”）分公司员工26人，下设综合部、业务部、网络建设运维部。

【业务经营与管理】 2020年，分公司按照区公司对广播电视传输网络统一规划、统一建设、统一管理、统一运营，实现区、市、县、乡、村五级网络互联互通。依托广电网络开展广播电视节目传输、数据宽带业务、数字电视增值业务以及数据专网业务的开发与经营。公司以数字电视业务为核心业务，加强大数据、云计算、5G等新一代信息技术在有线电视网络中的开发和应用，推动新兴媒体和传统媒体深度融合，着力建设“智慧广电”网络，培育壮大智慧广电产业生态、努力打造可管、可控、绿色、安全，割化信自冬色的主休融传

【网络建设】 为确保全面完成2020年“壮美广西·智慧广电”数字广西广电云村村通户户用工程，提升合山市公共文化服务质量水平，更好服务合山市落实“三大定位”新使命和“五个扎实”新要求，分公司在“壮美广西·智慧广电”行政村光缆建设工程大会战中，总投资400多万元，已全部完成29个行政村光缆建设改造，完成农家书屋工程建设、壮美广西“党建云”项目工程。在网络施工建设中，共附挂光缆线路380公里，完成了60个自然村、屯的联网建设，网络建设覆盖可达到6000多用户。

【网络安全与维护】 为更好服务客户，设立服务热线电话96335，更好更快受理客户的咨询、故障报修，增加电子自助服务平台，通过“微信公众号”“HiTV客户端”“网上营业厅”，让客户在网上自助平台就可以办理缴费、业务订购、故障报修和清单查询业务，高效解决客户诉求。

旅游业

【概况】 原合山市旅游局属行政单位，内设产业促进股、资源开发股和宣传推广股3个股室统筹旅游工作，事业编制9名，现有事业编制人员6人。现因机构改革，与原合山市文化广电体育局合并为合山市文化广电和旅游局，取消下辖合山市旅游质量监督所，将其并入合山市文化市场行政综合执法大队。

【旅游资源培育】 2020年，合山市工业旅游持续发展。成功创建合山虎鹰工业旅游景区为国家AAA级旅游景区，是合山市发展工业研学旅游的一个重要景区。明确研学旅行工作思路和方法，将矿山公园东矿园区打造为广西中小生研学实践教育基地。于9月底，完成研学基地创建的申报材料并递呈自治区文旅厅。同时通过发展工业旅游和开展研学活动，得到了上级媒体的关注，中央电视总台新闻频道《新闻直播间》用了5分10秒的时间以《百年煤城转型升级开采“旅游黄金”》《工业研学旅游老煤城开采“旅游黄金”》直播了合山国家矿山公园东矿园区国庆节期间工业旅游和研学活动情况，取得很好的宣传效果。通过开展研学活动，打造广西合山工业研学旅游目的地，展示合山百年煤电工业的历史和文化底蕴，提升合山的旅游知名度、美誉度，有效促进合山市工业旅游发展。

【旅游资源培育、旅游景点建设】 虎鹰工业研学旅游区特色就是虎鹰水泥厂绿色环保经营模式。虎鹰集团企业内部已经形成循环经济模式，在生产中大量使用、消化了当地和周边企业所排放的工业废渣，为净化环境起到很好作用。经环保部门对企业废气排放点现场跟踪检测，粉尘、废气排放不但达到国家排放标准而且还优于国家标准指标，厂区可绿化区域全部绿化，打造成一座花园式生态工厂，荷清池在行政办公大楼正前方，池面铺满了碧绿的荷叶，池上精心设置了石山、流水、栈桥，修建了仿古方亭，既方便大家游览和休息，又与附近的凉亭等园林形成一致风格。还打造了采摘驿站，位于虎鹰工业旅游区西面，园内视野开阔，布局合理，以“绿色家园，休闲天地”为主题，以农业观光采摘为中心，开辟特色果园，园内果树品种约29种，有芒果、杨梅、猕猴桃、沃柑等，让游客摘果、拔菜、赏花，享受田园乐趣。合山市发展工业研学旅游一个重要的景区。

【研学旅游】 明确研学旅行工作思路和方法，将矿山公园东矿园区打造为广西中小生研学实践教育基地。开发设计和实施完成合山工业（煤炭）研学课程“探秘八桂‘光热城’研学我国能源结构”，荣获广西“十佳文博研学课程”称号。2020年自景区复工复产以来至今，接待外来研学学生呈上升趋势，2020年底累计接待研学学生1.1万人次。

（撰稿：文旅局）

科技·教育

科 技

【概况】 合山市科学技术局的前身是合山市科学技术委员会，最早成立于1984年5月，主管全市的科技工作，属政府行政职能部门，下辖一个二层机构科学技术情报研究所。因机构改革需要，于2001年12月更名为合山市科学技术局，2015年1月与合山市教育局合并为合山市教育和科技局，2017年9月与合山市经济贸易局合并为合山市经济贸易和科学技术局，2019年2月的机构改革中，合山市经济贸易局加挂合山市科学技术局牌子。下辖机构科学技术情报研究所，主要业务是为经济发展提供科技信息服务，信息采集、信息加工处理、信息分析、信息资料管理、信息查询与咨询服务、信息业务培训。情报所人员编制5人，在编在岗3人，其中有中级职称1人，初级职称1人。

【科研项目与经费投入】 2020年合山规上高新技术企业上报在研发项目18个，研发经费投入3349.78万元。

【科普宣传】 2020年合山市社会科学普及活动周启动仪式暨“文明创建·我志愿”系列活动。以“科学精准防疫，统筹推进疫情防控与经济社会发展”“文明创建·我志愿”为主题，开展社会科学普及宣传活动，受众人群400多人，发放科普宣传资料300余份；合山市科技局在北泗镇文定村、北泗镇古楼村开展了2期富硒水稻种植技术培训班，并给农民群众发放科学技术服务资料，科普宣传取得较好的效果。

【科技示范点建设】 2020年新增来宾市级科技特派员精准扶贫示范基地1个：合山市海浪生态养猪示范基地。

【科技服务】 2020年，组织申报上级科技项目1项——《小骨窗开颅手术治疗中量高血压脑出血患者神经功能及血清 Hcy 水平的影响》，为提升合山医疗技术水平提供项目支持。2020年合山市推荐并获得认定的高新技术企业有2家，广西农大康园生物药品有限公司，合山市华美新能源科技有限公司。2020年，合山市共有5家高新技术企业，有效促进产业转型，创新发展。2020年合山市入库科技型中小企业有2家，广西合山市华纳新材料科技有限公司，合山市华美新能源科技有限公司。2020年，合山市完成4项科技成果登记，分别是合山市华美新能源科技有限公司登记的锂电池铝塑膜的自动冲壳装置、软包锂电池电芯结构，广西合山市华纳新材料科技有限公司登记的一种自吸式纳米硫酸钙化反应器、一种玫瑰花状沉淀硫酸钙的制备方法。2020年合山市获广西重大科技成果转化项目称号1个，即合山市华美新能源科技有限公司实现了锂电池铝塑膜的自动冲壳装置、软包锂电池电芯结构的成果转化。

【科技特派员派遣和管理】 2020年，合山市科技特派员9名，其中注册制3名，选派型6名，精准对接合山市8个贫困村，覆盖合山各精准扶贫示范基地，为乡村产业发展提供技术服务。特派员实地开展服务次数共计556次，开展技术培训46期，培训人数12511人次，引进新品种、新技术71个，攻关解决关键技术、问题20项。有2名特派员因表现优异被评为自治区优秀特派员。

（撰稿：李素青、蓝宝、徐程川、刘智慧、韦郑敏）

教 育

【概况】 合山市教育体育局是市人

民政府工作部门，为正科级。市委教育工作委员会是市委的派出机构，与市教育体育局合署办公，实行一个机构，两块牌子。市委教育工作领导小组是市委议事协调机构，市委教育工作领导小组办公室设在市教育体育局。市委教育工委、市教育体育局机关行政编制6名。设局长（市委教育工作委员会书记、市委教育工作领导小组办公室主任）1名，副局长3名。另设市委教育工作委员会专职副书记（副科长级）1名。教育体育局二层事业单位编制64名。市委教育工委、市教育体育局设内设机构综合股，负责机关日常运转，承担机关主要职责。

【办学条件改善】 2020年，合山市投资2539.42万元实施学校校舍建设，中小学校校舍维修改造工程10个。其中，实施中小学校校舍建设项目7个，建筑面积12504.81平方米，投入资金2481.42万元。实施中小学校校舍维修改造及运动场项目3个，投入资金58万元。

【教育经费的收入与支出】 2020年，合山市教育经费总收入21336万元，比上年收入减少170万元，下降0.79%。其中财政拨款收入20564万元，比上年减少收入103万元，下降0.50%；预算外资金收入772万元，比上年减少收入76万元，下降8.96%。教育经费总支出21280万元，比上年减少支出340万元，下降1.57%。其中财政拨款支出20523万元，比上年减少支出218万元，下降1.05%；预算外资金支出757万元，比上年减少支出122万元，下降13.88%.总支出中，人员经费支出15697万元，公用经费支出2460万元，基建支出3122万元，其他支出1万元。

【教育督导】 合山市教育督导室组织责任区督学深入全市各中小学校（幼儿园）开展2020年春、秋学期开学检查督导工作。牵头做好合山市人民政府2019年履行教育职责的相关佐证材料，及迎检相关工作。组织开展全市新冠肺炎疫情防控暨2020年春秋季学期中小学幼儿园开学工作综合督导检查工作。完善合山市县域义务教育均衡发展迎国家“复检”及普及高中阶段教育评估验收相关佐证材料。落实国务院、自治区关于开展义务教育教师工资待遇落实情况汇报材料的收集及上报。配合教育体育局基教股、体卫艺安股以及市卫健局、食药监管局、消防大队等部门深入社区、中小学校、幼儿园、校外培训机构、托管中心进行疫情防控期间恢复复学、服务活动的评估验收。开展全市控辍保学专项督查工作，制定下发督查通知及控辍保学工作档案台账，并深入各镇政府、行政村、义务教育学校进行督导检查。组织培训、指导全市31所村级幼儿园（含民办），做好2020年幼儿园办园行为“无纸化”督导评估自评工作。统筹安排2020年全市中小学（幼儿园）综合督导评估工作，不断提高全市各学校幼儿园办学质量和办学水平。重新调整责任区督学以及划分全市中小学教育督导责任区，并将标牌公布在全市47所经审批注册的中小学（幼儿园）大门显著位置，加强对责任区的常规督导。

【教育绩效考评】 2020年，合山市教育体育系统目标绩效奖评为一等奖，根据《合山市中小学幼儿园年度绩效目标奖分配指导意见（试行）》，《意见》规定：“市人社局、财政局核拨年度绩效目标奖总量给教育体育局，教育体育局对各学校的督导评估、常规检查、教育教学业绩和各种集体获奖情况等因素考评后进行二次分配。”经教育督导组成员对全市各学校的公正、公开、公平的综合督导评估，以及局领导班子的复审，获得一等奖的学校有6所，分别是：合山高级中学、合山市岭南镇中心小学、合山市上塘小学、合山市幼儿园、合山市里兰幼儿园、合山市岭南镇中心幼儿园。获得二等奖的学校有10所，分别是：合山市职业技术学校、合山市实验初级中学、合山市岭南民族初级中学、合山市实验小学、合山市东矿小学、合山市北泗镇中心小学、合山市河里镇中心小学、合山市溯河幼儿园、合山市北泗镇中心幼儿园、合山市河里镇

城北社区家长学校开展“争做合格家长　培养合格人才”主题教育讲座

中心幼儿园。

【学校体育与艺术教育】 2020年，合山市中小学校按照要求开设体育课，正常开展“两课两操一活动”，组建运动队开展业余体育训练，举办校级运动会。市教育体育局按《国家学生体质健康标准》组织学生开展体质健康测试工作，全市6所小学2所初中1所高中1所职校全部学生参加测试，学校参加测试率、学生参加测试率、上报成功率均为100%。11月，举办合山市中小学生篮球比赛；12月，举办合山市中小学足球比赛。为提高合山市艺术教师的专业水平，突出艺术学科特点，积极组织各类培训及比赛，促进课堂实效。截至年底，学校艺术教育以“戏曲进校园”“书法进校园”为主线，开展戏曲进课堂、戏剧展演、中小学生书画大赛等系列活动。8月至11月，组织各中小学开展了2020年合山市第一届中小学生戏剧展演活动，选送了两个优秀戏剧节目及两节优秀戏曲录像课参加2020年来宾市中小学生戏剧展演活动，分别获得传统戏曲类节目三等奖1个，常规戏剧类节目三等奖1个，戏曲录像课三等奖2个；9月，举办2020年合山市小学音乐、美术教师教学设计评比活，并推选优秀音乐教学设计5份、美术教学设计5份参加来宾市教育科学研究所举办的2020年全市中小学音乐美术教师教学设计评比活动，获得音乐教学设计一等奖2个、二等奖1个、三等2个；获美术教学设计一等奖2个、二等奖1个、三等奖2个；选派合山市实验初级中学周乐老师参加2020年来宾市中小学幼儿园教师教学技能大赛，荣获初中音乐三等奖；选派合山市实验小学黄东英老师参加2020年来宾市中小学信息技术与学科教学深度融合优秀课例展评活动，荣获小学美术三等奖；选派合山高级中学覃国东老师参加2020年来宾市普通高中音乐教师全员培训暨高中音乐课教研展示活动，荣获一等奖；选派教师参加2020年来宾市第四届岗位大练兵中小学音乐教师“五项技能、论文”比赛活动，合山高级中学黄宗荣老师荣获论文评比一等奖、舞蹈或器乐二等奖、五项技能总分三等奖；合山市岭南民族初级中学卢东群老师荣获五项技能总分三等奖；合山市岭南镇中心小学梁艺老师荣获键盘专场一等奖、五项技能总分三等奖；合山市实验初级中学卢效华老师、合山高级中学李胜老师参加来宾市2019—2020年教育科研先进集体先进个人及教育科研优秀成果评选活动，均获得三等奖，卢效华老师获得先进个人奖。

【学校国防教育】 加强落实三防教育。贯彻落实《国防教育法》《小学初中国防教育纲要》《学校国防教育常规》《高级中学学生军事训练大纲》，重点抓好学校常规国防教育、新生军训及国防教育特色学校建设。2020年8月21日至8月28日，合山高级中学高一年级9个班450名新生、两所初中七年级24个班1197名新生全部参加军训，充分展示学生良好的精神风貌。合山高级中学、合山市实验初级中学、合山市实验小学被国家教育部综合认定为第三批国防特色教育学校。

【送教上门】 2020年开展送教上门活动，主要是因为重度残疾儿童上下学行动不便。春季学期，合山市市义务教育阶段适龄残疾儿童少年共有142人，其中普通学校随班就读64人，特教学校就读16人，送教上门35人，重疾免学14人，在读幼儿园7人，因身体原因延缓入学3人，初中毕业2人。秋季学期，合山市义务教育阶段适龄残疾儿童少年共有146人（包含无证的事实残疾儿童少年），其中普通学校随班就读73人，特教学校就读13人，送教上门35人，重疾免学11人（其中2020年11月7日死亡1人），在读幼儿园8人，因身体原因延缓入学3人（在做康复治疗），初中毕业3人。

【校外（教育）活动】 合山市中小学校外（教育）活动丰富多彩。历年来，学校利用节假日在校外活动场所正常开展各种校外教育活动，使中小学生从小受到爱国主义，集体主义、民族团结进步、卫生环保、尊老爱幼、安全法制等教育，健康快乐地成长。合山市校外教育活动场地也比较多，分别有时代广场公园烈士墓、北泗屯山烈士墓、合山市看守所、戒毒所、法院、检察院、养老院等。2020年，由于受到新型冠状病毒肺炎的影响，合山市各中小学校均没有组织开展校外教育活动。

【语言文字工作】 2020年，合山市语言文字工作以“推普脱贫乡村行”为工作重心，以“学前学会普通话”、学校语言文字工作规范化达标建设、语言文字工作督导评估“回头看”为重点，全面宣传《国家语言文字法》《广西实施〈国家语言文字〉办法》。开展了“推普脱贫乡村行暨学前学会普通话”工作。进行学前儿童普通话水平调查，实施学前学会普通话行动，切实解决学龄前儿童因不懂普通话进入义务教育后上课听不懂、学习跟不上的问题。抓好学校语言文字规范化达标建设工作。成立合山市学校语言文字工作规范化达标建设领导小组，制定了《合山市学校语言文字规范化达标建设计划表》。年内有6所乡镇中小学申报语言文字工作规范化达标学校。2020年6月来宾市语言文字规范达标建设工作会（合山市会场）在合山市实验初中召开，有70名教师在受到语言文字规范达标示范校知识培训的同时得到了公文格式规范学习。组织学校开展各种比赛活动。开展校园各类主题师生演讲、讲故事比赛、中华经典诵读比赛，还组织开展师生汉字听写比赛、“美好生活劳动创造”征文比赛、青少年爱国读书活动演讲、讲故事比赛、征文比赛、民族团结进步知识竞赛、征文比赛等近十项活动。师生参加来宾的语言类比赛均取得优良成绩，合山市实验小学荣获来宾市2020年汉字听写大赛小学生集体组第一名；合山市实验初级中学获得来宾市2020年中华经典诵读大赛中学教师集体组一等奖、来宾市民族团结进步主题进校园知识竞赛中学教师组一等奖；合山市上塘小学谭荣婷老师获得来宾市2020年“争做新时代四有好教师”主题演讲比赛小学教师组一等奖。组织开展推普周活动。推普周期间，合山市语委成员单位共制作展板20块，悬挂横幅或利用LED屏幕播放标语40多条；发放国家“同讲普通话携手进小康”推普周宣传画报200张、《国家语言文字法》宣传卡100张；市语委办印制了《“推广普通话使用规范字”助推自治区文明城市创建倡议书》“推广普通话知识问答”“推普脱贫同奔小康”等宣传单1400份，在乡镇街头向群众宣传发放。市融媒体中心利用新世纪广场大型电视滚动播放推普宣传标语280多条次，在合山电视台上播出推普新闻2条，在公开网站上发布推普周宣传活动通讯1条。中国移动合山分公司向手机用户播发宣传。举行各种培训学习。2020年，有100多名公务员、教师、社会人员报名普通话培训测试，全年约有1200名教师参加自治区、来宾市及合山市普通话教学培训或经典诵读培训。合山市还举行青壮年劳动力普通话培训5次，参训690人次。市语委还加强与语委成员单位协作，与市扶贫办、人社局、农业局等结合农村实用技术培训开展青壮年劳动力普通话培训，共培训690人次，完成青壮年劳动力普通话培训690人次。

【教育交流与合作】 2020年市教育体育局开展各种教育教学交流活动。8月10日，局领导带队到百色、东兰红色革命教育基地开展红色革命党性教育学习活动并到百色五中、百色八一希望小学进行教学交流与研讨。同月，组织有关人员到兴宾区开展义务教育均衡发展迎国家“复检”考察学习。此外，市教研室组织了市实验初级中学、市实验小学到岭南民族初级中学和河里镇中心小学开展送教下乡活动。基础教育股还组织各中小学校副校长、民族团结进步示范学校创建活动材料员到岭南民族初级中学开展观摩学习活动。

【学生资助】 2020年，学前教育免保教费资金108.49万元，惠及学生1302人次。义务教育阶段家庭经济困难学生生活补助270.96万元，惠及学生6029人次；义务教育农村学校膳食补助资金621.93万元，惠及学生7655人。免除建档立卡等家庭经济困难学生普通高中学杂费资金48.74万元，惠及学生568人次；发放普通高中国家助学金资金100.62万元，惠及学生668人次；普通高中免学费资金108.59万元，惠及学生2011人次；发放普通高中李宁基金奖学金0.5万元，惠及学生10人次。发放中职学校国家助学金3.25万元，惠及学生23人次；中职免学费资金5.7万元，惠及学生76人次；发放中职自治区奖学金0.2万元，惠及学生1人。发放高等学校毕业生学费和国家助学贷款补偿资金17.87万元，惠及人数28人。发放贫困大学新生补助资金3.25万元，惠及大学新生58人；慰问贫困大学新生22人，发放慰问金5万元。签订生源地信用助学贷款合同965份，贷款总金额为739.72万元，助贫困院校学子965人。

【学校安全】 2020年，教育体育系统学校安全稳定工作坚持以“预防为主，安全第一，综合治理，齐抓共管”的思路，多措施，抓落实，圆满完成市委、市政府下达的学校安全目标任务。深化平安校园建设。加大经费投入，完善安全基础设施，构建人防、物防、技防为一体安全防控体系。加强校园“4+N”安全防范措施，校园防冲撞，校园“一键式”报警系统连接及监控系统安装使用率公办学校（园）100%，公办学校（园）已全部建设安装完成。自行建设的防控设施，全部来访登记，部分装有人脸识别系统；重视学校门卫管理制度，配足配强保安人员[全市公办学校（园）108名专职保安、各民办幼儿园自聘1名保安]，严格落实了疫情防控校园“10严格”“五个一律”制度和校园24小时巡逻制度，外来人员和车辆进出校园一律登记；学生上、放学时段安排当日值班领导、教师到校门口值守，有秩序地引导、护卫学生；严格落实师生晨晚午检制度，每日按时逐级上报；落实值班制度，加强非教学时段的管理，完善学生请、销假制度，并及时履行告知家长责任；寄宿学生实行统一管理制度，建立校园、寝室夜巡制度，落实夜巡值班人员，对女生宿舍实行“封闭式”管理；配备专职女管理员，对女生宿舍的安全管理；对学生宿舍用电、防火管理；严禁使用电器，严禁使用明火，宿舍管理员每天进行一次宿舍内管制刀具等方面的安全检查，并做好了记录，每周向分管副校长汇报，分管副校长定期或不定期地抽查宿舍管制刀具。强化安全宣传教育。利用安全教育日、国家安全日、安全生产月、汛期、国家防震减灾日、禁毒日、消防安全日、交通安全日等不同时段节点开展防火，防地震，防交通事故，防踩踏，防溺水，防拐骗，防一氧化碳中毒，防毒品，防艾滋病，防邪教等安全宣传教育活动。组织参与全区中小学生安全知识网络竞赛，约1.1万人次参赛；发放防溺水，防意外伤害，防地震，防毒品，防艾滋病等宣传资料2万多册，安全宣传挂图500多份，出板报、黑板报800多版，学生手抄报3000多份，印发《致家长的一封信》20万份，用校讯平台和班级微信给家长发安全事项提醒提示短信3千多条。加强安全演练。学校坚持每月至少开展一次安全演练，以火灾，地震应急疏散逃生安全演练为重点，共开展200多次，参与师生约5.8万人次。四是强化校园安全隐患排查与整治。建立“周检月查，限期整改”校园安全隐患排查整治长效机制，学校每月坚持对校园及周边安全隐患进行一次拉网式排查，共排查出安全隐患124起，及时整治116起，及时把安全隐患消除在萌芽状态。五是综合整治校园周边安全隐患。协同公安、广电、消防、市场监管、住建、卫健等部门整治校园周边的网吧、书店、娱乐场所6次，净化校园周边文化市场环境；整治校车和接送学生车辆8次，整顿校园周边交通环境4次；整治校园周边流动摊点6次，打击违法经营行为；公安巡警队经常到校园周边巡查，防范不法分子冲击校园，侵害学生，维护学生上下学交通秩序。2020年我市6所民办幼儿园购置专用校车，共10辆，4所乡镇义教中小学，其中2所乡镇义教中小学(岭南民族初级中学、河里镇中心小学)的校车是以市全顺公交公司车辆承运内宿生(周一接周五送)接送业务，除节假日特殊情况外，每周接送两次的运行模式，由学校及家长和公交公司签订接送学生上下学合同，落实好定人、定时、定点、定车、定线、定合同“六定”工作。六是加强禁毒、反邪教和防艾教育。学校利用“禁毒·反邪教”教育基地播放影像30多次，开展活动50多次，受教育学生达2万多人次。将预防艾滋病宣传教育纳入学校教育教学内容，通过开办专题讲座，发放宣传资料、放映专题片、参观专题展览等形式使学生了解艾滋病疫情严峻态势和艾滋病预防的基本知识，增强学生预防艾滋病的意识，提高防控艾滋病能力。七是强化校园欺凌和性侵害学生的防治。联合市人民检察院深入全市51所学校开展预防校园欺凌和性侵害学生督导检查，协同公安处置3起校内外欺凌案件，化解20起学生之间矛盾纠纷。八是加大扫黑除恶专项斗争和个人极端案事件排查力度。学校利用各种宣传手段，进一步营造扫黑除恶专项斗争舆论氛围，向师生、家长、人民群众加大扫黑除恶专项斗争宣传力度。通过校园广播、国旗下讲话、主题班会、集会、晨会、校园墙板报、QQ群、微信群、LED电子屏、横幅等形式，积极宣传开展扫黑除恶工作的重要性和必要性。形成对黑恶势力人人喊打的浓厚氛围，确保了扫黑除恶宣传工作落到实处。引导师生遵守法律法规，积极踊跃揭发检举黑恶势力违法犯罪线索。对涉黑、涉恶、涉乱线索的摸排与征集，积极与派出所对接，扩大线索摸排渠道。围绕侵占学校公用财产、扰乱学校管理和教学秩序、干扰阻挠学校建设、侵害师生生命财产安全、在学校及周边敲诈勒索学生、非法宗教、邪教活动、校园欺凌、非法“校园贷”、体罚、虐待、性骚扰等重点治理内容，建立常态排查机制。强化校园及周边安全隐患的治理工作，确保广大师生生命和财产安全；深入排查防范个人极端案事件，针对各类矛盾纠纷的摸底排查，对因学校项目建设、土地、待遇、招生、收费、辍学学生、失学失管问题学生、多次遭校园欺凌学生以及家庭纠纷、婚恋感情纠纷、邻里纠纷等可能引发个人极端案事件的矛盾纠纷和人员进行梳理排查。

【教学科学研究】 2020年6月，合山市教学研究室组织开展毕业班复习研讨活动，提高毕业班师生的复习效率。10月，教研室教研员进入各学校开展2020年春季学期教学质量分析活动。同期，组织教师参加各种培训共3026人次。9月、10月分别开展“合山市中小学高效课堂大赛暨教师岗位大练兵展示活动”，岭南镇中心小学的科研成果《乡村小学“双师教学”模式的实践与创新》获得自治区人民政府评为广西基础教育教学成果二等奖。合山市实验初级中学和岭南中心小学获得来宾市科研先进集体；有8人获得来宾市科研先进个人。组织老师参加广西教科研成果比赛荣获一等奖2人、二等奖12人、三等奖4人；来宾市举行的教师技能大赛我市教师获得二等奖3人、三等奖10人；来宾市举行的信息技术与学科教学深度融合比赛，我市教师获得二等奖2人、三等奖8人。参加2020年全区“双师教学”模式改革试点项目资源应用大赛，有8名教师入围全区决赛。年内，合山市有2个课题通过广西教育科学“十三五”规划2020年度课题立项，5个课题通过来宾市教育科学“十三五”规划2020年度课题立项，20个来宾市教育科学“十三五”规划课题结题。

【教育信息化建设】 2020年10月，为合山市迎接义务教育均衡发展迎国家“复检”，合山市政府投入1498822元采购义务教育均衡学校班级多媒体设备设、电脑硬件更换和计算机教室云桌面服务设备。10月12日，召开合山市义务教育国家课程数字教材规模化应用工作启动会。12月，岭南初中、东矿小学、上塘小学、里兰幼儿园、溯河幼儿园、岭南幼儿园等6所学校和幼儿园203名教师，参加中国教师研修网举办的中小学教师信息技术应用能力提升工程2.0培训线上培训，全部合格。年内，召开义务教育国家课程数字教材规模化应用工作推进会，所有义教学校757名教师完成注册，并选派骨干参加上级举办的应用培训。

【学前教育】 2020年，合山市共有登记注册幼儿园38所，其中公办园27所（含21所村级幼儿园），民办园11所。全市在园幼儿4872人，学前三年毛入园率为96.53%。公办园在园幼儿2941人，公办园在园幼儿占比为60.37%。新增自治区多元普惠幼儿园2所，普惠性幼儿园覆盖率为92.45%。新增来宾市一级幼儿园1所、二级幼儿园1所；合山市里兰幼儿园、合山市北泗镇中心幼儿园顺利通过来宾市示范幼儿园复评。2月，合山市幼儿园遴选为第一批自治区幼儿园课程基地，《“戏”游童年》课程研究正式启动。学期教育依托“党建+”及“课程基地”建设，在坚决打好新冠肺炎防疫攻坚战的同时，继续坚持以课题为引领，“集团龙头园、名师工作室”为载体，推进幼儿园课程改革。年内，获来宾市三八红旗集体称号1个，通过自治区党建专项研究课题立项1个，来宾市级课题立项1个；完成课题结题4个，其中1个获来宾市教育科研优秀成果三等奖。接待县外示范性幼儿园到基地园学习交流两次，组织线上培训5次，开展基地研修40次，组织集团龙头园入园指导帮扶26次，送教下乡8次，参与人员达1903人次。通过学习交流，幼儿园的园所文化建设、区角设置、户外游戏活动组织及教师驾驭课程的能力都有了实质性突破，7月，我市选送的教师在参加来宾市中小学幼儿园教师技能大赛中荣获幼儿园农村组二等奖。

【义务教育和均衡教育】 2020年，合山市有义务教育学校8所（小学6所，初中2所），在校小学生9113人，初中生3448人。小学在职教职工525人，其中专任教师517人；初中教职工262人，其中专任教师252人。年内，义务学校党支部、党员投入新冠肺炎疫情防控中，宣传疫情防控要求，全面了解排查学校师生的去向和健康情况。开展“停课不停学”线上教学活动和校园消杀等开学各项准备工作。加强校园管控，完善师生员工健康管理机制，开展学校疫情防控开学准备工作督查评估，实行错时开学，错峰返校，严格落实自治区学校疫情防控工作“十严格”要求，严防疫情在校园扩散。全面落实控辍保学“双线四包”工作责任机制，完善部门联防联控措施，多措并举，加大控辍保学劝返工作力度。10月18日，全市辍学学生完成“双清零”的工作目标。制定《合山市2020年春季延期开学期间中小学开展网络教学的实施方案》，加强对各学校线上教学的监管和指导，确保各学科的教学进度和教学质量；开展区域联片教研活动、岗位大练兵活动、送教下乡活动、毕业班主题复习研讨活动，提升教师课堂教学能力。加强备考工作，开展毕业班备考主题教研活动、送教下乡活动，共同交流探讨复习方法，提高教学和复习效率。加强义务教育学校均衡发展督查，补充完善合山市县域义务教育均衡发展迎国家“复检”材料，促进义务教育均衡发展。2020年中考，总体成绩保持在来宾市的第三名，综合成绩A+等级人数47人，A+等级人数占6.13%，来宾市为5.75%，排在来宾市第二名。A等级人数占比名列来宾市第三名，7个学科的各项指标绝大多数位于来宾市的前三名。小考成绩平均总分位于来宾市的第三名。

【农村义务教育学生营养改善计划】 2020年，按农村义务教育学生每天每人4元、一年计195天标准，中央、自治区和县级配套共拨付我市农村义务教育学生营养改善计划膳食补助资金6219368元，惠及合山市岭南镇中心小学、合山市北泗镇中心小学、合山市河里镇中心小学、合山市东矿小学、合山市上塘小学和合山市岭南民族中学等6所学校共7655名学生。

【普通高中教育】 合山高级中学位于合山市八二路西段，坐落于美丽的红水河畔，占地面积95亩，是广西壮族自治区示范性普通高中。现有26个教学班，在校生1360人。教职工110人，其中专任教师100人，所有专任教师均具有大学本科以上学历。学校确立“以人为本，修身明德”为办学理念，围绕办学理念制定了“崇德启智、乐学成才”的校训、“团结、进取、求精、务实”的校风，“敬业、爱生、严谨、博学”的教风，“读书、明理、勤奋、创新”的学风和“养文明之气、育合格之才”的办学目标。2020年被教育部评为第三批国防教育特色学校，来宾市语言文字规范达标示范学校，获得合山市2018—2019学年教学质量先进集体，合山市中小学生校园足球比赛中学组第二名，合山市中小学生田径运动会中学组团体总分第二名。

【基础教育教学改革】 2020年3—4月，受新冠疫情影响，学校利用网上各种资源平台，开展网上授课等教学活动，落实了上级部门“停课不停学”的目标。9—10月，举办初中青年教师、小学青年全科教师高效课堂大赛暨岗位大练兵展示活动，从初中文理科及小学语、数、英学科的参赛青年教师中，评选出一等奖8名，二等奖13名，三等奖14名，将近400名教师参加了活动，促进合山市中小学课堂教学改革的发展及教学质量的提高。年内，合山市实验初级中学获得来宾市教学质量先进单位，全年有39名教师获得来宾市教学工作先进个人，教师参加各级技能比赛获得来宾市级二等奖5人，三等奖18人。

【学校德育教育】 2020年，中小学德育克服疫情影响：开展未成年人心理健康教育。下发《合山市教育体育局关于加强新学期学生心理疏导工作的通知》《致全市中小学家长》。对全市中小学教师进行心理健康教育专项培训和大排查，组织学生观看线上心理健康主题教育，开展5·25心理健康活动月主题活动，乡村学校少年宫心理健康志愿服务活动。加强核心价值观教育和爱国主义教育。印发《合山市中小学延期开学期间德育教育工作实施方案》，各学校通过线上主题教育活动，给学生和家长推介优秀的德育教育资源和抗击疫情中的感人事迹，引导学生在社会大课堂中学会责任与担当，进行爱国主义教育，通过《复学第一课》引导学生心系祖国，学会感恩。组织收听收看广西援鄂抗疫英雄事迹报告会直播课，对学生进行爱国主义教育。开展文明校园建设活动。印发《合山市中小学创建全国文明校园培育方案》《合山市中小学创建自治区文明校园培育方案》推动我市文明校园建设以及成果的巩固，培育合山市实验小学获第二届自治区文明校园。积极参与文明校园风采巡礼，文明校园风采网络宣传活动。以创建文明校园为主线，推进各学校价值观阵地建设，并充分发挥校园网以及校园广播的宣传导向作用。开展读书教育活动。组织全市中小学开展读书教育活动，组织参加来宾市“新时代好少年——美好生活劳动创造”主题教育读书系列比赛取得优异的成绩，并在全国“美好生活劳动创造”主题教育读书活动交流展示中取得佳绩，合山市教育体育局、合山市岭南镇中心小学、合山市实验小学获教育部关心下一代工作委员会颁发先进集体称号。开展合山市第二十七届青少年爱国主义读书活动征文比赛，组织学生参加来宾市第二十七届青少年爱国主义读书系列活动讲故事演讲比赛获一等奖一名，二等奖二名，三等奖三名，实验中学韦朗清同学代表来宾市参加自治区比赛。各学校通过晨读、主题班队会、录制亲子阅读视屏等方式，积极开展全民阅读活动。合山市实验小学在2020年“书香八桂父母同行”亲子阅读活动中的亲子阅读视频被推荐到学习强国进行展播。积极开展“我的书屋·我的梦”农村少年儿童阅读实践活动。开展丰富多彩的主题教育活动。开展“学雷锋”活动，倡导和践行仪式教育、规范教育。印发《2020年合山市中小学开展“小手拉大手文明齐步走”主题教育实践活动实施方案》，推进文明礼仪知识进校园、进家庭、进社会活动。组织开展2020年新时代好少年学习宣传活动，选送53人报市委宣传部进行新时代好少年评选。参加来宾市第三届乡村学校少年宫素质技能大赛，提升学生科学素养。

【职业教育教学改革】 2020年，学校开设有计算机应用、汽车运用与维修两个专业。在办学思路上以升学为主向以“升学为目的、以就业为导向”转变，切实拓宽办学渠道，一是采取升学和就业两条路，逐渐增大毕业生就业的比率；二是走“联合办学”，与来宾市级职业学校联手办学，年内，学校分别与华盈智能科技有限公司创建学生实习基地；与东莞市荣页集团创设数控专业定单制教育培养合作模式；与桂中广源职业培训学校开设“1+X”证书培训模式。与南宁佰平教育咨询有限公司、合山市车博士汽车维修中心等企业进行合作，为企业委培员工；与广西职业技术学院、来宾市职业教育中心、桂林理工大学多所院校联合办学；同时跟来宾市宏业培训学校、来宾市宏达培训学校联合开办多种技能培训，开设保育员、育婴员、电工、电焊等短期技能培训，共培训270位学员。

【民办教育】 2020年，合山市全境没有民办中小学，经审批注册民办幼儿园11所，均为非营利性民办园，在园幼儿1931人，占全市幼儿总数的39.63%。自治区多元普惠幼儿园9所（其中年内新增2所，重新评估认定4所），在园幼儿1563人。民办园中有来宾市示范幼儿园、来宾市一级幼儿园、来宾市二级幼儿园、来宾市三级幼儿园各1所。年内，继续抓好民办园依法办学、规范办学和提升保教水平等工作。坚持定期开展年检工作，以年检和幼儿园办园行为督导评估为抓手，进一步规范办园行为。11月，11所民办园全部通过县级幼儿园办学行为督导评估。推进政府对民办园的扶持激励机制。通过落实普惠性民办幼儿园奖补资金政策，有效改善了民办园办园条件及保教人员福利待遇。继续强化公办幼儿园与民办幼儿园结对帮扶工作力度。全年共组织公办园入民办园指导8次、送教3次，组织民办幼儿园保教人员参加线上线下各级各类培训120多人次，保教人员参训覆盖率达100%。

【教师队伍建设情况】 2020年合山市现有高中1所、职业学校1所、初中2所、小学6所、公办幼儿园6所，在编教职工总数1015人，其中，专任教师985人，专任教师具有研究生学历10人、本科学历619人、专科学历360人，专科以上（含）学历达97.4%，中师及以下学历26人。高级教师140人、中级教师440人、初级教师321人、未定级教师84人。义教学校特岗教师41人，均是大学专科及以上学历。5所新建公办幼儿园编外聘用教师3人。城乡交流教师51人。年内共补充教师82人。其中三次自主招聘及来宾市事业单位公开招聘教师岗位共66人；接收9名小学全科培养毕业生；7名特岗教师服务期满转岗。按师生比例，各级各类学校的教师基本能满足教育教学需要。

【青少年活动中心建设与运作】 合山市青少年学生校外活动中心是2008年国家彩票公益基金扶助建设的一所青少年校外活动场所项目，隶属于合山市教育体育局。2012年10月建成使用，占地10亩，建筑面积9079平方米。活动中心的建成是我市唯一一所综合性、公益性的校外未成年人教育场所，是青少年开展社会教育、德育教育的重要机构，是青少年全面健康成长的素质教育培训基地。2020年国家彩票公益基金投入29万元用于设备修缮维护更新、公益性活动开展。活动中心共有13个功能室，做到了校内及校外教育的统一规划，使学生的校外素质教育更加系统完善。活动中心配备有1名专职管理人员，聘请多名专业辅导员充实校外教育力量。每年利用周末和暑期免费对未成年人举办三期兴趣班培训活动，每期可容纳500人参加培训；暑期还组织开展“圆梦蒲公英”系列参观学习实践活动；组织师生参加2020年来宾市举办的青少年科技创新大赛机器人竞赛活动：其中荣获一等奖5个、二等奖8个、三等奖5个。

【乡村教育及教师待遇】 2020年合山市乡村学校10所，其中初中1所、小学5所、公办幼儿园4所，在编教职工549人，其中专任教师538人，专任教师具有研究生学历1人、本科学历285人、专科学历243人，专科以上（含）学历达98.3%，中师及以下学历20人。高级教师56人、中级教师240人、初级教师197人、未定级教师45人。义务教育学校特岗教师41人，均是大学专科及以上学历。支教教师2人，按照师生比例，乡村学校教师基本能满足教育教学需要。按照上级有关规定，学校能按课程教学计划开齐开足开好规定的课程。乡村学校严格按照国家有关政策发放教师工资，除与城区学校公办在编教师享有同等待遇外，乡村学校教师另享有乡镇工作补贴及义务教育学校乡村教师生活补助。根据乡镇地域差异划分不同档次，乡镇工作补贴分为两个档次发放：岭南镇、北泗镇每人每月补贴400元，河里镇每人每月补贴450元，2020年共发放乡镇工作补贴572人，2584050元。义务教育学校乡村教师生活补助根据“以岗定补，即教师在岗时享有，离岗（包括退休）后自然取消”的原则，分为六个档次发放：河里镇教学点每人每月450元，北泗镇教学点每人每月430元，岭南镇教学点每人每月350元，河里中心小学每人每月198.18元，北泗中心小学、东矿小学每人每月170元，岭南中学、岭南小学、上塘小学每人每月150元，2020年给572个乡村教师发放生活补助共计1092620元。

2020年度合山市获得省部级以上表彰和授予荣誉称号的集体和个人一览表

表8

单位名称（集体）	姓名	授予称号	授予单位	授予时间
合山高级中学		第三批国防教育特色学校	中华人民共和国教育部	2020.11.16
合山市实验初级中学		第三批国防教育特色学校	中华人民共和国教育部	2020.11.16
合山市实验小学		第三批国防教育特色学校	中华人民共和国教育部	2020.11.16
合山市实验小学		第二届自治区文明校园	中共广西壮族自治区委员会、广西壮族自治区人民政府	2020.12
合山市实验小学		广西少先队工作先进学校	共青团广西委员会、广西教育厅、中国少年先锋队广西委员会	2020.5.29
合山市教育体育局		“新时代好少年——美好生活劳动创造”主题教育活动先进集体	教育部关心下一代工作委员会	2020.8.28

续表 8

单位名称（集体）	个人姓名	授予称号	授予单位	授予时间
合山市实验小学		“新时代好少年——美好生活劳动创造”主题教育活动先进集体	教育部关心下一代工作委员会	2020.8.28
合山市岭南镇中心小学		“新时代好少年”主题教育读书活动“美好生活劳动创造”先进集体	教育部关心下一代工作委员会	2020.08
合山市幼儿园		第一批自治区幼儿园课程基地学校	广西壮族自治区教育厅	2020.02
合山市北泗镇中心幼儿园		2020年广西首届线上亲子运动会(优秀组织奖)	广西首届线上亲子运动会组织委员会	2020.06
	韦晓勤、兰勇林、赵锦、兰晚春、潘淑玲、颜懿	乡村小学“双师教学”模式的实践与创新	广西壮族自治区人民政府	2020.4.15
	覃秀益	广西优秀少先队辅导员	广西壮族自治区教育厅	2020.05

（撰稿：教育体育局）

卫生健康与计划生育·医疗保障

疫情防控

【概况】 2020年，合山市新冠肺炎疫情防控工作坚持把疫情防控作为压倒一切的重大政治任务，把人民群众生命安全和身体健康放在第一位。第一时间成立了由党政主要领导为组长的疫情防控工作领导小组，设立10个工作组、3个专责小组、2个工作专班具体负责各项防控工作的组织实施，实行抽调人员集中办公，24小时在岗值守的工作运转机制。

【疫情防控】 疫情防控期间，指挥部召开21次专题会议研究协调防控工作，面向群众发布各类指令和通告28个，构建联防联控、群防群控防控体系。推行市镇村分片包干责任制，出台疫情防控工作网格化管理三个“三分之一”工作方法，全市69个党组织、国家机关、企事业单位到5个社区60个工作片区和29个行政村，通过电话、微信及摸排等方式开展“拉网式、地毯式”排查，建立重点疫情地区返乡人员管理档案，全面翔实掌握返乡人员的活动轨迹和身体健康状况。设立县际联合交通监测站4个，抽调公安、交通、卫生部门精干力量实行24小时全天值守，对输入性疫情风险隐患做到第一时间发现、第一时间处置，从1月28日至2月21日，累计检查车辆40410辆86969人次。

【重点场所和人群的管控】 暂停全部公交公司、出租公司、客运站等营运车辆运营，关停公共文化场所、娱乐场所等197家，取消大型群众文化和集中活动，减少人员流动。设村级监测点152个，对全市所有小区、村庄实行封闭式管理，限制出行人数和次数，并先后采用出入证、“扫码抗疫情”、广西健康码亮码出行制度，强化人员流动监测和疫情溯源。加强境外和国内中高风险地区来（返）人员的健康管理服务，对返回人员逐一进行核查，严格执行体温监测、核酸检测报告查验、健康码查验、外地解除隔离证明查验。落实集中隔离医学观察和核酸检测等措施，先后在市人民医院、市中医医院、工业园区设置集中隔离场所，不断细化重点人群管控方案，实行人员分级管控工作。加强对冷链食品管制，对售卖、存储进口食品、生鲜食品、冷冻食品的批发市场、农贸市场、超市、餐饮场所以及储存场所等，全面开展日常清洁和环境消杀工作，对各超市、集贸市场落实“111制度”情况进行检查，完善“一日一清洗”“一周一消毒”“活禽市场一月一休市”等制度，定期要求市场开办方按照制度要求开展工作，并做好相关记录。共检查销售冷冻食品经营户77家次，检查过程中销售进口冷冻食品经营户能提供入境检验检疫合格证明文件，完成采样检测核酸食品样品数量53批次，完成采样检测核酸冷冻从业人员60人次，完成采样检测核酸环境样品89批次，所检核酸样品全部为阴性。

【财政投入和后勤保障服务】 投入357.36万元采购防护服、口罩、护目镜等医疗物资，其中，公共防疫物资投入251.8万元，医疗机构防控投入105.56万元。向各部门各单位各领域共调拨发放一次性口罩540277个、体温枪799把、消毒剂29.5吨、雨棚210顶、雨衣790件、护目镜200个。

【宣传和引导】 疫情防控期间，指挥部共印发各类防控知识宣传资料46.5万余份，设置宣传展板、张贴宣传画、海报、悬挂宣传标语1.4万余条（张）。联合移动、联通、电信等三大运营商发布防范疫情公益短信共计111万条（次），利用广西云、“大好合山”微信公众号、微博、抖音、H5等新媒体平台发布相关新闻及防控知识1500余条，合山电视台发布、转发相关防疫新闻、工作动态、公益宣传视频和相关通知通告4万余条次。对疫情舆情实行24小时全网在线监控，组织全市117名网评员对疫情防控工作进行网上正面宣传。形成合山市新型冠状病毒感染的肺炎疫情防控督查工作情况专报10期，全面推动问题整改落实到位。主动认领群众投诉举报线索、上级督导检查反馈存在问题18项，逐项细化整改措施，全程督促、跟踪督办，确保涉及问题全部整改到位。

【成果巩固】 合山市疫情防控指挥部在2020年取得成效的基础上继续把防输入作为重中之重，坚持人、物同防，加强进口冷链食品核酸检测和预防性消毒，降低疫情传播风险，加强对从疫情中高风险地区返合人员的排查和健康管理。对医疗机构、隔离场所进行排查，坚决避免交叉感染和疫情传播。落实学校、养老机构、农贸市场等重点场所防控措施，对高风险岗位人群定期开展核酸检测。强化流感等呼吸道疾病多病防控，主动做好监测预警和信息发布。加强应急物资储备和培训演练，提高实战能力。同时做好新冠疫苗的接种工作。

（撰稿：防控办）

医　疗

【概况】 2020年，全市有医疗卫生机构56家，其中市直医疗卫生机构4家，卫生院3家，社区卫生服务机构2家，个体诊所15家，民营医院2家，村卫生室29家。全市医疗卫生机构在职人员979人，在编人员595人，公立医疗机构聘用编外人员276人，共有卫生技术人员755人。全市共有住院床位数699张，全市每千人拥有病床位数5.85张；每千人拥有卫生技术人员数6.32人，执业医师数257名，注册护士数371名，医生与护士的比例约为0.69；有执业类（助理）医师257人，每千人口有执业类(助理)医师2.15人。家庭医生签约服务团队40个，签约医生84人，累计签约50595人。

【公立医院改革】 2020年全市所有公立医疗机构继续实施药品采购“两票制”和“零差率”销售，取消、降低部分医疗服务项目价格35项，提高部分医疗服务项目价格256项，公立医疗机构共销售药品3406.82万元，取消药品加成497.08万元，让利群众497.08万元。2020年合山市人民医院与柳州市工人医院、市中医医院与柳州市中医医院建立紧密型医疗服务联合体，县域医共体改革全覆盖。医疗卫生机构实现城乡医疗卫生服务“一体化”管理的模式。

【城乡卫生服务一体化管理】 合山市城中社区卫生服务中心于2014年建成，坐落于合山市光热小区内，建筑面积2221.61平方米，2015年1月正式投入使用。目前合山市城中社区卫生服务中心拥有职工40人，核定编制22人，实际在编21人，借调4人，编外聘用15人。其中全科医师6人，执业医师（助理）3人，社区护士4人，护士10人，药剂3人，检验士1人，影像1人，统计员1人，其他6人。开展防疫、保健、健康教育、康复、计划生育服务指导和基本医疗等六位一体的社区卫生服务工作和国家基本公共卫生服务项目工作。2020年，合山市城中社区卫生服务中心共为辖区内居民免费建立健康档案35848份，建档率92.14%，建立电子健康档案35848份，电子建档率92.14%。充分利用各种宣传主题日、节假日、重阳节等重大节日免费开展特定主题健康教育宣传和公众健康咨询20次，举办健康教育讲座18次；免费为老年人健康体检2882人次，健康管理率74.45%；救治病患5313人次。免费为辖区内居住满3个月的0～6岁儿童建立预防接种证2540人，建证率100%，按国家免疫规划程序免费为适龄儿童定期接种、补种一类疫苗5792人次，免疫规划接种率达99.16%。

2020年1月23日，市医疗保局召开新冠肺炎疫情防控工作部署会
（医保局提供）

【基层医疗卫生服务体系建设】 合山市医疗卫生机构基础设施建设不断完善，医疗救治能力提升、疫情防控能力得到巩固。2020年获得抗疫专项资金1532万元，建设4家基层医疗卫生机构发热门诊（哨点）及相关设备采购、北泗中心卫生院基本公共卫生服务综合楼装修、河里镇卫生院业务用房改扩建、岭南镇卫生院业务用房及旧楼二次装修改造与室外配套工程建设、柳花岭社区卫生服务站重建。2020年，4家基层医疗卫生机构发热门诊（哨点）、柳花岭社区卫生服务站重建设、北泗中心卫生院基本公共卫生服务综合楼装修、河里镇卫生院业务用房改扩建、岭南镇卫生院业务用房及旧楼二次装修改造与室外配套工程建设项目已全部竣工投入使用，支付率100%。

【中医药事业】 开展中医药文化宣传活动，以广西壮族“三月三”、“中国东盟博览会”为契机，组织各医疗单位制作中医药宣传展板、发放宣传资料和中医养生保健知识手册、举行义诊等形式，开展中医药宣传活动。全年共开展中医药文化进社区宣传和义诊9次、进农村宣传和义诊12次、进广场宣传和义诊2次，制作中医药文化知识宣传展板6版，发放中医健康处方等宣传资料2830多份，免费发放中草药驱蚊辟邪香包100余个，义诊群众2430人次，其中为颈肩腰腿痛患者推拿170人次、拔火罐160人次、针灸110人次、穴位贴敷105人。举办基层医疗机构业务知识培训班3期，共培训村卫生室、卫生院和社区卫生服务机构的乡村医生、医务人员48人。加强中医药人才队伍建设，全市医疗机构通过公开招考、人才引进和农村定单定向免费医学培养等方式加大了中医药卫技人员的招聘力度，2020年共引进中医类别人员5人。派出医务人员18人次参加区内各种中医、壮瑶医药、康复医疗和治未病等培训班学习，通过外出学习，提高中医诊疗服务能力。加强中医对口支援工作，合山市中医医院通过与河里镇卫生院构建医共体，从中医诊疗技术、人员培训等方面给予河里镇卫生院大力支持。2020年市中医医院派驻一名主治医师任副院长，扶持卫生院各项医疗管理工作，委派2名医师到卫生院开展技术帮扶工作，指导卫生院医护人员为患者提供烫熨治疗、中药涂擦治疗、穴位贴敷治疗、手指点穴治疗及灸法治疗等中医治疗310例次，解决了基层群众看病难的问题。推进中医资源普查项目实施，2020年，开展对3个中药材种植基地调查，种植品种分别为牛大力、姜黄和天冬，种植面积分别约50亩、60亩、100亩；完成中药普查样地调查36个，采集标本520种、药材20种、种质资源3份，掌握合山市中药资源种类、分布、蕴藏量、资源变化趋势等情况，为合山市中药资源保护打下了良好的基础。

【爱国卫生运动和城市创卫】 2015年来，合山市创建自治区卫生城市办公室切实履行创卫工作部门职责，对标对表，主动作为，开展可卓有成效的行动。扎实做好各项创建工作。2020年合山市巩固自治区卫生城市创建成果，北泗镇获得2020年自治区卫生镇称号，合山市文化广电和旅游局、中国共产党合山市纪律检查委员会合山市监察委员会、合山市妇幼保健院获得自治区卫生先进单位。合山市人民法院、国家税务总局合山市税务局、合山市档案馆、合山市审计局、中共合山市委员会政法委员会、合山市人民检察院、北泗镇人民政府获2020年广西壮族自治区无烟党政机关称号。

【医政管理】 狠抓卫生技术人员培训。对全市各医疗卫生机构有关医务人员就卫生法律法规、中医药适宜知识与技术、新冠肺炎疫情防控医疗救治、核酸标本采样演练及院内感染控制相关知识进行培训，全年共举办培训班11期，培训人员755人次。加强医疗服务质量监管。2020年，对全市医疗单位96家（次）进行督查，通过加强医疗质量监督管理，医疗机构执业行为进一步规范，医疗质量有了进一步提升，全年无发生医疗质量安全事件，群众看病就医感受有了明显改善，群众对医疗服务满意度达到了93.8%。进一步推进医联体建设。2020年，引进三级医院与我市公立医院建立医联体，两家公立医院完成“三二一”医疗联合体建设。紧密型县域医共体建设，合山市人民医院与北泗中心卫生院、市人民医院与岭南镇卫生院市中医医院与河里镇卫生院建立了紧密型医共体，实现了县域医共体建设达到100%。同时，合山市全民健康信息平台的互联互通、基层医疗信息管理系统上线率、分级诊疗及远程医疗平台项目建设完成率均达100%。远程会诊信息化工程连通率也达到100%，合山市人民医院可通过信息平台，为全市3家乡镇卫生院开展远程影像诊断，实现“信息多跑路、患者少跑腿”。合山市人民医院与柳州市工人医院建立医疗联合体，柳州市工人医院选派儿科、神经外科等8个科室专家长期驻点到合山市人民医院开展帮扶工作，共诊治门诊患者4563人次、发影像检查报告7600份，诊治住院患者679人次，实施麻醉171台次，开展各种手术370台次，手术示教30余台次，参加义诊416人次。并举行业务授课120次、教学查房255次、开展新技术新项目25项、规范临床诊疗3项、完善制度4项。同时，合山市人民医院安排6

名医师到柳州市工人医院妇科、眼耳鼻喉科等科室进修学习，部分医师已顺利完成进修，将学到的知识技能应用到临床工作中。山市中医医院与柳州市中医医院建立医疗联合体，期间柳州市中医医院共派驻3名主治医师和1名康复治疗师，派驻人员对中医医院各科室进行教学查房、业务指导共8次，学术讲课3次，累计培训199人次，并协助新建康复医学科与急诊科，完成相应专科场地、设备设施等建设工作。同时，为抓好合山市中医医院学科人才梯队建设，加快学科人才培养，2020年共选派11名青年医务人员到柳州市中医医院进行学科知识、技能短期培训，并在临床使用上引进20种柳州市中医医院常用制剂品种，提高了临床用药疗效。全面深化医改工作。2020年，合山市继续推进所有公立医疗机构全面实施药品“零差率”销售，推行药品购销“两票制”，落实药品分类采购政策，按照公开透明、公平竞争的原则，提高医疗机构在药品集中采购中的参与度。2020年1—12月，我市公立医疗机构共销售药品3406.82万元，取消药品加成497.08万元，让利群众497.08万元。积极开展无偿献血活动。2020年3月和9月，合山市卫生健康局精心组织、周密部署，分别组织合山市卫生健康系统和全市机关事业单位开展无偿献血活动，两次活动共发动910人报名参加献血，最后有778人成功献血，总献血量290200毫升。推进健康养老服务业发展。合山市共有2个养老院，其中含合山市福利院和合山市福利院二期。合山市福利院床位200张，养老院内设置有标准间床位、报警装置、床头呼叫、电视、衣柜、沙发及洗澡设施，卫生间装有报警装置及扶手；配套设有身体锻炼设施、文化设施。合山市福利院二期为在建养老机构，共投资2000多万元，建设床位765张，可集中供养800多人。推进平安医院建设。2020年，合山市医疗卫生单位继续开展平安医院创建工作，进一步完善医院内部安全防范体系，严格执行领导干部到岗带班、关键岗位24小时值班制度和事故信息报告制度，落实安全保卫职责，确保医院正常诊疗秩序、保障医患双方合法权益与人身安全，提升医务人员和患者的安全感。2020年合山市医疗卫生单位没有出现一例安全事故和医疗事故及重大医患矛盾事件，在开展满意度调查中患者对医疗服务的满意度达93.8%，医务人员对合山市医疗秩序的满意度为95.90%，均比上一年度有较大幅提高。

【突发性公共卫生事件及应急预案】 合山市疾病预防控制中心不断增强全市人民对突发公共卫生事件的防范意识；坚持不懈做好人员、技术、物资和设备的应急准备工作，落实各项预防措施；建立统一突发公共卫生事件监测、预警与报告网络体系，对合山市可能发生的各种突发公共卫生事件进行监测、分析、预警并采取果断措施，做到早发现、早报告、早处理。合山市成立了突发公共卫生事件应急处置工作领导小组。组建了流行病学调查组、现场采样组和检验组、环境消毒组、后勤保障组等4个技术小组。组织开展重点传染病和突发公共卫生事件的主动监测、风险评估和报告，现场流行病学调查、卫生处理（包括指导对有关人员采取医学观察和隔离措施，采集病人和环境标本，环境和物品的卫生学处置等）开展致病因子的实验室检测，加强疾病和健康监测。做到统一领导，各司其职，在各自的职责范围内做好突发公共卫生事件应急处理相关工作。突发公共卫生事件应急处理采取边调查、边处理、边抢救、边核实的方式，以有效措施控制事态发展。2020年度合山市未发生有突发公共卫生事件。

【卫生监督】 2020年，合山市卫生计生监督所以人民群众健康密切相关的卫生问题为切入点，积极探索，依法履职，扎实开展公共场所卫生、生活饮用水卫生、消毒产品、餐饮具集中消毒、学校卫生、职业（放射）卫生技术服务机构、放射卫生、传染病防治、医疗卫生、采供血卫生等十大卫生监督执法工作，为保障合山市人民群众健康权益做出了积极努力，取得了可喜成绩。据统计，2020年以来，合山市卫生计生监督所共出动卫生监督员350人次，车辆175车次，监督检查单位507家次，监督覆盖率100%，下达卫生监督意见书72份。2020年，合山市卫生计生监督所对全市的所有医疗机构、公共场所、学校、集中式供水点、厂矿企业、消毒用品经营店，以及非法医疗点，不留死角开展了卫生监督检查。重点检查新冠肺炎定点医院的预检分诊点、发热门诊设置、重点科室的医护人员防护、医疗废物处置、防护用品储备等，对各非定点医疗机构是否有收治可疑发热病人现象，是否做好发热病人转诊记录和传染病报告工作，是否有诊疗记录，诊疗是否规范等，重点排查各公共场所布草间、消毒间设置是否符合要求，顾客用品是否消毒保存合格，经营场所通风等是否良好。同时严厉查处各类非法行医行为，坚决阻断疫情在本地扩散。对6家违反《传染病防治法》管理规定的旅店进行立案查处。合山市卫生计生监督所执法人员依据《中华人民共和国执业医师法》《医疗机构管理条例》和《医疗机构管理条例实施细则》等法律法规的规定立案查处16起，取缔非法医疗点8个，共没收牙椅1张，没收其他药品器械20余箱，累计罚款金额66500元。合山市卫生计生监督所在开展职业卫生(用人单位)与放射卫生监督检查时，合山市辖区内用人单位产生职业病危害基础数据库43家中，对存在违法行为的4家用人单位给予警告的行政处罚。合山市卫生计生监督所在开展公共场所卫生监督检查工作时，对15家公共场所安排未获得有效健康合格证明的从业人员从事直接为顾客服务的行为进行立案查处给予6600元的行政处罚。合山市卫生计生监督所对卫生行政许可实行服务承诺制、一次性告知制、公开卫生许可审批程序、审批期限、准入条件，为申办者提供须知等材料，热情接待申请人，耐心解释和指导申办人填写有关申请材料等，一年来受到群众的好评。同时，严格把好准入关，逐步提高准入条件，使生产经营场所、卫生状况得到进一步改善。今年来共受理申请办件242件，办结242件。依法公示率100%。无投诉件，窗口服务质量评价满意度达100%。

合山市红十字会

【概况】 合山市红十字会于1994年12月成立，办公室设在卫生局，核定编制一名，2004年8月核增事业编制一名，此时合山市红十字会编制两名，2004年12月从卫生局划出，独立设置，为市委、市政府直接领导的社会群团组织，2008年5月核定机构级别为副科级。

【红十字志愿服务】 为贯彻落实全区卫生与健康大会精神和《〈关于推进健康合山建设的决定〉及〈“健康合山2030”规划〉》的通知精神，合山市红十字会认认真真组织志愿服务人员在合山开展应急救护公益讲座培训，2020年12月止共计开展了18场，培训人数共计1488人次。

【宣传活动】 为纪念第73个“世界红十字日”及第12个全国防灾减灾日，5月8日合山市红十字会联合市科协、市水利局在合山市东矿小广场开展了宣传纪念活动，活动中发放宣传页400多份；2020年9月14日是“世界急救日”，合山市红十字会于9月11日上午，到东矿小广场开展了以“疫情下的急救”为主题的应急救护宣传活动，前来参与活动的群众发放各种宣传资料300多份。

【社会募捐】 2020年1月30日合山市红十字会向社会发出倡议，呼吁全市各机关企事业单位、社会团体、社会各界爱心人士捐赠新型冠状病毒感染的肺炎疫情防控爱心款、爱心物资，到2020年12月底收到捐赠款共计33.0863万元，收到捐赠物资共计284.04166万元，为全市坚决克服新冠肺炎疫情影响，夺取脱贫攻坚战全面胜利做出一定的贡献。2020年10月16合山市红十字会发起助脱贫捐赠款倡议，收到捐赠款66023.66元。2020年9月5日合山市红十字会积极参与区红会在腾信公益平台发起的“99公益日”“应急救护公益项目”网络募捐筹款活动，发起的捐赠倡议活动捐款人员330人次，收到款项共计2829.98元。

【人道救助】 2020年，春节期间开展了“红十字博爱送万家”为主题的送温暖慰问活动，慰问对象以贫困户家庭为主，重点慰问受自然灾害影响的贫困地区及农村建档立卡贫困户、“三献”困难家庭等困难家庭。慰问物资有：大米、食用油、面条、棉被、棉衣、大礼包等生活用品及食品，物资总价值为11040元，受益涉及33户，受益人数共计107人。合山市红十字会按照合山市扶贫捐赠资金管理使用试行办法，认真履行职责，2020年收到16户贫困户的申请扶贫救助，申请金额共计99000元。

【无偿献血】 通过多种形式开展宣传活动，2020合山市参加献血人数为778人次，献血量为290200毫升。

（撰稿：覃杨声）

卫生防疫管理

【概况】 合山市卫生防疫部门为合山市疾病预防控制中心，是属于公益性全额拨款事业单位。目前核定编制31个，在职在编职工有25人(其中专技人员24人，工勤1人)，内设7个业务科室，分别有办公室、财务科、检验科、卫生监测科、免疫规划科、结核艾滋病防制科、公共卫生管理科。

【配套设施】 合山市疾病预防控制中心业务综合楼总建筑面积为2850平方米，其中业务综合楼建设面积为1350平方米，实验综合楼建设面积为1500平方米内设有血清学检测实验室、食源性病原菌及肠道菌分离鉴定实验室、HIV 初筛实验室、结核病实验室、寄生虫病实验室、食品、理化实验室等。单位配有业务车辆4辆。

【预防接种】 2020年，以乡镇为单位免疫规划疫苗报告接种率99.25%，达到自治区≥90%的指标要求；其中乙肝疫苗接种率99.54%、卡介苗接种率99.27%、脊灰疫苗接种率99.27%、百白破疫苗接种率99.24%、白破二联疫苗接种率99.54%、含麻疹类疫苗接种率97.94%、A群流脑疫苗接种率98.93%、A+C群流脑疫苗接种率

98.63%、乙脑疫苗接种率98.96%、甲肝疫苗接种率98.73%。远超上级指标要求。

【免疫规划和管理】 合山市疾病预防控制中心认真开展查漏补种补缺工作。各预防接种单位认真甄别免疫规划薄弱地区并加大工作管理力度，利用儿童预防接种信息管理系统，入户追踪调查等方式，每季度开展1次查漏补种工作，努力消除免疫薄弱地区和免疫空白，补种率达到95%以上要求。积极联合教育、广电等多部门协作，认真开展入托、入学预防接种证查验工作，优化预防接种证查验信息化系统管理，及时对漏卡、漏证和漏种儿童进行补卡、补证和补种疫苗，补种率达到95%以上国家要求。2020年利用"4·25"预防接种日、"7·28"世界肝炎日等宣传日及其他免疫规划活动日为契机，创新宣传方式，开展免疫规划知识宣传教育，提高广大群众对免疫规划工作的支持和参与。共计发放宣传资料6500份，受众6500人。

【传染病防控及突发性公共卫生事件】 2020年，全市7家传染病诊疗机构网络正常运行率100%，报告法定传染病病例901例，其中乙类418例，丙类483例，及时报告率99.89%，无甲类传染病报告；审核传染病报告卡901张，及时审核率100%。收到传染病预警信息7种，共62条，其中其他感染性腹泻病（47条）、流行性腮腺炎（8条）、新型冠状病毒肺炎（2条）、无病原学结果（2条）、手足口病（1条）、病原学阴性（1条）、病原学阳性（1条），处理预警62条，其中时间类型56条，单病例预警6条。2020年度无突发公共卫生事件发生。截至2020年12月31日共报告手足口病13例，开展个案调查13例，无重症及死亡病例报告，无手足口病聚集性疫情。利用各种宣传日开展手足口病宣传，发放手足口病宣传折页、宣传单共2100份。

【健康教育】 2020年，合山市疾病预防控制中心利用各种宣传日、健康巡讲活动开展世界无烟日、高血压日、糖尿病日等主题日的宣传，共发放海报4种122张，宣传单、折页20种96915份，宣传物品2974份，短信发送信息3种共12.5万条，自制宣传展板11版，悬挂宣传横幅11条，滚动电子屏幕滚动播放宣传标语等形式，教育群众养成良好个人卫生习惯。开展健康教育活动10次，发放资料20种。拓展健康生活方式，推进健康支持性环境建设。成功创建了自治区级慢性病性疾病综合防控示范区。

（撰稿：疾控中心）

计划生育

【人口变动情况】 2020年，全市年初人口137850人，年末总人口137033人，减少817人，降幅0.59%；死亡934人，死亡率6.82‰；户口迁入86人，户口迁出705人，全市总人口比上年同期减少，但减幅不大，总体趋势平稳。

【计生家庭养老服务】 2020年，推进"美丽乡村、幸福家园建设"，以"居家养老照护服务"为试点，组织开展老年人家庭保健和居家照护工作，加强敬老、爱老宣传教育活动，在村屯和住宅小区开展"九九重阳"节敬老活动。

【全面落实"两孩"政策】 2020年，实施全面两孩政策。合理公共资源。为应对全面两孩政策实施后带来的人口压力，合山市加强公共资源建设，合山市计划生育加强政策宣传，提高全市优生优育服务水平；合山市人力资源和社会保障局依法保障女性就业和生育二孩产前假、产假、哺乳假等合法权益。除此以外，合山市公共场所母婴设施建设全面铺开，全市母婴室应配置数14所，已配置13所，全市配置率达92.3%；其中医疗机构配置率为100%，累计服务12000余人次。做好0～3岁婴幼儿照护工作调查摸底工作。根据全区基层人口家庭服务管理现场会暨业务能力提升培训会议精神和来宾卫生健康委员会《关于开展0～3岁婴幼儿照护服务摸底调查的通知》文件要求，开展0～3岁婴幼儿照护工作调查摸底工作。

【"双女户"政策落实】 合山市计划生育协会严格落实全国农村部分计划生育家庭奖励扶助制度管理规范，2020年年满60周岁获国家奖励扶助188人，每人每年1440元。提高农村部分计划生育家庭奖励扶助金标准，2020年年满55～59周岁获扩面奖224人，每人每个720元。

严格落实合山市诚信计生家庭优先优惠政策暂行规定，2020年享受我市城乡居民基本医疗保险7371人，每人每年250元；享受我市城乡居民基本养老保险3883人，独生子女户和双女结扎户每人每年200元，放弃生育二孩每人每年300元。

（撰稿：计生协会）

医疗保障

【概况】 2020年，合山市医疗保障局作为市人民政府工作部门的正科级单位，机关内设机构1个，即综合管理股。核定机关行政编制3名，其中局长1名、副局长1名，工作人员1名。设合山市医疗保障服务中心，为该局下属的公益一类事业单位，核定事业编制20名，人员编制从市社保局连人带编划入。年底，局机关在职在编2人，下属二层事业单位合山市医疗保障服务中心在职在编15人，另外5人因市委组织部、市编办未明确转隶意见，尚未划转。

【医疗保障基金监管】 认真贯彻落实自治区、来宾市打击欺诈骗保工作部署，切实提高政治站位，强化组织领导，市医保局成立了局长担任组长的打击欺诈骗保专项工作领导小组，统筹安排，局长亲自抓，分管领导具体抓，确保全市专项行动顺利开展。通过制订并印发了《合山市2020年打击欺诈骗保专项治理工作方案》，对打击欺诈骗保专项行动的主要目的、组织机构、时间安排、内容要点、行动方式等作了具体安排，确保工作有抓手，任务有分工，狠抓落实。动员全市9家定点医疗机构和22家定点零售药店积极参与专项治理活动，2020年4月按照来宾市统一部署安排，召开了专项治理集中宣传和动员咨询大会，在全市范围内营造打击欺诈骗保、维护基金安全的良好氛围。为确保专项治理工作顺利进行，多次主动与卫健部门进行沟通协调，建立了有效联系机制，并商定了下一步行动计划，为治理工作顺利开展奠定了基础。组织全市定点医药机构逐条对照打击欺诈骗保专项治理重点就2018年1月1日以来医保基金使用情况开展全面自查，建立问题台账，明确整改日期，筑牢基金监管第一道防线。同时强化自查结果的应用，对自查主动报告问题的从宽处理，自查整改不到位的重点查处。期间，全市两定机构依据自查的问题，申请退回基金9.22万元。通过构建两定机构全面自查、经办机构日常检查全面覆盖，持续保持医保基金监管高压态势。全市共处理医疗机构5家，扣除总费用234.58万元，不给予支付，处违规金额3倍罚款2.08万元。

【医保目录和支付标准】 为贯彻落实党中央、国务院决策部署，进一步提高参保人员用药保障水平，规范医保用药管理，全面贯彻党的十九大和十九届二中、三中、四中全会精神，坚持以人民健康为中心，不断深化医疗保障制度改革，推进医保药品治理体系和治理能力现代化，合山市根据自治区下发的文件对医保用药目录进行调整为贯彻落实党中央、国务院决策部署，进一步提高参保人员用药保障水平，规范医保用药管理，经过药品目录的多次调整，进一步实现了药品目录结构的优化，医保资金使用更加高效，基本医保药品保障能力和水平进一步提高，更好地满足广大参保群众的基本用药需求。2020年，基本医保药品目录共计2968个，其中，西药部分1277个，中成药部分1470个(含民族药93个)，协议期内谈判药品部分221个(含西药162个、中成药59个)。

【城乡医疗救助】 2020年，合山市医疗救助9212人次，医疗救助支付462.92万元，其中，住院2765人次，医疗救助支付408.18万元，门诊慢性疾病6447人次，医疗救助支付54.74万元。

【异地就医管理】 为方便参保群众异地就医直接结算，合山市城乡居民到异地就医，需办理异地备案或转诊转院手续至统筹地区外，符合办理备案人群：异地安置、异地居住、异地工作备案可提供异地居住、工作相关证明材料或书面承诺方式申请异地就医备案。可提供的证明材料如公安机关办理的居住证、社区开具的居住证明、异地房产证、租房合同等，与身份证复印件一起提供。转诊备案，由二级及以上的定点医疗机构出具意见并在医院端系统办理转院手续。异地急诊，短期异地(因出差、学习、探亲、旅游临时在外的)因突发疾病住院的参保人员可先通过电话报备等便捷方式先行办理备案，并在入院后、出院前5个工作日内通过提供住院证明、门急诊病历、入院记录等书面材料申报备案。2020年，办理异地备案1314人，办理转院备案1453人，异地平台即时结算6014人次，基金支付2110.53万元。

【城乡医疗保障】 2020年，合山市城乡居民医保就医(包括普通门诊、门诊慢性疾病、住院)结算116240人次，涉及医疗费用共计13796.84万元，统筹基金支付7731.66万元。其中，建档立卡贫困人口住院结算3442人次，涉及医疗费用2621.25万元，基本医疗保险统筹支付1716.94万元，大病保险支付181.13万元，二次报销支付107.43万元，医疗救助支付156.06万元，兜底保障支付250.19万元，经以上五项待遇支付后，平均报销比例92.01%；门诊特殊慢性病医疗费6876人次，涉及医疗费用171.43万元，基本医疗保险统筹支付113.12万元，大病保险6.63万元，二次报销支付1.99万元，医疗救助支付23.12万元，兜底保障支付12.05万元，经以上五项待遇支付后，平均报销比例为83.08%。极度贫困人员住院49人次，总费用43.81万元，100%兜底支付3.78万元；门诊慢性病180人次，总费用9.43万元，100%兜底0.52万元。边缘户人员住院172人次，总费用203.27万元，基金支付104.97万元，大病保险21.87万元，医疗救助25.12万元，兜底33.32万元；门诊慢性病

425人次，总费用215.72万元，基金支付112.22万元，大病保险23.53万元，医疗救助27.51万元，兜底33.85万元。

【大病医疗保障】 城乡居民大病保险，是在基本医疗保障的基础上，政府对大病患者发生的高额医疗费用给予报销的政策，其主要目的就是减轻人民群众大病医疗费用负担，解决“因病致贫、因病返贫”的问题。2020年，合山市城乡居民享受大病保险6240人次，支付825.79万元。

【特殊对象参保保障】 2020年，合山市建档立卡贫困人口14665，符合参保条件14654人，参保基本医疗保险14654人，建档立卡贫困人口参保率100%。合山市根据上级部门要求，对未脱贫和2018年、2019年脱贫人口给予享受财政补贴为100%，对2017年、2016年脱贫人口给予享受财政补贴为60%，对2014、2015年脱贫人口给予享受财政补贴为30%。共放财政补贴人数为12003人，应发总金额1830259元，已发放成功总金额1830259元，财政补帖发放率达100%。医疗救助人口参保个人缴费财政补贴情况。对低保人口给予享受财政补贴为60%，对五保人口给予享受财政补贴为100%。共发放低保补贴人数2949人，五保补贴人数380人，医疗救济补贴发放率达100%。

【定点医药机构管理】 合山市在履行基本医疗保障工作中，坚持“以人民健康为中心，遵循保障基本、公平公正、权责明晰、动态平衡”的原则。通过完善经办规程、内部控制制度、信息系统管理等方式积极提升经办管理服务能力。同时，对定点医药机构开展绩效考核，聘请人员开展社会监督，对发现的违约行为及时处理等方式有效规范了医药机构协议管理工作。2020年，全市共有29家定点医药机构。

【医疗价格监测】 在当今的社会经济生活中，医疗服务价格一直以来都是备受关注的社会热点问题。因此，建立完善的医疗服务价格管理体系，对于和谐医患关系，维持社会稳定，推进我国医疗事业的进步都有着重要意义。合山市为了适应医疗服务价格改革的需要，及时掌握医疗服务价格和成本的运行实际，提高医疗服务价格制定和调整的科学性，时效性，减轻社会医药费用负担，增强价格管理的透明度，促进医疗机构管理水平的不断提高，积极建立医疗服务价格监测制度。通过加强价格监测，发布价格信息等方式，发挥舆论监督和行业自律作用，规范企业定价行为，积极引导市场形成合理价格。

（撰稿：黄敏、龙英、樊哲蓉、苏征、何建平）

社会生活

民政服务管理

【概况】 合山市民政局为市人民政府组成部门的正科级单位，编制数25个，实有在职在编干部职工24人，空编1个。其中，市民政局机关共6个编制。5个行政编（空编1个），1个工勤编。下设3个事业单位，编制19个。合山市社会福利院编制8个，合山市民政局婚姻登记处编制5个，合山市低收入居民家庭经济状况核对中心编制6个。

【行政区划、地名和界线管理】 2020年，合山市行政区划为3个镇，即岭南镇，北泗镇，河里镇。设行政村（村民委员会）29个，5个社区居民委员会。县界（1999—2001年），合山市—忻城县界线，长度40.62公里，埋设界桩4个，分别位于合山市岭南镇溯河村与来宾县溯社乡屯兵村和忻城县果遂乡北陇村相交处，合山市岭南镇溯河村与忻城县果遂乡果遂村之间，合山市岭南镇里仰村里仰屯与忻城县果遂乡花红村果遂屯两县分界线上，合山市北泗乡文定村与来宾县良塘乡上弄麦村和忻城县思练镇里泮村相交处。合山市—兴宾区界线，长度81.35公里，埋设界桩5个。分别位于合山市北泗乡文定村与来宾县良塘乡上弄麦村和忻城县思练镇里泮村相交处，合山市北泗乡洛满村与来宾县良塘乡龙林村之间牛岩山顶上，合山市河里乡河里村与来宾县迁江镇绣龙村之间，合山市河里乡怀集村与来宾县迁江镇印山村两县分界线上，合山市岭南镇溯河村与来宾县溯社乡屯兵村和忻城县果遂乡北陇村相交处。乡界（2002—2003年），北泗镇—岭南镇界线，长度27.22公里。岭南镇—北泗镇界线，长度1.23公里。河里镇—北泗镇界线，长度17.18公里，边界线两端交会点及界线中心均不埋设界桩。

【城乡最低生活保障】 2020年，全市城市低保771户1408人，累计发放城市低保资795.1404万元，月人均补助411.48元，城市低保覆盖率2.22%。全市农村低保1762户4203人，累计发放农村低保资金1264.7288万元，月人均补助249.60元，农村低保覆盖率5.6%。2020年内全市城市低保平均补助水平达到390元（含）以上，农村低保平均补助水平达到235元（含）以上。农村低保按A类335元，B类255元，C类235元三个档次补助进行发放。城乡低保覆盖率均超过自治区绩效考评指标要求。

【社会救助】 启动实施社会救助和保障标准与物价上涨挂钩联动机制，全面落实价格临时补贴政策。依据文件要求，2020年3—6月按国家政策规定，阶段性提高每月价格临时补贴标准1倍进行发放。全市2020年共发放价格临时补贴230.2149万元。发挥临时救助救急作用。2020年发放临时救助13人，发放临时救助资金8.604万元。聚焦脱贫攻坚，发挥农村低保制度在脱贫攻坚中的兜底保障作用。2020年，全市贫困户3739户14655人，其中，享受城市低保140户451人，享受农村低保737户2312人，享受农村特困70户74人，享受孤儿和事实无人抚养儿童8户10人。2019年的未脱贫户66户233人全部兜底保障。脱贫监测户39户122人，享受城乡低保32户93人。边缘户195户588人，享受农村低保116户310人，享受农村特困27户27人。全市易地搬迁户228户812人，其中享受城乡低保142户442人，享受农村特困4户6人，享受事实无人抚养儿童2户3人。

【特困人员救助供养】 2020年，全市城市特困人员救助供养对象44人，发放资金53.96万元，累计发放506人次；全市农村特困人员救助供养对象359人，发放特困人员救助供养资金291.65万元。农村特困人员分散供养336人，供养标准为每人每月565元。有23名农村特困人员在合山市社会福利院进行集中供养，每人每月936元。发放失能特困人员护理补贴半护理32人，全护理16人，发放护理补贴资金32.93万元。

【社区建设】 2020年合山市的目标任务是推进5个来宾市级农村社区试点建设，分别是岭南镇古城村委，北泗镇东亭村委和云堡村委，河里镇仁义村委和甘林村委。年内印发《合山市2020年农村社区建设试点工作方案》，并成立由市委副书记李波任组长的农村社区建设领导小组。试点村级基本实现并完成“一厅、六室、两栏、两中心”。试点村党组织，村委会健全，村务监督委员会，村妇联组织，团委组织及工会组织基本健全。村级基本制定村民自治章程，村规民约，村民会议，村民代表会议，村务监督及村财务等一系列制度，并公布上墙。完善社区发展规划，年度工作计划并组织村民开展文化体育活动。各社区挂社区建设标识牌。

【社会组织登记】 2020年，全市登记注册的社会组织共有74个（其中，民办非企业39个，农村经济协会18个，老年协会4个，专业性社会团体11个，行业性社会团体2个）。其中，2020年，新注册登记的社会团体2家、民办非企业2家。年内，开展社会组织网上年度检查工作，实际参检41个，合格41个，合格率100%。

【婚姻登记服务】 2020年，市民政局依法为婚姻登记当事人等对象办理1436件实事，其中办理结婚登记638对，离婚登记421对，补领结婚登记证148对，补领离婚登记证56件，为当事人，律师，公检法等部门查阅，复印婚姻登记档案173件，婚姻登记合格率100%。

【“三留人员”关爱活动】 2020年，合山市有留守老人144人、留守妇女111人、留守儿童1118人。按照农村留守儿童数量、构成、特点、家庭状况等基本情况，并以镇为单位建立农村留守儿童台账，建立动态管理数据库，有变化及时录入全国儿童福利信息系统。配备乡镇儿童督导员3人，村（居）儿童主任29人，并进行儿童督导员和村居儿童主任全覆盖业务培训，明确职责，落实农村留守儿童的监护责任和强制报告责任。

【收养登记】 2020年，合山市民政局办理收养登记4对。根据《中华人民共和国收养法》，符合收养法规定条件的，对当事人办理收养登记，让查找不到父母的社会弃婴感受到家庭的温暖。

【民政项目建设】 2020年，竣工项目有，河里乡示范性敬老院，25个联合五保村和未成年人保护中心联建项目，合山市社会福利中心老年公寓工程项目和合山市社会福利中心老年公寓2号项目。合山市农村养老服务中心项目完成主体框架，进入装修阶段。中央预算内投资项目——合山市农村养老服务中心2号项目年内开工建设。将合山市岭南镇敬老院打造为合山市城中社区居家养老服务中心，年内试运营。在市邮政储蓄银行建立社会捐助站和慈善超市，场地约60平方米，摆放货架两组，在室内悬挂各自的职责范围和温馨提示等内容，不定期向公众发放宣传单，提升群众关注、参与慈善信托的意识，引导社会公众理性捐赠。

【养老服务及养老设施建设】 2020年老年人高龄津贴全年共发放33287人次，发放金额为1910100元。合山市运营的养老机构为合山市社会福利院（广西华夏养老服务有限公司）。福利院位于合山市城东客运站南500米二级公路旁，2003年12月25日竣工并投入使用，占地面积3400平方米，建筑面积3799平方米。现有床位310张，现有院民176人，其中五保户30人，自费146人。均为自费收养。

【收容救助管理】 2020年合山市民政局救助社会流浪人员15人，其中13人安置在市人民医院精神科住院治疗，2人安置在市社会福利院。护送返乡流浪人员6人。

2020年合山市百岁老人统计表

表9

序号	姓名	民族	出生年月	家庭住址
1	韦秀珍	壮	1920-08-02	仁义村相金屯25号
2	韦新清	壮	1920-03-11	仁义村上里屯136号
3	谭景道	壮	1918-02-12	甘林村岑桥屯53号

续表 9

序号	姓名	民族	出生年月	家庭住址
4	蒙正荣	壮	1919-04-26	洛满村双凌屯
5	江德辉	壮	1905-03-20	洛满村安塘屯
6	李国安	壮	1919-02-19	里兰八区50号
7	曾甫仁	壮	1916-01-08	北泗街小南路
8	蒙孝温	壮	1920-10-15	古邦村南洪屯
9	黄宝凤	壮	1917-07-14	在勤村江村屯
10	罗秀生	壮	1920-10-12	东亭村下麦屯
11	罗国美	壮	1917-10-14	东亭村板坡屯
12	韦孟春	壮	1920-06-21	瀑泉村王所屯
13	谭克美	壮	1921-05-09	云堡村堡村屯
14	谭志明	壮	1920-07-10	屯山村屯山屯

（撰稿：黄仕元　冯雁　谭仁波　王进　蓝琳葳）

人力资源和社会保障

【概况】 合山市人力资源和社会保障局（简称“人社局”），内设5个。局直属事业单位4个。全局编制81人，其中行政编制9人，行政工勤编制2人、事业编制68人（公共就业和人才服务中心15人、社会保障事业管理中心35人、劳动保障监察大队5人、劳动人事争议仲裁院4人）。

【专业技术人才管理】 岗位设置管理工作。2020年，合山市部分单位按时开展事业单位岗位设置空岗竞聘工作，共有82个单位完成岗位设置空岗竞聘工作，岗位竞聘聘用晋升人数共356人。事业单位年度考核工作。2019年，事业单位共有66个单位（按单位或主管部门统计，不含党群系统）参加考核，参加考核共2417人，其中，职称评定优秀353人，合格1922人，不合格6人，未定等次136人。评审工作。完成2020年度初级职称认定、2020年度教育系列初级职称评审工作。2020年度初级职称认定共14人；参加2020年度教育系列初级职称网络评审申报共54人，评审通过人数共53人。合山市2019年取得中级职称资格人数44人，取得高级职称资格43人。

【工资与福利】 2020年，合山市国家标准工资补贴已全部足额安排预算并已发放到位。无拖欠教师工资、班主任岗位津贴、绩效工资奖金、乡镇工作补贴、乡村教师生活补贴、五险一金等情况，义务教育教师的年平均工资不低于当地公务员年平均工资水平。建立公立医院内部考评办法，医务人员的薪酬与岗位工作量、服务质量、患者满意度等因素挂钩，并逐步建立针对公立医院及医院主要负责人的考评办法。结合医疗卫生行业特点，完善人员绩效考核制度，落实岗位绩效工资制度，合理确定职工工资收入分配。

2020年2月，合山市拖欠农民工工资工作领导小组办公室组织开展涉嫌欠薪案件、欠薪线索集中接访活动　（人社局提供）

坚持多劳多得、优绩优酬原则，完善收入分配机制，健全以服务质量、技术难度、成本控制和患者满意度为核心的内部分配办法，重点向临床一线、关键岗位、业务骨干和做出突出贡献的人员倾斜，合理拉开差距。提升了服务水平和服务质量，实现个人增收、单位增效。

【就业与再就业】 2020年，合山市城镇新增就业1434人，城镇失业人员再就业人数485人，就业困难人员实现就业562人，农村劳动力转移就业新增人数2678人次，城镇登记失业率2.72%，控制在4.1%以内。

【人才服务管理】 2020年，接收高校毕业生档案447份，转出人事档案247人次，出具各种证明材料79份。截至2020年12月底，中心流动人员档案库存6568份。

【大中专学生毕业管理】 开展“2020年合山市高校毕业生就业政策宣传月”活动，创建高校毕业生交流工作QQ群，引导毕业生关注“广西就业创业服务”公众号，通过Q群、公众号等多种宣传媒体加强就业创业政策宣传，将相关的招聘信息、求职情况在群里公布，为未就业的毕业生提供了更便捷的服务，千方百计帮助高校毕业生就业。根据《关于印发广西壮族自治区就业见习管理办法的通知》文件精神，合山市新认定合山市医疗保障服务中心4家企业为合山市就业见习基地，已招募5名见习生。

【人力资源市场建设】 2020年，合山市建立人力资源数据库1个，新增入库求职信息4166条。合山市共组织开展人力资源现场招聘会22场（其中易地扶贫搬迁专场招聘会2场），参与招聘企业（单位）269家，与区、市、县级共享发布就业岗位16169个，免费发放宣传材料36881份。

【农村劳动力转移就业培训】 2020年，组织开展2020年合山市职业培训86个班共4096人次（其中农村劳动力转移就业1406人）。

【社会保障基金征缴】 2020年，合山市在职企业职工基本养老保险参保人数11668人，在职机关事业单位基本养老保险参保人数3405人，城乡居民基本养老保险参保人数37635人，工伤保险参保人数8517人，失业保险参保人数6255人。按项目参加工伤保险22个项目。

【疫情防控与务工扶持】 用心用情促“返岗”“点对点”输送有序复工。为推动农民工有序复工。疫情防控期间，依托合山市农民工返岗就业服务专班和市、镇、村三级就业服务专员，强化“点对点”输送服务，结合合山市农民工外出就业时间表、就业地，加强与就业目的城市、交通运输等相关部门对接沟通，共享交换有关信息，推动合山市农民工有序返岗复工，疫情防控期间，合山市已通过农民工返岗专车输送84名务工人员（其中建档立卡贫困户劳动力12人）赴广东各市返岗工作。落实各项扶持政策，促进就业。发放稳岗补贴和交通补贴。疫情防控期间，发放建档立卡贫困劳动力10662人次的稳岗补贴共213.24万元；发放建档立卡贫困劳动力1203人交通补贴共54.135万元。发放防疫补贴。2020年，合山市享受防疫补贴的建档立卡贫困劳动力的农民工有77人，共发放防疫补贴0.77万元。开发村级临时性扶贫岗位安置建档立卡贫困劳动力就业。2020年2到6月，合山市累计安置308名建档立卡贫困劳动力就近就业。

【劳动保障监察】 2020年，市劳动保障监察大队及时处理各类劳动领域违法案件3起，结案3起，结案率100%。开展辖区内企业信登记评价工作，共采集80家各类用人企业。共计对156家企业、施工工地进行了日常巡查和专项检查，涉及人数7536人。对发现问题的企业依次采取口头警告，下达预警通知书，谨慎下达责

2020年2月23日，合山市返岗复工活动现场，疫情防控与务工扶持
（人社局提供）

2020年6月18日，合山市职业技能培训茶艺培训班在里兰开展
（人社局提供）

令整改的措施督促其进行整改。

【劳动仲裁】 2020年，仲裁机构共处理案件73件，立案受理案件共64件，其中，劳动报酬6件，社会保险费返还4件，工伤待遇5件，确认劳动关系5件，解除合同经济补偿44件。结案64件，其中36件案件以仲裁裁决结案，终局裁决25件，28件案件以仲裁调解结案，结案率达100%，终局裁决率为69.4%。2020年1—12月份，处理案外调解案件共70件，其中，劳动报酬15件，社会保险24件，解除劳动合同30件，其他1件。其中，仲裁机构处理70件案件，结案率达100%，调解成功率为72.79%。2020年，企业劳动争议调解委员会、乡镇、街道劳动保障所（站）争议调解组织、机关、事业单位人事争议调解组织的调解工作已初步走上正轨。接待来访、来电咨询政策法规人数共457人次。

【劳动法律法规宣传】 市劳动保障监察大队深入合山市各用个企业、建筑工地和乡镇街道等人员流动密集场所发放《保障农民工工资支付条例》宣传资料6000多份，并在工业园区、市区、建筑工地现场等地悬挂宣传《保障农民工工资支付条例》横幅，通过"合山卫视"、新世纪广场大屏幕、"大好合山"微信公众号等滚动播放《保障农民工工资支付条例》公益宣传短片和内容，营造了"欠薪可耻、恶意欠薪有罪"的舆论氛围。

【农民工工资追讨】 2020年，为农民工追缴工资13560元。

【离退休人员及工资管理】 2020年，合山市企业职工离退休人员8758人，发放26826万元；机关事业单位离退休人员1580人，发放8114万元；城乡居民领取养老待遇人员12661人，发放1926万元；失业保险领取待遇人员285人，发放1305万元；工伤保险领取待遇人员44人，发放423万元。

【人事考试】 2020年，合山市通过事业单位公开招聘聘用的人员共197人，其中，非教师岗位聘用121人（来宾统招87人，自主招聘34人），教师岗位聘用66人（来宾统招12人，自主招聘54人），基层卫生院聘用10人。2020年，合山市新聘用小学全科教师共9人，特岗教师转正聘用共7人。

（撰稿：人社局）

退役军人事务

【概况】 2019年3月5日，合山市退役军人事务局（以下简称市退役军人事务局）正式挂牌成立。内设综合股室，下设一个二层机构——合山市退役军人服务中心。局机关行政编制3个，设正副局长各1名，机关干部1名。服务中心事业编制7个。

【政策宣传】 2020年，市退役军人事务局开展形式多样的宣传退役军人安置政策工作，利用电视台、微信、标语、宣传册、政务公开栏等宣传工作平台和载体，全方位、多渠道、多层次开展退役军人事务政策宣传。

【关心关爱】 2020年，全市为军转干部发放生活困难补助24.24万元。春节和"八一"建军节前夕共发放慰问金1.3万元。按照上级规定和要求，为退休企业军转干部发放关爱金0.3万元。组织退休企业军转干部健康体检等工作。

【退役士兵安置】 2020年，市退役军人事务局牵头举办退役军人就业创业专场招聘会2次，18个企业单位提供可选择就业岗位218个。与职业技能培训机构签订技能培训协议，全面落实国家关于退役士兵安置政策，为退役士兵发放自主就业一次性经济补助金共计38.03万元。

【优待抚恤】 2020年，市退役军人事务局全面落实国家关于优待抚恤政策，为重点优抚对象发放各类定期抚

合山市委、市政府领导"八一"期间带队慰问军分区 （退役军人局周钦镇提供）

市人武部、退役军人局领导"八一"期间慰问河里镇荣获三等功士兵蒙立晓家属 （退役军人局梁有兴提供）

恤和生活补助及优待金。根据国家政策，为重点优抚对象提供政策内医疗救助工作。

【走访慰问】 2020年，市退役军人事务局开展常态化走访慰问退役军人工作。春节及八一建军节前，由市领导带领各相关单位走访慰问驻地部队官兵及一些重点优抚对象。组织开展走访慰问退役军人工作，做好退役军人的"六必访"活动，即退役返乡必访、立功受奖必访、英模典型必访、重要节日必访、遇到困难必访、重大变故必访活动。

【烈士纪念日活动】 2020年9月30日，合山市举行革命烈士公祭日活动。市四大班子领导及市各单位领导、学校师生代表、烈属代表、老战士代表等368人参加烈士公祭日活动。

【双拥共建】 2020年，成立市双拥工作领导小组机构，市委主要领导担任组长，由于机构小组其他成员职务的变动及时调整，双拥办设在合山市退役军人事务局，确保双拥工作组织机构、工作机制、经费保障、办公场所的完善和到位。春节和八一建军节前，组织开展慰问驻地官兵和走访慰问革命功臣、军烈属、伤残军人、在乡老复员军人等活动；市消防大队、市人武部组织开展走访慰问退役军人和农村扶贫贫困户等活动，巩固加强了军政、军民团结，双拥工作开创新局面。

扶贫开发

【概况】 2020年，合山市扶贫开发办公室行政编制5人，设主任1人，副主任4人（其中1人为挂职）。内设综合股，项目股，社会扶贫股、资金股。下设信息中心，信息中心事业编制10个；在岗9人，劳务派遣设置14个岗位，在岗11人。

【扶贫机制创新】 为更好地开展对全市农户返贫致贫动态监测及帮扶工作，合山市建立精准防贫"六个一"机制加强对全市脱贫人口及存在返（致）贫风险困难群众跟踪监测，采取有效的干预措施，防范化解返（致）贫风险，进一步巩固拓展脱贫攻坚成果。建立一个防贫监测中心，实现"线上"动态实时监测。防贫监测中心依托于国扶系统并有效融合各部门信息数据，通过行数据共享和比对，建立完善精准防贫大数据监测平台。监测中心统一部署，定期组织各行业部门"线上"对全市农户进行动态监测排查。此外，建立市、镇、村三级防贫预警数据库，数据库按低、中、高三类预警风险级别划分，并按类别开展监测帮扶。建立一支网格队伍，"线下"全面排查预警。网格队伍由各村的驻村干部、村委干部、综治网格员、扶贫信息员、后盾单位帮扶干部组成，对整村进行网格化管理。网格员围绕已纳入防贫对象家庭人口是否精准，因病、因学、因房、低收入等因素进行全面排查核实，并建立高、中、低风险农户台账，按农户风险等级情况，分时间段入户核实工作。开通一个预警电话，建立全民防贫大格局。为及时发现有效干预返贫致贫风险点，合山市开通市、镇、村三级防贫预警监测热线，设立风险预警报告点。通过大力宣传防贫政策，让有需要的困难群众主动将潜在风险向上报告，提高防贫有效性、实时性。制定一批政策，精准防贫。以"两不愁三保障"标准，对已认定为脱贫不稳定户和边缘易致贫户按照"缺什么补什么"的原则，各部门在原有的防返贫机制基础上，结合当前需要，修改完善帮扶机制，让帮扶措施更加具体化、精细化，更具针对性。建立一支帮扶队伍，精准施策。对符合纳入防贫管理的对象，纳入脱贫监测户或边缘易致贫户后，由各村村委干部或驻村工作队进行跟踪监测，按照网格化管理将本村每个脱贫监测户或边缘易致贫户落实到每个责任人，根据致贫原因，制定一户一策，精准施策，要求责任人每个月至少要入户1次了解家庭收入，制定的帮扶政策落实情况，风险化解情况，解除致（返）贫风险。落实一个机制，筑牢防火墙。对已消除风险的脱贫不稳定户和边缘易致贫户要建立帮扶对象跟踪监测"一对一联系服务制度"，设置防贫帮扶"渐退期"，对致贫返贫风险消除且收入持续稳定地解除风险。

【扶贫资金投入】 合山市2020年安排落实财政专项扶贫资金2790.77万元，用于开展扶贫基础设施建设和产业发展，把培育和壮大特色优势产业作为扶持的重点，以产业化扶贫项目带动贫困户脱贫。开展金融扶贫工作。建立支持贫困户贷款风险补偿基金的情况及扶贫贷款财政贴息政策，扶贫贷款财政贴息资金170.63万元。从财力上加大对扶贫工作的支持力度，确保合山市在全区顺利实现脱贫摘帽目标任务。财政涉农整合1032.84万元资金，用于农村基础建设及产业扶贫发展，改善农村交通、饮水安全和生产生活条件。

【贫困村基础设施建设】 2020年，合山市基础设施建设项目共16个，其中农村安全饮水11个，总投资716.2487万元，受益总人数15378人；农田水利工程4个，总投资88.7456万元，受益总人数4700人；道路硬化建设1个，总投资50.5331万元，受益总人数398人。

【扶贫产业开发】 2020年，合山市持续加大产业扶贫投入，培育发展优质稻、糖料蔗、柑橘、猪、牛和甜糯玉米、花生大豆等"5+2"特色产业。全市优质稻种植面积3.79万亩，糖料蔗种植面积3.93万亩，柑橘种植面积0.82万亩，甜糯玉米0.61万亩，花生大豆0.54万亩。加快恢复生猪生产，全市8家千头以上规模猪场全面生产，2020年，全市出栏1.99万头。肉牛0.83万头，出栏0.22万头。2020年，合山市建档立卡贫困户3739户，其中，发展"5+2"特色产业（优质稻、糖料蔗、柑橘、猪、牛＋甜糯玉米、花生大豆）的贫困户3129户，家庭全部无劳动力或家庭全部劳动力长期外出务工或自主创业的贫困户551户。落实以奖代补政策，累计已发放奖补资金1700.58万元。

【外出务工与就业扶持】 2020年，合山市外出务工建档立卡贫困劳动力6762人，占2019年外出务工总人数的112.36%，其中，区外务工2299人，占2019年区外务工总人数的107.27%；县外区内务工1404人，占2019年县外区内务工总人数的113.31%；县内务工3059人，占去年县内务工总人数的116.04%。2020年，合山市已发放外出务工建档立卡贫困劳动人员交通补贴1203人，发放补贴54.135万元。已发放外出务工建档

2020年12月18日，合山市"脱贫感党恩　奋进新起点"宣传会现场
（扶贫办提供）

立卡贫困劳动人员稳岗补贴10662人次，发放补贴213.24万元。全市29个行政村建立人选库29个。创新开发非固定性村级扶贫公益性岗位安置贫困劳动力总人数693人，累计发放补贴192.32万元。

【贫困村集体经济】 2020年，全市村级集体经济收入实现全覆盖、8个脱贫村和21个非贫困村通过村企合作、综合开发、自主发展、盘活资产资源等多种模式发展村级集体经济。2020年，全市村集体经济收入达462万元，全市34个村（社区）集体经济收入全部达到5万元以上，其中收入10万元以上的村有17个，20万元以上的村有4个，50万元以上的村有2个。脱贫村村集体经济收入均超过10万元。

【贫困户危房改造】 2020年，合山市四类重点对象农村危房改造任务176户。其中，建档立卡贫困户128户，三类重点对象48户。2020年，合山市已完成335户农村危房改造，超额完成任务数的190.34%，其中建档立卡贫困户151户，三类重点对象47户，边缘户33户，一般农户104户，发放补助资金共计430.2万元。

【财政扶贫资金使用与管理】 为强化资金监管，2020年每季度对全市扶贫资金管理使用情况进行专项检查，督促相关项目主管部门加快项目实施进度并及时进行工程验收，规范使用扶贫资金，确保扶贫资金高效使用，防止资金闲置。

【贫困户合作社分红】 2020年，合山市带动产业合作社共58家，带动3271户贫困户发展种植养殖产业项目，吸纳贫困户入股资金4025.1215万元，全年贫困户共获分红316.83万元。

【扶贫监督检查】 2020年，合山市重点推进扶贫监督检查，成立单位攻坚小组，负责检查单位手册、佐证材料、系统数据、新农合等。成立村攻坚小组，由联系各村的市领导组织市、镇、村干部，核对脱贫户是否达到脱贫标准，核定人数，是否购买新农合等。成立镇攻坚小组，核对和更新系统数据。成立市攻坚小组，抽调4个处级领导组成核查组，对自治区核验文件进行研究，按合山统一核验材料模板，核对全市所有村脱贫户手册和佐证材料，对系统数据进行比对，确保系统数据和材料一致，成立31个督查组，由四家班子领导担任组长，在全市开展交叉检查，重点检查预脱贫户是否达到脱贫标准、手册填写是否与实际相符，对发现问题直接通报并由联系村市领导限期组织整改。

受疫情影响，合山市辖区水果面临销售难题。2020年2月10日，合山市委组织部、经贸局、扶贫办等单位组织摸排水果产业现状，并发出爱心订购倡议书，鼓励大家通过微信朋友圈、微信群认购水果，掀起了一场爱心接力。图为果农按订单分装草莓 （覃丽丽提供）

【贫困户技能培训】 2020年，合山市先后对贫困户开展了农村实用技术培训和短期技能培训工作。其中，农村实用技术培训涉及贫困家庭16～60周岁劳动力403人，总计培训经费2.412万元（其中，交通费0.36万元，授课老师费用0.1万元）。短期技能培训工作涉及贫困家庭16～60周岁劳动力58人拨付培训经费16.92万元。

【脱贫攻坚措施】 2020年，合山市印发了《关于印发2020年合山市脱贫攻坚巩固提升方案的通知》《关于印发合山市巩固脱贫成果精准防贫实施办法（试行）的通知》《合山市扶贫开发领导小组关于建立扶贫开发领导小组返贫（防贫）监测、预警和帮扶机制的通知》等文件，明确扶贫工作方案，全面推进全市扶贫工作的进度。

【脱贫成效】 贫困群众收入水平大幅度提高。全市建档立卡贫困户家庭人均纯收入由2016年的7416.76元增加到2020年的12024.82元，增幅达62.13%。农村基本生产生活条件明显改善。全市具备条件的建制村、屯全部实现通硬化路，村村建有卫生室并配备有标准化医疗设备、药品、村医，6所义务教育薄弱学校办学条件得到改善，农网供电可靠率达到99%，宽带网络、4G网络实现全覆盖，3304名农村人口通过危房改造解决了住房安全问题。“精神扶贫·合山经验”在全国得到推广学习。2020年，《精神扶贫的“合山经验”——广西壮族自治区合山市“三扶合一”新路子》作为全区唯一典型入选中宣部2020年主题出版重点出版物《中国减贫奇迹怎样炼成·扶贫扶志故事选》。

（撰稿：乡村振兴局）

移民和易地安置

【概况】 合山市水库和扶贫易地安置中心是参照国家公务员法管理的事业单位，正科级机构，核定编制4人，其中设主任1名，副主任1名，科员2名。

【水库移民后期生产扶持】 2020年，合山市库区移民后期扶持主要以落实桥巩水电站合山库区移民后期扶持政策为主，2020年合山大中型水库移民后期扶持人口912人，全年共发放54.72万元后期扶持资金。

【水库移民项目建设】 后期扶持基础设施项目建设，2020年利用自治区下达合山市的大中型水库移民后期扶持资金147万元，为里兰村实施屯巷道硬化及基础设施工程。继续开展2019年下半年后期扶持项目投资181万元，为怀集村委移民村屯（蝶山屯、那岭屯）基础设施工程，项目12月底完工。贡模瑶族移民新村综合提升工程项目如期完成。自治区于2018年、2019年下达合山市大中型水库移民后期扶持专项资金共计1379万元。该笔资金全部用于贡模瑶族移民新村综合提升工程项目（一期工程）建设，项目分两个标段实施，2021年2月底已全部完工。

【水库移民培训】 3月初，组织移民11人到广西梧州农业学校学习电工焊工等技能培训并取得培训证书。3月中旬，组织移民29人到广西梧州农业学校学习水果种植、竹鼠养殖等种养技术。4月份再组织移民46人到南宁市美善雅职业培训学校学习中级育婴师、高级月嫂、小儿推拿、病患陪护等技术。

【移民信访工作】 2020年，信访工作人员积极行动，变上访为下访，及时深入移民户调查了解情况、宣传政策、化解矛盾。及时解决群众反映的移民后期扶持和内涝等热点问题，切实维护群众利益。2020年，水库移民信访工作稳步开展，每月按时将信访台账上报来宾市移民局。

【移民资金使用管理】 2020年，合山市申报水库移民项目资金共10039002.95万元，其中，发放大中型水库移民后期扶持补助资金54.72万元，其余为项目资金。所有资金自治区直接下达到市财政局，由财政统一监管。本着“谁受灾谁受益”的原则，合山市生产安置人口的后期扶持资金全部通过银行转账方式直接发放到农户账上。杜绝了后扶资金使用不当、挪用、滞留的可能性，充分发挥其扶持移民生产生活的作用。

【易地扶贫概况】 合山市列入《广西易地扶贫搬迁“十三五”规划》计划搬迁建档立卡贫困人口1200人。2017年，自治区下达合山市搬迁任务为1017人，2018年7月，调整2017年搬迁任务为821人。2017年12月底全市完成抽签分房228户821人，完成搬迁任务100%，累计发放钥匙228户821人，实际搬迁228户821人，实际搬迁入住率为100%。搬迁对象均为在册的建档立卡贫困户，人均住房面积控制在13—25平方米。合山市易地扶贫搬迁安置点采取“以购代建”模式建设。安置小区基础设施完善，周边公共服务设施配套齐全。分别是安置在光明小区和向阳小区，其中光明小区搬迁户为115户，442人，向阳小区搬迁户为113户，379人。已实现脱贫228户821人，脱贫率为100%。

【易地扶贫搬迁管理】 “十个强化”后续扶持推动工作得到全面落实。教育保障，合山市易地扶贫搬迁户适龄儿童151人，搬迁后有意愿在周边学

贡模移民新村环村道路 （安置中心提供）

校就近就读的151人已全部安置，且全部享受相应的资助政策，没有收到过因子女不能入学或者不享受资助政策的信访事项。医疗保障服务，督促合理规划医疗机构建设，合山市采取“以购代建”模式建设，已实现安置点医疗机构全覆盖。全市建档立卡贫困人口均可享受。社会保障，落实生活保障制度，给已搬迁入住户发放过渡生活补贴共34.2万元，并对易地搬迁低保对象做到应保尽保工作，全市148户451人纳入最低生活保障，占全部易地搬迁对象的54.9%。社区服务，合山市安置点均在城区范围，周边有学校、医院、广场、市场等公共设施，交通便利，能满足搬迁对象就医、入学需求，附近的产业转型工业园区拥有多家企业，搬迁户可就近创业、就业。安置点通水、通电，基础设施配套齐全，物业安保配备基本完善，物业管理公司对小区公共秩序、环境卫生、治安巡逻等方面提供系统化优质化的服务。产业扶持，发展特色种养业。目前合山市已有159户搬迁贫困户申请以奖代补项目，涉及奖补金额69.40445万元。储备产业。利用2019年结余的地方债券资金和2020年下达的债券资金共投资2506.7万元购买合山市水榭石都农贸市场一楼、二楼、三楼铺面用于开发投资。利用2020年下达的补短板综合财力补助资金投资150万元购买合益源小区回建安置楼，作为易地扶贫搬迁安置点扶贫车间用于开发投资。通过出租等方式获取收益，增加搬迁贫困户收入。就业帮扶，实现一户一就业。有劳动能力且有就业意愿的搬迁户家庭成员至少有1人实现就业。截至11月30日，合山市228户搬迁户已实现就业220户，8户全户无劳动力，228户入股一个以上专业合作社，安排28名搬迁群众通过公益性岗位就业，已实现有劳动能力且有劳动意愿的家庭实现1人（含1人）以上稳定就业，实现就业率100%。储备就业岗位。优先解决部分搬迁贫困户就业问题，主要是联合市经贸局提供合山市企业用人信息约140个岗位。开发合山市水榭石都农贸市场一楼为搬迁户订购84个摊位，12个门面，开发二楼、三楼商业运营——滨江超市解决就业；培育合益源小区易地扶贫搬迁安置点扶贫车间解决就业问题。优先解决部分搬迁贫困户就业问题，让搬迁群众足不出小区即可就业创收，创造提供良好工作环境。文化服务，合山市在光明小区开展了“文明创建我志愿决战脱贫攻坚我要拼”志愿服务活动，是新形势下联系群众、服务基层、推动脱贫攻坚、助力乡村振兴的现实需要，是加快全市精准脱贫攻坚步伐，打好脱贫攻坚战的一个有效载体。引导贫困户养成文明健康的生活方式，让困难群众在努力脱贫的同时生活得更加舒适舒心，活动中为易地搬迁贫困群众宣传扶贫政策、献爱心、送健康、送就业信息等。拆旧复垦，合山市228户搬迁户中，应拆户数104户。其中44户符合应拆除条件的独立住房已完成拆除100%。同时及时兑现拆旧奖励共计104户383万元。针对确不能拆除的连体旧房已按程序报批建立了台账，进行统一管理。组织建设。在合山市光明小区、向阳小区2个安置点均成立了党支部、设置居民小组6个，安置点所在社区已成立工会组织、共青团、妇联等组织。平安建设，强化平台设备。安置点均在城区范围，基础设施配套齐全，物业安保配备基本完善，物业管理公司对小区公共秩序、环境卫生、治安巡逻等方面提供系统化优质化的服务。及时化解信访风险。全面落实属地属事责任，全力推进调处化解，切实把风险隐患化解在基层。加强信访工作，对长期缠访、闹访、到非接待场所上访人员，要在“三到位一处理”基础上，及时收集固定证据，坚决依法打击。完成“十三五”易地扶贫搬迁规划评估验收工作。根据自治区《关于印发广西“十三五”易地扶贫搬迁评估验收工作方案的通知》（桂扶贫搬迁组函〔2020〕61号）文件精神，合山市制定了易地扶贫搬迁评估验收方案，已完成自查验收和协调配合自治区迎检工作。

（撰稿：安置中心）

贡模移民村新建的民族大舞台　（安置中心提供）

民族宗教局事务

【概况】 2019年2月，根据《合山市机构改革方案》，原属合山市人民政府办公室职能的民族、宗教职责划入中共合山市委统战部，对外加挂“合山市民族宗教事务局”牌子，单位名称由原“合山市民族和宗教事务局”变更为“合山市民族宗教事务局”，局长由中共合山市委统战部一名副部长兼任。

【民族政策宣传】 2020年4月，合山市举办“壮族三月三·和谐在合山”民族团结进步宣传教育活动，组织全市各单位通过线上线下宣传党和国家的民族政策、民族法律法规等，让“中华民族一家亲、同心共筑中国梦”的理念深入人心；把组织收看主题宣传片、参加民族团结进步知识竞赛活动，作为全市干部了解民族知识、加强民族团结的有效途径。

【民族文化特色】 合山市有满月酒、周岁酒、寿礼仪宴等习俗文化。饮食上有煤球蛋糕、五色糯米饭、竹筒饭等小吃。传统节日文化有“壮族三月三”舞龙舞狮、抛绣球、走板鞋等表演。端午节有吃粽子，冬至有“冬至大过年”的过节习俗。提倡男、女平等且接纳“男子上门”婚俗，婚俗上遵守“双边走”，双边走意思是结婚地位平等，出生儿女对父母方家长辈的称呼都是一样的，没有舅舅和外公婆说法，都是叫“叔叔”“爷爷奶奶”，姐姐的丈夫不叫姐夫，而称呼为“哥哥”。

【民族团结进步创建】 2020年，合山市全面推进民族团结进步“六进”创建活动，全市机关单位、乡镇、公办中小学、宗教活动场所创建覆盖率均达到100%；国有企业创建率达20%；村民委（社区）创建率达35%。河里镇长模村获得自治区下达民族团结进步创建专项经费4.5万元，市本级自筹资金1.51万元，共同用于组建民族政策法规宣传文艺队、建立民族之家、开展民族团结宣传教育和民族联谊等活动。合山市北泗镇人民政府等12家单位被命名为来宾市第一批民族团结进步示范区（单位）。

【少数民族发展资金项目建设】 自治区下达合山市2020年中央第一批、第二批少数民族发展资金合计93万元，连同整合使用的2019年结余资金1.05万元实施贫困村4个小型农田水利灌溉项目。项目的实施，有效解决了洛满村等3个贫困村1673户村民6700多名群众生产生活用水问题，得到群众充分肯定。

【宗教机构概况】 合山市境内共有2个合法宗教活动场所，分别是合山市东矿天主教堂和合山市灵岩寺（佛教），境内无道教、伊斯兰教、基督教、活动场所，全市没有成立宗教团体。

【宗教事务管理】 深入宗教活动场所进一步宣传宗教政策法律法规和党的路线、方针和政策，引导信教群众爱国爱教，遵守法律法规，指导场所依法依规开展宗教活动，2020年，宗教领域和谐稳定。帮助合山市东矿天主教堂申请获得自治区寺庙教堂维修专项经费8万元，用于教堂基础设施修缮。完成民间信仰活动场所核查甄别和登记建档，全市登记建档主殿建筑面积占50平方米以上的民间信仰场所有20处。

【宗教政策宣传】 对党政系统干部、宗教界人士代表、信教群众等开展《宗教事务条例》《广西壮族自治区宗教事务办法》等宗教政策法规学习培训，促进全市宗教工作健康发展。

【宗教基础信息采集】 合山市东矿天主教堂位于东矿柳邕二级公路南侧，教职人员2名。2016年6月，广西天主教“两会一区”委任谭炳扬司铎任合山市天主教主任，司铎负责教会一切教务工作，推进天主教自选自圣工作，同年7月，召开教会换届选举工作，选举谭炳扬神父为教务委员会主任兼法人代表，传道员潘慧及莫明花、岳英等7人为委员，莫明花同年9月当选为合山宗教界政协委员。合山市灵岩寺位于河里镇怀集村怀集水库风景区，离市区约20公里，还在建设阶段。于明为法人代表，释界慧任监院，主持灵岩寺全面工作。

（撰稿：民宗局）

镇村社区

岭南镇

【概况】 岭南镇位于合山市西北部，东邻北泗镇，南接河里镇，西与兴宾区溯社乡隔河相望，北与忻城县果遂乡和思练镇接壤。全镇总面积98平方公里，下辖8个行政村、46个自然屯、157个村民小组，5个社区、140个居民小组，13个村（社区）共科学划分为101个小网格。常住人口6.9万人，其中农业人口2.7万人。全镇耕地面积1711公顷，其中水田685公顷，旱地1026公顷。镇内居民通用普通话、桂柳话、桂北壮话和客家话。镇内交通便捷，铁路、公路、水路交织成网。全镇农作物以水稻种植为主，间种玉米、黄豆及各种杂粮；农村经济作物以种植甘蔗为主，现在甘蔗种植面积达1.56万亩；矿产资源主要有煤炭、大理石、石灰石等。

【机构改革】 2020年，岭南镇立足实际，创新举措，大胆实践，推进管理体制改革改出新活力，达到了因事设岗、因岗设人、人岗相适的改革目标和效果。改革之初，镇三大班子领导分头到各二层站所调研、征求意见，发现症结，探索破解新方式，以激励优秀干部凭能竞岗，引导平庸干部按需调岗。镇党委先后召开5次班子会专题研究讨论机构改革推进问题，经多方考虑，决定通过竞聘上岗、“双向选择”的方式进行合理的人员划转，接着制定下发了《岭南镇事业单位中层干部竞争上岗实施方案》《岭南镇事业单位干部职工竞争上岗实施方案》，竞争上岗分为中层干部（中心主任）的竞争和一般干部职工的竞争两步走。

【经济建设】 2020年，岭南镇根据自身地理位置、资源状况、产业基础等条件，统筹规划、整合资源、积极创新，努力打造岭南镇经济新的增长点，优化产业结构，培育和积蓄发展新动能，推动经济健康稳步向前发展。主要经济指标总体表现稳健，全镇农业总产值同比增长0.18%，固定资产投资同比增长15.3%，城镇居民人均可支配收入同比增长3.5%，农村居民人均可支配收入同比增长8.3%，因受疫情等因素影响，社会消费品零售总额同比下降5.5%。

【农业生产】 2020年，耕地面积1711公顷，其中，水田685公顷，旱地1026公顷。农作物以水稻种植为主，间种玉米、黄豆及各种杂粮；农村经济作物以种植甘蔗为主，甘蔗种植面积达1.56万亩。2020年，岭南镇以发展特色产业为抓手，溯河村通过57亩集体土地聘请公司代管代种进行分红的模式种植澳洲坚果，预计每年收入达7万元。

【基础设施建设】 2020年，岭南镇利用农村公益事业财政奖补项目资金104.26万元，在古城村、溯河村、里仰村、岭南村、石村开展“一事一议”项目建设，修建村道、篮球场、文化小广场等公共设施，提升了乡村公共服务水平。

【社会保障】 2020年度，受理就业贷款1人，共计15万元。受理创业补贴18人，共计9.9万元。做好疫情防控期间的就业保障工作，针对疫情情况，从2月起提供临时扶贫岗位96个，安置贫困劳动力96人。开发扶贫公益岗位24个，安置贫困劳动力24人。截至10月31日，成功受理疫情防控期间贫困劳动力申请稳岗补贴2764人次，发放金额55.28万元；交通补贴285人次，发放金额12.83万元。2020年，全镇办理城乡居民基本养老保险568人，到龄办理295人，死亡注销302人。2020年，全镇参加城乡居民医疗保险41400人。

【医疗卫生】 2020年，岭南镇辖区有医疗卫生机构30个，医疗卫生机构床位573张，执业（助理）医师219人，兽医（防疫）技术人员7人。2020年，岭南镇人口出生500人（自然年度），人口自然增长率为0.5‰，孕前优生健康检查为229对。

计划生育家庭奖励扶助情况：2020年，办理小额信贷贴息12户（贷款金额，24万元，贴息金额，12927元）；2020年，新增贷款1户1万元贷款期限2年；尚有10户小额信贷未办理贴息。计生各项保险工作完成情况：爱心保险投保301户，总额1.51万元；学生平安保险购买408份，金额4.10万元；关爱保险投保1487户，4015份、金额为18.77万元。享受国家奖励扶助51人，金额7.34万元；享受广西奖励扶助81人，金额为5.83万元，享受农村计划生育家庭独生子女一次性奖励6人，共0.60万元；全镇特别奖励扶助76人，全年扶助金额为189.26万元。全镇农村计划生育家庭享受新农合754户2184人金额共54.60万元，新农保686户，1172人，24.91万元。城镇无业居民享受退休增资5%奖励319人，41.07万元。全镇获得高考奖励20人共2.00万元。

【文化体育】 2020年，岭南镇组织8个村、5个社区文艺骨干开展业务培训活动，镇公共文化服务中心工作人员还到各村、社区开展民族舞、广场舞培训班活动，有78名文艺爱好者参加培训；岭南镇8个行政村、5个社区进行巡回大展演出17场。2020年，是合山市创建自治区文明城市工作的决胜之年，服务中心根据镇党委的安排，组织开展志愿服务活动及家长学校培训6场次，共培训500多人。并配合市文旅局在5个社区开展全民阅读进社区（青少年专场）活动。

【脱贫攻坚】 2020年11月，岭南镇顺利完成2个贫困村摘帽任务，贫困人口实现全部清零，全镇整体脱贫。2020年，是脱贫攻坚收官之年，为了打赢脱贫攻坚战，岭南镇聚焦"两不愁三保障"，重点突出六大提升工程、分类施策，推进住房保障工程。全镇危房改造总户数159户，其中，建档立卡户87户，其他72户，已全部竣工并入住，实现了"危房不住人，住人不危房"的目标。推进教育保障工程。落实"双线四包"责任制，全镇无贫困户学生辍学，实现贫困学生"零辍学"。推进医疗保障工程。岭南镇贫困户参保率为100%，全面解决医疗保障问题，贫困户享受到"198"政策。开展饮水提升工程，全镇饮水安全问题得到全面解决。激发贫困户内生动力。通过小额信贷政策鼓励贫困户自主经营，发展产业。岭南镇实施以奖代补政策，2020年，岭南镇以奖代补项目验收通过1884户脱贫户、75户边缘户申报项目，6批以奖代补资金已全部拨付，奖补资金共计5020562元。激活集体资源"增动力"，坚持把发展壮大村集体经济作为村脱贫"摘帽"的硬指标，推进资源变资产、资金变股金、合作社变股东"三变"改革。2020年，全镇8个村集体经济收入均超过5万元。其中里兰村超过50万元、里仰村超过10万元、石村超过20万元，8个"空壳村"都成功"摘帽"。

【产业发展】 项目促进成效显著。2020年，岭南镇针对征地重点、难点工作，采取主要领导亲自抓、逐个入户做群众思想工作的方法，破解了运煤路、合忻工业大道、高速路延长线、华臻项目、里兰至马安二级路、光明路、两个木业加工厂、里兰火龙果基地等项目的重点、难点问题，推进了项目落地用地。2020年，岭南镇共征收土地398.96亩，租用440亩，拆除危旧房屋131户。培育村级集体经济。创新思路和方法，通过入股分红、固定资产出租、资金资源聘请公司代管运作等方式发展村集体经济，为村集体经济注入活水。2020年，岭南镇13个村（社区）集体经济收入均达到4万元以上，其中50万元以上的村1个，20万元以上的村2个，10万元以上的村4个。

2020年3月11日，合山市岭南镇里兰村火龙果产业基地，工人们正在抢抓时间护理果苗 （覃丽丽提供）

【乡村旅游】 2020年，岭南镇按照村庄规划，抓好传统村落和乡村风貌的提升。提升农房建设质量，因地制宜推进农村改厕、生活垃圾处理和污水治理，改善农村人居环境。2020年，完成两道沿线约600户乡村风貌提升改造任务。

【文明守法创建活动】 2020年，岭南镇通过开展“文明村镇创建”“公共文化创建”“平安乡村创建”系列活动，提高了群众的生活质量，提升了群众的安全感。岭南镇石村通过来宾市2020年“美丽来宾·幸福乡村”综合示范村创建活动考核验收；岭南镇获2018—2019年度建设平安来宾活动先进集体称号；岭南镇获来宾市文明镇荣誉称号；里仰村老矿屯被评为广西乡村振兴林业示范村屯。在创建活动中，根据各村（社区）实际情况制定村规民约，同时将社会公德、家庭美德、个人品德建设纳入重要工作范畴，组织并配合上级有关部门开展多种形式的思想道德教育活动，激励广大群众文明生产生活，营造良好的村风民风和社会风气。

【平安建设】 2020年，岭南镇积极健全社会服务机制，构建基层社会治理新格局，按网格化工作管理要求，将全镇划分为101个小网格，聘用114个网格员。开展综治宣传，加大矛盾排查调处力度。2020年，岭南镇综治维稳中心共排查出矛盾纠纷及纠纷隐患141宗，化解131宗，成功率92%。全面推进扫黑除恶专项斗争工作深入开展，2020年重点开展“六清”行动，岭南镇共收到举报线索29条，已核查办结29条，办结率100%，实现“线索清零”。健全完善社区戒毒（康复）长效机制。2020年，岭南镇坚持严打整治，平安创建活动再创佳绩，社会治安群众满意度不断提升，四个季度公众安全感满意度测评工作4个季度在来宾市测评中分别排在第1名、第1名、第8名、第1名。2020年，合山市岭南镇人民政府获得建设平安来宾活动先进集体称号。

【安全生产】 2020年度，岭南镇紧抓安全生产不放松，开展安全生产专项整治和隐患排查工作，建立健全安全隐患台账，进一步提高“打、防、控”效能并发挥作用。在预防非职业性一氧化碳中毒、电动车充电安全检查、防火防汛等方面，做到宣传到位、检查到位、整改到位，确保了岭南镇在年度内未发生重特大安全事故。

【党的建设】 基层党建工作实现“新突破”。以“星级化”建设为抓手，强化党员队伍管理。狠抓发展党员工作，2020年发展党员18名。在农村、社区党组织中推行党员分类管理和党组织“星级化”建设，巩固和扩大星级化创建成果，激发党组织创先争优、比学赶超，不断提升组织力，巩固和扩大星级化创建成果。强化干部队伍管理，配齐配强村（社区）领导班子。完成机构改革工作。在机构改革工作中出台中层干部竞岗选拔、干部职工双向选择机制，实现优秀干部凭能竞岗，平庸干部按需调岗。持续整顿软弱涣散党组织。通过谈话教育、到廉政基地参观学习、提升村集体经济等方式对软弱涣散党组织进行整改。2020年，已按照上级要求完成整改任务。精心组织，稳步推进，党建促脱贫效果进一步巩固。持续推进“万才返乡共建小康”计划。年初，召开座谈会，坚持把返乡创业作为经济发展的重点工作来抓，以帮扶联系制度开展“保姆式”跟踪服务，鼓励支持在外经商务工人员返乡创业。意识形态工作迈开“新步伐”。抓好理论中心组学习。岭南镇根据党委中心组学习计划和党员学习制度，2020年，岭南镇开展党委理论中心组集中学习5次共35个专题。推动意识形态主体责任制。2020年共开展相关学习会议4次，每半年对各村各社区进行一次督查，并将督查结果进行通报。镇级每半年进行一次意识形态的分析研判工作，分析岭南镇当前意识形态方面存在的问题及商量解决的办法。发挥阵地宣传优势。镇党委加大理论宣讲力度和形势政策宣传教育力度，利用新时代文明实践所（站）、“三会一课”。2020年，共组织各类主题宣讲、专题学习会200余场，直接受众人数6543人。开展新时代文明实践活动共约350场次，惠及人次28000余人。8月岭南村双寺屯承办来宾市新时代文明实践志愿者服务活动现场会。加强对外宣传报道工作。2020年，共被各种媒体采稿150多篇，其中《来宾日报》45篇，“大好合山”25篇，“合山党建网”20篇、“广西云”和“学习强国”广西学习平台等网络媒体60多篇。精神文明工作取得成效。古樟村获得来宾市文明村；里兰矿社区、柳矿社区、城北社区、东矿社区获得来宾市文明单位；岭南村、里兰村、思光村、石村、城中社区、城北社区保留第一至第八批自治区文明单位、第一至第六批自治区文明村镇荣誉称号；古城村、溯河村获得合山市文明村镇；岭南镇10户获得合山市“十星级文明户”，其中4户获得来宾市“十星级文明户”；石村韦贵康获来宾市2020年道德模范，并登上“中国好人榜”。党风廉政建设走入“新台阶”。落实“一岗双责”，层层传导压力。镇党委讨论研究，制定了全面从严治党主体责任、监督责任的月份责任清单，将扶贫领域腐败和作风问题专项治理工作列为年度重点工作，并把责任分解到每位班子领导身上，层层严管严抓。加强廉政学习，强化警示教育，严肃查处违纪问题。2020年，查处违纪党员干部问题5件，给予党政纪处分4人。此外，还配合市纪委完成案件的调查取证、教育、回访等工作。推进扶贫领域腐败和作风问题专项治理工作。2020年，岭南镇纪委始终保持惩治腐败的高压态势，营造全镇风清气正的良好环境，取得了显著的成效。发挥村级监委作用。以村（居）监委规范化建设工作为契机，完成村级监委“六有”建设，切实发挥13个村（居）务监督委员会监督作用。

【疫情防控】 2020年，面对突如其来的新冠肺炎疫情，岭南镇党委、政府高度重视，积极响应，坚持把疫情防控作为压倒一切的重大政治任务，成立领导小组、深化调查摸排、实行重点关注，坚持跟踪随访，全面落实上级各项部署要求，深入学习贯彻习近平总书记关于疫情防控工作的重要指示精神，全镇上下鼓足干劲，担当作为，主要领导靠前指挥，班子成员带头落实，镇村两级协调配合，以“人不解甲、马不卸鞍”的战时状态，取得疫情防控阶段性胜利。

【行政村简介】

古城村 位于岭南镇东北面，距镇人民政府所在地9公里，交通方便。村党总支下设3个党支部，共有党员65名。村委下辖古城、上庙2个自然屯，有19个村民小组，划分为3个小网格，农户923户，总人口3043人。全村耕地面积3562亩，其中，水田2026亩，旱地1536亩。农业生产条件得天独厚，主要粮食作物有水稻、甘蔗等，农户经济收入主要以种植水稻为主。80%的农户从事第三产业，以经商为主。

古樟村 位于合山市中北部，总面积20平方公里。村党总支下设5个党支部，共有党员80名。村委下辖6个自然屯（古樟屯、江那屯、永隆屯、陈村屯、横山屯、龙珠屯），全村914户，24个村民小组，划分为6个小网格，总人口2970人。耕地面积2900亩，水田1940亩，旱地960亩。主要粮食作物有水稻、甘蔗等。

里仰村 位于合山市西北部，是岭南镇距市区最远的一个村委，是重点贫困村之一。村党总支下设4个党支部，有党员58名。村委下辖7个自然屯（塘村屯、勤俭屯、下垒屯、老矿屯、上浪屯、龙山屯、朝阳屯），村屯间较分散，9个村民小组，划分为7个小网格，总人口505户1813人。耕地2820亩，全部是旱地，以种甘蔗、玉米为主。2020年，全村种有甘蔗200亩，经济林1100亩，养殖山羊27户1400多只。

岭南村 地处合山市人民北路，邻近市区，地理位置优越，交通条件便利。村党总支下设3个党支部，有党员82名。村委下辖5个自然屯，16个村民小组，划分为6个小网格，共848户2580人。耕地面积952.2亩，其中，水田906.2亩、旱地46亩，以种植水稻为主，是个人多地少的村。80%的农户从事第三产业，以经商为主。

思光村 位于岭南镇东面，是距离合山市最近的一个村民委。村党总支下设6个党支部，有党员93名。村委下辖9个自然屯，19个村民小组，共1688户，划分为7个小网格，总人口5330人。耕地总面积3130亩，其中，水田2730亩，旱地400亩。近年来，在村党总支、村委会的带领下，该村群众积极调整农业产业结构，发展优质谷、甘蔗、蔬菜等农作物种植，以市中心市场为依托，引导村民发展第三产业，主要从事餐饮和屠宰等行业，多渠道增加收入。

溯河村 地处合山市西部，与忻城交界，和大唐桂冠合山发电公司相邻而居。村党总支下设6个党支部，有党员89名。村委下辖6个自然屯（街上屯、下村屯、甘劳屯、窑瓦屯、桥段屯、能容屯），17个村民小组，共678户3176人，划分为6个小网格，居住较为密集。耕地面积2865亩，其中，水田970亩，旱地1895亩。主要粮食作物有水稻、玉米、甘蔗等。主要产业有砂糖橘、木瓜、坚果、蔬菜种植，竹鼠、生猪养殖。

石村 合山市东北部，电北路横穿境内，与北泗镇接壤，全村辖2个自然屯，26个村民小组，有1037户，总人口3229人，划分为3个小网格，村党总支下设3个党支部，党员78名。有水田2200亩，旱地500亩，林地120亩，是一个环境优美，生态资源得天独厚的秀美乡村。村庄的主要产业结构以种植业、劳务输出为主，全村现有甘蔗350多亩，桉树100亩，西瓜50多亩，柑橘170多亩。

里兰村 位于岭南镇西南面，毗邻厂矿，是自治区贫困村之一。村委下辖9个自然屯（大岭屯、江村屯、思甘屯、寨村屯、杨村屯、却么屯、却献屯、上贡屯、上塘屯），28个村民小组，共1793户5726人，划分为9个小网格。全村耕地面积6500亩，林地3000亩。农作物以甘蔗为主，甘蔗面积达8000亩。有火龙果基地面积550亩，柑橘种植面积200亩。全村主要交通要道已硬化水泥路，水、电、通信建设已全面完成，全村主要干道均已实现路灯亮化，基本实现每个屯有一个文化小广场，极大地丰富了老百姓文化娱乐生活。

城中社区 成立于2002年10月，位于合山市的中心。管辖范围：东起合山火车站，南起汇景新城，西至红水河边，北至市中医院。整个辖区分为19个网格，有6870户居民，总人口数23704人（常住人口18599人，流动人口5105人）；社区设有1个党委，7个党支部，共有党员329人（不含在职党员）；辖区内有党政机关、企事业单位、公、检、法、司等90多个单位，1467家商铺，2个综合市场，居住着壮、汉、瑶等民族，属混合型社区。

城北社区 2002年5月成立，位于合山市东郊属城乡接合部，2016年9月调整辖区范围：东起柳邕二级路（322国道为界），西至大唐桂冠合山发电厂，南至市国税局，北至忻合二级路，辖区面积约2平方公里。辖区内有党政机关、企事业单位共50多个，6个生活小区和1个综合市场，属混合型社区。城北社区总人口16903人，5358户居民，设20个居民小组，划分为11个小网格，其中，常住人口15085人，流动人口2830人，社区共有党员671名，设14个党支部。城北社区辖区有个体户700多家，主要以商业、建筑业、饮食业、摩托车、电动车，矿山机械设备，农机，建材销售各种机械修理，以及旅馆等各种服务行业为主。

里兰矿社区 成立于2016年9月，隶属合山市岭南镇管辖，位于合山市市区范围，管辖范围：东起矿322国道，南至矿山公园及上塘矿，西至红水河，北至里兰矿铁路铁道口，社区包含上塘矿、里兰矿、光热小区。社区党委设有17个党支部，有765名党员。社区下辖43个居民小组，划分为14个小网格，有4730户居民，总人口数12187人，常住人口7859人。

东矿社区 2016年9月成立，位于合山市东北部的城乡接合部，面积约1.18平方公里。东矿社区东起东矿平洞井，南至东矿原汽车站（八区），西至东矿五区，北至原东矿中学（现为民政园区）。东矿社区现管辖十个区域，社区常住户829户，常住人口1828人。社区党委下设党支部5个，党员现319人。社区下辖34个居民小组，划分为6个小网格。社区建有小学、幼儿园、超市、农贸市场、文化广场、老年人活动中心、医疗服务站等服务设施。

柳矿社区 成立于2016年9月，位于合山市城区北3公里处，北邻东矿，南连溯河矿，西近溯河村，东邻古樟，洛羊屯，占地面积1平方公里，管辖区包含柳矿林场，岭南中学、幼儿园，社区下辖15居民小组，总户数1541户，总人口4091人，常住人口1509人，划分为4个小网格。社区党委下设4个党支部，在册党员189名。有社区政务服务中心，内设社区服务、民政事务、党建服务、法律事务、文体教育、卫生计生、劳动报站、治安管理于一体的“一站式”服务窗口，全面为居民提供服务。

【荣誉】

城北社区获第一批来宾市民族团结进步示范区称号。

里仰村老矿屯被评为广西乡村振兴林业示范村屯。

岭南镇获得来宾市文明镇荣誉称号岭南镇获得“自治区卫生镇”称号。

岭南镇溯河村桥段屯、窑瓦屯、里仰村朝阳屯重新确认为“自治区卫生村”。

岭南镇里兰矿社区、柳矿社区、城北社区、东矿社区获第九批来宾市文明单位称号。

岭南镇古樟村获第七批来宾市文明村镇称号。

岭南镇、岭南镇岭南村、岭南镇里兰村、岭南镇思光村、岭南镇石村、岭南镇城中社区、岭南镇城北社区继续保留第一至第六批来宾市文明单位、文明村镇荣誉称号。

岭南镇石村韦贵康荣获2020年9月“中国好人（诚实守信）”荣誉称号。

岭南镇石村韦贵康荣获来宾市2020年诚实守信道德模范称号。

【三大班子领导名录】

镇党委书记　韦　容

镇党委副书记、人大主席　谭伟伦

镇党委副书记、镇长　凌　海

北泗镇

【概况】 北泗镇位于合山市东北部，西接岭南镇，南邻河里镇，东与兴宾区七洞乡交界，北与忻城县思练镇接壤。2014年2月28日，撤乡改镇，镇政府驻地北泗街。镇政府所在地距离市中心6公里，322国道（旧线）横穿全镇，交通便利。镇辖区域总面积134.40平方公里。耕地面积2173公顷，其中，旱地949公顷，水田1224公顷。辖11个行政村、57个自然屯、187个村民小组。总人口3.18万人，其中，男性1.67万人，女性1.51万人。镇境内主要居住有壮、汉、苗、瑶等民族，人口自然增长率为4.08‰。农业以水稻种植为主，有甘蔗、玉米、黄豆、桑树等作物，名特产品有澳洲坚果、黄秋葵、黄荆籽等。矿产资源主要是煤炭和石灰石。

【乡镇机构改革】 2020年，北泗镇落实深化乡镇管理体制改革任务，研究制定改革实施方案与“三定”方案，按照优化协同高效原则，整合审批、服务、执法等方面的力量和职能，归并党政机构与事业站所的相近职能，设置5个综合性党政机构与8个事业单位。科学配备新组建机构主要负责人，按时完成编制调整与人员划转工作。

【基础设施建设】 2020年，北泗镇持续推进乡村基础设施项目建设工作。共实施项目4个，总投资共计700万元，均已完成竣工验收。其中，北泗镇文定、灵台、屯山、古楼及东亭5个行政村的7条屯级道路实施了道路硬化；对北泗镇街头至北泗镇中心小学附近路段进行改建，铺设沥青混凝土；为北泗镇扶贫产业园区修建扶贫产业园区防洪排水沟配套设施。进一步改善了北泗镇进出道路的环境、道路行车条件，提升了道路安全水平，完善了基础配套设施，促进招商引资和经贸发展，切实保障和改善民生，对地方经济社会发展、区域经济进一步增长都发挥了重大作用。

【农业生产】 巩固粮食和抓好粮食生产，实现早稻种植面积1.3万亩。加快推进更新造林工作。萌芽更新造林面积5000亩，迹地更新造林770亩、幼林抚育6000亩、良种油茶550亩。

【社会发展】 保障各项惠民政策落地。按时发放各项补助，其中，重度残疾人护理补贴646人；困难残疾人生活补贴380人；城镇低保55户，133人；农村低保553户，1392人；城镇特困2人；农村特困150人(其中，集中供养8人、分散供养142人)；孤儿2人；事实无人抚养儿童1人；享受高龄津贴600人。城乡居民基本医疗保险已缴27924人，参保率85.03%。其中，贫困户应参保6541人，已参保6541人，参保率100%。完成安置村级临时扶贫公益性岗位113人；已发放外出务工建档立卡劳动人员交通补贴581人，发放补贴26.15万元；已发放外出务工建档立卡劳动人员稳岗补贴4922人，发放补贴98.44万元。实施危房改造100户，已拨付资金105.55万元。推进“基层基础基本工作年”和“思想政治工作年”双年创建，落实权益保障、优抚褒扬等各项工作，全年为131名优抚对象发放抚恤补助金100多万元。

【医疗卫生】 推进爱国卫生运动，倡导健康生活方式。2020年，为提高人居生活环境，北泗镇多次组织党员干部、群众开展爱国卫生运动共计50余次，整治房前屋后、清理池塘淤泥和水沟、拆除农村危旧房等，有效提高群众生活环境。实施以“健康传播、健康生活、健康管理、健康发展”为主要内容的全民健康促进行动，传播健康理念，在辖区内创建瀑泉村、在勤村、古楼村、北泗村和六龙村5个村健康村，并有50户家庭获得合山市创建自治区健康促进县工作领导小组办公室评选的“健康家庭”称号。2020年，北泗镇获批自治区“无烟党政机关”、屯山村、六龙村等通过自治区“卫生村”复审工作。

【计生服务】 推进计划生育优惠政策落实情况。2020年，北泗镇人口31958人，出生人口312人，死亡181人。完成农村计划生育家庭关爱保险补贴2196人，金额68560元；爱心保险补助365户，金额18250元；平安保险补助115人，金额11500元；小额贷款12户，17万元，政府贴息7942.25元；特扶4人，补贴金额107520元。

【教育事业】 北泗镇坚持把“不让一个孩子失学”作为控辍保学工作的奋斗目标，多措并举，帮助困难学生入学。把握精准扶贫政策机遇，通过多方协调、筹集资金，给予困难学生帮助。做好“雨露计划”，兑现2020年春、秋季学期“雨露计划”帮扶，168人。镇、村、屯三级联动，联合帮扶干部、村“两委”干部，实地走访，对义务教育阶段学生进行宣传，做好思想工作，保障适龄儿童少年完成九年义务教育，进一步推进北泗镇素质教育健康发展。

【文化体育】 2020年，北泗镇加大镇村综合文化站、农家书屋、村级文体基础设施建设力度，全面推动农村文化体育服务体系建设，不断满足人民群众的文化娱乐需求。培育发展基层特色文化。组建特色群众文艺队，开展特色文化活动。年内，开展春节宣传文艺演出1场。中秋、国庆文艺演出1场。文艺骨干培训1次，来宾市第十二届文艺大展演17场。二是深入推进新时代文明实践中心建设。围绕乡村振兴、疫情防控、脱贫攻坚等工作开展各种形式的志愿服务活动，2020年，北泗镇开展理论宣讲、教育服务、文化服务、科技和科普服务以及健身体育服务等文明实践活动共计100余次，惠及2万多人。

【脱贫攻坚】 重点聚焦“两不愁三保障”，补短板、强弱项，不断巩固提升脱贫攻坚工作成果。实施“以奖代补”助推产业发展，发放贫困户产业奖补资金785.58万元(已退回多发1260元)、边缘户13.11万元。推进易地扶贫搬迁后续扶持工作，北泗镇易地扶贫搬迁共有90户，其中无房户21户，已拆除52户，未拆除17户(均为连体房)，已经完成应拆尽拆任务，兑现拆旧复垦奖励198万元。并向上争取到乡村振兴产业项目后续扶持资金100万元，投入镇扶贫产业园基础设施建设；开展义务教育保障工作，已申请2020年春、秋季学期“雨露计划”168人；落实扶贫小额信贷政策，截至第四季度，有496户贫困户贷款2160.82万元；开发非固定性公益岗位，安排岗位共计922人次，有效化解收入风险。落实住房保障政策，2020年，实施危房改造100户，其中建档立卡38户，非建档立卡户62户，现已拨付资金105.55万元。2020年，北泗镇已实现全面脱贫。

【产业发展】 持续加力培育碳酸钙产业。广西合山华臻新材料有限公司年产26万吨高分子改性复合材料项目已完成1号和2号厂房的建设；广西科锐钙化物公司二期年产50万吨新材料项目已完成基础设施建设，正在安装设备。进一步促进农村一、二、三产业融合发展，做好生态与现代农业和服务业结合文章，支持和鼓励农民就业创业，拓宽百姓增收渠道。

【乡村振兴】 着眼产业兴旺，完成申报5个村级示范点的建设，4个村级示范点，并入围广西现代特色农业村级示范点，在勤村安翔柑橘种植示范点获得广西现代特色农业村级示范点认定，获得奖金10万元。产业扶贫持续发力，农业部门积极宣传农技知识，提升农民种植积极性。推进“三清三拆”工作，全力提升乡村风貌。将“三清三拆”工作作为年度一项重点工作全力推进，镇、村干部尽锐出战，发动群众积极参与。落实保洁员75人，公益性岗位群众145人，拆除废弃猪牛栏及露天茅厕43处，实施景观改造83处，清理沟渠淤泥194吨，清理乱堆乱放505处，拆除乱搭乱盖570平方米，发动了1650名群众投入工作，开展“四微”整治4120平方米，开展公共空间整治4175平方米，清理村庄垃圾6262吨，共拆除农村危旧房12743平方米。2020年，重点整治型村屯35个，竣工12个。完成农户厕所改造建设20户。强化人才振兴战略，培育新型农民。北泗镇创新培训模式，转变服务方式，与广西桂中职业农民学院合作，分2批次举办2期培训班，培育新型农民80名。

【平安建设】 2020年，北泗镇加强领导，强化措施，细化任务，狠抓落实，有效保障了社会大局和谐稳定，确保人民群众安居乐业。成立社会治理办公室和社会综合治理中心，为开展好新时代综治平安建设打下坚实的基础。坚持依法调处矛盾纠纷，全年立案17起，2020年，成功调解12起，有效防止矛盾纠纷积累发酵。做好维护社会稳定工作，节假日等重要时间节点社会大局和谐稳定，年内未发生涉稳案事件和安全生产案事件。持续深化扫黑除恶专项斗争，继续加大打击违法犯罪力度，实现了辖区违法犯罪活动同比明显减少，群众安全感满意度得到有效提升。

【安全生产】 树牢安全理念，重点对辖区危险化学品、烟花爆竹、建筑施工地、非煤矿山、人员密集场所等重要领域加强执法检查，对重要安全生产领域始终保持高压态势。疫情防控期间，紧盯安全生产责任不落实不到位问题、安全风险隐患长时间积累问题，多频次深入北泗镇山鑫、华纳等37家企业实地开展排查核实，对合山润诚太金石材有限公司、合山市恒润高分子新材料有限公司等辖区23家企业的复工人员名册登记造册，对贵能能源有限公司2处隔离区进行划定。

【党的建设】 落实落细“八个一”措施，强力整顿后进村党组织。打造镇本级评分定星、党支部标准化建设等示范点8个。推行村级组织向村党组织述职工作，有效发挥村党总支部领导核心作用。创新开展“组织会议亮名字、党员住所亮身份、活动阵地亮制度”的“三亮”行动，强化党员的身份意识和责任意识，引导广大党员充分发挥先锋模范作用。坚持党建引领，指导成立12支以218名党员为核心的1400余人的“党群先锋队”，为疫情防控工作提供了政治保证和组织保障。探索村集体经济抱团发展，指导北泗村、古楼村、六龙村、屯山村、在勤村5个村集体联合成立合山市首家“村投企业”——广西来宾泗滨农业发展有限公司。2020年，北泗镇村级集体经济收入达170万元以上。

【疫情防控】 坚决贯彻落实习近平总书记关于防控新型冠状病毒感染肺炎疫情的重要指示精神，按照李克强总理重要批示和自治区、来宾市、合山市有关疫情工作会议要求，周密安排部署，做好工作应急预案和成立工作专班。共有1350多名党员和群众参加了疫情防控。共向群众发放《一封信》等宣传单80000多张，横幅350多幅，广播宣传600余人次，成功劝导“白事从简”20多起，“红事改期”2起，有效降低聚集性传播风险。2020年，北泗镇辖区内未出现确诊病例。

【行政村简介】

北泗村 位于北泗镇中心，辖7个自然屯，15个村民小组，3140人，设1个党总支，6个党支部，有中共党员88名。耕地面积1819.3亩，其中，水田1350亩，旱地469.3亩，主要种植水稻、玉米、花生、油葵等作物。村内风光秀丽怡人，有可待开发的旅游资源，村民利用靠近北泗街集贸市场这一地理优势发展商业，经商农户达350多户，是多方面共同发展的行政村。

东亭村 位于北泗镇东北部，辖11个自然屯，25个村民小组，总户数926户，总人口3368人，耕地面积2702.14亩。设4个党支部，有中共党员71名。东亭村争取政策产业扶持，搭建群众创业平台，成立旺苗种植专业合作社，阿斌养羊合作社，发展养牛，山羊养殖，坚果种植等产业，带动周边群众发家致富。先后被评为

2018年度全区三星级党组织、2019年，合山市“文明守法、幸福乡村”和2020年来宾文明村镇。

古邦村 位于合山市东北部，辖10个村民小组，有747户，2444人。耕地面积2871亩，其中，水田1591亩，旱地1280亩。古邦村设党总支部1个，下设2个党支部，共有党员50人。古邦村大力发展村集体经济，逐步形成百香果育苗、种植，构树饲料加工；养牛为主导的产业链。

屯山村 位于北泗镇中部，东邻322国道，南面至云堡郊界，西到石村郊界，北面和北泗街相邻，辖区面积约为3.85平方公里，下辖3个自然屯，22个村民小组，总户数1107户，人口4236人，耕地面积3415亩。设3个党支部，有正式中共党员94名。屯山村村委助推经济发展，积极宣传惠农政策，组织选民学习种养技术，已形成生猪养殖、乌龟养殖、药材种植等特色产业。

云堡村 位于北泗镇南部，距离镇政府4公里，距离合山市区12公里。下辖4个自然屯，21个村民小组，总户数1033户，人口3430人，设1个党总支，4个党支部，现有中共党员83名，其中预备党员1名。耕地面积3142亩，其中水田1955亩，旱地1187亩。云堡村以生态家园建设为依托，大力调整产业结构，发展了水稻、甘蔗等产业。

古楼村 位于北泗镇南部，下辖7个自然屯，20个村民小组，总户数是1168户，总人口是4098人，全村有耕地面积4010亩。设6个党支部，有中共党员106名。古楼村积极发展本村产业，鼓励村民大力发展优质稻、糖料蔗、柑橘种植及其他特色种植、养殖业，搞好林地和荒山的综合开发利用，积极正确引导和组织剩余劳动力向二、三产业转移，走强村富民、共同富裕的道路。

六龙村 位于北泗镇北部，下辖6个自然屯，16个村民小组，总户数830户，总人口2722人，设1个党总支，4个党支部，有中共党员81名党员。耕地面积2029.91亩，其中，水田1600亩，旱地429.91亩。六龙村产业结构调整成效显著，如下寨屯共种有桑树400多亩，人均种桑1亩，连片种桑养蚕总面积及人均种桑面积位居全市之首，旅游业蒸蒸日上。2019年，六龙村下寨屯、龙王屯被列为来宾市乡村风貌提升“三清三拆”专项行动推进会现场参观点，北泗镇在推进会上做典型发言。2020年，获得“文明村镇”称号。

文定村 地处北泗镇西北部，距镇政府驻地12公里，地处偏僻。下辖自然屯有东好屯、歪贝屯、上垌屯、弄茶屯、上文定屯、下文定屯6个自然屯，12个村民小组，580户1778人。文定村党总支部下设上文定、下文定、弄茶3个党支部，有中共正式党员50名。耕地面积2100亩，其中，水田1000亩，旱地1100亩。特色产业主要有优质稻、坚果、猪、牛、羊、鸡。

瀑泉村 辖拉的、古房、王所3个自然屯，13个村民小组，总户数663户，人口2055人。村党总支下设3个党支部，有中共正式党员74名。耕地面积1850亩，其中，水田1250亩，旱地600亩。全村以发展优质水稻、蔬菜为主要产业。

灵台村 金鸡、新洛山、旧洛山、灵台屯、王贤5个自然屯，16个村民小组，总户数462户，人口1570人，下设金鸡、洛山、灵台3个党支部，有中共正式党员46名，其中，男40名，女6名，35岁以下党员6名。耕地面积1415亩，其中，水田862亩，旱地553亩。全村以发展优质水稻、甘蔗、林业及劳务输出为主要产业。

在勤村 位于北泗镇北部，辖3个自然屯，17个村民小组，总户数938户，人口3159人。设1个党总支部、3个党支部，有中共党员68名。全村耕地面积2729亩，林地730亩。全村以种植业、养殖业为主，其中，六畜兴畜牧有限公司肉牛养殖、宫殿岭养蛇基地、合山市海浪养猪场、成安种植柑橘、种植基地成为该村的支柱产业。

【三大班子领导名录】

镇党委书记　杨普华

镇党委副书记、人大主席　覃晓华

镇党委副书记、镇长　莫木宇

（撰稿：北泗镇）

河里镇

【概况】 河里镇位于合山市东南面，东南与兴宾区迁江镇、桥巩镇接壤，西临红水河，北接北泗镇，西北与岭南镇为邻。镇政府驻地河里新街88号，辖10个村民委员会、45个自然屯、170个村民小组。全镇面积128平方千米，耕地面积3904公顷，（其中，旱地2485公顷，水田1419公顷），宜林面积5667公顷，人口2.96万人，其中，男性1.53万人，女性1.43万人。河里镇交通便利。国道322线和来合铁路贯穿境内，来马高速公路连接线过境，马安公路大桥横跨红水河两岸，红水河流经西南面，合山港内水运可直达贵港、梧州、广东等地。全镇主种水稻、甘蔗、黄豆、玉米等农作物。此外，马安奇石资源丰富，品种多样，发现的品种有彩釉石、青陶石、鸳鸯石等10多个珍稀品种。

【乡镇机构改革】 按照上级文件精神及部署安排，河里镇如期完成乡镇机构改革，全镇设党政办等5个行政机构，8个事业单位。2020年7月，完成乡镇管理体制改革新设立单位挂牌、人员调整及办公场所设立工作，12月中旬高质量通过来宾市机构改革办验收。2020年，镇机关行政编制26名（含2名工勤人员），事业单位编制64名。

【基础设施建设】 推进河里镇街道综合整治项目，2020年，完成回建楼建设、公路路面沥青铺设、人行道、停车位划线及沿街路灯安装工作，街道面貌、人居环境得到进一步改善。实施马安、仁义、怀集、五塘4个行政村近万亩耕地提质改造（旱改水）项目，通过实施平整土地，修建引水沟渠、排水管网等基础设施建设，将旱地全面改造成优质良田。2020年，五塘片区2500亩已完成竣工验收，马安片区4000多亩预计2021年3月完成核验。协助推进广西合山虎鹰建材有限公司循环综合项目二期建设试产，2020年产值达7亿元。推进灵岩湖生态民俗文化景区项目建设，完成5栋独栋禅修中心和游客集散服务中心主体工程建设，大殿和景区内各种配套基础设施正按计划有序推进。怀集至河村二级公路一期二期改扩建工程顺利推进，2020年一期已开工建设，二期已完成征地，一二期建成后河里镇将形成“三横两纵”的便利路网格局。此外，春旭环保、合山港改扩建等一批项目稳步推进。

【农业生产】 2020年，河里镇保持粮食种植面积2.34万亩，甘蔗面积1.3万亩，2019—2020年榨季进厂料蔗7万多吨，保持全市第一；年存栏肉鸡、鸭等禽类15万羽、生猪存栏肉猪8000头；种植柑橘类3400多亩、提子200多亩、火龙果150亩、草莓种植200多亩。发放农户耕地地力保护补贴5866户216.39万元；完成订购粮入库522.48吨，非订购粮（无补贴）入库396.98吨；完成农机购置补贴129台25.17万元；完成家庭农场注册共14家，超额完成任务指标；聚仁、润农心等4个专业合作社被评为合山市村级农业特色示范园。

【社会发展】 2020年，高质量完成人口普查工作；全镇城乡居民基本养老保险参保人数1.4万人，参保率93.9%；城乡居民基本医疗保险参保3万多人；累计发放农村低保资金673户1647人428.07万元，城镇农村低保资金28户59人26.71万元；累计发放特困供养对象107人61.54万元；累计发放困难残疾人生活补贴352人29.18万元，重度残疾人护理补贴458人40.63万元；累计发放高龄补贴531人39.29万元。

【医疗卫生】 2020年，有镇级卫生院1个，专业卫生人员65名，其中执业医师12人，执业助理医师3人，注册护士14人。2020年，镇卫生院完成诊疗门诊31730人次，住院769人次。农村卫生（室）所10个，有乡村医生12人。成立了10个家庭医生签约服务团队，签约常住人口数13085人，签约率56.77%，其中重点人群签约率70.22%，贫困人员签约3415人，做到应签尽签。

【计生服务】 2020年，争取350万资金提升卫生院发热门诊和改扩建卫生院业务用房，改善就医环境；完成433户计划生育爱心保险投保任务；优生优育检查夫妇135对。

【教育事业】 2020年，有公办幼儿园1所，在园幼儿175人，专任教师21人。有1所中心小学和3个小学教学点，在校学生1478人，专任教师95人。落实控辍保学“双线四包”机制，形成镇挂点领导包村、村干部按分片包村民小组、村民小组包户、驻村工作队及帮扶联系人配合的控辍保学工作队伍。

【文化体育】 2020年，发挥公共文化中心的功能和作用，配齐配强10个村级公共文化专管员。组织文体爱好者参加各级培训，提升文艺队伍能力水平。通过政府购买服务方式支持社会力量参与文化服务活动，指导和促进文艺队伍建设，开展“我们的节日——迎中秋·庆国庆”“第十二届文艺大展演”等系列主题实践活动22场。

【脱贫攻坚】 完成四类人员危房改造44户，一般农户危房改造33户。落实“双线四包”控辍保学机制，全镇无学生因贫失学辍学；帮助贫困学生申请雨露计划职业学历教育补助共计169人次26.15万元。2020年，拨付奖补资金1486户次399.7万元，扶贫小额信贷236人1098.7万元，鼓励贫困户发展扶贫特色产业。促进贫困劳动力稳岗就业，2020年，共发放稳岗补贴2613人次52.26万元；发放交通补贴307人13.8万元。开发村级公益性岗位21个；落实贫困户临时公益性岗位90个，累计发放资金36万元；开发非固定性村级扶贫公益性岗位380人次，拨付33.2万元。推进基本医疗“198”政策落实，确保贫困群众看病方便，看得起病。2020年，现行标准下全镇建档立卡贫困人口2775人全部实现脱贫，3个贫困村全部出列，贫困发生率实现清零。

【产业发展】 2020年，灵岩湖生态民俗文化景区项目建设初具规模、虎鹰建材有限公司获评为国家AAA级旅游景区。投资1000多万元的贡模瑶村社区文化中心、瑶家养生园等旅游休闲配套项目即将竣工，洛灵湖国家湿地公园正在积极谋划，这些项目的建成将为建成“乡村旅游休闲度假名镇”注入新的动力；此外电商进村屯、物流业等得到有效发展。

【乡村振兴】 2020年，深入推进乡村风貌提升工作。新增马安、仁义以及集镇所在地、学校等6个村、点路灯加装；完成五塘、羊樟等7个村屯的凉亭、舞台等一事一议项目；对大部分村屯主干道进行加装安全护栏、设置警戒线；修建洛满、长模等村屯的4条扶贫产业路、兴修水利渠道1.5千米、加固山塘水库2座；为各村购置置换了30多个新型垃圾回收箱；此外，农房确权调查登记、农村饮水水管网改造、农村建房宅基地审批等工作正有序推进。农村人居环境整治三年行动目标逐步实现。仁义新古排获评为自治区乡村风貌提升精品示范村，河里镇成功创建自治区卫生镇。

【乡村旅游】 2020年，重点规划打造河里村乡村旅游名村、新古排乡村旅游项目、“八桂之心”现代特色农业示范区、仁义村仁智农家院等乡村旅游景点。

【平安建设】 树立稳定“一盘棋”思想，调动村级网格员积极性，加大矛盾纠纷调处力度，维护社会和谐稳定。2020年，共接待群众来访85人次，排查社会矛盾纠纷及隐患16起，成功调解16起。开展扫黑除恶专项斗争工作，加大违法犯罪、村霸、黑恶势力的打击力度，发挥115个综治高清探头和镇村联防队员网格员的力量，提高社会管理能力。2020年，河里镇群众安全感在全来宾市排名从第一季度的第57名上升到第四季度的17名，群众安全感满意度得到显著提升。2020年，查处涉赌案件5起，抓获涉赌人员28人，排查涉嫌扫黑除恶问题线索1条。加大违法行为打击力度，2020年，立刑事案件48起，破19起，受理行政案件57起，查处20起，社会治安明显好转。

【安全生产】 2020年，坚持“安全第一、预防为主、综合治理”的方针，加强安全生产监督管理，对辖区烟花爆竹、非煤矿山、人员密集场所等重要领域加强执法检查，2020年，共开展安全生产检查12次，开展消防和防灾减灾知识培训演练2次，排除隐患8起，确保河里镇安全生产形势稳中向好，甘林村荣获自治区综合减灾示范社区称号。

【党的建设】 2020年，全镇集体经济收入达120万元，各村集体经济收入均达到5万元以上，其中，20万元以上有2个，10万元以上的有5个。镇党委树立基层党建抓在平常的理念，年初制定计划安排和任务清单，落实责任人，落实“三会一课”、“主题党日”、党员联系服务群众等制度，实现基层党建工作常态化规范化，基层党建成绩斐然。2020年，先后3次接受自治区、来宾市“三固定两随机”的督查，2次接受合山市基层党建督导，每次督查反馈的结果都很满意。在全市推行“晴雨卡”卡动态管理中，全镇15个党（总）支部通过评比有13个党组织评为“晴天”好等次。推进村屯党组织规范化建设，选树马安村贡模屯等3个标准化党支部示范点。推进农村党员分类管理评分定星工作，成功打造洛满村为来宾市评分定星示范村。通过争取上级资金和整合村集体经济资金，成功打造仁义村集体经济产业园。高质量发展党员17名，走访慰问困难党员40人次，发放慰问金0.8万元。2020年，洛满村被评为五星级村党组织，吴龙宝被评为来宾市五星级农村基层党组织书记，雷善警等2人被评为来宾市优秀脱贫攻坚（乡村振兴）工作队员。唐新勇等2人被评为来宾市脱贫攻坚（乡村振兴）和抓党建促脱贫攻坚五星级工作队员。

【党风廉政建设】 研究部署中央脱贫攻坚专项巡视“回头看”和国家脱贫攻坚成效考核反馈广西意见整改工作，对号入座，举一反三，制定41项整改措施，全面完成整改任务。坚持每季度召开干部集体廉政谈话会，坚持每月开展一次违纪典型案例的警示教育，统筹抓好镇、村干部的谈话提醒工作。2020年，组织学习典型案例15次，谈话提醒106人次。以深入推进扫黑除恶专项斗争“六清”行动及百日会战工作为抓手，优化落实群众安全感“八个一”工作措施，按照“村不漏户，户不漏人”的方式，督促干部队伍面对面向群众宣传公众安全感及扫黑除恶相关政策，狠抓过程监督，强化成效监督，提升群众安全感满意度。2020年，第四季度河里镇群众安全感在来宾市乡镇中排名第17名。成立明察暗访小组开展专项监督检查，如在疫情防控期间，加强对防疫值守工作纪律的督查，对4名违反纪律的干部进行谈话提醒。支持配合镇纪委的办案工作。2020年，全镇立案4件，结案4件。

【意识形态】 2020年，镇党委狠抓学习教育，提升理论水平，将新条例、新思想、新政策纳入中心组和党员学习内容。领导干部带头开展“决胜全面小康、决战脱贫攻坚”、党的十九届五中全会等主题宣讲达118场次。创新“微讲堂”视频宣讲，先后获“大好合山”微信公众号和“学习强国”平台采用。开展疫情防控等重大主题社会宣传。组织开展“脱贫感党恩　奋进新起点”主题活动，多种形式宣传脱贫攻坚成效，引导干部群众知党恩、感党恩、跟党走。深入挖掘，加大宣传力度。2020年，在自治区、来宾市和合山市各类媒体报道89篇。2020年，河里镇获来宾市文明镇称号。怀集村和五塘村获来宾市文明村称号。同心协力助力合山市创建文明城市，引导广大群众树立文明意识，夺下自治区卫生镇荣誉称号。

【疫情防控】 2020年，疫情发生以来，河里镇始终坚持把人民群众的生命安全和身体健康放在第一位，按照“外防输入、内防反弹”总要求，第一时间按照网格化管理，落实“十严格”措施，建立镇、村、屯三级联防联控、群防群控体系，全体干部职工、村干部、群众骨干奋战在抗疫一线，涌现出了一批诸如：河里村原村委主任韦忠宝、五塘村抗疫“娘子军”等先进典型，实现了零输入、零感染的目标。河里镇落实复产复工各项举措，组成了10支服务队深入企业、车间、村屯助力企业群众复工复产，全镇12家项目、工地、企业复工复产率和返岗率达100%，学生安全有序返校，群众生产生活秩序全面恢复，保住经济社会发展“基本盘”。推行领导干部包村责任制，开展区外返乡人员全面核酸检测，有序推进疫苗接种工作。常态化防控得到持续巩固。

【行政村简介】

河里村 地处河里镇南部，是河里镇集镇区所在地，322国道、南柳二级公路穿村而过，地理位置优越、交通便利。全村下辖河里上街、下街、岑长、东堡、东好等5个自然屯，23个村民小组，总人口3349人，设有1个党总支，5个党支部，有党员97人。全村耕地面积3212亩。以甘蔗种植为主，发展特色农业，有麒麟西瓜、提子、火龙果等水果。

长模村 地处合山市南大门，东与河里村东堡屯相邻，地处平坦。因村左右两侧山势延伸形成长方模型，故名。现有12个村民小组，总人口2389人。设有1个党总支，3个党支部，现有党员71人。有耕地2752亩。主种水稻、甘蔗，特色农业种植草莓。

环山村 地处河里镇东北面，距镇政府所在地1.5公里，交通方便，距合山市15公里。辖环山、中团、河村等3个自然屯，共16个村民小组，总人口3299人。设有1个党总支部，4个党支部，有党员93人。全村耕地面积2411亩，主要以甘蔗种植为主。

怀集村 位于河里镇西北面，地处丘陵，西靠红河水，建有怀集水库。因村坐落于一长方形土坡上，似裤带插于腰间，故名。辖怀集屯、蝶山屯和那岭屯，17个村民小组，总人口3272人。有1个党总支部，3个党支部，有100名党员。耕地面积5200亩，主种水稻、甘蔗。

甘林村 位于河里镇北部，距离市中心13公里，距离集镇5公里，322国道、来合铁路横穿而过，是河里镇村级面积最大、人口最多的村庄之一，辖甘奎、马王、岑桥、木弄和坡旺等5个自然屯，22个村民小组，总人口4649人。设有1个党总支部，5个党支部，现有90名党员。全村有耕地面积2915亩。671水渠过境，水源充足，有大量种植水稻的传统。农业产业以水稻、甘蔗为主。

羊樟村 位于河里镇东北面，辖樟村、上羊角和下羊角3个自然屯，8个村民小组，总人口1476人，全村设有1个党总支部，3个党支部，党员54人。全村面积6000亩。农业产业以水稻、甘蔗为主。

仁义村 位于合山市河里镇西北面，地处一小盆地内，辖7个自然屯（新欧、旧欧、那罗、古排、相金、上里、下里），23个村民小组，总人口5751人。设有1个党总支部，下设6个党支部，有党员125名。全村耕地面积7671亩。全村农业生产以种植水稻和甘蔗为主。

马安村 位于合山市河里镇最南端，西靠红水河，与来宾市兴宾区平阳镇隔河相望，盛产的奇石被誉称为“奇石村”，马安村行政区域为3.5平方公里，辖4个自然屯，15个村民小组，总人口1670人，全村设有1个党总支部，3个党支部，党员49名，耕地面积2882亩。农业生产以种植水稻和甘蔗为主。

五塘村 位于河里镇的西部山区，辖十五村、新村和旧村3个自然屯，全村共有14个村民小组，总人口1487人。全村设有1个党总支，3个党支部，有63名党员。该村共有耕地面积3750亩，甘蔗种植是农民增收的主要渠道。

洛满村 位于河里镇政府驻地东北5公里处，地处山区，天堂山、洛沙水库在境内。取洛沙与夏满首尾字命名。辖安塘、江那、双凌、洛沙、那沙、新村和古排7个自然屯，18个村民小组，总人口3403人。全村设立有1个党总支，有6个党支部，有党员106名。耕地面积2661亩。主种水稻、甘蔗、砂糖橘。

【班子主要领导】

镇党委书记　何洪兵

镇党委副书记、人大主席　李　珍

镇党委副书记、镇长　谭勇武

附录

重要文件选录

合山市新型冠状病毒感染的肺炎疫情防控工作领导小组指挥部关于印发合山市全面复工复产复市复运等工作实施方案的通知

各镇党委和人民政府，市委和市国家机关各部委办局，各人民团体，各企业单位、驻市垂直单位：

为全面贯彻落实党中央、国务院、自治区、来宾市及我市关于做好疫情防控工作和统筹抓好经济社会发展、社会稳定等各项工作的部署安排，积极稳妥做好疫情防控期间我市复工复产复市复运等工作。经市委、市政府研究同意，现将《合山市全面复工复产复市复运等工作实施方案》印发给你们，请结合实际，认真抓好贯彻落实。

合山市新型冠状病毒感染的肺炎疫情防控工作领导小组指挥部

2020年2月23日

合山市全面复工复产复市复运等工作实施方案为全面贯彻中央、自治区关于统筹新冠肺炎疫情防控和经济社会发展工作部署会议精神，认真落实《自治区疫情防控指挥部关于转发国务院应对新型冠状病毒感染的肺炎疫情联防联控机制关于印发企事业单位复工复产疫情防控措施指南的通知》《自治区人民政府办公厅关于积极稳妥做好疫情防控期间工业企业有序复工复产的通知》《来宾市疫情防控指挥部关于贯彻落实广西新冠肺炎疫情分区分级精准防控方案推动企业复工复产的指导意见》等系列疫情防控文件要求，统筹做好新冠肺炎疫情防控和经济社会发展工作，坚决实施“外防输入”的疫情防控策略，严阵以待，确保全市疫情防控和加快恢复经济社会发展秩序两不误，确保复工复产和疫情防控工作同部署、同推进、同落实，特制定本方案。

一、工作目标和任务严格按照自治区疫情防控指挥部印发的疫情防控工作16个“十严格”，在确保疫情防控工作到位、措施有力前提下，全面加快推进全市各行业领域有序复工复产，从疫情防控、员工管理、生产调度、经营物流等生产全流程进行把控，做到疫情防控与加快恢复经济社会发展工作“两手抓”“两不误”，一方面加强企业、项目复工前后的疫情防控，科学有效防止疫情传播扩散；另一方面为企业复工生产提供支持和服务，保障全市经济社会平稳发展。具体工作目标和任务如下：

（一）规上工业企业。2020年2月28日前，全市规上工业企业全面有序复工，复工率达100%。

（二）限上服务业企业。2020年2月28日前，全市限上服务业企业全面有序复工，复工率达100%。

（三）自治区级重大项目。2020年2月28日前，全面复工，复工率达100%。

（四）来宾市本级重大项目。2020年2月28日前复工率达50%，3月10日前复工率达100%。

（五）其他工业企业、服务业。2020年3月10日前，全面恢复正常运营。

（六）2020年2月21日起，除全市KTV等人群密集的场所暂缓开业外，其他的餐饮、商铺等可以有序恢复营业。

（七）2020年2月21日起全面有序恢复省际、市际、县际客运班线。

二、具体疫情防控措施和工作要求

（一）工厂企业、重大项目的复工复产全面加快推进工厂、企业全面有序复工复产。各镇、各部门要积极开展"结对帮扶·驻企服务"活动，帮助企业解决用工、原材料、资金、设备等方面的困难和问题。

1. 取消企业、重大项目复工审批机制。复工企业、重大项目按要求与各行业主管部门签订复工复产疫情防控责任书（一式三份，行业主管部门留一份、属地镇政府留一份、复工企业留一份）后，复工复产不需再审批，但疫情防控不到位的企业、重大项目不得复工复产。

2. 严格做好疫情防控管理工作。各企业、项目业主对本企业、项目防疫工作承担主体责任，要严格按照《国务院应对新型冠状病毒感染的肺炎疫情联防联控机制关于印发企事业单位复工复产疫情防控措施指南》《合山市新型冠状病毒肺炎疫情防控期间企业复工复产疫情防控措施指南》做好复工复产前后放入疫情防控的管理工作。

3. 严格外来务工人员管理。建立职工"一人一档"健康档案，并参照《广西新冠肺炎疫情分区分级精准防控方案》规定的风险等级划分标准进行管理和服务：一是凡是外来务工人员（区内合山市外），凭身体健康合格证明（体检内容包括但不限于血常规、胸部DR，且一周内有效）返岗复工，无健康证明的，由用工单位统一组织到合山市人民医院或合山市中医医院进行健康体检，体检合格后方可上岗复工。二是用人单位要加强对外来务工人员的自身管理，除登记造册和日常监测外，要实行双报备和每日零报告制度，即返厂员工第一时间向属地镇、行业主管部门报备，并每日报告职工身体监测情况。三是对区外返回及与确诊或疑似感染者有接触的人员落实集中或居家隔离观察14天，如有异常情况须第一时间向属地卫生院报告；隔离观察期满一周内体检合格后方可上岗复工。

4. 实行封闭式管理，外防输出输入。严格按照《工厂、企业疫情防控"十严格"》《建筑工地疫情防控工作"十严格"》实行封闭式管理，最大程度减少人员出入，严格执行"扫码抗疫情"登记系统出入制度。各行业主管部门及辖区所在镇政府做好工厂企业、项目工地疫情防控和安全生产的监管工作；协调保障防疫物资供给，通过发放疫情防控"口袋书"、"明白卡"和为企业、重大项目提供复工复产免费在线安全培训等形式，指导返岗员工做好个人防护。（牵头单位：市经贸局、发改局，责任单位：市住建局、交通运输局、市应急管理局，各行业主管部门，各镇）。

（二）公共服务业市场的复市自2020年2月21日起，除全市KTV、歌舞厅、酒吧、网吧、电子游戏室、儿童游乐场（室内、室外）、美容、足浴、汗蒸、保健、按摩、健身娱乐休闲活动场所、各类线下培训场所及夜市餐饮服务单位等人群密集的场所暂缓开业外，其他的餐饮、商铺等可以有序恢复营业。

1. 严格遵守本行业领域的"十严格"。复市营业场所必须按照《农贸市场、商场超市疫情防控工作"十严格"》《旅馆、酒店、餐饮店疫情防控工作"十严格"》《公共服务场所疫情防控工作"十严格"》等系列措施做好疫情防控工作，注意做好环境通风、消毒和出入人员体温检测、正确佩戴口罩等防护措施。

2. 严格执行出入检测登记制度。出入营业场所人员严格实行"扫码抗疫情"登记系统出入制度，并检测体温。

3. 严防人员聚集，合理疏导顾客。复市营业场所要采取有效措施，合理疏导顾客、严防排队聚集等现象，最大限度减少人员聚集；全市各类大排档、粉店、小饮食店、蛋糕店、奶茶店等餐饮行业禁止堂食（围桌就餐）、一律打包带走，鼓励增加线上平台外卖服务（牵头单位：市经贸局、市场监管局，责任单位：各镇、市公安局、应急管理局等行业主管部门）。

（三）道路运输、城乡公共交通的恢复营运自2020年2月21日起，全面有序恢复市内公交线路、出租车、客运面包车、县际、市际和省际道路客运班车的营运。

1. 严格遵守交通领域"十严格"。车站、候车大厅等人员聚集场所和公交车、客运班车等交通工具及交通运输服务工作人员、乘客必须按照《公共交通工具新型肺炎防控指南》《长途客运行业新冠肺炎防控指南》和《公共交通工具疫情防控工作“十严格”》等措施做好疫情防控工作。

2. 严格执行出入检测登记制度。疫情防控期间，汽车总站、城东汽车站要设置联合检疫检查点，对所有出入车站、候车大厅人员一律实行“扫码抗疫情”登记系统出入制度、体温检测；搭乘公共交通工具(含出租车)一律实行实名制乘车，无智能手机扫码设备的人员实行实名登记制度（牵头单位：市交通运输局，责任单位：市卫健局、公安局、各有关企业）

（四）加强农村、社区管理和服务。

1. 各镇、村（社区）严格执行农村、社区“十严格”。严密做好市外返回人员的跟踪管理。一是各村（社区）、居民小区要对市外返回人员一律做好登记和体温检测，并做好登记造册。二是严格执行“扫码抗疫情”出入登记制度和体温检测，未见异常的快速放行，无智能手机扫码设备的人员进行实名登记。

2. 严禁举办聚集性活动。在疫情期防控期间暂不恢复家庭聚餐、农村赶圩、大型集会、广场舞等群众性聚集活动，红事缓办，白事简办。（责任单位：各镇、村（社区））深入开展爱国卫生运动。大力开展城乡环境综合整治。保证村屯、社区环境卫生无死角，垃圾无残留，全面清理市区、镇驻地沿街商户、集贸市场、车站、饭店、宾馆以及建设工地存在的“脏、乱、差”问题（责任单位：各镇、各有关企事业单位、各行业主管部门）。

（五）规范务农务工人员出行全市辖区内实行务农务工出行报告制。一是对出村就近务农、务工、外出采购农资等当天返回的人员实行“扫码抗疫情”登记系统出入制度，无智能手机扫码设备的人员实行实名登记制度；二是离镇外出务农务工人员需提前向居住地村（社区）报告，由村（社区）开具外出务工证明，由属地政府同意协调对接，分批外出；三是离市到市外出务工人员需提前向属地镇报告，并有市人社部门统一组织分批进行输出（责任单位：各镇、市人社局、交通运输局）。

三、强化组织保障

（一）强化组织领导在市委、市政府及市疫情防控指挥部的统一领导下，市指挥部企业、重大项目服务专项组要牵头抓总，各镇、各驻企服务工作队、各行业主管部门、各联系单位要密切配合，主动作为，勇于担当，下沉基层、企业一线，切实协调推进、解决复工复产复市复运等工作中遇到问题和困难，严格落实防控措施督导检查，切实做到疫情防控与安全生产同部署、同推进、同落实。

（二）强化运行监控调度各镇、各行业主管部门、各有关单位要加强对企业、重大项目复工复产情况的调度、跟踪。市经贸局、发改局及各行业主管部门要会同相关部门加强对复工复产复市复运等情况的监测调度分析，分行业、分类别的分析疫情对生产运行的影响，对工业经济稳增长形势作出预判，并有针对性提出支持重点企业复工复产和重大项目复工稳运行的工作措施，及时协调解决企业、重大项目复工和生产运行过程中遇到的困难和问题。

（三）强化督导问责对未落实防控要求擅自复工复产的企业，除追究企业负责人责任外，对相关责任部门和人员倒查追责。市新冠肺炎疫情防控指挥部综合查访组要将各相关部门落实复工复产复市复运工作情况列为重点督查对象，对不担当、不作为、推诿扯皮，工作落实不力，导致发生疫情或疫情扩散的，严肃追责问责。

中共合山市委办公室　合山市人民政府办公室 关于印发《合山市深化乡镇管理体制改革实施方案》的通知

各镇党委和人民政府，市委和市国家机关各部委办局，各人民团体，各事业单位，驻市垂直单位：

《合山市深化乡镇管理体制改革实施方案》已经市委、市人民政府同意，现印发给你们，请认真组织实施。

中共合山市委办公室　合山市人民政府办公室

2020年7月2日

合山市深化乡镇管理体制改革实施方案

为进一步完善乡镇行政管理体制和运行机制，加快提升基层治理能力，强化乡镇发展动力和活力，根据中央关于构建简约高效基层管理体制、推进基层整合审批服务执法力量的部署要求，以及《来宾市深化乡镇管理体制改革实施意见》和《合山市机构改革方案》精神，结合我市实际，制定本实施方案。

一、指导思想坚持以习近平新时代中国特色社会主义思想为指导，全面贯彻落实党的十九大和十九届二中、三中、四中全会精神，以及中央、自治区和来宾市关于推进基层整合审批服务执法力量的要求，坚持和加强党的全面领导，以扩大基层经济社会管理权限为重点，推动治理重心下移，按照依法下放、权责一致、宜放则放的原则，尽可能把资源、服务、管理放到基层，强化基层政府社会管理和公共服务职能，探索建立简约精干的组织架构和务实高效的用编用人制度，适应乡镇工作特点，改革和完善乡镇行政管理体制，不断提升基层治理水平和服务效能，构建权责统一、行为规范、运转协调、简约高效的基层管理体制和运行机制，努力实现基层治理体系和治理能力现代化，为打赢脱贫攻坚战、全面建成小康社会和实现乡村振兴目标提供体制机制保障。

二、基本原则

（一）坚持加强党的领导，把牢正确方向。坚持中国特色社会主义方向，始终把党的领导作为构建简约高效基层管理体制的根本保证，充分发挥市镇党委领导作用，确保上级党委、政府工作安排得到全面贯彻落实。

（二）坚持优化协同高效，统筹设置机构。基层政权机构设置必须面向人民群众、符合基层事务特点，不简单照搬上级机关设置模式，根据工作需要设立综合性机构，实行扁平化和网格化管理，健全监督体系，规范基层管理行为，改进服务方式，增强基层治理能力。

（三）坚持以人民为中心，保障和改善民生。牢固树立以人民为中心的发展思想，以人民群众需求为导向，推动治理重心下移，尽可能把资源、服务、管理放到基层，切实解决关系群众切身利益的问题，让人民群众共享改革发展成果。

（四）坚持改革创新，严格依法行政。强化基层社会管理和公共服务职能，积极有序推进整合基层审批服务执法力量工作，着力破除体制机制障碍，坚持运用法治思维和法治方式推进改革，为基层改革创新提供制度支持。

三、主要任务

（一）加快乡镇职能转变

1. 强化基层党建工作职责。严格落实党建工作责任制和意识形态工作责任制，强化乡镇党委领导作用，充分发挥党组织统筹协调功能，以提升组织力为重点，突出政治功能，加强城乡社区和农村村级等各领域基层党组织建设；加强和改进党员队伍教育管理，充分发挥党组织的战斗堡垒作用和党员的先锋模范作用，保证党的基本路线方针政策在基层的贯彻执行。

2. 强化经济发展职能。正确处理好政府与市场、政府与社会的关系，规范市场秩序，为各类市场主体创造统一开放、公平竞争的发展环境，激发市场、社会的创造活力。强化产业引导，落实发展规划，构建新型农业经营管理体系。落实强农惠农政策，推进扶贫开发，促进农民持续增收。

3. 强化乡镇公共服务职能。细化乡镇基本公共服务职责，增强服务能力，重点强化基本公共教育、劳动就业、社会保险、基本养老、基本医疗卫生、公共文化体育等服务职能。强化乡镇对涉及本区域内人民群众利益的重大决策、重大项目和公共服务设施布局的参与权和建议权；建立公共服务多元化供给机制，加强乡镇对各类服务提供主体的统筹协调和有效监督。

4. 强化乡镇公共管理职能。加强村镇规划建设和生态环境保护，强化城镇和村容村貌管理。健全重大社情、疫情、险情等公共突发事件的预防和应急处理机制。推进平安建设，完善社会治安防控体系。加强信访工作，建立调处化解矛盾纠纷综合机制，确保农村社会和谐稳定。

5. 强化乡镇公共安全职能。落实公共安全的责任，加强安全生产、食品药品、生态建设、农产品质量安全等监督管理，建立健全隐患排查治理体系和安全预防控制体系。推进基层行政执法体制改革，完善执法保障机制，增强执法监管能力。

6. 切实做好放权扩权工作。按照“依法下放、权责一致、宜放则放”原则，赋予乡镇迫切需要且能够有效承接的县级经济社会管理权限，对直接面向人民群众、量大面广、由乡镇服务管理更方便有效的各类事项应尽量下放；将无需专业技术确认，通过群众提供相关佐证材料即可办理的行政确认事项尽可能下放乡镇。根据乡镇实际承接能力和自治区统一制定的赋权清单，逐个乡镇梳理确定放权事项，按照法定程序和相关要求依法放权。市直相关部门要加强指导和培训，明确政策标准和工作流程，健全权力监督机制，确保下放的权限接得住、用得好。

7. 推进综合行政执法。坚持执法重心下移、强化属地管理的原则，结合综合行政执法体制改革工作，全面厘清法律法规授权乡镇的行政执法职责。规范市直部门委托执法事项、执法权限和执法责任，集中执法职权、整合执法力量，实行综合行政执法，提高基层法治水平。由综合行政执法机构集中行使依法授权或委托行政执法权，乡镇综合行政执法机构要建立健全与市直派驻乡镇机构之间的联合执法机制，形成执法合力。

8. 优化审批服务效能。着力构建基层新型政务服务体系，乡镇审批服务要整合乡镇内部决策、管理、监督职责及力量，完善政务服务管理机制，强化乡镇党委对政务服务工作的领导。加强基层信息化应用，构建实体大厅与“互联网＋政务服务”联动互补的基层政务服务体系，实现线上、线下服务功能全覆盖。

（二）优化乡镇机构设置按照优化协同高效原则，整合审批、服务、执法等方面的力量和职能，归并乡镇党政机构和事业站所相近职能，适应乡镇工作特点和便民服务需要，设置综合性党政机构和事业单位。发挥乡镇党委的领导作用，构建更好服务群众、简约精干的基层组织架构。

1. 党政机构设置。各镇综合性党政机构设置5个，即党政办公室、党建办公室、经济发展和社会事务办公室、自然资源和生态环境监督管理办公室（应急管理办公室）、社会治理办公室（综合行政执法办公室）。

（1）党政办公室：主要负责机关文电、文秘、机要、保密、信息、会务、调查研究、档案、政务公开、财务、后勤保障和人民武装工作；负责党政机关相关工作的综合协调和专项工作督办；承担镇党委、政府交办的其他工作。

（2）党建办公室：主要负责机关党务和党风廉政建设、宣传工作；负责基层党的建设、意识形态、精神文明建设、新时代文明实践、统一战线、民族宗教等工作；组织协调辖区内群团组织开展工作；负责组织人事、机构编制、干部队伍建设等工作；承担镇党委、政府交办的其他工作。

（3）经济发展和社会事务办公室：主要负责组织实施产业发展规划，落实相关政策；负责统计、招商引资、项目建设、产业发展等经济发展工作；负责教科文卫、体育、民政、社保、医保等社会事务管理和民生保障工作；负责协调与经济发展、社会事务相关的其他工作；承担镇党委、政府交办的其他工作。

（4）自然资源和生态环境监督管理办公室（应急管理办公室）：主要负责自然资源、生态保护、城镇建设、环境卫生工作；负责对辖区内应急工作进行综合监督管理，建立应急管理工作协调机制；负责组织和配合开展相关行业领域安全生产工作的监督检查；负责应急管理和处置工作；承担镇党委、政府交办的其他工作。

（5）社会治理办公室（综合行政执法办公室）：主要负责辖区内矛盾纠纷排查调处、平安创建、防范和处理邪教等社会治安综合治理工作；组织开展辖区内综合行政执法和协调区域内派驻执法机构的工作力量，开展联合执法；承担镇党委、政府交办的其他工作。不再保留各镇原设置的社会事务办公室、经济发展办公室、卫生和计划生育办公室、社会治安综合治理办公室（维护社会稳定办公室、610办公室），其承担的职责相应调整至此次改革新设立的相应综合性办公室。各镇人民代表大会主席团、纪检监察、人民武装部、工会、共青团、妇联等组织机构按有关法律、章程和规定设置。

2. 事业单位设置。各镇事业单位原则上实行以镇管理为主、上级业务部门进行业务指导的管理体制。加强各镇事业单位职责整合和功能优化，推行事业单位综合设置，各镇统一设置8个事业单位，即农业农村综合服务中心、社会保障服务中心、便民服务中心、退役军人服务站、自然资源和村镇规建中心（应急服务中心）、公共文化服务中心（党群服务中心）、社会治安综合治理中心（综合行政执法队）、经济发展服务中心。

（1）组建农业农村综合服务中心。主要负责农业、甘蔗、水果、农田水利、水产畜牧兽医、动植物疫病防治、农产品质量检测、农业机械、土地承包经营、农村宅基地管理、农村集体经济发展等事务性工作；负责农业统计相关工作；负责推进乡村振兴、河长制有关服务性工作；承担镇党委、政府交办的其他工作。

（2）将就业和社会保障服务中心更名为社会保障服务中心。主要负责扶贫、劳动就业、养老保险、医疗保险、社会救助、扶残助残、低保、工伤、失业等事务性工作；负责退休人员的社会化管理；负责社会保障统计工作，指导社区(村)社会保障工作；承担镇党委、政府交办的其他工作。

（3）组建便民服务中心。主要负责为群众提供公共服务，宣传贯彻党和政府相关政策方针；负责办理本级和经授权行使的相关行政审批，以及证照办理、信息咨询、非涉密文件查询等便民服务工作；代办与群众密切相关的公共卫生等事务性工作；承担镇党委、政府交办的其他工作。

（4）组建公共文化服务中心（党群服务中心）。主要负责精神文明、意识形态、教育、科技、文化、体育、广电和旅游等事务性工作；负责为群众文体生活提供服务，组织群众文体活动；负责党建理论政策宣传、党建业务咨询、党群业务办理、关爱党员志愿服务等。承担镇党委、政府交办的其他工作。

（5）保留退役军人服务站。主要负责退役军人和其他优抚对象就业创业扶持、优抚帮扶、走访慰问、信访接待、权益保障等事务性工作；负责退役军人关系转接、信息采集统计等工作；负责搭建政策咨询、沟通联系、学习交流等活动平台；负责双拥工作；承担镇党委、政府交办的其他工作。

（6）组建社会治安综合治理中心（综合行政执法队）。主要负责社会治安综合治理、平安建设、信访、法律援助、法律咨询和宣传等事务工作。负责镇日常综合行政执法和执法平台管理协调工作；承担镇党委、政府交办的其他工作。

（7）优化国土规建环保安监站职责，更名为自然资源和村镇规建中心，加挂应急服务中心牌子。主要负责国土、林业、村镇规划建设、生态保护、安全生产、交通等事务性工作；负责配合开展应急服务和相关协调工作；承担镇党委、政府交办的其他工作。不再挂综合行政执法队牌子。

（8）组建经济发展服务中心：主要负责招商引资、发展产业、服务企业、服务项目、发展非公经济等相关事务性工作；负责辖区内征地拆迁、一事一议、移民安置相关事务性工作；负责经济普查相关工作；负责其他与经济发展相关服务性工作；承担镇党委、政府交办的其他工作。不再保留卫生和计划生育服务所（卫生和计划生育办公室）、文化体育和广播电视站、农村土地流转服务中心以及市级派驻各镇水利站、农业技术推广站（农产品质量安全监管服务站）、林业工作站、水产畜牧兽医站（动物产品质量安全监管站）、农业机械化管理推广站、矿产管理站等事业单位，原各事业单位承担职责相应调整至此次乡镇行政管理体制改革新设立的各镇所属事业单位。

3. 派驻机构设置。各镇公安派出所、司法所、市场监督管理所、财政所原则上按“一镇一所”设置。除国家有明确规定外，派驻（派出）机构实行上级部门与镇双重领导，服从所在镇的统筹协调。派驻（派出）机构工作考核要以镇为主，干部任免应当听取所在镇党委意见。各镇对派驻（派出）机构履职评价，应占派驻（派出）机构考核权重的60%以上。属区域性质的派驻（派出）机构，由驻地镇履行双重管理职责，征求意见的对象包括区域内各镇党委。

4. 规范乡镇机构设置管理。全面清理各种自设机构和岗位，市直部门和各镇在各镇擅自设立的机构和岗位、擅自配备的职务在新“三定”规定印发之日起均要取消。从严从紧规范设置挂牌机构，严禁在机构限额之外设置机构，严禁上级业务部门干预基层机构编制事项，除机构编制专项法律法规外，上级职能部门不得要求各镇上下对应设立机构和加挂牌子。

（三）合理配备人员编制

1. 增加乡镇编制总量。统筹使用各类编制资源，推进编制资源向乡镇倾斜，机构改革、简政放权和控编减编调整出来的编制资源要优先调剂分配给各镇，充实加强基层一线工作力量，以满足工作需要为原则，适当增加各镇事业编制总量。

2. 推动编制资源下沉。锁定现有派驻各镇事业单位的人员编制，现有抽借调人员要全部返岗，管理体制调整后，要严格按照“编随事走、人随编走”原则，人员编制一律调整划转至各镇，市直职能部门不得以任何理由截留和调剂使用。

3. 科学调配使用乡镇编制资源。对职责任务发生较大改变、职能弱化、任务不饱和的事业单位，重新明确职能任务，从严核定编制，将调剂出来的编制资源向基层党建、应急管理、综合执法等领域倾斜，可根据实际情况，在我市所辖各镇之间调剂使用行政和事业编制资源，促进各镇编制资源的合理分布。

4. 强化乡镇编制刚性管理。坚持乡镇编制“专编专用”，市直机关不得变相挤占和挪用各镇编制。规范人员编制管理，由各镇管理的事业单位，其人员编制全部纳入各镇管理。

5. 规范乡镇人员管理。创新基层人员编制管理，赋予乡镇更加灵活的用人自主权。根据基层对人才的需求，按编制员额及时补充人员，用编用人计划优先保障乡镇，切实降低各镇空编率。未征得所在镇党委同意并经市委组织部或人社局批准，市直职能部门不得从各镇抽借调工作人员。规范干部管理权和考核权，由各镇管理的事业单位，单位负责人由各镇党委提名，按照干部管理权限分别由市委组织部或各镇党委考察和任命，单位年度综合考评和干部职工考核与各镇机关干部同步进行。各镇领导职数核定按照有关规定严格执行，原则上不得突破现有总量。

（四）理顺市镇工作关系

1. 科学界定事权边界。理顺市直部门与各镇的关系，把条的管理和块的治理协同起来。全面厘清市、镇两级职责职权关系。建立市镇主体责任和配合责任清单制度，明晰市直权责边界，通过梳理编制清单，优化清单运行流程，完善清单动态管理机制，实现严格依单监督问责，确保各镇职责任务依法依规，权责统一。

2. 建立部门职责下沉准入机制。市直职能部门将职责范围内的行政事务委托或交由各镇承担的，需充分听取各镇意见，并报市委和市政府审核批准。厘清不同层级、部门、岗位之间的职责边界，及时纠正简单以“属地管理”把责任层层下移等问题。上级部门不得以签订“责任状”、分解下达指标、考核验收等方式，将工作责任转嫁各镇承担。

3. 健全完善联动考评机制。建立“乡呼县应、上下联动”工作机制，进一步增强各镇统筹协调功能，赋予各镇对辖区需市直职能部门解决事项的协调权，破解基层治理“最后一公里”难题。推行实施市镇履职双向考核评价制度，赋予各镇对市直职能部门评价权，将过去“上对下”的单向考核转变为市镇双向考核评价，充分调动市直职能部门参与基层治理的积极性。

4. 理顺上下领导方式。建立健全各镇机构“一对多”“多对一”的制度机制，理顺职能部门与各镇党委、政府在基层治理体系中的职责，明确相互之间工作对接、请示汇报和沟通衔接办法。

（五）完善政策保障制度严格落实上级有关对乡镇的扶持政策，赋予各镇在人员、资产管理、薪酬待遇更多自主权，确保乡镇享受到更多政策红利。

1. 加大政策支持力度。下放资产管理权，不再保留“县乡共管、以县为主”的各镇事业机构相关办公设施、固定资产同步下放各镇管理，人员经费随人员编制下放纳入镇财政预算管理。财政部门要加大对各镇购买服务的支持力度，推动公共服务岗位以及为管理提供事务性、辅助性的服务岗位由“花钱养人”向“花钱办事”转变。

2. 建立事权与支出相适应的财政体制。合理划分市镇财政事权和支出责任，应由上级政府承担的支出责任，不得转移给各镇；下放给各镇的事权，要给予相应财力支持。结合各镇经济发展水平、财政收支等因素，实行差别化的财政管理体制。加大对各镇转移支付力度，弥补各镇财力缺口，对县级以上政府及其部门安排的基础设施建设和其他建设项目，属于县级以上政府事权的，尽量足额安排资金，减少各镇安排项目配套资金。

3. 加强基层综合行政执法平台建设。依托综治中心，着力打造权责明晰、执法规范、运行高效的基层综合行政执法平台，统筹辖区内派驻和基层执法力量实行联合执法。市直部门派驻执法机构接受各镇党委、政府统一指导和协调，日常执法活动以各镇管理为主，组建由镇统一管理的综合行政执法队伍。加强执法队伍建设，充实各镇执法力量，加强业务培训，提升各镇执法人员的综合执法能力和水平。全面实行行政执法责任制，加强行政执法监督。

4. 加强审批服务平台建设。深入推进审批服务便民化，科学打造集政务公开、行政审批、公务服务等综合服务功能于一体的基层新型政务服务平台。推动基层审批服务规范、便捷、高效。扩大依申请政务服务事项进驻各镇政务服务中心的范围，基本实现“应进必进”。推动基层审批服务形式升级提速，全面推广使用广西数字政务一体化平台，让企业和群众网上办事“一次认证、一网通办”。

5. 推行基层网格化服务管理。健全基层网格化综合治理体系，依托党的组织体系，整合综治、司法、公安、应急、信访等资源力量，构建统一的镇综治中心和一岗多责、一专多能的网格员管理队伍。加强各镇综治中心建设管理和网格化服务管理标准化建设，强化信息共享和技术支撑，提高社会治理智能化水平，尽快实现市、镇、村综治中心标准化建设全覆盖。

6. 加强党组织建设。市直职能部门派驻各镇的机构和单位，党组织关系一律实行属地化管理。按照党章和有关规定，及时调整党的组织设置，选好配强党组织领导班子，加强党员教育、管理、服务，做好思想政治工作，领导工青妇等群众组织开展工作，充分发挥党组织示范引领作用。

7. 完善干部激励保障制度。全面落实中央、自治区和来宾市关心关爱基层干部减轻基层工作负担的政策要求，制定我市基层干部激励保障制度，激励基层干部干事创业。严格保障各项待遇落实，畅通基层干部交流通道，强化容错纠错，积极改善各镇工作生活环境，激发基层干部队伍活力和工作热情。

四、方法步骤

（一）召开动员部署会及业务培训会。召开全市深化乡镇管理体制改革动员部署会，明确改革的重大意义、目标任务、原则要求、责任主体和工作纪律，提高认识，统一思想。各部门传达学习来宾市和合山市改革精神，针对涉及本部门改革的具体任务，进一步做好学习引导、动员部署和相关工作，为完成改革任务做好充分准备。召开全市深化乡镇管理体制改革业务培训会，对改革具体任务进行业务培训，确保改革顺利推进。

（二）制定印发改革实施方案和“三定”规定。各镇根据本实施方案，以及市委领导在动员部署会上的讲话精神，研究制定本镇改革实施方案和“三定”规定，与市机构改革领导小组办公室沟通确定后，按有关程序审议通过后印发实施，并按要求报来宾市机构改革领导小组办公室备案。

（三）科学配备新组建机构主要负责人。市委组织部、各镇党委和人民政府按照市委要求，根据干部管理权限，提前谋划，按规范程序做好新设立党政机构和事业单位主要负责同志的选配工作。

（四）落实人员与编制。机构组建和人员转隶是实施机构改革的重要环节。相关派驻机构的人员编制要按照“编随事走、人随编走”原则，人员编制一律完全划转至各镇，市直部门不能截留相关人员编制。编制下放到各镇后，在确保相关工作衔接有序的情况下，适当调整部分人员编制用于保障新组建的事业单位运转所需。

（五）做好机构挂牌与集中办公。挂牌是新组建部门以新的名义对外开展工作的重要标志，集中办公是新组建部门真正实现职责有效整合、内部业务有机融合的必要条件。各镇要按照标准（规范）集中统一制作此次改革新设立的党政机构和事业单位牌匾，落实办公地点，实行集中办公，建立工作机制，以新部门名义对外开展工作，按规定要求组织挂牌，可邀请联系市领导出席挂牌仪式。

（六）完善各项相关衔接工作

1. 印刻公章和管理。各镇对改革涉及的党政机构和事业单位统一按照有关规定办理刻制新印章，建立健全印章管理制度，落实专人管理，严格按规定存放和使用。新印章启用后，旧印章同时停止使用并按规定送交相应管理机关。

2. 经费、资产处置和国有资产管理。改革涉及所有机构对经费、债权债务情况进行全面清理，严格按照国有资产管理规定进行资产清查、登记。各镇要和市直相关部门主动对接原派驻各镇机构既有的经费、债权债务、国有资产情况，办理好相关资产的移交、接受、划转和处置手续，严防国有资产流失。

3. 档案移交管理。改革涉及机构及时建立档案管理机制，制定档案处置方案。不再保留或纳入新组建机构的档案，自变动之日起全宗终止，档案整体移交新组建机构代管，实行封口管理，达到规定年限后移交市档案馆。新组建机构自成立之日起建立档案工作，新设档案全宗对形成的档案进行管理。部分职责划入其他机构的，在划入前履行该职责形成的档案仍属原档案全宗，不得分散。

（七）验收督查。各镇“三定”规定印发2个月内，向市机构改革领导小组报送改革落实情况和总结。市机构改革领导小组办公室根据改革要求，组织人员对各镇改革实施情况进行检查验收，并适时开展专项督查。

五、抓好组织实施

（一）加强组织领导。各镇、市直各有关部门要履行好领导责任，把深入推进乡镇管理体制改革纳入重要议事日程，建立健全工作协调机制，根据本方案研究细化目标任务，明确责任主体和时间进度，统筹抓好组织实施。各部门要按职责分工各施其责，加强协调配合，合力推进改革任务落实。

（二）明确职责分工。将乡镇管理体制改革与党政机构改革有序衔接起来，2020年7月底前各镇要基本完成机构改革任务。市直各有关部门要在市委领导下，按照职责分工，各司其职，密切配合，扎实工作，确保改革顺利进行。市委编办承担市机构改革领导小组办公室职责，对整个深化乡镇管理体制改革系列工作进行统筹安排，牵头抓总，并具体负责乡镇体制改革及“属地管理”工作；政法部门具体负责基层综合行政执法改革工作；政数部门具体负责基层便民服务平台建设工作；组织部门具体负责基层干部激励保障机制工作；督效部门具体负责“双向考评”工作；纪委监委机关负责纪律监督；司法部门负责合法性审查；财政部门负责经费保障、清产核资移交监督；人社部门负责转隶人员的人事调动等工作。其他部门按职责分工协同推进改革。

（三）严格纪律要求。要严肃组织人事纪律、机构编制纪律和财经纪律。严禁市直职能部门干预乡镇机构设置和编制配备，严禁突破机构限额擅自增设机构。市机构改革领导小组将加强对乡镇管理体制改革的工作指导和督促检查，及时研究解决改革中遇到的困难和问题，2020年底组织对各镇管理体制改革实施情况进行评估验收，推动各项改革任务全面落实到位。

合山市国民经济和社会发展第十四个五年规划和二〇三五年远景目标纲要

根据《中共合山市委关于制定合山市国民经济和社会发展第十四个五年规划和二〇三五年远景目标的建议》，编制《合山市国民经济和社会发展第十四个五年（2021—2025年）规划和二〇三五年远景目标纲要》（简称《纲要》），阐明“十四五”时期经济社会发展指导思想、发展定位、发展战略和目标任务，明确政府工作重点，引导市场主体行为，是指导未来五年、展望二〇三五年我市经济社会发展的宏伟蓝图和各族人民共同奋斗的行动纲领。

第一篇　全面建成小康社会，开启建设现代合山新征程

“十三五”期间，我市坚持以习近平新时代中国特色社会主义思想为指导，深入学习贯彻党的十九大和十九届二中、三中、四中、五中全会精神，开拓进取，攻坚克难，加快产业转型升级，实现了经济社会持续健康发展，为“十四五”发展奠定了坚实的基础。“十四五”时期是我国全面建成小康社会、实现第一个百年奋斗目标之后，乘势而上开启全面建设社会主义现代化国家新征程、向第二个百年奋斗目标进军的第一个五年，是我市推动创新驱动发展、实现突破性转型发展和振兴发展的关键期，我市将继续秉承“创新、协调、绿色、开放、共享”五大发展理念，坚持可持续发展，努力推进“富、强、美”工业旅游园林城市建设，为与全国全区同步基本实现社会主义现代化夯实基础。

第一章　合山发展成就和面临的新形势

“十三五”期间，面对复杂多变的经济环境、迫在眉睫的城市转型要求、繁重艰巨的脱贫攻坚任务和突如其来的新型冠状病毒肺炎疫情，市委、市人民政府团结全市干部群众，按照“工业强市、农业稳市、旅游旺市、科教兴市、商贸富市、生态立市”的发展战略，秉承新发展理念，攻坚克难，稳中求进，实现了产业结构由单一向多元化发展转变，经济稳定增长，基础设施明显改善，公共服务能力显著提升，社会事业全面进步，人民生活水平普遍提高，民族团结和谐，社会大局稳定，资源枯竭型城市转型成效明显。“十三五”期间，我市地区生产总值年均增长5.6%，2020年实现地区生产总值35.37亿元，同比增长9.8%，财政收入同比增长13.4%，规上工业增加值增长29.4%，固定资产投资增长15.3%。三次产业结构由2015年的12.7:42.2:45.1调整为2020年的13.1:37.2:49.7，为“十四五”基本建成“富、强、美”工业旅游园林城市奠定了坚实基础。

第一节　“十三五”时期取得的主要成就

（一）产业转型成效显著，一二三产协同增长

农业产业进一步壮大。全面落实粮食安全行政首长责任制，粮食生产、储备和流通能力进一步提升。农业机械化水平大幅提升，农业综合机械化水平达到62.81%。抓好特色农业示范区建设，全市建成自治区级（核心）示范区1个、市级示范区1个、县级示范区2个、乡级示范园5个、村级示范点15个。围绕我市农业主导产业和特色优势产业，构建起以农民合作社为基础的现代农业组织经营体系，全市累计注册登记的农民专业合作社182家。抓好富硒产业发展，天赐富溪牌和集佰优牌合山生态米、合山生态富硒米等农产品被国家质检总局评定为生态原产地保护产品，桂株贡大米获广西

富硒农产品认定。农村综合改革成绩喜人，基本完成农村承包地确权登记，颁证率达99.06%，被中央农村工作领导小组办公室、农业农村部评为全国农村承包地确权登记颁证工作典型地区。

工业新旧动能加速转换并取得发展实效。依托资源优势，实现碳酸钙等新兴产业发展壮大，碳酸钙产业集群初见规模，全市现有生产碳酸钙系列产品及下游企业19家，规上碳酸钙企业5家，占我市规上企业的四分之一，2020年实现规上碳酸钙企业产值同比增长9.9%。传统产业进一步优化升级，合山煤业公司完成破产重组，合丰公司三矿三号南斜井等矿井扎实推进机械化改造，2020年全市煤炭工业总产值同比增长421.5%。火电产业快速升级，大唐桂冠合山发电有限公司总投资9975万元的3号机组超低排放改造项目提前竣工投产。2020年，电力产业工业产值增长17.1%。成功引进7个产业补链配套企业项目，涉及物流、碳酸钙制造业、木材加工业、生物制药业等产业，初步形成多元产业发展格局。

旅游产业快速发展。整合盘活合山百年煤炭开采遗迹，进一步修复提升矿业元素，新增旅游景区景点，特色旅游培育初显成效。合山工业旅游项目入选全国优选旅游项目名录。2016年，我市成功举办广西首届工业旅游节，建成国家AAA级旅游景区“28号铁轨 · 十里花廊景区”，广西首个国家矿山公园“合山国家矿山公园”正式落成。同年，我市以最高分成功进入广西特色旅游名县备选县行列。2017年3月，成功入选广西特色旅游名县创建县，成为广西旅游版图上的又一亮点，填补了广西工业旅游业的空白。积极探索工业“研学旅”游学课程，成功举办2019年广西（合山）工业研学旅游活动月暨合山赏石文化旅游节活动。生态旅游迈上新台阶，灵岩湖生态民俗文化景区项目建设顺利推进，洛灵湖公园成功入选国家湿地公园试点名单，实现了工业旅游与生态旅游双发展。

（二）城乡基础设施进一步完善，助力城市转型发展

城镇基础设施建设步伐不断加快，公路网络初步形成基本框架布局，柳州经合山至南宁高速公路、武宣经合山至忻城高速公路、怀集至河里公路改扩建工程等建设项目有序推进，完成了国道G322线合山段路面大修、里兰旅游码头、里兰至马安码头二级公路和合忻工业大道等工程建设项目，完成了37公里窄路基路面加宽，完成116公里农村公路生命安全防护工程。全市29个行政村全部通等级公路，实现了村村通公路的目标，“十三五”期末全市公路总里程达到292.6公里，公路路网密度达到80.2公里 / 百平方公里。市政基础设施大幅改善，完成了市区、矿区给水系统改造工程，2020年城镇自来水覆盖行政村比例达到75.17%，农村安全用水普及率达到99.66%。

（三）社会事业高效发展，人民生活明显改善

我市在2016年率先在全区实现脱贫摘帽，8个贫困村全部出列，成为自治区首批四个脱贫摘帽县（市、区）之一，2020年底，现行标准下全市建档立卡贫困人口14665人全部实现脱贫。贫困群众收入水平大幅度提高，全市建档立卡贫困户家庭人均纯收入由2016年的7416.76元增加到2020年的12024.82元，增幅达62.76%。我市全面推进采煤沉陷区房屋拉裂整治和棚户区改造，共完成了1430户农村危房改造，建成4个棚户区居民安置小区，有效解决了矿区和农村群众住房安全问题。2020年我市城镇化率预计为65.94%。多渠道扩大就业再就业，累计实现城镇新增就业7484人，城镇登记失业率控制在4.1%以内。建立城乡居民社会养老保险制度和失地农民保障制度，城镇职工基本养老保险参保率高于95.4%。教育事业迈上新台阶，学前三年毛入园率达到96.53%，义务教育巩固率达到100.32%，高中阶段教育毛入学率达到99.98%，教学质量明显提升，高中教学质量取得新突破。深化全市医药卫生体制改革，推进“三二一”医疗联合体建设，多元化办医体系初步形成，群众“看病贵、看病难”问题得到缓解，基本医疗保险参保率达97.32%。持续实施文化惠民工程，扎实推进文化公共服务体系建设，形成村级（社区）公共文化服务中心。公共安全管理进一步加强，完成“天网”工程建设，社会治安综合治理成效显著。持续开展“文明守法 · 幸福乡村”创建活动，进一步提高人民群众的文明素质，调动人民群众学法、用法的积极性。持续开展扫黑除恶专项斗争，坚持严厉打击违法犯罪行为，圆满完成扫黑除恶“六清”行动各项任务，年度群众安全感满意度和扫黑除恶专项斗争成效满意度测评逐年上升，至2020年度两项测评指标在来宾各县（市、区）排名均为第一，连续3年获得全国信访“三无”县称号，全市安全生产形势总体稳定。

（四）环境治理全面推进，矿山治理成效显著

煤炭开采企业实现升级并完成产能有序退出，机械化改造矿井3对，累计关停矿井4对，退出产能69万吨 / 年。矿山地质环境治理成效凸显，我市矿山地质环境治理累计完成治理面积65平方公里，2020年历史遗留矿山地质环境恢复治理率提高至95.1%，历史遗留毁损土地复垦率和历史遗留采空区土地复垦率均达到48%，矿区生态环境和地貌景观逐步恢复。设立水源地保护区，生态环境整治力度日益加强，开展集中式饮用水水源地环境及“散乱污”等专项排查整治行动，“十三五”期末，地表水和在用水源 水质达到或优于二类标准，达标率100%，化学需氧量、氨氮、二氧化硫和氮氧

化物排放量均完成来宾市下达指标任务。开展大气污染防治综合治理攻坚行动，PM_{10}和$PM_{2.5}$年均浓度逐年下降，空气质量优良天数比率每年均高于90%。深入实施“绿满八桂”造林绿化工程，2020年我市森林覆盖率为56.1%。节能减排取得积极成效，推进发电企业烟气余热综合利用、机组脱硝系统超低排放改造。农村环境综合整治扎实推进，完成怀集村蝶山屯等16个村（屯）农村生活污水处理项目建设。

（五）改革开放不断深化，发展活力持续增强

“十三五”期间，以国家治理体系和治理能力现代化为导向，以推进机构职能优化协同高效为着力点，我市高效完成了党政机关机构改革。围绕节约型、廉洁型机关建设，构建完成了公务用车平台管理制度，顺利完成党政机关、事业单位、国有企业公务用车制度改革。我市“放管服”改革不断深化，政务服务“简易办”改革不断推进，完成“36证合一”，以“减证”推动“简政”。农业供给侧结构性改革深入推进，农村金融改革得到进一步深化，完成农村信用体系建设。投资领域改革工作成效显著，完成自治区和来宾市优化营商环境21个重要指标改革攻坚目标任务，优化营商环境工作取得新成效，服务企业效能进一步提高。实施精准招商，创新实施“5+X”洽谈机制、审批办证局长代办制和绿色牌照制。市镇村医疗共同体改革、公共法律服务网络体系改革等均取得显著成效。

专栏1　“十三五”期间合山市经济社会发展主要指标完成情况

附表1

	指标	2015年	规划目标		完成目标	
			2020年建议	年均增长(%)	2020年实际	年均增长(%)
经济发展	1. 地区生产总值（亿元）	29.90	45.40	≥8.7	35.37	5.6
	2. 人均地区生产总值（元）	21635	32439	≥8.4	29723	6.6
	3. 财政收入（亿元）	2.33	2.98	5	2.55	1.8
	4. 固定资产投资（亿元）	22.26	—	5	—	—
	5. 社会消费品零售总额（亿元）	9.97	—	5	—	—
	6. 进出口总额（亿美元）	0.019	0.028	8	0.002	
	7. 工业增加值（亿元）	—	—	8	—	7.9
	8. 服务业增加值比重（%）	45.10	46		49.7	1.9
	9. 城镇化率（%） 常住人口城镇化率 户籍人口城镇化率	65.38 65.6 52	 68 54		— 65.94 —	 0.34
创新驱动	10. 研究与试验发展经费支出占地区生产总值比重（%）	0.22	0.42		0.37	11.0
	11. 每万人口发明专利拥有量（件）	2	4		1.65	
民生福祉	12. 常住人口（万人）	11.70	12.20		—	0.3
	13. 居民人均可支配收入（元）	—	—	≥7.5	27901	
	14. 新增劳动年龄人口平均受教育年限（年）	—	9		—	
	15. 城镇新增就业人数（万人）	0.1424	0.06		0.14	
	16. 农村贫困人口脱贫（万人）	0.14885	0.14665		0.14665	
	17. 基本养老保险参保率（%）	85	91		87.39	
	18. 城镇保障性住房建设和棚户区改造（套）	7315	7615	4.1	—	
	19. 每千人口执业（助理）医师数（人）	1.56	2.10	6.13	≥2.28	7.9
	20. 每千名老人养老床位数（张）	15	35	18.5	30	14.9

续附表 1

	指标	2015年	规划目标		完成目标	
			2020年建议	年均增长(%)	2020年实际	年均增长(%)
生态文明	21. 耕地保有量(万亩)	18.489	18.489		18.630	
生态文明	22. 新增建设用地规模(万公顷)	0.1570	0.0965	124	0.0198	
生态文明	23. 万元生产总值用水量(吨)	6.73	—		—	
生态文明	24. 单位生产总值能源消耗降低(%)	10	-50.72		—	
生态文明	25. 单位生产总值二氧化碳排放降低(%)	完成目标	—		—	
生态文明	26. 森林增长: 森林覆盖率(%) 森林蓄积量(亿立方米)	 44.88 —	 51 —		 56.1	
生态文明	27. 全市城市空气质量优良天数比例(%)	—	≥90		95.6%	
生态文明	28. 地表水质量: 主要江河流域水质优良比例(%) 劣Ⅴ类水体比例(%)	 90 —	 92 —		 100 0	
生态文明	29. 主要污染物排放量降低(%) 其中: 化学需氧量 氨氮 二氧化硫 氮氧化物	 5.97 9.09 15.12 24.14	—		—	
城市转型	30. 主导资源采掘业总产值占比(%)	20	15		4.26	
城市转型	31. 一般工业固体废物综合利用率(%)	80	95	3.5	95.0	3.5
城市转型	32. 历史遗留矿山地质环境恢复治理率(%)	30	60		95.1	
城市转型	33. 完成矿山地质环境治理面积(平方公里)	15	20		15.5	
城市转型	34. 历史遗留毁损土地复垦率(%)	30	60		48.0	
城市转型	35. 历史遗留采空区土地复垦率(%)	30	60		48.0	

第二节 “十四五”时期面临的发展机遇

“十四五”时期是我国全面建成小康社会、实现第一个百年奋斗目标之后，乘势而上开启全面建设社会主义现代化国家新征程、向第二个百年奋斗目标进军的第一个五年，我国已从经济快速发展阶段进入高质量发展阶段，我市将于变局中开新局，于危机中育新机，开创合山发展新篇章。

全球产业创新发展面临新机遇。全球新一轮科技革命和产业变革正处在关键节点，智能制造、新一代信息技术、现代农业、新能源、低碳技术等新兴产业，以及大数据、云计算、互联网、高端芯片等新技术，将在“十四五”时期形成多点突破。发展绿色、低碳、智能型新兴产业日益成为推进产业转型升级和创新发展的新趋势。“十四五”时期，我市应紧抓高质量发展战略机遇期，大力建设产业转型工业园，加快推动产业升级，实现产业振兴。

国家推行双循环战略和区域战略。受疫情影响，全球产业分工格局加速重组，我国立足国内大循环、畅通国内国际双循环发展战略，推动国内各区域进行大范围、广领域、多层次开放发展，有利于我市承接产业转移，培育特色竞争新优势。我国积极推动“一带一路”建设，实施长江经济带、粤港澳大湾区、西江经济带等重大区域战略，自治区“一湾相挽十一国，良性互动东中西”的独特区位优势更加凸显，为我市利用区位与地缘优势实现借势发展创造了良好机遇。

国家推进全面深化改革。中共中央进一步推动深化改革，加快推进国家治理现代化，深化“放管服”改革，加快推进实现要素市场化配置的体制机制创新，促进劳动力要素素质提升与合理流动，完善多层次和开放型资本要素市场，促进要素价格市场化改革，为我市优化发展环境提供了有力支撑。

国家对广西发展与建设政策支持力度不断加大。习近平总书记对广西发展提出“三大定位”新使命和“五个扎实”新要求，开展以中国和东盟为主要市场定位的国际产能合作，以广西为基地布局制造业。随着西部陆海新通道上升为国家战略，自治区以面向大湾区东融通道建设为基础，加快构建“南向、北联、东融、西合”全方位开放发展新格局，为我市交通基础设施建设、资源开发、特色产业发展、环境治理等重大项目布局带来契机。同时，随着新柳南高速公路全线通车、武宣经合山至忻城高速公路开工建设，我市东西、南北对外交通实现“1个小时”快速抵达，提升了我市的区位优势和对比优势，为实现高质量发展夯实了基础。

第三节 “十四五”时期面临的挑战

国际环境日趋复杂。当今世界正经历百年未有之大变局，新一轮科技和产业革命开始步入核心技术突破期或加速商业化，不具备人才、技术、资金和区位优势的欠发达地区面临发展风险，创新驱动发展更显迫切。同时，国际秩序、国际经贸规则和国际产业分工格局进入深度调整，中国发展外部环境更加复杂，我市利用国外资源、市场和技术的难度不断加大。

国内和区内同质化竞争更加激烈。新冠肺炎疫情冲击下，全球产业链加速重组布局，国内和自治区内制造业产业链面临“高端回流 + 低端转移”的双重挤压，倒逼地区间发展竞争加剧，同时，供给侧结构性改革步入深水区，转型发展压力加大，我市在短期内低水平竞争和同质竞争不可避免。

我市集聚发展要素相对较弱，发展动力仍显不足。我市产业实现了快速发展，但仍未完全摆脱对资源的依赖，同时，接续替代产业体量偏小，生物制药、智能小家电等科技含量较高的产业未形成规模，电子商务、物流等现代服务业态尚未形成，对我市尚不能形成发展动能。城市建设方面，我市城际间铁路尚未完全形成联通便捷、高效的城际交通圈，市内交通路网与配套设施有待完善，工业园区基础设施建设不足，城镇尚未形成集聚发展。矿山地质环境历史遗留问题负担仍重。城市转型处于“爬坡过坎”的关键期。

第二章 指导思想和发展目标

第一节 指导思想

高举中国特色社会主义伟大旗帜，坚持以习近平新时代中国特色社会主义思想为指导，深入贯彻党的十九大和十九届二中、三中、四中、五中全会精神，统筹推进“五位一体”总体布局，协调推进“四个全面”战略布局，紧紧围绕“建设壮美广西共圆复兴梦想”总目标总要求，习近平总书记对广西提出的“三大定位”新使命、“五个扎实”新要求，坚持“一个中心四个同步”发展战略，即以工业振兴为中心要务，推进科教优先、产城融合、绿色发展、城乡一体同步发展，通过“科教优先、人才兴市”“工业强市、旅游旺市”“乡村振兴、城乡一体”等重要发展举措，基本建成“富、强、美”工业旅游园林城市，为与全国全区同步基本实现社会主义现代化奠定坚实基础。

第二节 发展原则

坚持党的全面领导。坚持和完善党领导经济社会发展的体制机制，坚决维护党中央权威和集中统一领导，始终同以习近平同志为核心的党中央保持高度一致，为实现高质量发展提供根本保证。

坚持以人民为中心。坚持人民主体地位，坚持共同富裕方向，坚持民心是最大的政治、为民造福是最大的政绩，始终做到发展为了人民、发展依靠人民、发展成果由人民共享，更好实现人民对美好生活的向往。

坚持新发展理念。把新发展理念贯穿经济社会发展全过程和各领域，积极融入新发展格局，转变发展方式，推动质量变革、效率变革、动力变革，实现更高质量、更有效率、更加公平、更可持续、更为安全的发展。

坚持深化改革开放。坚持全面深化改革、全方位扩大开放，加快推进治理现代化，破除制约高质量发展、高品质生活的体制机制障碍，持续增强发展动力活力。

坚持生态优先。以绿色发展统领经济社会发展，持续推进矿山综合整治，确保生态稳定、环境优美、地质安全、人居健康的发展氛围，为基础设施建设、城市扩大发展、产业健康持续提供坚实的发展基础，实现经济社会和生态环境协调发展。

坚持系统观念。胸怀“两个大局”，加强前瞻性思考、全局性谋划、战略性布局、整体性推进，着力固根基、扬优势、补短板、强弱项，注重防范化解重大风险挑战，实现发展质量、结构、规模、速度、效益、安全相统一。

第三节　二〇三五年远景目标

展望二〇三五年，我市将建成“富、强、美”工业旅游园林城市，煤电独大的单一产业结构得到改善，多元化产业格局初步形成，经济总量和城乡居民人均收入将再迈上新台阶，基本建成具有合山特色的现代化经济体系，基本实现新型工业化、信息化、城镇化、农业现代化；人民平等参与、平等发展权利得到充分保障，基本建成法治合山；文化、教育、人才、体育、健康等社会领域得到高质量发展；广泛形成绿色生产生活方式，与全国同步碳排放达峰后稳中有降，矿山生态环境根本好转，美丽合山建设目标基本实现；对外开放持续拓展，与周边地区合作不断增强；基本公共服务实现均等化，城乡基础设施实现一体化，居民生活水平差距显著缩小；平安合山建设达到更高水平，军民融合发展；人民生活更加美好，人的全面发展、全体人民共同富裕取得更为明显的实质性进展。

第四节　“十四五”时期发展目标

“十四五”时期总体目标：

至2025年，我市将基本建成“富、强、美”工业旅游园林城市，基本建成全国资源型城市转型可持续发展示范市，持续建设“健康合山”“平安合山”“法治合山”和“数字合山”。

“十四五”时期具体目标：

锚定二〇三五年远景目标，综合考虑我市发展条件、优势、潜力，我市经济社会发展须努力完成以下主要目标。

（一）加快城市转型发展，推动工业振兴发展。加快培育非煤产业，煤电单一产业结构向煤电、新型建材、金属冶炼、木材加工等多元产业结构转变，实现产业转型。通过建成“两带一区”经济组团发展格局，实现经济增长速度高于来宾和全区平均水平，保持经济持续健康发展，“十四五”末，三次产业比例达到10:40:50，实现地区生产总值年均增速高于9%，人均地区生产总值年均增速高于9%，固定资产投资年均增速6%，社会消费品零售总额年均增速10%，进出口总额增速6%。加快工业振兴发展，推进完成工业增加值24.81亿元和工业总产值100亿元目标，努力实现制糖及糖业循环经济产业产值4亿元，能源电力产业产值30亿元，碳酸钙产业产值30亿元，节能环保产业产值50亿元，绿色建材产业产值15亿元，木材加工及高端家具产业产值10亿元，生物医药产业产值1亿元，机械制造产业产值1亿元。

（二）公共服务不断完善，人民生活品质全面提升。坚持“科教优先”、“健康优先”和“就业优先”，推动城乡义务教育均衡化向优质均衡化、城乡公共服务一体化向同质化发展。就业、教育、文化、医疗卫生、社保、养老等公共服务体系更加健全，全面提升改造村级公共服务中心。采煤历史遗留问题有效化解，进一步推动棚户区改造，城乡、矿区人居环境明显改善。居民收入增长和经济增长基本同步，努力实现农村居民人均可支配收入达到30000元，城镇居民人均可支配收入达到50000元。治理效能得到新提升，社会公平正义更加彰显，行政效率和公信力显著提升。

（三）基础设施更加完善，城乡统筹得到加强。以破解经济社会发展瓶颈为重点，以协调和共享为理念，统筹推进城乡重大基础设施建设。交通路网更加完善，通行能力显著提高，推动区域互联互通。城乡电力、水利、通信等基础设施支撑保障能力增强，城乡生产生活条件明显改善，城乡之间、区域之间一体化程度进一步提高。空间利用效率、土地集约节约利用水平不断提高，形成生活空间、生产空间和生态空间结构合理、疏密得当的空间格局。实现90%以上行政村建成幸福美丽新村，继续加强提升城镇化率。

（四）政府行政效能提升，民主法治全面增强。体制改革实现突破，营商环境更加优化，开放合作深入推进。政府行政与治理效能取得明显提升，城乡统筹协调体制机制不断完善，政府公信力大幅增强。民主法治建设全面加强，司法公信力不断提高，群众依法办事观念持续增强，社会公平正义更加彰显。

（五）环境质量明显改善，生态功能显著提高。加强生态环境保护，持续提高森林覆盖率，山水林田湖草生态保护修复成效显著，主要河流水质达到国家水功能区划标准。继续加强矿山地质环境治理，到“十四五”期末，实现历史遗留矿山地质环境恢复治理率、历史遗留毁损土地复垦率、历史遗留采空区土地复垦率分别提高至96%、65%和65%。持续加大污染防控力度，确保工业企业污染物稳定达标排放，全面推进城镇生活垃圾无害化处理，城镇生活污水实现集中处理，单位生产总值能耗、二氧化碳和主要污染物排放指标达到自治区控制计划标准。人居环境明显改善，空气优良天数率达90%以上，市饮用水水源地水质达标率达到100%。城市形成绿色消费与绿色生产互动互促发展，初步形成低碳绿色的生产生活方式，经济社会发展与资源承载力逐步适应。

第五节　主要战略举措

全面加快“工业强市、旅游旺市”。加快推动传统产业优化升级，焕发传统产业新活力。积极培育非煤产业，形成全产业链发展格局。以中国(广西)自由贸易试验区建设为契机，鼓励工业企业加大与东盟国家和“一带一路”沿线地区合作，引入国外优质煤炭资源，建成风、光、火互补的生态电力能源基地，加大优质工业产品商贸合作，加大文化旅游交流。

全面强化“科教兴市、人才兴市”。深入实施科教优先战略、人才兴市战略，大幅增加科技投入，着力补齐人才队伍短板，完善体制机制，加快推进科技和教育现代化，努力走出一条以教育、人才、科技强起来支撑产业、经济、综合实力强起来的发展新路。

全面推进“乡村振兴、城乡一体”。巩固拓展脱贫攻坚成果，全面实施乡村振兴战略，加快培育产业发展，推动乡村风貌发生根本性改观，生态宜居、乡风文明治理有效，以新型城镇化引领城乡融合发展，全面提升乡村“形、实、魂”，推进城乡公共服务均等化、基础设施一体化发展。

专栏 2　“十四五”期间合山市经济社会发展主要指标规划

附表 2

类别	指标	2020年	2025年	年均增长(%)或增加[]	属性
经济发展	1. 地区生产总值增长(%)	9.8	—	>9	预期性
	2. 人均地区生产总值增长(元)	6.6	—	>9	预期性
	3. 财政收入(亿元)	2.55	3.75	8	预期性
	4. 全员劳动生产率增长(%)	—	—	8.5	预期性
	5. 常住人口城镇化率(%)	65.94	66.15	[0.21]	预期性
创新驱动	6. 研发经费投入增长	—	—	>17	预期性
	7. 每万人口高价值发明专利拥有量(件)	1.65	4	19.4	预期性
民生福祉	8. 居民人均可支配收入增长率(%)	4.4	—	5	预期性
	9. 城镇登记失业率(%)	2.72	<4.1	<4.1	预期性
	10. 城镇净增就业数量(万人)	0.09	0.07		预期性
	11. 劳动年龄人口平均受教育年限(年)	9	9.3	[0.3]	约束性
	12. 每千人口拥有执业(助理)医师数(人)	≥2.28	2.80	4.2	预期性
	13. 基本养老保险参保率(%)	87.39%	≥92	[4.6]	预期性
	14. 每千人拥有3岁以下婴儿托位数(个)	—	3		预期性
	15. 人均预期寿命(岁)	77.6	78.8	[1.2]	预期性

续附表 2

类别	指标	2020年	2025年	年均增长(%)或增加[]	属性
绿色生态	16. 单位地区生产总值能源消耗降低(%)	—	—	完成来宾市下达任务	约束性
	17. 单位地区生产总值二氧化碳排放量降低(%)	—	—	完成来宾市下达任务	约束性
绿色生态	18. 空气质量： 全市城市空气质量优良天数比例(%) $PM_{2.5}$年平均浓度(微克/立方米)	 95.6 23	 ≥90 30		约束性
	19. 地表水达到或好于Ⅲ类水体比例(%)	100	100		约束性
	20. 森林覆盖率(%)	56.1	56.6	[0.5]	约束性
安全保障	21. 粮食综合生产能力(万吨)	2.8	2.8		约束性
	22. 能源综合生产能力(万吨标准煤)	97.6	97.6		约束性
注：地区生产总值、人均地区生产总值、全员劳动生产率增速按不变价计算					

第三章　推进产业振兴发展，建设资源型城市转型示范市

“十四五”时期，我市将持续实施产业结构调整，推进产业转型发展。坚持工业振兴为纲领，坚持传统产业高端化、新兴产业规模化，坚持强龙头、补链条、聚集群发展要求，培植“工业树”、打造“产业林”，推动工业高质量发展，切实推进经济高质量发展。

第四章　构建合山特色产业体系

以工业振兴为中心要务，立足优势产业和优质资源，以供给侧结构改革为主线，实现资源有序适度开发。建设合山特色工业体系，打造沿322国道经济带，推动工业聚集发展。发展特色农业，推动甘蔗、坚果、富硒稻种植基地和养殖业基地建设。推进沿红水河“公铁水”联运物流带建设，扩大区域合作，拓展发展空间，努力将我市全面融入来宾市并整体建成“一带一路”重要节点和融入粤港澳大湾区重要节点。打造以工业旅游为特色的全域旅游产业，以旅游带动服务业发展。

第一节　推动资源有序适度开发

强化三条控制线管控。严守生态保护红线、永久基本农田、城镇开发边界三条控制线，严格执行国土空间规划，严格资源开采企业准入制度，全面实行矿产资源开发利用方案和矿山地质环境保护与土地复垦方案同步编制、同步审查、同步实施的“三同步”制度。严格实施生产矿山同步治理制度，对设计生产能力9万吨/年的煤矿，采矿许可证到期后不再延续。依法淘汰粗放利用、技术落后、污染环境的矿山。原则上不再新批大型生产规模以下碳酸钙矿山和露天凹陷开采采石场等砂石土矿山。大幅减少小型矿山数量，引导建设大中型矿山，形成以大中型矿山为主的规模结构。

有序适度提高重要资源生产能力。加大对煤炭、碳酸钙等优势矿产的勘查投入力度，力争新增一批资源储量。创新资源开发模式，构建矿产资源统一开发管理模式，优化资源分配，实现有序、适度的资源梯级利用，建设规模集约、高效的资源开发与利用格局，促进资源开采行业有序适度发展。积极推进煤炭开采企业升级及有序退出，继续推进我市煤炭开采矿井机械化改造，实现煤炭生产能力达到250万吨/年。积极推进非煤矿产资源的勘查开发，科学有序地加强石灰石、方解石等资源开采力度。严格资源开采企业准入制度，加强新建、改建、扩建项目审批，严格执行禁止开采令。统筹推进矿产资源开发与城市建设协同发展，开展绿色矿山建设，控制并减少因开采造成的地质灾害风险。完善矿区安全管理制度，建设安全生产信息平台。

第二节　构建合山特色工业体系

实施“工业强市”战略，积极构建合山—迁江经济走廊，建设合山特色现代化工业体系，按照“一园四区”工业空间布局推动我市产业聚集发展。在现有产业布局的基础上，大力发展合山市产业转型工业园，推动我市中心产业入园发展，夯实工业高质量发展基础。形成岭南片区木材加工、小家电制造、智能制造及生物制药生产、配送等高新产业基地、桂中厂片区碳酸钙产业基地、电厂片区生态火电基地、马安片区循环经济综合利用基地。打通并形成四区能量流和物质流的内循环，加强园区内企业管理，加快工业园区道路、电气管网、物流网、环保等基础设施建设。

优化提升能源产业与综合利用增效发展。优化升级煤电能源产业，推动传统产业“二次创业”，“十四五”期末努力实现能源电力产业产值30亿元目标。促进煤电产业向清洁化、高效化发展，积极发展煤电产业循环经济，通过延长资源加工链提升资源利用率和资源价值，提高煤电行业煤矸石、脱硫石膏、粉煤灰等大宗工业固体废物综合利用能力，形成“煤炭—电力—工业固废—建材”的物质循环产业链。扩大热电联产优势，延伸建设工业园蒸汽热力管道，推动用热企业聚集，形成“煤炭—电力—热电联产—用‘热’企业”的能源循环产业链，实现资源高效再利用。大力优化能源结构和产业布局，积极推进光伏、风电等清洁能源开发项目，逐步向清洁可再生能源转变，构建生态电力能源基地。

大力推动碳酸钙产业集聚发展。抢抓我市列入自治区重点碳酸钙产业化基地的契机，加快碳酸钙产业园区建设，推进碳酸钙产业集群发展，“十四五”期末努力实现碳酸钙产业产值30亿元目标。大力发展超细超纯、表面改性及复合纳米碳酸钙粉体和功能性粉体材料。推进资源主导向技术导向的产业发展模式转变，加快向高技术含量、高附加值的精细化碳酸钙产品和延伸产品发展，建设碳酸钙末端循环经济产业，形成“矿山资源开发—碳酸钙生产利用—矿山固体废弃物建材化利用”的资源开发模式。

加快发展新型绿色建材产业。适度增加水泥产能，“十四五”期末努力实现绿色建材产业产值15亿元目标。延伸产业链条，构建以新型水泥、建筑装饰材料、新型环保节能墙体材料等为主体产品的新型绿色建材产业体系，形成“碳酸钙—水泥—水泥制品—装配式建筑构件—绿色建材产业集群”的产业格局。加快水泥行业绿色发展，推动纯低温余热发电系统并网发电，推进水泥窑协同处置固体废物、危险废物处理能力建设。

加快发展木材深加工产业。依托我市木材资源优势，探索建设桂中木材产业基地，积极发展木材深加工产业，“十四五”期末努力实现木材加工及高端家具产业产值10亿元目标。建成“商品林—木片—木板—家具”林木产业链，逐步发展高级家具、地铺板等高附加值产品生产产业，形成木材深加工产业集群。探索开展林木综合利用，利用树叶、树皮等废料，积极探索加工制作香料、精油、栲胶、料浆稀释剂、植物生长促进剂等产品。逐步形成绿色化的木材加工及高端家具产业体系。

推动冶金与节能环保产业发展。建设合山—迁江经济走廊，整合两地资源能源，发挥合山—迁江地缘优势，积极发展“飞地经济”，有序布局金属冶炼与型材加工产业，依托迁江电解铝产业，加快推动铝型材加工产业发展，与来宾市形成“火电／水电—电解铝—铝型材”的互动式产业链发展格局。推动我市节能环保产业发展，充分挖掘新能源潜力，有序布局建设具有合山特色的再生金属节能环保产业，形成“火电／光电／风电—再生金属节能环保产业”产业链。“十四五”期末努力实现节能环保产业产值50亿元目标。

有效推动多元化产业格局发展。推动“糖”全产业链发展，实施糖业高质量发展，构建“甘蔗—制糖—蔗渣—浆纸—环保餐具”“甘蔗—制糖—滤泥—生物有机肥—还田”和“甘蔗—蔗叶蔗稍—饲料加工—畜牧养殖”循环经济生产链。实施自动化改造升级，提升现有制糖工艺，提高产糖率，降低生产成本。加快推进蔗糖精深加工，探索如“甘蔗水”等新产品研发，“十四五”期末努力实现制糖及糖业循环经济产业产值4亿元目标。探索构建特色中药产业体系。探索引进并培育我市优质中药材种植基地，开展药材育种与种植、特色药物研发、生产与应用体系建设。培育机械制造业，加快引入机械制造型企业，同步引入五金制造、包装、模具生产等配套产业，逐步形成产业集群。

专栏 3：特色工业产业重点工程

能源产业：整合我市煤田优势，实施河里平峒井机械化改造、三矿三号南斜井机械化改造、合山贵能能源有限责任公司（三矿）煤矿安全改造项目，进一步提升煤矿产能。大力发展新能源产业，加快建设大唐桂冠合山发电有限公司灰场光伏发电、合山洛山风力发电等项目。 碳酸钙产业：整合碳酸钙矿山资源，提高石灰岩、方解石等矿产的综合利用和深加工水平，大力提高矿产品附加值。构建矿产资源统一开发管理模式，按照碳酸钙含量等级对碳酸钙矿产资源实施分级分类管理，优化分配，实现有序、适度的资源梯级利用。加快与忻城县等周边地区的产业合作，加快拓展高附加值的纳米级碳酸钙、食品医用级碳酸钙等产品生产，重点发展碳酸钙下游产业。 水泥建材产业：延伸水泥产业链，重点发展装配式建材、绿色建材。
木材加工产业：改变现有木材利用方式，发展制作胶合板、纤维板、高档家具、木地板等木材加工产业能力，推动一批胶合板、生态板项目落地。 冶炼与节能环保产业：推动广西高值多金属资源一体化绿色高效利用新技术产业示范基地建设项目。 制糖产业：引进高附加值糖产品生产企业，构建以纸浆、有机肥、饲料为末端产品的糖业循环经济产业。 制药产业：引入并打造我市优质中药材种植基地，发展中药材种植、中药提取物、原料药生产。 机械制造业：以引入家电生产项目为突破口，开展工程机械和材料的研发、生产、销售。依托合山市智能机器人、小家电智能生产基地和技术人才培训中心项目，延伸智能制造产业链，实施合山市智能基础制造装备项目，生产智能铸造岛、智能焊接系统、智能热处理生产线、智能锻造生产线以及复合材料智能生产设备等。

第三节　全力推进农业现代化建设

确保粮食安全。严守耕地保护红线，落实最严格的耕地保护制度，完善土地经营权流转风险防范和保障机制，严防耕地“非粮化”，坚决制止耕地“非农化”。深入推进农业供给侧结构性改革，推动品种培优、品质提升、品牌打造和标准化生产，继续抓好生猪生产。加强高标准农田建设，加强农田水利建设。推广优质稻种植，抓好田间管理、防灾减灾等环节。落实粮食安全行政首长责任制，加强粮食安全检查，提高粮食安全检验化验能力，做好粮食统计监测工作。加强仓储能力建设，完善粮食战略性收储及调控体系及社会粮油供需平衡统计调查制度，提高粮食产后服务能力。持续推进“粮安工程”，不断完善粮食仓储设施智能化升级改造，实现粮油仓储业务管理的自动化、信息化和智能化。加强重要农产品有效供给和农民持续增收保障，稳定种粮农民补贴，调动农民积极性。创新经营方式，培育好家庭农场、农民合作社，加强农民农业生产技术和管理能力培训，促进管理现代化。

推动特色农业发展。立足“粮食、糖料蔗、柑橘、坚果、蔬菜、畜牧”六大优势特色主导产业，发展壮大乡村产业。加强“双高”基地糖料蔗生产区域布局。加大农产品品牌建设力度，积极培育农产品区域公用品牌，推进“三品一标”认证。加大合山坚果基地建设力度，引进、推广优良新品种，发展火龙果、龙眼、坚果、柑桔种植，加快农产品加工产业园等产业带动型项目，广泛调动农民参与种植优良油茶树种或珍贵树种的积极性。加快畜牧养殖业发展，积极发展猪、兔、羊、鸡、鸭等畜禽养殖，探索特色畜禽水产养殖。推进“生态+”养殖模式，推动“稻——鱼”等生态农业发展。推行畜牧业规模化、现代化发展，提高抗风险能力，促进畜牧业健康稳定发展。

积极培育农产品品质品牌。建立农产品质量安全追溯体系，加强农产品质量安全和食品安全监管，健全现代农业科技创新推广体系、农业社会服务体系。推动无公害、绿色、有机农产品加快发展，大力实施品牌提升行动，培育我市特色的绿色、富硒品牌，提升我市农产品市场竞争力。

积极培养农业科技人才。加强农民种养技术培训，积极培育新型职业农民。坚持引进农业科技人才和培养本土人才并举，加强基层农技推广体系建设，不断壮大科技人才队伍。不断健全农业科技服务体系，完善镇、村农业技术推广网络。

加快培育新型农业经营主体。加快培育家庭农场、农业合作社，鼓励和支持有实力、有能力的新型农业经营主体，按照“一镇一业、一村一品”和“集中成片、连片开发”的发展思路，围绕农业和特色优势产业组建农民专业合作社，稳定农村土地承包关系，依法推进土地经营权有序流转，引导土地资源向农业专业合作社、家庭农场等经营主体集聚。充分发挥农产品经纪人对现代农产品流通的补充作用。

推广现代农业新技术应用。开展高标准农田建设，加强甘蔗健康种苗、膜下滴灌、水肥一体化、测土配方施肥、耕地改良培肥、农作物病虫害专业化统防统治。推动机械化农业生产进程，淘汰报废高耗能老旧农业机械，进一步推动农机装备升级换代。加强对农业生产进行数字化改造，大力推动精准作业、智能控制、远程诊断、遥感监测、地理信息服务及物联网等现代信息技术在农业农村的应用，强化气象灾害监测预警预报和信息发布系统建设。鼓励使用生物农药、高效低毒低残留农药和有机肥料。大力推广节地、节水、节种、节肥、节药、节能和循环农业技术。

促进农业与二、三产业深度融合。推进农业与物联网、大数据、云计算等信息技术深度融合，推进“互联网＋农产品”销售渠道建设，深入推进电子商务，加强镇级、村级电商服务中心与电商服务站建设，以我市特色农产品为中心打造“互联网＋特色农产品”发展模式，加快形成农业发展新动能。综合发展有机农产品加工、特色产品开发、农产品直销、饮食业、休闲农业等新型业态。延伸农业产业链，加快农产品加工集聚区建设，加快并完善农业物流体系建设。引导中草药、蔗糖等农产品加工向精深加工方向发展，积极开发芋檬酸、莲藕粉、牛肉干、芦笋等特色农产品。

专栏 4：特色农业产业重点工程

打造特色优势农业品牌：制定实施农业品牌发展计划，加强农业品牌建设，提升合山坚果、富硒食品等特色农产品品牌，不断提高农产品市场竞争力。
加快高标准农田建设：严守耕地红线，加强高标准农田基础设施建设，实施耕地质量提升行动，加强耕地信息化建设。鼓励和引导各类经营主体参与土地综合整治。
加强农田水利设施建设：加强“旱改水”项目建设，重点发展节水灌溉，升级改造现有灌区节水配套，提高输配水效率。加强小型农田水利设施建设，完善田间渠系配套。
加强水产畜牧业建设：加快配套畜禽养殖污染综合治理设施。推动猪、兔、羊、鸡、鸭养殖基地建设项目，扶持畜禽养殖龙头企业或专业合作社、家庭农场。建设病死畜禽无害化处理中心。

第四节　加快培育发展现代服务业

增强服务业有效供给，提高服务业水平，释放巨大的内需潜力，形成稳定经济增长的有力支撑。大力培育新兴服务业，全面提升传统服务业，积极发展现代物流、电子商务、现代金融、信息服务、文创服务、商贸服务、教育培训服务、康养服务及多样化专业服务。

大力发展现代物流业。主动融入粤港澳大湾区和西部陆海新通道国家战略，推广多维联运模式，构建合山“公铁水”多式联运新型物流格局。整合我市沿红水河岸线资源，改扩建港口码头，建设物流中转基地，服务沿322国道经济带，实现江城联动，与来宾、忻城共同形成“公铁水”联运纽带。着力加快园区物流产业建设，构建仓储、运输、配送一体化供应链。建设智慧物流，支持物流企业应用互联网、云计算、大数据等新进信息技术，引导物流设施设备与服务产品的数字化发展，实现物流、交易等信息可查询、可跟踪、可追溯。加强现代物流产业体系建设，整合我市物流产业资源，建成规范化、专业化的第三方物流平台，全面盘活存量仓库与闲置运力，形成集约化、高效化、数字化、低成本、广覆盖的物流产业体系。

积极推进电子商务发展。积极发展农村电商、社区电商，加快完善农村电子商务公共服务体系。推动第三方电子商务综合服务平台建设，完善面向中小企业的电子商务服务体系。支持企业利用自建平台和第三方平台开展跨境电子商务业务，打造我市跨境电子商务品牌。鼓励电子商务创新孵化，开展电商技能培训，构建专业电商团队，支持电商创业，鼓励直播电商、社交电商等新业态发展。

现代金融。围绕服务实体经济、防控金融风险、深化金融改革三项任务，落实广西建设面向东盟的金融门户各项工作。“十四五”期间，力争银行业存款年均增速5%以上，贷款年均增速12%，保险保费收入年均增长8%以上。引导金融机构加大对公路、水利工程、保障性安居工程、棚户区改造等重点项目以及先进制造业、现代服务业、战略新兴产业、节能环保等重点行业的信贷支持。支持和引导金融机构实施小微企业贷款和“三农”金融支持。建立企业上市“绿色通道”。发展股权投资业。加快引进和发展各类金融机构，支持大型企业集团在我市设立财务公司，支持第三方支付产业等新兴金融服务机构发展。

信息服务。积极对接粤港澳大湾区，大力发展网络信息技术服务业，建设“智慧合山”，培育壮大一批本土企业、本土人才。搭建集智慧制造、智慧农业、智慧物流、智慧金融、智慧城市管理、区块链等多种功能于一体的信息服务综合平台，发展以物流信息、在线交易、智能手机等应用服务为重点的信息服务产业，推动数字经济快速发展。

文创服务。以合山工业文化建设为重点，同步发展特色传统文化艺术。健全现代文化产业体系，加强传统文化与新媒体的衔接，大力发展创意设计、数字传媒等新业态。深入推进文化创意与制造业、城镇化、旅游业、农业及品质生活的融合互动发展。实施“文化 +”发展战略。实施“文化走出去”工程，建设一批重点文化产业项目，培育一批龙头文化企业。

咨询服务。加快发展产品设计研发、机械制造服务、技能改造等专业技术服务，积极发展产业咨询、创业孵化、会计审计、研发设计、科技成果转移转化、检验检测认证等商务服务业，支持商务企业开展咨询策划、商业会展等新业务。支持专业咨询企业开展资产评估、会计审计、税务财务、工程咨询等服务。

商贸服务。积极扩大城乡消费，建设现代化的商贸中心、商贸街，加快形成区域消费中心。推动城市综合体、特色商业街等重点商贸服务工程建设，引进多样化消费品牌。加快夜间经济示范街区建设，培育多元化夜间消费模式。加快发展线上消费、健康消费、文化消费等消费新模式、新业态。鼓励大型商业综合体加强与旅游休闲、文化娱乐的融合，加强以奇石文化体验、国际影城、创意书店、艺术画廊等为代表的时尚体验业态，扶持发展智慧新零售、社区新零售，推动线上线下消费新模式快速发展。

教育培训服务。加强探索“公立民办”“公有民营”和“民办公助”等多元主体办学新模式、新路径，重点发展专业培训、职业教育、中小学培训辅导等教育培训类型，建立健全现代职业教育体系和终身职业培训体系。构架我市教育培训机构白名单。

康养服务。提供多样化健康服务，满足全民日益多元化、常态化的康养保健需求，逐步构建覆盖全生命周期、业态丰富的健康服务体系。加快打造以个性化健康服务为主体的健康服务产业，大力推广智能化健康管理、服务软件。加快养老产业发展，大力推动完善以居家为基础、社区为依托、机构为补充、医养相结合的养老服务体系。构建智慧养老服务平台，形成可提供精准、个性化养老服务的专业服务体系。

专栏 5：服务业产业重点工程

大力发展现代物流业：建设碳酸钙及建材物流供应配送中心、仓库、堆场及生产辅助设施。加快推动冷链配送服务业发展。加快建设物流大数据中心和物流信息公共服务平台。
积极推动商贸服务业发展：大力培养服务市场主体，推进特色餐饮快速发展，大力推动各类专业店、连锁便民店、大中型商业综合体等快速发展，推动线上消费、旅游民宿、家政服务等生活服务业特色化发展。
快速打造电子商务服务业：大力发展村镇两级电商服务中心，推进“互联网 + 特色农产品”销售渠道建设。构建专业电商团队，大力支持电商创业。
支持研发、设计、咨询服务：推动研究开发、技术转移、检验检测认证、创业孵化、产业咨询等服务机构或平台建设。
大力发展农业金融服务业：依托“政府 + 龙头企业 + 金融机构 + 合作社 + 农户”模式，加大农村信用合作社对我市坚果、火龙果、砂糖橘等特色农业与我市猪、兔、羊等特色养殖业信贷力度。

第五节　推进特色旅游事业发展

实施“旅游旺市”战略，打造广西工业旅游特色品牌。以百年采矿遗迹、火电、铁路、矿区、棚户区等作为工业文化载体，融入壮族丰富文化资源、红水河景观资源、奇石资源和红色文化资源，构建“一园一带一区”旅游框架。主动融入自治区精品旅游线路，形成“兴宾麒麟山文化—合山工业文化、奇石文化—忻城土司文化—上林山水文化—武鸣骆越文化”旅游系列重要环节。打造集商务、休闲养生、运动拓展、文化体验、研学为一体的广西工业旅游示范区和广西全域式旅游目的地。

建设爱国主义教育体验主题公园。整合工业旅游资源、红色文化资源，建设爱国主义教育体验主题公园。开展图文展览、实物模型展示、工业生产体验等项目，对学生、工业爱好者、研究人员等提供研究、教育、文化等方面的服务，激发民众尤其是青少年的爱国热情和奋斗精神，培养团队精神和集体主义、革命英雄主义情操。

打造农业休闲观光产业。构建生态循环农业旅游产品，完善发展现代农业旅游新业态，积极促进农业旅游业融合发展，大力重点发展休闲观光农业、体验农业、生态循环农业、创意农业、智慧农业等新型业态，推进乡村振兴。加强历史文化名镇、名村、古街和古树名木群落的保护与挖掘，保护民族特色和乡土风情，加强农村非物质文化发掘，发掘壮族生活文化、农耕“那”文化，打造一批特色美丽乡村示范村。

探索建设生态康养度假基地。巩固拓展脱贫攻坚成果同乡村振兴有效衔接，探索利用灵岩湖民俗文化、洛灵湖湿地、地热与种植基地等资源，建设好红水河公园，开发一批具有地域特色的康养旅游观光线路。突出养生保健、养生膳食、养生运动等中医药文化特色，配套差异化特色生态康养项目、康养设施、康养服务、康养训练，建设特色康养度假基地。

第二篇　加大科技投入和人才队伍建设，实现创新赋能

继续推进人才兴市战略，围绕经济高质量发展，加大能源、材料、生物质等应用型科技引进和应用推广力度，实施创新驱动发展。加强人才队伍建设，构建合理人才发展机制，充分发挥人才在推动经济社会发展中的“第一资源”作用。

第五章　加大产业科技创新投入

加大产业科技创新扶持力度，着力培育创新主体，提升重点产业技术创新能力，鼓励企业加大研发投入，推动产业链上中下游、大中小企业融通创新。大力搭建创新平台，加快创新科技成果转化，推进创新型城市建设，形成创新驱动发展的合力与活力。

第一节　提升企业技术创新能力

加大对企业科技创新的扶持力度。出台激励政策，完善研发投入后补助扶持政策，采取多种方式对研发经费占主营业务收入比重较高的企业以及建立研发准备金制度的企业予以奖励性支持。加大财政科技资金的引导，综合运用贷款贴息、风险补偿、创投引导、科技服务补贴等多种方式，建设多元化、多层次、多渠道的科技投融资体系，推动资源向优质企业和行业集中，逐步形成政府引导、市场主导的科技资源配置模式。

搭建联合创新发展平台。支持重点产业科技型企业牵头组建研发平台和机构。以复合材料、智能制造、食品药品生产为主攻方向推动产业技术变革和优化升级，重点针对碳酸钙行业、装备制造行业、特色农产品深加工等行业，鼓励龙头企业通过构建产业技术创新战略联盟，加快新技术引入与应用。加强规上企业与中小微企业协同创新，带动全市、各行业企业创新转型发展。到2025年，力争培育高新技术企业3家，提高研究与开发经费支出占 GDP 的比重0.45%。

第二节　推进创新型城市建设

培育科技创新平台载体。推进创新型城市建设，着力培育创新主体、构建产学研一体化创新平台、搭建创新载体和实施研发投入攻坚行动。推动我市离岸科技服务基地建设，建设或跨区域组建产业技术创新中心。支持建设研究开发、技术转移、检验检测认证、创业孵化、科技咨询等科技服务机构或科技公共服务平台。

促进科技成果转化应用。继续拓宽合作平台，深入开展与国内知名高校、企业、研究机构多方合作，采用产业引进和产业培育并重的方式，选择符合国家高新技术领域要求、满足我市工业补链需求、创新基础好、发展潜力大的科技型企业入驻工业园区。

第六章　大力实施人才兴市战略

坚持“以用为本、以实为要”的原则大力实施人才兴市战略。深化人才发展机制改革，完善人才流动配置机制，加

强人才评价和职称制度改革。统筹推进各类人才队伍建设，加大人才引进和培养力度。优化人才发展环境，完善人才服务和保障机制，有效加大人才激励力度。

第一节 深化人才发展机制改革

完善人才流动配置机制。推动建设人才跨体制、跨行业、跨部门、跨岗位、跨所有制的无障碍流动机制。破除影响人才流动的编制身份、职称评聘等机制障碍，完善社保、住房、户籍、档案、职称、荣誉等转移接续机制。建立政府部门全面指导、市场主体公平竞争、中介组织提供服务、人才自主选择就业的人才流动机制，促进人才资源有效配置，推动人才引进与培养精准对接产业发展需求。

加强人才评价和职称制度改革。建立健全科学化、社会化、市场化的人才评价制度。依托专业化人才服务机构、行业协会等具有较大影响力和较强服务能力的平台，组建社会化评审机构和社会化评审委员会开展职称评审服务。新增设人工智能、大数据、网络信息、文化创意、知识产权、技术经纪等职称专业，满足我市新业态发展技术人才评价需求。加强面向基层人才评定力度，在教育、卫生、农业、工程等方面建立完善“定向评价、定向使用”的基层职称制度。针对农民技术人才探索建立种植、水产、畜牧、农业经济等职称评审制度，推动乡村人才振兴。

第二节 加强人才队伍建设

统筹推进各类人才队伍建设。建设高素质党政人才队伍，加强党政人才培训，注重从基层和生产一线选拔党政人才。落实容错纠错机制，激励干部担当作为。围绕能源、材料、矿山开采与资源加工、环境保护、食品药品、特色农业种植与育种、经济管理、公共管理、教育、医疗卫生、宣传文化、旅游、壮族艺术民族手工业等方向，加强人才队伍建设。重点引进和培养一批产业领军型人才、经营管理型人才和农村实用型人才。鼓励科技人才、文化人才、医疗人才等下乡支农。培养职业化、专业化的社会工作人才队伍，建立社工和志愿者联动机制。

加大青年人才培养力度。实施治理现代化青年政治人才培养计划，加快构建覆盖企业、机关事业单位、农村、社会组织等各领域优秀青年的培养体系，不断为党培养和输送青年政治骨干人才。深入开展大学生志愿服务西部计划行动，激励青年扎根合山，推动更多“西部计划”志愿者到基层一线服务，为基层治理赋能。

加大人才引进力度。建立市场化的人才引进机制，支持各类主体参与人才引进，探索建设科技创新人才基地、人才科技创新孵化器、联合工作站等合作平台，实现人才从“引进来”向“本土化”延伸。实施“麒麟英才”引进计划，引进一批高层次、紧缺急需人才到我市各级事业单位，强化我市专业化干部队伍建设。推行“人才 + 项目”双招双引模式。加大对外交流，积极引进国内研究机构、重点高校、园区等与我市的对口支援培训项目。通过顾问聘用、课题合作、讲学交流、科技咨询、技术入股、合作经营等多种方式，深化与高校、人才服务机构、科研院所等人才交流与合作。

第三节 优化人才发展环境

加强人才服务和保障。搭建人才服务线上线下“一站式”平台，为各类高层次人才提供政策咨询、项目申报、融资对接等服务，完善人才配偶随迁就业、子女入学、医疗服务等保障机制。完善人才市场服务功能，培育市场化人力资源服务机构。加强人才保障性住房建设。搭建人才交流沟通平台，畅通人才联络渠道，增强人才归属感。

加大人才激励力度。完善薪酬制度，逐步提高人才薪酬待遇和各项奖励补贴，推动建立高层次人才个人所得税奖励制度。完善人才金融服务，鼓励金融机构为创新、创业人才提供人才信用贷等金融产品。

第三篇 推进基础设施建设，提升城市智慧服务功能

按照统筹协调、适度超前的原则，重点抓好以交通网、信息网、物流网为主的基础设施建设，持续完善能源网、地

下管网基础设施，为将我市建成"一带一路"重要节点和融入粤港澳大湾区重要节点打下坚实基础。

第七章　加快合山"五网"基础设施建设

聚焦关键领域和薄弱环节，以项目建设为载体，整合各方资源和力量，强力推进我市"五网"基础设施建设，到"十四五"末，形成布局合理、结构优化、便捷通畅、互联互通的现代化交通网；加快推进我市城市治理能力，提高城市服务水平，建设新一代信息网；构建清洁低碳、安全高效的能源网；基本建成面向东盟、对接粤港澳大湾区、联通西南和中南地区，运力充分、配置优化、效率领先、服务优质的物流网；初步形成管网结构完善、城市运行安全、管理水平先进、人居环境美好的地下管网。基础设施补短板"五网"建设协同推进，形成有效支撑全市经济社会高质量发展的综合基础设施体系。

第一节　加快推进交通网基础设施建设

加强公路路网纵横发展布局。构建以柳州经合山至南宁高速公路、武宣经合山至忻城高速公路、国道G322线为主体架构的公路网络，以来宾市推进来宾至迁江一级公路建设为契机，加快推进合山至迁江一级公路建设。按照"畅通内外、完善网络、安全高效"的要求，以县际通道、通镇通村公路为重点，加快县乡村联网路、生命安全防护工程、窄路加宽项目建设，配合乡村振兴战略，加快推进乡村公路双车道建设工作，打通产业道路"最后一公里"。探索建立道路路网与地下管廊同步规划、同步开展前期可行性研究和设计、同步施工的"三同步"机制。全面消除公路与桥梁安全隐患。实施城乡客运、物流一体化建设，新建一座二级汽车客运枢纽场站，合理布局乡镇三级及以上客运站，拓展重点区域集客运、物流、商业于一体的综合运输服务功能。

加快推进铁路支线及配套设施建设。积极推进合山—忻城—宜州铁路建设项目、合山经忻城至田东铁路项目、贺州至来宾市经合山市、忻城县至百色高铁项目前期论证工作，加快推进来宾－合山铁路电汽化改造工程。盘活现有铁路资源，加快恢复来宾—合山铁路柳花岭站服务功能。加快推动铁路配套设施和高铁站项目建设。

加快港口集疏运体系建设。依据沿322国道经济带发展规划，优化港口码头建设与布局，充分发挥合山新港500吨级泊位的水运能力。加快港口码头提级改造工作，配合做好桥巩水电站船闸升级改造，加快推动我市融入都安、忻城、兴宾等红水河沿岸城镇现代化港口群。

专栏6：交通网基础设施重点工程

加强我市与周边地区的公路网建设，加快柳州经合山至南宁高速公路、武宣—来宾—合山—忻城高速公路项目建设，实施合山市环城大道、来合大道建设项目，打通地区间产业关键通道，配合来宾—迁江一级公路建设，加快推进合山—迁江国道32公里改扩建为一级公路，新建新柳南高速合山连接线至合忻工业大道项目。加强市内联网路建设，实施忻合路口至柳矿二级路、二级路口至北泗等改扩建工程。
加强铁路运输能力建设，配合做好合山—忻城—宜州铁路建设项目、合山经忻城至田东铁路项目、贺州至来宾市经合山市、忻城县至百色高铁及来宾—合山铁路电气化改造工程。盘活现有铁路资源，实施柳花岭站恢复工程，打通对外运输通道。加强我市新港等港口码头提级改造建设。

第二节　全面强化数字合山信息网建设

加快信息网基础设施建设。推进我市5G网络规模化部署和固网"双千兆"宽带建设，构建高水平全光网络。加强宽带网络、移动网络、光纤入户、5G基站等信息设施建设，加强信息安全保障体系与应急通信体系建设，确保基础信息网络和重要信息系统安全。加快推进城镇光纤、移动网络改造提升工程。积极推动商贸、交通、物流、医疗、教育、档案等终端基础设施数字化、网络化、智能化改造。

推进信息化建设工程。促进信息化与特色工业化、农业现代化、旅游全域化深度融合发展。鼓励和支持规划建设新一代移动通信网、互联网、物联网、车联网、数字广播网、数据中心、远程教学、远程医疗等设施建设，重点推动物联网、云计算、大数据等新一代信息技术在三产的创新应用，促进信息化、智能化与经济社会发展的深度融合，进一步增强大数据创新能力，提高信息技术与实体经济融合能力，加快发展以数据为关键要素的数字经济。积极推进光纤宽带入户工程和行政村、自然村广电光缆联网及配套设施建设工程。建立健全智能化政务、交通、环境管理、市场管理、养老服务、社会治安、灾害应急处置等智能化信息系统，加快建设国土空间数字化工程，推动数字政府建设。电子政务外网实现市、镇、村三级全覆盖，形成具备高通量、低时延、高可靠的政务外网网络，加快完成政务数据“聚通用”，促进信息共享，实现互联互通。不断提升城市管理信息化、基础设施智能化、公共服务便捷化、社会治理精细化水平。

专栏 7：信息网基础设施重点工程

实施通信基础设施专属开发经营集约化建设与管理项目，对市内各种通信管网进行新建、改建、扩建，建设总量预计为101.35公里。 开展电信基础设施建设项目，拟建设市区80个5G基站、母局机房5G改造、XPON升级项目即10GXPON升级、市区人流密级区信号升级、FTTH带宽扩容等子项目。 推进电子政务外网改造项目、数字广西“广电云”村村通户户用工程、国土空间数字化工程，拟构建数据中心，建设城市运营服务管理中心，打造主要应用服务体系，以城市运营服务管理中心为基础支撑打造全域主要应用服务体系。

第三节　快速推动合山高效物流网建设

加快物流园区建设。补足物流基础设施网络建设短板，完善合山港作业场所设施建设，加强合山市碳酸钙产业园物流体系建设，重点推进新港马安物流园重点工程、碳酸钙及建材物流供应链工程建设。加强“合山产业转型工业园—新港马安物流园—合山港区产业”联动机制建设，形成具备区域采购、配送的第三方物流供应链服务能力。加快推动物流信息化工程、先进物流技术装备应用、冷链物流信息平台工程、冷链共同配送工程及冷链质量追溯和安全监管等工程建设。加快完善我市城乡物流配送网络，加快合山市分拨中心建设，提高快递物流中转效率，全面打通镇村“最后一公里”物流。加大物流产业运输企业安全隐患检查，强化安全生产责任落实。

专栏 8：物流网基础设施重点工程

碳酸钙及建材物流供应链工程：建设供应配送中心、仓库、堆场及生产辅助设施，提供矿石、建材仓储、运输、配送一体化供应链服务。建设物流信息集成控制中心、信息咨询中心，提供库存管理、物流供应链解决方案、物流跟踪等服务。 冷链共同配送工程：推动现代物流园骨干冷链配送企业大力发展多温区仓储、商超共同配送、连锁共同配送和冷链宅配。推广应用多温层多品类共配冷藏车，完善物流园配送停车和装卸作业等设施。 物流信息化工程：加快建设物流大数据中心和物流信息公共服务平台。 冷链物流信息平台工程：建设以肉类为主的大型生鲜电商平台，建设农产品交易大数据平台，建设医药企业全程温湿度监测、控制、记录系统和可追溯信息平台系统。 冷链质量追溯和安全监管工程：加强现代物流园冷链物流检测和监管平台与设施建设，强化对冷链各环节温控记录和产品品质的监督、抽查。完善冷链物流企业信用评价体系。 推进农村物流基础设施建设：建设面积为20000平方米的合山电商物流中心，包括建设3000平方米的分拣中心，5000平方米的综合办公楼、电子商务楼、仓储中心，5000平方米的电子商务城和云仓库。同时构建地方土特产加工区、普通仓储区、冷冻仓储、电商办公区等。

第三节　加快推动合山生态能源网建设

加强稳定电源供给保障能力建设。稳步发展火电，推进生物质发电项目，推动水电、光伏、风电等清洁能源发展，依托合山市产业转型工业园电厂片区，形成能源产业集聚区。加快建设大唐桂冠合山发电有限公司灰场光伏电站、合山市南洪水库渔光互补光伏项目、合山市产业转型工业园区热电联产集中供热工程及煤炭机械化改造等一批项目。

完善电力配套设施建设。加快建设智能电网。推动可再生能源发电项目无障碍并网。加强农村电网升级改造，建成安全可靠、结构合理、适度超前的农村配电网，显著提升农网自动化和计量智能化水平。

持续推进天然气工程。加快发展天然气清洁能源，优化能源结构，积极配合并加快推动广西天然气支线管网项目合山天然气支线管道工程建设。

完善新能源汽车充电基础设施建设。以市中心城区、旅游区、主干公路为重点，新建各类充电桩不少于200枪，其中公共充电桩不少于50个。所有AAAA级景区初步实现公共直流快速充电设施全覆盖，3A级景区具备快速充电服务能力。

第四节　加快功能完善的地下管网建设

全面推进污水管网建设。完善污水处理厂配套管网建设，基本消除城中村、老旧城区和城乡结合部生活污水收集处理设施空白区。以岭南镇为重点区域，全面推进污水管网修复和建设工程，针对主城老街区、城西片区和城南片区，全面推进污水管网混错接改造、老旧管网更新、破损修复、淤积管道疏浚等工程。加大老旧城区生活污水收集处理设施建设。加快推进城市雨污分流管网建设。

推进城镇供水管网建设。大力实施旧管网改造和新管网建设，降低管网漏损率，全面改善城镇供水服务，有序开展“一户一表”改造工作，继续推动城乡饮水一体化工程建设，进一步提高供水普及率，实现全市自来水普及率达到100%。

因地制宜推进地下综合管廊建设。规划建设城市地下综合管廊项目，加快推进燃气管网建设改造，扩大燃气管网覆盖范围，优先保障城区居民生活用气，稳步推进工商企业等非居民用户用气。同步推进合山市产业转型工业园地下管网专项规划与建设，构建合山市产业转型工业园四区之间物质与能源互通的地下管廊体系。

第四篇　统筹城乡发展，构建一体化发展格局

坚持共享发展理念，统筹推进城乡一体、乡村振兴战略。大力提升城乡基础设施和公共服务水平，提高城乡宜居建设水平，加强城乡社会服务能力建设，优化公共服务资源配置，增强社会保障体系，着力补齐发展短板，破解发展瓶颈，解决重点难点问题。

第八章　推动城镇化与乡村振兴协同发展

科学优化城乡规模结构和空间分布，加快推进特色城镇化进程，以岭南镇为中心，引导人口、产业适度集中，加快推动城市聚集发展。坚持乡村振兴和城镇化双驱动，推进脱贫攻坚成果与乡村振兴有效衔接，深化农村改革，加快农村发展方式转变。健全城乡融合发展体制，实现全域统筹、区域协调的城乡一体化发展。

第一节　推进合山城镇聚集化发展

按照“一个中心两个支点”布局城镇空间发展。优化城镇空间布局，形成以岭南镇为城市发展中心、北泗镇与河里镇为支点的城镇空间格局。中心区域全面提升综合服务能力，加强产业升级和城市转型建设，辐射两支点，实现资源互补、有效联动、共同发展。

大力推进城镇化建设。完善财政转移支付和城镇新增建设用地规模与农业转移人口市民化挂钩政策，探索建立农村人口向城镇转移住房保障机制，提高城镇化率。推进矿区城镇聚集化发展，引导并推动矿区与周边人口向市区流动，积极推进中心城市扩容提质。

加快形成产城融合发展格局。大力发展我市交通、住宿、教育、医疗、养老、贸易等功能建设，打造市内“半小时经济圈”，依托产业转型工业园重点企业，引导企业职工及其家属到市区购房置业，加强人口空间汇集，提升城市人口集聚能力。加强城市科技创新平台培育，构建城市融智功能。推进银政合作，创新形成多元化的投融资格局，构建城市融资功能。强化城市融资融智功能主体与工业园区互动共建，实现以城市带动产业高质量发展，以产业带动城市快速建

设。依托沿红水河“公铁水”联运物流带，主动合理承接粤港澳大湾区产业转移，构建“港产城一体化”发展格局。

持续推进宜居建设。加强城市宜居环境治理，提高城市基础设施建设和服务水平，加大充电桩安装数量。紧抓自治区“产业发展”　“基础设施能力提升”和“公共服务设施能力提升”三年行动计划，大力推动“路、水、房”等重点基础设施建设。加快实施新型城镇化补短板、强弱项工程，推动城市服务功能全面提升。统筹城市规划、建设、管理，合理确定城市空间结构，推进城市生态景观建设工程，强化历史文化保护，塑造城市风貌，加强城镇老旧小区、棚户区改造和社区建设，增强城市防洪排涝能力。

第二节　全面推进乡村振兴

按照“产业兴旺、生态宜居、乡风文明、治理有效、生活富裕”的总要求，塑造乡村“形、实、魂”，抓重点、补短板、强弱项、扬优势，实现乡村产业振兴、人才振兴、文化振兴、生态振兴、组织振兴。

巩固拓展脱贫攻坚成果同乡村振兴有效衔接。持续巩固拓展脱贫攻坚成果，过渡期内严格落实“四个不摘”要求，对现有帮扶政策结合我市实际进行调整、优化、延续，确保政策连续性。健全防止返贫动态监测和帮扶机制，健全农村低收入人口常态化帮扶机制，持续巩固“两不愁三保障”成果，做好易地扶贫搬迁后续扶持工作，促进脱贫人口稳定就业、加强扶贫项目资产管理和监督。农村工作逐步从解决建档立卡贫困人口“两不愁三保障”为重点转向实现乡村产业兴旺、生态宜居、乡风文明、治理有效、生活富裕，从集中资源支持脱贫攻坚转向巩固拓展脱贫攻坚成果和全面推进乡村振兴。

大力推进一二三产融合发展。全面推进乡村振兴，加大对脱贫地区产业的扶持力度，大力发展特色商品林、特色坚果、特色水果、特色养殖以及休闲农业、乡村旅游等长线特色产业，配套完善加工、冷链、仓储、物流等补链产业，积极推动农旅互动、产村相融，拓展农民增收空间。大力实施特色农产品品牌提升行动。推广“互联网＋特色农产品”模式，大力发展农村电子商务，推进农业产业“接二连三”。推进高标准农田建设，加快推进“双高”糖料蔗基地建设。大力推进科技强农，大力推进农业机械化，发展智慧农业、数字农业，建设农业大数据、云计算等信息技术平台，推进农业物联网建设和遥感技术应用。加大易地扶贫搬迁和水库移民扶持力度，加强易地扶贫搬迁点公共服务保障体系、文化服务体系、培训和就业体系、社区治理体系、基层党建体系建设，着力打造贡模产业基地，将贡模移民新村打造成合山最美乡村振兴示范点与来宾最美安置库区。

深化农村改革。探索宅基地所有权、资格权、使用权分置实现形式，加强宅基地管理。保障进城落户农民土地承包权、宅基地使用权、集体收益分配权，鼓励依法自愿有偿转让。加大农村产权流转交易市场体系建设，探索建立全市农村产权流转交易信息发布中心和交易平台，构建市场规范、监督监管、风险防控、服务保障等机制体制。深化农村集体产权制度改革，发展新型农村集体经济。探索布局现代农业园区，构建农村改革平台载体，推动资源要素向现代农业园区聚集。健全农村金融服务体系，发展农业保险。

全面提升农村基础设施建设和公共服务水平。加强农村水利设施建设，有序推进农村饮水安全巩固提升工程、建制镇污水处理设施建设工程、高效节水灌溉工程等项目建设。大力提高乡村用电保障能力。完善农村公路路网建设，着力推进市、镇、村际联网路建设，实施产业路、窄路加宽等项目，并同步延伸城乡供水一体化管网。大力实施农村公路生命安全防护工程，全面消除公路与桥梁安全隐患。推进农村物流基础设施建设，创办一批立足乡村、连通全国的特色农产品集散中心、交易中心和配送中心。推进数字乡村建设，进一步提高农村、边远地区信息网络覆盖水平。全面改善农村教育、医疗、卫生、文化等公共服务。加快乡村幼儿园规范化建设。加强农村义务教育寄宿制学校配套设施建设。推进全市医疗共同体建设，并与镇、村医疗卫生一体化有效衔接。加快建成市、镇、村标准化公共文化设施网络，促进城乡基层公共文化服务资源的共建共享。

积极推动乡村人才振兴。吸引城市各方面人才到农村创业创新，加强企业家、高校毕业生、返乡农民工、技能人才、党政干部人才等各类人才参与乡村振兴和现代农业建设。培育高素质农民，组织并鼓励农民参加技能评价、学历教育，设立专门面向农民的技能大赛。

推动乡村文化兴盛。加强农村思想道德建设，加大社会主义核心价值观建设，提升农民精神风貌，倡导科学文明生活，移风易俗弘扬时代新风，加强农村未成年人思想道德建设。推进农村诚信建设，提升农村志愿服务制度化建设。深化文明村镇创建行动。弘扬民族优秀传统文化，保护利用农耕文化和乡村文化遗产，完善乡村非物质文化遗产传承体系，传承发展民族特色文化。发展乡村特色文化产业，加快推动文化与旅游等相关产业深度融合，发展民间艺术、民俗表演、民族体育项目，打造特色文化产业品牌。提升乡村文化生活品质，健全乡村公共文化服务体系，打造“一村一品”文化特色，培育壮大乡村文化队伍，深入实施乡村文化惠民工程，广泛开展群众性文化活动，不断满足农村居民日益增长的物质文化需求。

加强乡村生态保护。优化乡村发展布局，坚持人口资源环境相均衡、经济社会生态效益相统一，打造集约高效生产空间，营造宜居适度生活空间，保护山清水秀生态空间。积极推进合山洛灵湖国家湿地公园建设，加大“山水田林湖草”系统性保护，修复和改善乡村生态环境，提升生态功能和服务价值。全面实施产业准入负面清单制度，明确产业发展方向和开发强度，强化准入管理和底线约束。

建设美丽乡村。坚持规划引领，加快推动市域内村庄分类布局发展规划，统筹谋划村庄发展定位、产业选择、用地布局、人居环境整治和建设项目安排，根据不同类型村庄发展需要，充分尊重农民意愿，保留乡村特色，突出乡土韵味，使村庄建设与自然生态和民族风情相协调。持续推进农村人居环境整治。实施农村人居环境整治提升行动，深入推进农村“厕所革命”，加快完善农村生活垃圾收运处理体系和农村污水处理设施建设管理，实施农村水系综合整治，开展乡村绿化美化亮化行动，提升农村生态文明建设水平。加大农村建房乱象治理，提升农房建设品质。

强化乡村组织保障。健全党委统一领导、政府负责、农业农村工作部门统筹协调的农村工作领导体制，压实党政一把手第一责任人责任，建立实绩考核制度，强化资源要素支持和制度供给，形成乡村振兴工作合力。加强“三农”队伍工作建设，组建乡村振兴工作队，强化领导挂点、单位包村、干部驻村制度。动员各方力量参与乡村振兴建设，加强宣传，营造良好社会氛围，搭建社会参与平台，加强组织动员，构建政府、市场、社会协同推进的参与机制。发挥各级工会、共青团、妇联、科协、残联等群团组织的优势和力量，发挥各民主党派、工商联、无党派人士等积极作用，凝聚乡村振兴强大合力。建立乡村振兴专家决策咨询制度，组织智库加强理论研究。

专栏 9：乡村振兴发展重点工程

实施农业发展专项行动：推动现代农业产业园区、生态养殖场、火龙果基地、坚果基地建设项目，加快农产品加工物流园建设项目。 推动乡村旅游和健康产业发展：实施北泗老街风貌修复改造工程、北泗镇六龙村明清古建筑群保护修复开发工程、乡村振兴示范点建设项目。 推进农村人居环境整治工程：加快实施河段治理工程、农村户用厕所改造工程。实施乡镇污水、垃圾治理能力提升工程。 实施乡村市政交通基础设施建设：推动合山市北泗镇武庙经北泗小学至邓村公路工程、合山市怀集至河里公路改扩建工程、合山市河里镇怀集铁桥建设工程等项目。 实施农村饮水安全巩固提升工程：提高农村供水保障水平，推动村镇供水系统供水工程、合山市城乡供水扩能扩容工程和合山市乡镇集中供水保障工程。 实施公共卫生服务能力提升工程：推进基层医疗卫生单位医疗设施建设及设备购置项目，重建柳花岭社区卫生服务站等项目。 实施公共文化体育服务能力提升工程：开展合山市村屯社区多功能运动场、合山市里兰全民健身中心、北泗镇玉屏山体育休闲公园等建设项目。

第三节　健全城乡融合发展体制

促进城乡土地要素融合。持续推进全市农村宅基地、集体建设用地使用权和农村土地承包经营权确权登记颁证工作，建立规范的登记信息管理系统。推进农村集体经营性建设用地入市改革，建立城乡统一的建设用地市场，逐步建立城乡统一的建设用地使用权交易市场，促进土地有序流转。坚持以工业振兴为中心要务，全力保障工业用地需求，创新土地供应方式，积极鼓励和引导企业长期租赁、先租后让、租让结合方式取得工业用地。

促进城乡人口双向流动。深化户籍制度改革，建立我市城乡统一的户口登记管理制度，进一步促进劳动力和人才社会性流动。促进农业转移人口等非户籍人口在城市便捷落户，引导农村人口向城镇转移。以教育、就业、社会保障、医疗卫生、文化体育等为重点，推进城市公共服务向农村覆盖，逐步实现城乡公共服务均等化。加强政策制定，引导鼓励合山籍普通高校和职业院校毕业生、外出农民工、经商人员、技术型人员回乡创业兴业。大力培育新型职业农民，实施乡村人才集聚工程。

加强城乡资本要素融合。健全多元化、广覆盖、可持续的农村金融机构服务体系，发展农业保险，探索面向“三农”的小额贷款公司、融资担保公司等金融机构建设，按照“一镇一业、一村一品”农村产业发展目标，引导社会资金投资设立适应农村需要的各类新型金融组织，加大对各类经营主体的贷款支持。

推进现代农业经营体系建设。发展壮大新型农村集体经济，深化农村集体产权制度改革，发展新型农村集体经济。积极推动产村相融，立足特色农产，支持集体经营、农民合作社经营等经营方式，形成以家庭承包经营为基础，多种经营方式并存的新型农业经营体系。积极培育新型农业经营主体，推动农产品加工龙头企业与农民专业合作社以合同方式或股权方式进行合作，带动农村经济发展。

构建高效行政管理体系。构建“两级政府、三级管理”的城乡管理组织体系，理清市、镇两级政府的权责，统筹市、镇、村（社区）三级管理力量，从“以建设为主”转向“建管并举、重在管理”，构建网格化管理体系和加强综合执法力量。建立审批、监管服务和行政执法相辅相成的治理结构。探索实施行政审批直接赋权、实行联合审批和“一站式”审批，提高审批效率。整合镇域范围内市场监管、安全生产、消防监督等执法功能单位，建立综合执法体制，实现镇域内“一支队伍管执法”。

第九章　持续加强民生改善和社会保障能力建设

坚持共享发展理念，着力补齐发展短板，全面解决好人民群众关心的教育、就业、社保、医疗卫生、殡葬改革、文化发展等问题，完善城乡基本公共服务体系，切实增进人民福祉，大幅提升群众生活水平和幸福指数。

第一节　坚持教育优先发展

加快发展学前教育。完善学前教育体制机制，进一步扩大学前教育资源和普惠性学前教育资源，提高学前教育普及普惠水平。坚持公办民办并举，通过政府购买服务、以奖代补、减免租金、执行居民生活电价等方式，引导和支持民办幼儿园提供普惠性服务。规范管理婴幼儿照护服务机构，积极构建学前教育服务机构信用评价体系。力争通过国家县域学前教育普及普惠评估认定。

推进义务教育优质均衡发展。持续推进义务教育由均衡发展向优质均衡发展转变，加快教育信息化建设，改善办学条件，提高教学质量，促进教育公平，确保随迁子女平等接受义务教育，保障残疾儿童接受义务教育权利，力争通过国家县域义务教育优质均衡评估认定。

大力提升普通高中教育。加大合山高级中学建设力度，积极推动校区扩建，加大音体美设施设备、寄宿食堂和宿舍设施、教育信息化设备等设施设备投入。加强跨区域合作，积极推动区内优质高中与我市高级中学联合办学。

加大职业教育发展力度。以合山市职业技术学校为基础，大力发展中等职业教育，加快完善职业教育专业体系建设，探索开设矿山、建材、农林等合山特色职业教育专业。探索发展高等职业教育，谋划建设一所具有鲜明特色的职业技术学院，逐步形成“中专＋大专”联合教育模式。加强职业教育机制建设，积极依据我市重点产业需求定向培养专门人才，推进职业教育与我市产业协同共建。

全面改善办学条件。坚持教育优先发展，加大教育投入力度，扩大公办学校容量，全面改善义务教育学校基本办学条件和基本生活条件，加快推进教学基础设施建设与改造工程，全面提高我市教育发展水平和质量。推进市域内义务教育优质均衡，缩小城乡义务教育差距。加强教育信息化建设，提高网络远程教育水平。加强青少年科技创新的兴趣和能力培养。依托我市现有教育资源，加大特殊教育资源投入。加强青少年身体素质和心理健康教育。

持续推进加强师资队伍建设。统筹城乡教育经费投入，重点加强对农村教育的经费投入。积极提高师资队伍保障能力建设，通过招聘教师、定向培养免费师范生、政府购买服务等途径，拓宽教师补充渠道，逐步增加教师队伍编制，保障义务教育学校师资队伍数量。全面提高教师队伍整体素质，完善中小学教师的职称结构，加强教师培训。注重吸收企业、事业单位有技能专长的人才兼任中等职业教育学校专业教师，建设“双师型”教师队伍。

专栏 10：教育基础设施重点工程

学前教育：加强学前教育基础设施建设，新建合山市建安幼儿园、合山市溯河幼儿园，改扩建合山市幼儿园。完善里兰幼儿园及22所村级幼儿园基础设施。 义务教育：加强义务教育基础设施建设，新建配套中小学校教学楼综合楼、学生公寓、学生食堂、学生宿舍、学生运动场等。 高中教育：对全市所有公立学校进行优化布局，合理布局学校各功能区，加大合山高级中学建设力度。 职业教育：加大职业教育发展力度，大力扶持合山市职业技术学校发展，探索开设合山特色职业教育专业。

第二节　全面提高就业和社会保障水平

多渠道促进就业创业。稳定并扩大城镇就业规模，促进传统产业转型升级，引导劳动者转岗提质就业，积极培育新兴产业，创造更多高质量就业岗位。拓展农民就业渠道，积极培育专业大户、家庭农场、农民合作社、农业企业等新型农业经营主体，建设“互联网＋特色农产销售”模式，依托现有农业产业园、特色产业村镇等载体，吸引各类农业投资者开展创新创业，大力发展特色农产品加工、旅游接待等高容量就业产业，以创业带就业。实施更加积极的就业创业政策，完善城乡均等的就业创业公共服务体系，加快构建我市职业教育和培训网络，大力发展城乡一体化的中等职业教育。完善就业创业培训制度，支持职业培训社会化、市场化。建立公共就业创业信息平台，优化提升创业政策咨询、创业指导、跟踪扶持等服务。继续开展公益性岗位安置，帮扶残疾人、零就业家庭成员就业。

全面提高社会保障水平。以人人享有社会保障为目标，坚持全覆盖、保基本、多层次、可持续的方针，加快推进我市社会保障系统大数据建设，健全更加公平、覆盖城乡居民的社会保障体系。全面落实城乡基本医疗保险、城乡基本养老保险、失业保险、工伤保险和生育保险制度，促进社会保障服务向乡村延伸。完善最低生活保障制度，统筹建立以最低生活保障与特困人员供养为主体、以社会力量为补充的社会救助制度体系，不断提高城乡低保补助标准。

加强社会福利体系建设。健全社会救助体系，以扶老、助残、救孤、济困为重点，健全家庭、社区和福利机构相结合的社会福利服务体系。支持社区综合服务、综合福利、残疾人综合服务设施建设。落实优抚对象优待抚恤政策。顺应人口老龄化趋势，推进社会化养老服务工作，积极开展公建民营、医养结合、社区养老、居家养老服务模式，依托智慧养老服务平台，整合并协调社区卫生服务中心、日间照料中心、社区内及周边的养老机构、社工机构等不同功能机构上门为居家老年人提供精准、个性化的养老服务，在社区建立“没有围墙的养老院”。建立健全农村留守儿童、未成年人、留守妇女、留守老人、残疾人关爱服务体系和设施。围绕殡葬改革，倡导绿色生态安葬，建设公益性公墓，规范殡葬用地。增加孤儿养护、流浪儿童保护和残疾儿童康复专业服务机构数量。

加强基本住房保障。建立健全基本住房保障制度，加快解决城镇居民基本住房问题和农村困难群众住房安全问题。积极筹集资金，加大我市廉租住房、公租房等保障性住房建设支持力度，完善各项保障性住房补贴资金的拨付发放、跟踪监管、成效评估等环节管理。加快老旧城区改造，继续推进工矿、城镇棚户区改造和城乡危房改造。

第三节　加强建设各类社会群体发展与权益保护体系

加强妇女权益保护。保障妇女平等获得就学、就业、婚姻财产和参与社会事务等权利和机会，保障农村妇女土地权益，提高妇女参与决策管理水平。加强妇女劳动保护、卫生保健、社会福利和法律援助。严厉打击拐卖妇女儿童、暴力侵害妇女等违法犯罪行为。

加强残疾人帮扶。加大贫困残疾人帮扶力度，分类施策、精准帮扶。完善残疾人基本福利制度，提高残疾人社会保障水平。建立完善残疾人就业扶持政策体系，多渠道促进残疾人就业创业。大力发展残疾人康复、教育、文化体育、无障碍等基本公共服务项目，建立服务标准体系，提高服务质量。加大宣传教育力度，营造关爱残疾人的社会氛围，促进残疾人慈善事业、志愿服务和服务产业发展。加强残疾人证发放管理等基础工作。

加强老龄事业发展。完善养老保险制度，探索建立长期护理保险制度，健全老年社会福利和社会救助制度。健全养老服务体系。夯实居家社区养老服务基础，加强农村养老服务。健全健康支持体系，推进医养结合，加强老年人健康促进和疾病预防。繁荣老年消费市场，丰富养老服务业态，增加老年用品供给，提升老年用品科技含量。保障老年人合法权益，健全老年人权益保障机制，加大普法宣传教育力度。推进老年宜居环境建设，丰富老年人精神文化生活。

加强未成年人权益保护。完善儿童保健服务体系，提高儿童的健康水平。加强医疗机构儿科建设，完善儿童生长发育监测评估、营养评价指导、心理行为评价指导、疾病筛查防治等服务，进一步落实国家学生体质健康标准，完善学生健康体检制度。保障儿童依法享有受教育的权利，全面推进素质教育，不断提高残疾儿童学前教育服务水平。完善未成年人基本医疗保障和社会救助制度，建立完善未成年人福利保障制度。加强儿童福利设施建设，完善流浪儿童救助保护体系和机制。建立完善孤儿养育服务模式。构建完善未成年人监护制度，建立对监护失当家庭介入、干预工作机制。依法保障未成年人的合法权益，遏制拐卖儿童、组织儿童乞讨等严重侵害儿童权益的刑事案件。加强儿童财产权益保护。预防和控制未成年人犯罪，完善涉嫌违法犯罪未成年人处理制度，完善儿童法律援助和司法救助机制。

持续加强“双拥”工作。加强国防教育法、退役军人保障法等法规宣传执行力度，全面落实退役军人及军人军属优抚优待政策，加强退役军人就业安置工作，有针对性开展就业创业指导和服务。加大烈属、军属及伤残退役军人关爱力度。推进退役军人服务中心（站）标准化建设，加强退役军人信息化平台建设，推进烈士纪念设施提质改造工程。争创自治区级“双拥模范城”。

构建青年高质量发展体系。坚持党管青年重要原则，聚焦14～35周岁青年群体，加大对青年的关注力度，将青年优先发展理念落到实处。建立充分覆盖青年需求的保障体系，加快实现各类青年群体之间社会保障均等化，实施青年发展关爱行动计划，加强预防青年违法犯罪，维护青年合法权益，促进青年思想道德、教育、就业创业、健康等全面发展，让青年有更多获得感，营造有利于青年发展的良好环境。

专栏11：青年发展重点项目

“青空间”服务青少年成长发展项目：健全合山市青少年综合服务平台建设体系，努力推动各镇建设1个以上“青空间”青少年综合服务平台并形成日常化工作机制。
积极统筹推进青年人才培养体系建设：实施治理现代化青年政治人才培养计划，加快构建覆盖企业、机关事业单位、农村、社会组织等各领域优秀青年培养体系。深入开展大学生志愿服务西部计划行动。

第四节　大力推进健康合山建设

加强公共卫生服务体系建设。继续加强市镇村三级医疗机构服务能力建设。完善医疗服务体系，加快全市紧密型医共体建设。大力提升卫生应急、疾病控制、中医、感染性疾病、疫情防控、防艾滋病、防精神病、妇幼健康和卫生督导能力建设，努力实现“大病不出县”的医疗管理目标，促进国家重大公共卫生和基本公共卫生服务能力提升，优化医疗卫生资源配置，坚持中西药并重，发挥中医药特色优势，大力发展中医药事业，健全中医壮瑶医医疗服务体系，增强全市医疗服务能力。加强基层药品监管，完善药品抽验工作机制，加快综合监督执法机构等专业公共卫生服务机构建设。加强医疗废物收集、运输与处理处置能力建设。

加强卫生信息化建设。实施紧密型医共体信息化建设，构建智慧医疗体系，完善远程会诊系统。建设完善居民电子健康档案数据库、全员人口信息数据库、电子病历数据库，搭建覆盖全市医疗机构互联互通的人口健康信息平台，加快实现公共卫生、计划生育、医疗服务、医疗保障、药品供应保障等业务系统协同应用和信息共享，普及应用居民健康和社会保障“一卡通”。积极推动“互联网＋医疗卫生”服务，加强远程医学、突发公共卫生事件应急指挥救援和医疗卫生信息安全保障体系建设。

深化医药卫生体制改革。深入实施健康合山行动，全面落实城乡居民基本医疗保险制度和医疗救助制度，全面落实医药卫生体制改革方案，全面实施“先诊疗后付费”制度，加快公立医院综合改革。建立政府补偿机制，破除逐利机制，理顺医疗服务价格，建立符合医疗行业特点的人事薪酬制度。实施城乡一体化的医疗保障体系建设，提高医疗保障水平，推进分级诊疗制度，巩固国家基本药物制度，完善药品供应和质量保障机制，健全基层医疗卫生机构运行新机制。

加快培养基层医疗卫生队伍。大力实施人才强卫工程，加大人才招聘培训、培养力度，实施市镇村三级医疗卫生服务人员培训计划，通过定向培养、在职进修、招聘引进等措施优化医疗队伍，重点加强基层卫生人才培养，完善上级医院与基层医疗卫生机构的人才合作交流机制，提高诊疗水平。

深入实施人口政策与健康管理。全面实施民族地区生育政策，健全计划生育服务体系，提高出生人口素质，改善人口结构，为促进全市人口与经济、社会、资源、环境的协调和可持续发展创造良好的人口环境。重视人口健康，加强0～3岁婴幼儿幼托机构建设。加强老龄人口健康服务工作，建立医养康养相结合的养老服务体系。开展全生命周期健康管理，重点围绕全方位干预健康影响因素、维护全生命周期健康、防控重大疾病三项中心任务，实施健康知识普及、合理膳食、控烟、心理健康促进、妇幼健康促进、老年健康促进、心脑血管疾病防治等15项专项行动。深入开展爱国卫生运动，促进全民养成文明健康生活方式。

健全食品药品供应链条管理。全面建立基本食品药品全产业链可追溯管理制度和质量标识制度，大力实施食品药品放心工程和规范化建设工程，加大农村食品药品安全治理力度。加快食品药品安全检验检测机构建设。完善对网络销售食品药品的监管。完善药品集中采购办法，健全以国家基本药物制度为基础的药品供应保障机制。加强基层药品监管，加强零售药店管理。健全药品安全应急体系，强化快速通报和快速反应机制，完善药品不良反应监测和发布制度。

专栏 12：“健康合山”重点工程

合山医疗服务硬件设施建设：实施合山市妇幼保健院公共卫生服务综合楼二期工程、合山市人民医院感染性疾病区等扩建新建工程、合山市中医医院整体搬迁建设二期及其配套工程、合山市中医医院整体搬迁建设三期及其配套工程。
合山医疗服务能力建设：实施合山市中医医院感染性疾病科建设、疾控体系核心能力建设等项目，推动感染性疾病科室、介入治疗科室、ICU科室与病房建设。
合山医疗信息体系建设：实施合山市紧密型县域医共体信息化建设项目。

第五节 加快发展文化体育事业

提高社会文明程度。培育和践行社会主义核心价值观，推动形成适应新时代要求的思想观念、精神面貌、文明风尚、行为规范。深入开展习近平新时代中国特色社会主义思想学习教育，推动理想信念教育常态化制度化，加强党史、新中国史、改革开放史、社会主义发展史教育，加强爱国主义、集体主义、社会主义教育。推进公民道德建设，推动社会主义核心价值观更加深入人心，实施文明创建工程，弘扬奋斗精神。健全志愿服务体系，广泛开展志愿服务关爱行动。弘扬诚信文化，推进诚信建设。提倡艰苦奋斗、勤俭节约，开展以劳动创造幸福为主题的宣传教育。加强家庭、家教、家风建设。加强网络文明建设，构建积极健康的网络空间发展积极健康的网络文化。

加强舆论传播能力建设。大力发展广播电视事业，扩大广播、电视、互联网有效覆盖，优化应急广播村村响平台建设，实现广播电视全覆盖。推动融媒体中心和新时代文明实践中心融合发展，打造我市本土App，完善“新闻＋党建＋政务＋服务”融合发展。做好信息化网络意识形态建设工作，积极传播社会主义核心价值观和中华优秀传统文化。抓好网络文学、视听产品等创作生产，丰富网络文化供给。改进网上舆论引导工作，构建大网评。健全“网络促政”工作协调机制，加强对网络意识形态领域舆情的监看、收集、分析、研判及处置力度，维护网络空间传播秩序。

加强文化传承与保护。继续加强司烟山瑶寨遗址、寨山文化遗址的保护力度，深入挖掘整合文化资源，传承保护与开发壮师剧、龙王壮族婚嫁习俗、汉族抢花炮等自治区非物质文化遗产项目，加快特色民族文化产业发展，推动文化产业与文化事业协调可持续发展，助推文化与旅游融合发展。加强红色文化资源保护和利用，打造国家矿山公园东矿爱国主义教育基地。巩固综合年鉴编撰出版。全面开展第三轮修志，结合乡村振兴战略打造一批具有地方特色的村志、地情书籍等公共文化产品。

推进公共文化服务体系建设。统筹推进公共文化服务均衡发展，丰富文化产品供给，推进公共文化服务与基层社区建设融合发展，不断满足群众精神文化需求，促进城乡居民安居乐业。

大力发展体育事业。大力发展群众体育，不断提高全民健身意识，加快体育基础设施建设，夯实群众体育基础。建设合山市防溺水培训基地，配套建设游泳池设施，加强防溺水培训教育。完善全民健身公共服务体系，加快体育产业发展。

第六节 全面加强平安合山建设

加强国家安全保障能力建设。坚定维护国家政权安全、制度安全、意识形态安全，严密防范和严厉打击敌对势力渗透、破坏、颠覆、分裂活动。

促进国防实力和经济实力同步提升。同国家现代化发展相协调，构建一体化国家战略体系和能力。加强国防领域工程建设，优化国防经济、国防科技、国防工业等布局。加强国防动员和后备力量建设，完善国防动员体系，大力推进国防动员体制和兵役制度改革落实，巩固深化民兵调整改革成果。强化全民国防教育，巩固和发展军政军民团结。

加强治安管理。坚持依法治市战略，加强新形势下社会治安防控体系建设，全面提升群众安全感满意度，全力维护社会和谐安全稳定。开展重大涉稳问题化解攻坚，完善各类突发事件应急预案，有效管控各类涉稳风险。坚决防范和打击暴力恐怖、邪教、毒品犯罪、新型网络犯罪和跨国犯罪，坚决打击“三非四贩”违法犯罪。常态化开展扫黑除恶专项斗争，集中打击整治突出违法犯罪，加强公共治安隐患排查治理。着力解决校园安全和校园霸凌问题。结合我市转型发展中公共管理工作的特点，完善公共法律服务体系。推进城乡智慧管理，完善和推广辖区数字化综合服务管理平台，推进重点社区综合治安服务平台上线运行。扎实推进基层社会治理体系，加强社会组织信用体系建设。加强法治宣传，持续开展“文明守法·幸福乡村”行动，推动群众积极参与城乡安全管理。

加强防灾减灾能力建设。加强地质灾害评估预警体系建设，对潜在自然灾害进行识别和风险评估，根据风险评估所识别出的灾害风险类型、强度或等级，设置示警和逃生避险方案。加大安全生产管理，构建和完善安全生产责任体系，大力推进安全隐患排查治理体系建设，重点开展交通、矿山等领域的安全治理，有效遏制重特大事故发生。加大公共消防安全基础、消防科技信息化、消防应急救援能力、战勤保障能力建设，规划建设工业园区一级消防站，加强物流各环节火灾风险控制能力，完善建制镇专职消防能力建设，打造适应“全灾种、大应急”的国家综合性消防救援队伍。抓好农村灾害应急能力建设，补齐“三防”工作短板。健全突发事件应急体系，健全公共安全预警、应急处置、社会动员、防灾减灾组织管理等机制，建立统一高效的应急处置指挥平台，完善应急预案，提高预防和处置突发安全事件能力。完善应急物资储备系统，加快建设合山市应急物资储备中心。深入开展减灾宣传教育培训活动。强化综合防灾减灾人才和专业队伍建设，组建社区减灾志愿服务队伍，定期开展培训。

全面加强网络安全保障体系建设。优化网络社会治安综合防控体系，加快推进网络安全态势感知平台建设，提升打击各种网络违法犯罪能力，强化网络安全执法检查，构建网上网下立体化社会治安综合防控体系，有效维护网络安全和网络秩序。

第五篇 加强生态保护，增强经济社会可持续发展能力

坚决贯彻落实习近平生态文明思想，坚持“绿水青山就是金山银山”与“保护环境就是保护生产力”的新经济发展观，坚持绿色发展，坚守生态保护红线，科学布局生态空间、生产空间、生活空间，大力加强主体功能区试点示范地区建设，实施矿区综合治理，增强生态服务功能，实现可持续发展。

第十章 加强合山生态保护与环境治理

加强生态文明建设，推进绿色发展战略，将“碳达峰”“碳中和”纳入我市生态文明建设整体布局，积极推动实现2030年前碳达峰、2060年前碳中和发展目标。加强红水河流域生态保护，建设红水河生态景观走廊，建设矿山综合修复工作区，加快化解矿区历史遗留生态环境问题，使良好的生态环境成为我市城市发展新亮点，提高经济社会可持续发展能力。

第一节 推进绿色低碳发展

以高质量经济社会发展全面引领绿色转型，以能源绿色低碳发展为关键，坚决打好“碳达峰、碳中和”硬仗，加快形成节约资源和保护环境的产业结构、生产方式、生活方式、空间格局。积极谋划布局，紧抓当前碳达峰关键期和窗口期，构建清洁低碳安全高效的能源体系，加大再生能源和新能源开发利用，实施可再生能源替代行动，深化电力体制改革，着力提高化石能源利用效能，构建以新能源为主体的新型电力系统。实施重点行业领域减污降碳行动，加快推进工业领域绿色制造，提升建筑领域节能标准，加快形成交通领域绿色低碳运输方式。加强绿色低碳新技术应用，加快推广应用减污降碳技术，建立完善绿色低碳技术评估和科技创新服务平台。完善能源“双控”制度，完善有利于绿色低碳发展的财税、价格、金融、土地、政府采购等政策，推进碳排放权交易，积极发展绿色金融。大力提升生态系统碳汇能力，加强红水河两岸自然资源和生态保护，加大推进矿山修复和绿色矿山建设，加大植树造林，有效发挥林地、湿地固碳作用。加强风险识别和管控，构建减污降碳和能源安全、产业链供应链安全、粮食安全、群众正常生活的联动机制。加强宣传教育，要倡导绿色低碳生活，鼓励绿色出行，营造绿色低碳生活新时尚。

第二节 推进重点生态工程建设

加强生态与环境保护建设。以“山水林田湖草”自然要素为生态基底，开展系统治理与保护，立足珠江水系干流西江红水河河段区域生态现状，改善水质和地表植被，打造生态景观绿色廊道。按照宜耕则耕、宜林则林、宜建则建原则，规划绿化区、农田保护区、水源水体保护区和生态修复区，做好生态保育。建立健全水生态环境保护与修复的长效机制，开展湿地保护与修复，防止湿地面积减少和生态功能退化。

持续推进矿山生态与地质修复。健全生产矿山修复治理监管工作机制，严格落实矿山企业“边开采、边治理、边修复”主体责任，确保不产生新的治理欠账。创新废弃矿山治理，充分发挥财政资金引导作用，大力推行市场化运作、科学化治理模式，鼓励社会资本参与废弃矿山修复并保障其合理收益，及时消除安全隐患，确保还清治理旧账。加强东矿矿区、柳花岭矿区、溯河矿区、石村矿区、里兰矿区、上塘矿区、马安矿区、河里矿区等主要矿区生态修复，完善风险控制措施，制定风险防范分级管理体系，完善风险控制措施与灾害救援应急方案。组织实施水土保持工程，实施森林质量提升工程、裸露山体生态修复等生态工程，坚持封育结合，持续推进天然林保护和生态公益林建设。吸引社会各方投入，探索推行矿山生态修复工程市场化运作。

加快推动采煤沉陷区综合治理。盘活采煤沉陷区可利用资源，统筹推进采煤沉陷区生态修复和环境整治，对采煤沉陷区进行综合治理，化解采煤沉陷区长期形成的历史欠账，有效提高土地利用价值，恢复矿山地质环境，构建和谐人地关系，改善人居环境，实现经济、社会、环境的协调发展。

加强河流治理与水源地安全管理。加强中小河流治理，推动北泗河上游上垌—东亭水库段、仙岩支流、北歪河中游段、下羊角村前河、六羊河等中小河流治理项目。加强水源地安全管理，强化水源地日常监管和保护工作，推进水源地污染源排查和整治工程。推动岭南镇思光村江平屯和铁路屯、古樟村龙珠横山屯和江那屯、河里镇马安村、仁义村等村屯饮水安全巩固提升工程建设。

强化红水河岸线资源与环境管控。全面清理红水河岸线资源使用情况，清理违规占用、低效利用岸线资源问题，强化岸线资源管控。加大红水河岸线生态修复力度，科学种植绿化树种植被，打造红水河岸线风光带，建成水美、岸美、环境美的合山红水河“最美岸线”。全面提升自然生态系统稳定性和生态服务功能，助力珠江水系干流西江上游生态屏障建设。

健全资源环境承载能力监测预警机制。对红水河、地下水、饮水水源地、湿地等自然资源和环境容量超载地区实行限制性措施。加强关键物种与生态系统保护，维持生物多样性，确保生物资源可持续利用，保障生态安全。加强外来入侵物种防治工作。

专栏 13：生态保护与修复重点工程

加强水生态保护：推进合山市洛灵湖国家湿地公园保护与恢复，推进石仁河和六龙河部分河段治理工作。 提高污水治理能力：推进污水处理厂提标改造和老旧污水管网改造，建设116座村屯级污水处理站，实施城区雨污分流管网建设。实施合山市产业转型工业园岭南片区排水系统改造工程。 实施民生水利工程：推动农村饮水安全巩固提升、渠道与山塘治理、水库除险加固等工程项目建设。强化饮用水水源地保护，抓好应急水源地建设和管理。 提高固体废物处理能力：加快建筑废弃物资源化利用示范项目建设，利用粉煤灰、煤矸石等工业废渣和废弃建筑材料生产新型节能建材制品。完善城乡垃圾转运回收体系，形成从生活垃圾产生、收集、转运到终端处理全过程的城乡一体、全域覆盖的管理体系。探索建立废弃农膜、农药药瓶押金制度与回收体系。推广畜禽粪污堆肥还田技术。 提高大气环境质量：加大 PM_{10} 和 $PM_{2.5}$ 控制力度，大力整治建筑施工、道路、渣土运输扬尘，加大燃煤企业大气污染物治理。

第三节　加强城乡环境整治

加强城市环境治理。进一步完善环境基础设施，继续推进城镇生活污水处理、生活垃圾分类处理等设施建设，加快补齐短板弱项。实施中心城区水环境综合整治，消除城市黑臭水体。加强管网改造，推进污水处理厂提标改造工程，实现镇、村污水处理率达到98%和75%的管理目标。强化污泥处置全过程监管，污泥无害化处理处置率达到90%以上。实施生活垃圾分类回收，健全垃圾收运网络，结合新农村建设，大力新建和扩充村镇生活垃圾回收网点和垃圾中转站。推进生活垃圾、厨余垃圾等固体废物处理设施规划与建设，建制镇生活垃圾无害化处理率不低于80%，乡村生活垃圾无害化处理率不低于70%。改善大气环境质量。

强化工业污染源环境管理。完善工业园区环境治理基础设施建设，完善我市“一园四区”污水集中处理设施建设，实行清污分流、雨污分流。开展大气污染综合治理，加强烟气除尘、脱硝等设施升级改造，加强企业无组织排放深度治理。在工业园区全面实施集中供热，减少燃煤污染物排放。加强工业污染源环境保护监管，确定红水河流域重点排污单位名录，开展沿江排污口专项整治。加强农副产品加工、医药制造、非金属矿物加工等行业环境违法行为专项治理。大力推动清洁生产和资源循环利用，对煤矸石、粉煤灰等大宗工业固体废物开展产业协同消纳，提高工业固体废物综合利用率。加强危险废物监督与管理，积极规划适应产业发展需求的危险废物处理能力建设，加大危险废物水泥窑协同处理能力建设。全面实行排污许可制，加强排污权、用能权、用水权、碳排放权监管。

实施农村面源污染专项整治。控制种植业面源污染，持续开展化肥农药零增长行动，加大测土配方施肥推广力度，引导科学合理施肥施药，推进有机肥替代化肥和农药减量，建设绿色防控示范基地。加快建立废旧农膜、包装废弃物回收体系和农业有机废弃物综合利用体系，推进秸秆综合利用，建立秸秆资源化台账制度，加强重点区域和重点时段秸秆焚烧管理，持续打击露天焚烧垃圾和秸秆的违法行为。制定并严格执行畜禽养殖禁养区、限养区、适养区制度，散养区实施畜禽粪便污水分户收集、集中处理利用。推进畜禽粪污资源化利用工程，大力推广“微生物 +”生态养殖模式，推广畜禽粪污堆肥还田技术，到“十四五”末实现全市畜禽粪污资源化利用率达90%以上，规模养殖场粪污处理设施装配配套率达98%以上。

完善环境信息系统。建设环境信息化网络管理平台，完善城市、企业、园区环保监测和环境预警系统工程，以园区周边生态质量和环境污染防控为重点，开展环境质量、企业产废和污染物排放统计，加强对园区、企业污水处理厂和污水处理设施运营日常监管，实现设施运行状况在线监控记录。

第四节　加强园林城市建设

优化提升城乡园林绿化。提升城乡绿化水平，增量提质，加大绿化景观改造提升力度，构建形成以综合公园、城市绿地为骨干的城市公园体系，均衡布局城市公园。加大市广场公园、矿务局公园、广西合山国家矿山公园等综合公园绿化建设管理，以500米为服务半径推进中心城区街头绿地、小游园全覆盖建设，增加公园绿地总量。推进湿地公园建设。推进红河公园、广西合山洛灵湖国家湿地公园、灵岩湖民俗文化风景区等公园建设。推进水系绿廊建设。加快推进红水河生态景观走廊建设，升级改造滨水绿化景观，构建覆盖城乡的绿色生态走廊。

完善提升城市道路绿化。推进城市干道绿化交通廊道和绿道网络建设，依托中心城区主要交通干道形成绿化交通廊道，推进我市与柳州、来宾连接道路、322国道等道路两侧绿化带建设、景观带建设。

加强立体空间绿化建设。加快立体绿化建设，推动城市绿化立体成网。对建筑屋顶、建筑墙体、道路立交等实现立体化、全方位、多维度绿化，拓展城市绿色空间，丰富城市空中景观。加强对已建成立体绿化成果的后期养护管理，保障绿化效果。

加强古树名木保护。把古树名木保护与公园绿地建设、文物古迹开发紧密结合起来，改善古树名木生长环境，抢救复壮濒危古树名木，加大古树保护力度，规范古树养护技术流程。充分挖掘古树名木的历史价值、学术价值和文化内涵。建立认捐认养机制，加强古树名木的宣传、科研、科普工作。

积极开展生态绿化创建。实施新农村绿色家园等生态绿化创建工作，绿化、美化城镇和村庄，改善城乡人居条件，培育生态意识，构筑新型生态文化，促进城乡生态文化统筹发展。规划建设可供市民广泛参与的“义务植树基地”，开展“纪念树”和“纪念林”栽植、成长林、结婚纪念林、友谊林等多种义务植树活动，将义务植树与生态建设、城乡绿化和产业基地建设进行紧密结合，鼓励企业和社会团体等捐资建设，着力提高义务植树国土绿化的社会参与度和建设成效。

强化技术支撑。加强公园绿地、立体绿化、道路绿化与绿地集雨节水、中水利用、园林绿化废弃物资源化利用等关键技术的集成，加强节能环保新技术、新材料的推广应用，提高科技成果转化率。加强乡土树种优良种质保护与推广，加大彩色植物、耐阴植物的选育、应用和推广，积极引进、培育、驯化适合我市栽植的新优品种。加快花卉苗木产业集群建设，形成区域化、规模化、专业化、品牌化的新格局。

推进“精细化”绿地管理创新。对全市绿地进行分级分类管理，健全市、镇绿地管理和监管体系，制定完善相关管理办法和政策措施，推进体制机制创新，提高行业管理水平。

第五节　促进资源节约型城市建设

推进节能减排，坚持节能优先、效率优先，以提高能源利用效率为目标，以深化供给侧结构性改革为动力，实行能源消费强度与消费总量双控制，推动工业节能、交通节能、建筑节能、生活节能全面实施，通过产业结构调整、节能改造、技术创新等多种途径，削减煤炭用量。实施重点领域节能改造、用能技术升级，加快构建清洁低碳、安全高效的现代能源体系，实现绿色发展、生态发展。深入推进工业节能降耗，严守电力、水泥、有色冶金、制糖、造纸、化工等高耗能行业节能降耗技术准入门槛。推进建筑节能降碳，加快推广装配式建筑，提升新建建筑能效水平。加强交通运输节能降碳，开展“车、船、路、港”节能专项行动，推进“公交都市”创建活动，大力推广新能源汽车应用工作。

第六节　加强合山生态红线管控

坚持生态优先原则，合理编制国土空间规划，优化国土空间开发格局，加强耕地保护，统筹经济发展与生态环境保护，加强“环境质量底线和生态保护红线”管控。加大湿地公园等禁止开发区域保护力度，统筹我市生态功能定位和区域发展，按照生态功能重要区和极重要区、生态环境敏感区和极敏感区，以及地方相关法律法规要求，严格生态红线管控。按照国家相关法律法规、规划与政策要求，结合我市环境特征与区域发展需求，积极执行来宾市下达要求，坚守大气、水、土壤等环境质量控制底线。

第六篇　全面深化政府与社会服务改革，提高治理能力

推动实施依法治市方略，加强民主法治建设，维护社会和谐稳定和民族团结，全面提高社会治理能力。进一步深化改革，围绕影响经济社会发展的重点问题、难点问题，加快关键领域和关键环节体制机制改革与创新，增强改革意识，提高行政效能。

第十一章 加强治理能力建设

维护社会和谐稳定和民族团结是我市“十四五”时期的主要任务，加强民主政治建设，推进依法治市，加强行政能力建设，积极创新社会治理方式，提高社会治理能力。

第一节 加强民主政治建设

加强民主法治建设。必须始终把依法治市作为根本之举，维护社会和谐稳定。坚持和发扬社会主义民主制度，健全完善民主协商机制，提高决策民主化、科学化水平。

深入推进廉政建设。加强党风廉政建设，严格落实党风廉政建设责任制，进一步健全教育、制度、监督并重的惩治和预防腐败体系。全面贯彻落实中央八项规定精神，持续开展整治“四风”活动，从源头上加大防范腐败力度。健全民主监督、法律监督、舆论监督机制，健全严格的财务预算、核准和审计监督制度，规范公共资源交易管理，加强权力运行监督。加强违纪违法案件查办工作，大力惩处腐败分子。

第二节 全面推进依法治市

贯彻落实习近平法治思想，健全党领导的全面依法治市机制，推动政法领域全面深化改革，统筹推进严格执法、公正司法、全民守法，强化法治服务保障，建设高素质法治人才队伍，在法治轨道上加快推进合山治理现代化。加强法治政府建设，健全政府守信践诺机制，完善行政执法协调监督工作体系，提高依法行政水平。深化法治领域改革，完善监督权、审判权、检察权运行和监督机制，全面提升执法司法公信力。

第三节 加强行政能力建设

加强干部队伍能力建设。坚持党的领导，发挥各级党委领导核心作用，加强制度化建设，改进工作体制机制和方式方法，强化全委会决策和监督作用。提高决策科学化水平，完善研究经济社会发展战略、定期分析经济形势、研究重大方针政策的工作机制，健全决策咨询机制。优化领导班子知识结构和专业结构，注重培养选拔政治强、懂专业、善治理、敢担当、作风正的领导干部，提高专业化水平。完善政绩考核评价体系和奖惩机制，调动各级干部工作积极性、主动性、创造性。

深化群众工作全覆盖。推进群众工作常态化，充分发挥基层组织的积极作用，创新群众工作方法，加强群众教育引导，进一步落实市部署、镇统筹、部门配合、村（社区）落实的运行模式，形成自上而下的部署要求和自下而上的主观能动，构建推进群众工作全覆盖网络体系。各级干部着力整治“四风”问题，要改进作风、强化执行、提升能力。开展基层干部驻村工作，关心关爱困难群众，深入宣传政策和法治，要教育引导群众弘扬社会主义核心价值观，创造文明新风，提高公民素质。

第四节 提高社会治理能力

创新并完善社会治理机制。深化依法治理、主动治理、源头治理和综合治理。全面加强社会治安管控，完善群防群治。全面落实社会稳定风险评估制度，确保社会和谐稳定，民族和谐交融。加强信息化平台建设，建立工作信息化综合应用平台，整合共享有关社会治理信息资源，构建联络渠道，夯实各类基础信息，强化新技术、新方法的运用，推动社会治理信息化发展。持续抓好行业治安，加大危爆物品、流通物品和消防监督管理，加强食品药品、安全生产、环境保护等重点领域监管执法，维护和保障公共安全。加强人口管理工作，抓好流动人口和异地迁居人口管理。全面推进乡村治理创新，鼓励社会组织参与乡村社会治理。

创新社会治理模式。健全党组织领导的自治、法治、德治相结合的城乡基层治理体系，完善基层民主协商制度，构建政府治理同社会调节、居民自治良性互动的合山特色社会治理共同体，形成“人人有责、人人尽责、人人享有”的社会治理局面。推动社会治理重心向基层下移，建好村（社区）干部、网格员、志愿者等队伍，发挥群团组织、社会组织作用，形成合山市社会治理强大合力。坚持和发展新时代“枫桥经验”，建立健全社会矛盾多元预防化解综合机制，构建“大调解”体系，完善基层人民调解组织、专业性和行业性调解组织。推进信访积案专项治理。创建“网格化＋智能化”社会治理新模式，推进市域社会治理现代化。

巩固民族团结，保持宗教和谐。贯彻落实党的民族政策，切实保障各族人民的合法权益，注重少数民族语言文字工作，进一步巩固并发展平等、团结、互助、和谐的社会主义民族关系。大力培养壮族和其他少数民族干部。广泛开展民族团结宣传教育和民族团结进步创建活动，大力表彰民族团结进步先进典型。坚持按照保护合法、制止非法、遏制极端、抵御渗透、打击犯罪的原则开展宗教工作。积极引导宗教与社会主义社会相适应。

有效防范化解经济运行重大风险。加强经济安全风险预警与防控，实现重要产业、基础设施、战略资源、重大科技等关键领域安全可控。落实粮食安全责任，深入开展粮食节约行动，守住粮食安全底线，提升收储调控能力，确保粮、油、糖、肉等重要民生商品供应安全。健全金融风险预防、预警、处置、问责体系，加强政府债务管理。维护水利、电力、供水、油气、交通、通信、网络、金融等重要基础设施安全。确保生态安全，加强安全监管，维护新型领域安全。

第十二章　全面推进改革开放和创新发展

围绕影响经济社会发展的重点问题和重点领域进行体制机制改革和创新，增强改革意识，提高改革行动能力，加快重点领域和关键环节改革，增强经济发展动力和活力，使市场在资源配置中发挥决定性作用，更好地发挥政府主导作用。

第一节　全面深化体制改革

深入推进行政管理体制改革。加快推进政府职能转变，通过强化市场监管、公共服务、社会管理和环境保护等职能，推动政府职能转变，构建服务型政府，为经济社会发展创造良好环境。深入推进“放管服”改革，优化审批流程和环节，建立规范透明、决策科学、便捷高效的审批制度，深化政务公开，畅通参与政策制定的渠道。加强部门职能整合，探索推进市、镇政府机构改革，提高行政效能。深化行业协会、商会和中介机构改革。

深化经济体制改革。大力发展非公有制经济，合理放宽市场准入门槛，鼓励和引导民间资本进入基础设施、市政建设和公共服务等领域，依法保护各种所有制经济合法利益。深化投融资体制改革，积极推动投融资模式创新。加快农村金融制度改革，围绕“三农”发展，积极探索创新农村金融发展新模式。大力培育和发展劳动力、土地、资金、技术等要素市场，建立健全要素市场交易机制和平台，提高资源配置效率。创新资源开发机制，尝试政府和集体经济组织参股开发优势资源，建立起兼顾政府、企业和群众利益的资源开发利益共享机制。

深化城乡统筹发展改革。全面开展土地承包经营权、林地承包经营权、农村房屋所有权、集体建设用地使用权、宅基地使用权等确权颁证工作。农村土地流转要坚持依法、自愿、有偿的原则，逐步发展适度规模经营。深化户籍制度改革，积极引导农民向城镇集中。健全完善区域协调发展机制，促进区域旅游基础设施一体化、产业分工互补化和公共服务均等化发展，构建以城带乡、城乡一体的新型城乡关系。

第二节　实施开放合作战略

顺应区域经济一体化发展趋势，加强区域合作，全面扩大对外开放，进一步拓展区域发展空间，以沿红水河“公铁水”联运物流建设为纽带，努力将我市建成“一带一路”重要节点和融入粤港澳大湾区重要结点。深度融入全域旅游发展战略，紧紧抓住国家主体功能区建设的重大契机，加强与周边地区在工业经济、交通运输大通道、区域旅游大环线、生态环境大屏障等领域的深度合作。

第七篇　坚持党的全面领导，强化纲要实施和保障

《纲要》是今后五年我市经济社会发展的宏伟蓝图和行动纲领，坚持“一个中心四个同步”发展战略，实现“一市一区”发展定位，完成“两带一区”经济组团发展目标，须坚持党的全面领导，确保党中央决策部署有效落实，稳健调控社会资源，合理配置公共资源，保障规划顺利实施。

第十三章　坚持党的全面领导

坚持党的全面领导，不断提高党的执政能力和领导水平，不断提高党把方向、谋大局、定政策、促改革的能力和定力，确保实现我市“十四五”发展规划和二〇三五年远景目标。

第一节　深化党性教育

加强思想政治建设。牢牢把握意识形态领域主导权，着力加强理论武装，加强对宣传思想领域和意识形态领域的分析研判，有效管控各类意识形态阵地和网络意识形态阵地，不断提高政治判断力、政治领悟力、政治执行力，践行社会主义核心价值观，激发干部群众干事创业的内在动力。

开展高质量党建工作。巩固深化主题教育成果，引导全市党员干部切实增强“四个意识”、坚定“四个自信”、做到“两个维护”。建立党员干部基层党建工作联系点制度，持续推动主题教育整改，特别是专项整治任务落实。分层分类搭建区域化党建平台，构建党组织领导下的共建、共治、共享基层治理格局，探索现代化治理新路径。着力构建主体明晰、责任明确、有机衔接的“两新组织”党建工作责任体系，从“问需、问策、问效、问责”四个方面入手，压紧扣实基层党建主体责任，推动全面从严治党向纵深发展。开展党支部标准化规范化示范创建，持续整顿软弱涣散基层党组织，推进基层党组织全面进步、全面过硬。

深化党性党风党纪教育。推动党委（党组）全面监督、党的工作部门职能监督、基层党组织日常监督责任和领导干部“一岗双责”落实。加强思想道德和党纪国法教育，坚持抓早抓小，实事求是运用监督执纪“四种形态”，建立健全“不敢腐、不能腐、不想腐”一体推进的体制机制和工作格局，大力弘扬革命精神，打造廉政教育品牌。严格遵守政治纪律、政治规矩，不折不扣落实党中央、自治区党委和来宾市委各项决策部署。

第二节　优化干部结构

优化干部知识结构和专业素养。加强干部队伍建设，推进基层党建“提质聚力”，促进干部提高科学决策能力，增强科学管理能力，运用专业思维、专业素养、专业方法谋划工作，更好地把握形势、破解难题、推动发展。注重在巩固脱贫成果、工业招商引资、重点建设项目等一线工作领域中培养选拔政治强、懂专业、善治理、有魄力、敢担当、作风正、有口碑的领导干部。

树立正确的用人导向。深化干部人事制度改革，建立和完善激励机制和保护机制，充分激发各级领导干部的积极性和创造性。完善容错纠错、澄清正名等制度措施，大力推行“担当实干、马上就办”的工作作风。坚持以实绩论英雄，健全奖优罚劣机制，努力营造“敢担当、善作为”的干事创业浓厚氛围。加大干部作风监督力度，不断提高政府系统执行力，引导和激励广大党员干部奋勇争先、建功立业。

第三节　巩固统一战线

加强思想政治工作。开展党的创新理论进两新组织、进民族村寨、进寺观教堂、进港澳社团、进台湾统派团体、进海外侨团侨社的活动。积极推动网络化统战工作，加强“网络学院”与“统战云”等网上平台载体建设。创新群众工作体

制机制和方式方法，发挥工会、共青团、妇联等群团组织作用，畅通民意，激发民智，最大限度凝聚全社会推进改革发展、维护社会和谐的共识和力量。

巩固和发展最广泛的爱国统一战线。贯彻落实《中国共产党统一战线工作条例》，始终坚持以党的政治建设为统领，健全完善统一战线各领域制度机制。加强统一战线各领域思想建设、组织建设、制度建设、作风建设，提升政治领导力、组织覆盖力、群众凝聚力、社会号召力、推动发展力、自我革新力。巩固和壮大最广泛的爱国统一战线，更好地发挥民主党派、工商联和无党派人士的作用，切实做好民族、宗教、港澳台侨和海外统战工作，加强辖区内少数民族语言文字工作，保障我市壮、瑶等少数民族使用和发展本民族语言文字自由，促进我市民族团结进步，努力开创民营经济统战新局面。加强党外知识分子团结引导，深化新的社会阶层人士统战工作品牌创建，探索网络人士统战工作。

第十四章　保障措施

为确保我市经济社会健康发展，实现《纲要》目标和任务，确保2025年基本建成“富、强、美”工业旅游园林城市，为与全国全区同步基本实现社会主义现代化奠定坚实基础，须健全制度保障，加强政策引导，强化统筹协调，狠抓项目带动，强化人才支撑。

第一节　健全制度保障

健全领导保障机制。加强组织领导，保障《纲要》顺利实施。成立由市人民政府主要负责人任组长、相关部门负责人为成员的“纲要实施领导小组”，领导小组下设办公室，具体负责《纲要》实施的组织协调、指导和监督。

健全宣传保障机制。通过多种形式途径进行广泛宣传，促使各类市场主体和广大人民群众了解政府意图与政策导向，引导其自觉参与《纲要》实施，形成全社会共同推进《纲要》实施的合力。

健全执行落实机制。认真制定、执行年度计划，分年度落实好《纲要》提出的目标和任务，保持《纲要》实施的连续性。完善专项规划体系，各专项规划要服从总体规划，专项规划要在发展原则、发展重点、目标制定等方面以总体规划为准则。

健全监督检查机制。加强规划实施的跟踪、反馈和动态调控，适时组织开展对《纲要》实施情况的评估。实施《纲要》目标责任制，改进和完善《纲要》实施考核评价机制，发挥人大、政协、各基层组织以及社会团体、公众的监督作用，通过多种形式建立起对《纲要》实施进行社会监督的工作机制。

第二节　加强政策引导

强化政策落实。按照习近平总书记对广西提出的“三大定位”新使命、“五个扎实”新要求和“建设壮美广西，共圆复兴梦想”的殷切期望，紧紧围绕“一个中心四个同步”发展战略，实现“一市一区”发展定位，建成“两带一区”经济组团发展目标，主动加强自身能力建设，加强与自治区、来宾市衔接沟通，逐条逐项落实政策保障和对接项目需求，切实用好用足中央与自治区、来宾市为我市制定的各项特殊优惠政策和扶持措施，持续推行资源枯竭城市转型发展。各镇及各部门要密切协作，进一步加强向自治区、来宾市有关部门汇报衔接的工作力度，着力解决资金制约。加强项目前期工作，积极落实项目建设条件，精心组织项目建设，形成重大项目对落实《纲要》的重要支撑。

加强产业引导。认真落实国家产业政策，采用经济手段、财政手段、政策手段促进产业转型与振兴发展，引导产业优化升级。鼓励发展经济效益好、资源消耗低、环境污染少、发展潜力大的产业，限制不符合主体功能定位的产业扩张，对支柱产业发展实施倾斜政策。

强化资源环境政策。全面落实国家和自治区主体功能区规划中限制开发区域（重点生态功能区）的各项政策。严格控制和保护禁止开采区，严格按照法律法规和规划进行资源开发，鼓励和支持通过“飞地经济”模式进行资源综合利用。健全资源的有偿使用机制和生态补偿机制，实施有利于环保的信贷政策。加强项目建设的环境影响评价。

合理安排财政预算。根据《纲要》确定的发展目标和工作重点，编制实施好年度财政预算，加强收入组织和支出管理，努力保持收支基本平衡，提高公共财政的能力和水平。积极组织财政收入，确保各项税费收入及时、足额入库，增强财政保障和支付能力。强化财政税收征管工作，特别是“营改增”改革后各项收入工作，摸清重点企业和重点行业的税源情况，准确把握税源变动趋势，确保财政收入结构不断优化。进一步优化财政支出结构，加强对社会事业和改善民生的支出。

第三节　强化统筹监督

强化目标管理。《纲要》提出的预期性指标和产业发展等任务，主要依靠市场主体的自主行为实现。各级政府要加强监测、预测和分析，及时发现和解决经济运行中出现的突出矛盾和问题，要通过完善配套措施和利益导向机制，创造良好的政策环境、发展环境、营商环境，激发市场主体的积极性和创造性，增强政府宏观指导和调节的针对性，提高有效应对经济运行中突发事件的能力，保障经济安全稳定运行。《纲要》确定的约束性指标和社会公共服务、生态环境保护与产业经济建设等领域的任务，要分解落实到各镇和相关部门，明确工作职责，确保工作进度。各镇及各部门要统筹运用公共资源，积极争取财政资金和社会投资，确保各项目标任务顺利完成。

加强监督管理。进一步健全《纲要》管理体制，确保《纲要》的权威性、稳定性和连续性。完善规划实施评价考核制度，按照各类指标不同要求，实行分类评价考核。规划确定的约束性指标，分解落实到各镇、各部门，纳入各镇、各部门经济社会综合评价和绩效考核，进一步完善评价考核办法。健全规划实施的监督制度，加强重大战略问题跟进研究和规划执行情况分析，定期报告《纲要》目标和主要任务进展情况，适时组织《纲要》中期评估。加强监督检查，充分发挥纪检、监察、审计等监督机关、新闻媒体、社会团体的监督作用，建立健全定期检查和专项督查制度及纪律保障制度。注重发挥民主监督作用，进一步加强对重要战略部署贯彻执行情况以及重大工程项目和重点民生工作进展情况的监督检查。规范规划实施调整制度，《纲要》经市人民代表大会审议批准后，由市人民政府发布实施。当环境发生重大变化或因其他重要原因需修订《纲要》时，由市人民政府提出调整方案，报市人民代表大会常务委员会批准。

强化统筹协调。统筹协调精神文明建设、物质文明建设、生态文明建设齐头并进。以《纲要》为依据，统筹协调当前目标与长远战略共生共建，加强年度计划与《纲要》的有效衔接，年度计划的发展目标、重点任务和政策措施，要充分体现和分解落实《纲要》确定的总体目标和战略任务，分析《纲要》的实施进展情况。统筹协调宏观目标和政策工具互促相长，各镇以及各部门要依据《纲要》确定的发展方向和总体要求，科学合理编制专项规划，分解落实各项任务目标。统筹协调区域间与产业间联动协同，实现产业经济发展、社会综合管理、生态环境保护和谐共赢，认真做好经济社会发展规划与城乡整合发展规划、产业转型发展规划、公共服务均等化发展等的衔接配合，在重大产业布局、重点项目安排、基础设施建设上，确保总体要求一致，时序安排合理，确保《纲要》顺利实施。

第四节　狠抓项目带动

打造产业优质发展平台。加强市产业转型工业园基础设施建设，完善公共配套，优化创业环境，健全管理机制，推动扩容提质，加大园区开发力度，进一步优化提升产业平台承载功能，为各类技术产业集群提供新的承载空间。

加大招商引资力度。强化招商队伍建设，围绕重点产业实施精准招商。依托中国东盟博览会、粤港澳大湾区企业座谈会、碳酸钙产业交流会等国内重点展会和重大活动平台，选择一批具有拉动作用的目标企业和重点项目进行精准对接洽谈，寻求与重点地区进行深度投资合作的机会。以碳酸钙、金属新材料、木材深加工、物流等产业为重点，积极对接京津冀地区、长三角地区、粤港澳大湾区，开展招商活动。

提速重大项目建设。结合我市实际，切实加强重大项目前期规划工作，布局并建设一批对发展全局产生深远影响和具有强大带动效应的重大项目。简化优质项目审批流程，加大优质项目落地推动力度。确保项目稳步建设的资金支持，对上积极争取资金落实，对内强化公共财政与规划之间的衔接配合。在确保建设质量和施工安全的前提下，加快重大项目建设，对重大项目实施专职专项管理。

提升对企服务质量。持续优化营商环境，构建亲清政商关系，加强与企业的沟通联系，为企业提供高效、优质的服务，及时帮助企业解决发展中遇到的问题。促进非公有制经济健康发展，依法平等保护民营企业产权和企业家权益，坚持平等准入、公正监管、开放有序、诚信守法，实施统一的市场准入负面清单制度。

名词解释

“富、强、美”：百姓富、产业强、生态美。

“一市一区”：基本建成“富、强、美”工业旅游园林城市，基本建成全国资源型城市转型可持续发展示范区。

“三大定位”：即构建面向东盟的国际大通道，打造西南中南地区开放发展新的战略支点，形成“一带一路”倡议有机衔接的重要门户。

“五个扎实”：即扎实推动经济持续健康发展，扎实推进现代特色农业建设，扎实推进民生建设和脱贫攻坚，扎实推进生态环境保护建设，扎实建设坚强有力的领导班子。

“南向、北联、东融、西合”：南向，要加快互联互通，用好东博会等平台，深化与东盟的合作。北联，加强与渝、黔、川、甘等省市的合作，连通“渝新欧”，贯通“一带”与“一路”。东融，主动融入珠三角、粤港澳大湾区，借力长三角、京津冀等沿海发达地区，承接产业转移，着力招商引资。西合，联合云南等省，改善软硬环境，深度参与澜沧江湄公河区域合作，开拓新兴市场。

“五位一体”：经济建设、政治建设、文化建设、社会建设、生态文明建设总体布局。

“四个全面”：全面建成小康社会、全面深化改革、全面依法治国、全面从严治党。

“一个中心四个同步”：以工业振兴为中心要务，推进科教优先、产城融合、绿色发展、城乡一体同步发展的发展战略。

“两个大局”：一个是中华民族伟大复兴的战略全局，一个是世界百年未有之大变局。

“研学旅”：研究性学习和旅行体验相结合的教育活动。

“绿满八桂”造林绿化工程：实施涵盖山上山下、城市乡村、道路河流、单位园区的整个国土绿化工程。

“放管服”：简政放权、放管结合、优化服务的简称。“放”即简政放权，降低准入门槛。“管”即创新监管，促进公平竞争。“服”即高效服务，营造便利环境。

“两带一区”：建成包括沿322国道经济带、沿红水河“公铁水”联运物流带、工业旅游园区的经济组团。

“形、实、魂”：“形”指重点实施乡村风貌提升行动和农村人居环境整治提升行动，塑造美丽乡村之“形”；“实”指实施现代特色农业高质量发展重大工程，促进农村一、二、三产业融合发展，充盈乡村产业之“实”；“魂”指着力提高农民科技文化素质，深入开展乡风文明建设，铸牢乡村文明之“魂”。

“一园四区”：“一园”指合山市产业转型工业园，“四区”指合山市产业转型工业园下辖的岭南片区、桂中厂片区、电厂片区和马安片区。

“二次创业”：即生态创业，对自然资源作内涵的有效开发，解决可持续发展问题。

“飞地经济”：指两个相互独立、经济发展存在落差的行政地区打破原有行政区划限制，通过跨空间的行政管理和经济开发，实现两地资源互补、经济协调发展的一种区域经济合作模式。

“双高”基地：优质高产高糖糖料蔗基地。

“三品一标”：无公害农产品、绿色食品、有机农产品和农产品地理标志。

“粮安工程”：实施粮食收储、供应安全保障工程。

“三农”：指农村、农业和农民。

“一园一带一区”：合山国家矿山公园、红水河旅游休闲风光带、民俗采矿体验区。

“那”文化：壮族的土地文化和与此相关联的民族文化。

“五网”：指交通网、能源网、信息网、物流网和地下管网。

“双千兆”：指固定宽带和移动网络都为千兆网络。

政务数据“聚通用”：指的是政府数据的集聚、融通、应用。

“一个中心两个支点”：指以岭南镇为城市发展中心，北泗镇与河里镇为支点的城镇空间格局。

“四个不摘”：做到摘帽不摘责任、摘帽不摘政策、摘帽不摘帮扶、摘帽不摘监管。

“接二连三”：指现代农业与现代工业、现代服务业融合发展。

“三企入桂”：即一批央企、民企、湾企加速布局广西自贸试验区。

“三非四贩”：“三非”指非法入境、非法居留、非法就业；“四贩”指以毒品、枪支、走私货品、人口为贩卖对象的犯罪活动。

“三防”：指实施安全生产，防火、防盗、防事故。

“营改增”：指以前缴纳营业税的应税项目改成缴纳增值税，增值税只对产品或者服务的增值部分纳税。

“旱改水”：在农田建设时，将旱地改造为水田。“旱改水”有利于农业增产、农民增收。

“枫桥经验”：指20世纪60年代浙江省绍兴市诸暨县枫桥镇干部群众创造的“发动和依靠群众，坚持矛盾不上交，就地解决，实现捕人少，治安好”社会管理方式，内涵为小事不出村，大事不出镇，矛盾不上交，就地化解。

“四个意识”：指政治意识、大局意识、核心意识、看齐意识。

“四个自信”：指是道路自信、理论自信、制度自信和文化自信。

“两个维护”：指坚决维护习近平总书记党中央的核心、全党的核心地位，坚决维护党中央权威和集中统一领导。

“两新组织”：指新经济组织和新社会组织。

“一岗双责”：“一岗”指一个领导干部的职务所对应的岗位；“双责”指一个领导干部既要对所在岗位应当承担的具体业务工作负责，又要对所在岗位应当承担的党风廉政建设责任制负责。

“四种形态”：其一是党内关系要正常化，批评和自我批评要经常开展，让咬耳扯袖、红脸出汗成为常态。其二是党纪轻处分和组织处理要成为大多数。其三是对严重违纪的重处分、作出重大职务调整应当是少数。其四是严重违纪涉嫌违法立案审查的只能是极少数。

合山市 2020 年主要经济指标完成情况

附表 3

指标名称	计量单位	主要指标完成情况	
		绝对量	同比增加（%）
1. 地区生产总值	亿元	35.37	9.8
①第一产业	亿元	4.62	0.0
②第二产业	亿元	13.16	24.9
③第三产业	亿元	17.59	2.6
2. 财政收入	亿元	2.55	13.4
3. 一般预算支出	亿元	12.01	8.9
4. 固定资产投资	亿元	—	15.3
5000 万元以上项目	亿元	—	23.9
5000 万元以下项目	亿元	—	-47.1
5. 商品房销售面积	平方米	—	8.3
6. 社会消费品零售总额	亿元	—	-5.5
7. 农村居民可支配收入	元	14395	8.3
8. 城镇居民可支配收入	元	34991	3.5
9. 规模以上工业总产值	亿元	—	25.3
10. 规模以上工业增加值	亿元	—	29.4
11. 农林牧渔业总产值	亿元	7.67	0.2
①农业	亿元	4.72	0.0
②林业	亿元	1.10	6.7
③牧业	亿元	1.20	-6.3
④渔业	亿元	0.27	1.0
⑤农林牧渔专业及辅助性活动	亿元	0.38	4.5

注：地区生产总值及一、二、三产增速根据不变价计算，农林牧渔业产值、工业产值增速根据上年价计算

2020 年地区生产总值贡献率、拉动力、结构表

附表 4

指标名称	贡献率（%）	拉动力（百分点）	结构（%）
GDP	100.0	9.8	100.0
农林牧渔业	0.2	0.0	13.5
农林牧渔专业及辅助性活动	0.2	0.0	0.4

续附表 4

指标名称	贡献率（%）	拉动力（百分点）	结构（%）
工业	70.0	6.9	26.9
采矿业	10.4	1.0	2.2
# 开采专业及辅助性活动	0.0	0.0	0.0
制造业	27.5	2.7	12.7
# 金属制品、机械和设备修理业	0.1	0.0	0.0
电力、热力、燃气及水生产和供应业	32.1	3.1	12.0
建筑业	16.3	1.6	10.3
批发和零售业	−3.8	−0.4	6.5
批发业	−5.5	−0.5	0.6
零售业	1.8	0.2	5.8
交通运输、仓储和邮政业	−4.6	−0.5	6.7
铁路运输业	−2.4	−0.2	1.2
道路运输业	−1.6	−0.2	5.1
水上运输业	−0.3	0.0	0.0
航空运输业	0.0	0.0	0.0
管道运输业	0.0	0.0	0.0
多式联运和运输代理业、装卸搬运和仓储业	0.1	0.0	0.0
邮政业	−0.3	0.0	0.4
住宿和餐饮业	−2.1	−0.2	0.8
住宿业	−0.3	0.0	0.1
餐饮业	−1.8	−0.2	0.8
金融业	4.5	0.4	4.6
货币金融服务	3.6	0.4	4.0
资本市场服务	0.0	0.0	0.1
保险业	0.8	0.1	0.5
其他金融业	0.1	0.0	0.1
房地产业	2.2	0.2	5.1
房地产业（K 门类）	−0.1	0.0	0.3
居民自有住房服务	2.3	0.2	4.8
其他服务业	17.2	1.7	25.5
营利性服务业	13.7	1.3	7.2
非营利性服务业	3.5	0.3	18.3
水利、环境和公共设施管理业	0.0	0.0	0.2

续附表 4

指标名称	贡献率（%）	拉动力（百分点）	结构（%）
教育	1.8	0.2	4.6
卫生和社会工作	0.5	0.1	3.3
公共管理、社会保障和社会组织	1.2	0.1	10.2
第一产业	0.0	0.0	13.1
第二产业	86.3	8.5	37.2
第三产业	13.7	1.3	49.7

合山市 2021 年国民经济和社会发展计划表

附表 5

指标名称	计算单位	2020 年初步统计			2021 年预期目标	
		预期目标	绝对值（完成情况）	同比增长	绝对值	同比增长
一、地区生产总值	%	7.0%	—	9.8%	—	>10%
第一产业增加值	%	5.0%	—	0%	—	8%
第二产业增加值	%	14%	—	24.9%	—	16%
规模以上工业增加值	%	7.0%	—	29.4%	—	15%
第三产业增加值	%	7.5%	—	2.6%	—	8%
三次产业结构		14:33:53	13:37:50		13:39:48	
人均地区生产总值	元 / 人	7.0%	—	6.6%	—	7.0%
二、财政收入	亿元	3%	2.55	13.4%	2.7	6%
一般预算收入	亿元	1.21	1.4062	20%	1.59	13%
三、居民消费价格指数	上年 =100	≤ 3%	—	2%	—	≤ 3%
四、固定资产投资	%	8.0%	16.13	15.3%	18.55	15%
五、社会消费品零售总额	%	5.0%	—	−5.5%	—	10%
六、外贸进出口总额	万元	525	129.42	−62.02%	500	—
七、创新驱动						
每万人口发明专利拥有量	件	3.8	1.65	−56%	3.8	130%
八、社会事业						
高中阶段教育毛入学率	%	91.5%	—	99.98%	—	≥ 91.5%
九年义务教育巩固率	%	95.5%	—	100.71%	—	≥ 95.5%
九、人口、就业和社会保障						
常住人口城镇化率	%	65.7%	—	65.94%	—	66.04%
城镇新增就业人数	人	900	1434	159.33%	待来宾市下达	—

续附表 5

指标名称	计算单位	2020年初步统计			2021年预期目标	
		预期目标	绝对值（完成情况）	同比增长	绝对值	同比增长
农村劳动力转移就业新增人次	人次	900	2678	297.56%	待来宾市下达	—
城镇登记失业率	%	≤4.1	2.72%		≤4.1%	—
基本医疗保险参保率		95	97.32%		97.42%	0.1%
参加城镇基本养老保险人数	万人	2.4	2.4	—	2.4	—
参加城乡居民基本养老保险人数	万人	3.7	3.7	—	3.8	2.7%
十、居民收入与扶贫开发						
城镇居民人均可支配收入	元	36185	34991	3.5%	37090	6%
农村居民人均可支配收入	元	14488	14395	8.3%	15690	9%
农村贫困人口数量减少	万人	—	—	—	—	
十一、资源节约与环境保护						
万元 GDP 能耗	吨标准煤	完成来宾市下达的目标任务			待来宾市下达目标任务	
万元 GDP 二氧化碳排放量	吨					
化学需氧量排放量	万吨					
二氧化硫排放量	万吨					
氨氮排放量	万吨					
氮氧化物排放量	万吨					
空气质量优良天数比例	%	90以上	95.6	—	90以上	—
地表水水质达标比例		100	100	—	100	—
城市污水处理率		83	95.22	—	96	—
城市生活垃圾无害化处理率		100	100	—	100	—
森林覆盖率		54.6	56.1	—	56.2	—
十二、安全保障						
粮食产量	万吨	2.8	2.7988	2.8%	≥2.8	—

索 引

说 明

一、本索引范围为全书各部类条目。“特载”“大事记”部类的具体内容及“概况”条目未做索引。

二、本索引按主题词首字汉语拼音音序(同音字按音调)排列。若首字拼音相同则按第二字音序排列，以此类推。首字为阿拉伯数字或外文字母者，作“非音序”排在本索引末。

A

爱国卫生运动和城市创卫 167
爱国主义和国防教育 48
安全生产 186 190 193
安全生产管理 109 110 111
安全生产宣传教育及培训 150
安全生产专项整治 150
安全与维稳工作 80

B

班子建设 92
班子主要领导 194
办公用房管理与服务 63
办文办会 43
办学条件改善 157
保护未成年人工作 74
保健食品化妆品监管 149
保密工作 43
保险服务 142
保险理赔 142
北泗镇 188
本级巡察整改 50
标准化技术建设 148
不动产登记 116

C

财 政 132
财政 · 税收 132
财政扶贫资金使用与管理 180
财政服务经济发展 133
财政收支预算、决算执行情况 134
财政投入和后勤保障服务 165
财政预算执行情况审计 145
彩调剧《儿子》创作与巡演 153
参政议政 67 78
残疾人联合会 78
产品研发及效益 113
产业发展 185 190 192
产业转型 37
常规巡察 50
成果巩固 166
成品油资源及销售 130
城区管网改造 117
城区路网建设与维护 117
城市公共交通 125

城市公共汽车安全管理 125
城市公交基础设施建设 125
城市供水与节水 117
城市环卫保洁 118
城市垃圾运输及处理 118
城乡公路路网建设 124
城乡卫生服务一体化管理 166
城乡医疗保障 171
城乡医疗救助 171
城乡综合服务平台 131
城乡最低生活保障 173
城镇燃气供应与管理 117
出入境管理 84
出租车公司营运与管理 125
传染病防控及突发性公共卫生事件 170
创新发展 110
村镇污水处理 118
存贷款业务 139 140 140 141

D

打击刑事犯罪 82
打击制售假冒伪劣产（商）品行为 148
大病医疗保障 172
大气环境质量 120
大事记 33
大唐桂冠合山发电有限公司 110
大中专学生毕业管理 176
代表视察 59
代表议案和建议办理 59
党　校 53
党的基层组织和党员队伍建设 44
党的建设 186 190 193
党风廉政建设 193
党建"晴雨卡" 51
党建工作示范点建设 45
党史工作 54
党史宣教 55
党史资料编纂工作 55
党外代表人士队伍建设 50
党外知识分子工作 49
党员发展和管理 51
党员干部培训 54
党政机关 40
档案安全与管理 64
档案查阅与接待 64
档案事业 63
档案收集与利用 64
档案信息化建设 64
道路交通安全管理 84
地方特产 37
地方志 63
地方志宣传与服务 63
地理位置 36
地形地貌 36
地震监测 150
地震知识宣传 151
地质环境治理 116
地质灾害防治 115
电力工业 110
电力供应 111
电网建设与运行 111
电子商务 128
定点医药机构管理 172
动物疫病防控 104
督查工作 56
督查与绩效考评 55
队伍建设 82 111 142
队伍自身建设 147

F

发展党员 44
发展和改革 143
法　院 86
法　治 80
法律援助 90
法院司法队伍建设 89
法治宣传教育 90
防汛抗旱 103
防汛抗旱 150
非公有制经济 49
非物质文化遗产 154
扶贫产业开发 179
扶贫机制创新 178
扶贫监督检查 180

扶贫开发 178
扶贫助残 79
扶贫资金投入 179
服务“三农” 139 141
服务非公经济 147
服务水平持续提升 127
服务网络建设 62
服务行业平稳发展 60
妇女创业就业 74
妇女儿童关爱工作 74
妇女儿童合法权益维护 75
妇女干部培养 45
妇女联合会 74
附　录 195

G

干部教育培训 44
港澳台统战工作 50
高速公路建设 125
个体私营经济 128
工会经费收支管理及审计 72
工会组织建设 71
工商业联合会 77
工业和信息化 107
工业经济 107
工业旅游 38
工业企业生产状况 114
工业园区管理 113
工业园区建设 107
工业综述 107
工资与福利 175
公　安 81
公共机构节能 63
公交线路的设置与运行 125
公开接待活动 55
公立医院改革 166
公路养护管理和运输服务 124
公路运输 124
公司经营范围 110
公务用车管理 63
公务员管理 45
公益活动 77
公益诉讼检察 86
公证事务 90
供水能力 123
供水有限责任公司 122
供销社 130
共青团合山市委员会 73
固定资产投资 143
固定资产投资审计 145
关心关爱 177
关心下一代工作 45
广电网络 154
广告监督管理 147
广西合山大好河山投资发展有限公司 122
归国华侨联合会 77
规范化建设 145
规划审批 116
国家税务 137
国企改革 136
国土资源执法检查 116
国有经济 136
国有资产管理 136

H

海外统战工作 50
航　运 125
合山港简介 125
合山市部署 2021 年村（社区）“两委”换届选举工作会 42
合山市第九届人民代表大会常务委员会会议 57
合山市第九届人民代表大会第七次会议 57
合山市红十字会 169
合山市人民代表大会 56
合山市人民政府 60
合山市人民政府办公室 61
合山市文学艺术界联合会 78
合山市行政区划调整工作推进会议 42
合山市召开 2020 年农村工作会议暨决战脱贫攻坚大会 42
合山市召开乡村风貌提升“三清三拆”专题会议 42
合山市召开重点工作推进会 42
合同监督管理 146

河里镇 191
河长制 104
行业安全监管 126
行业发展规划 112
红十字志愿服务 169
红砖生产经营 112
后勤保障 92
后勤保障建设 94
后勤服务保障 62
虎鹰建材综合利用项目 112
互联网金融 140 141
互联网金融业务 140
户籍管理 84
环保专项行动 122
环境保护 113
环境监测系统建设与维护 121
环境监察与执法 122
环境污染案件查处 122
环境信访 121
环境宣传教育 120
环境执法 122
环卫设施建设 118
会员服务企业 78
婚姻登记服务 174
火灾隐患专项整治行动 151

J

机动车辆管理 84
机构编制 52
机构编制管理 52
机构改革 184
机关党建 44 51
机关饭堂管理 62
机关建设 65
机关事务管理 62
基本气候 96
基层残疾人组织建设 79
基层法庭建设 88
基层基础建设 84
基层派出所 84
基层司法所建设 91
基层团组织建设 73
基层武装部建设 93
基层医疗卫生服务体系建设 167
基础教育教学改革 161
基础设施建设 102 127 184 188 192
基站建设 126
集市贸易 128
集体产权制度改革和清产核资 96
计划生育 170
计量监督管理 148
计生服务 189 192
计生家庭养老服务 170
纪检监察 69
技术改造 109
技术改造和维护 110
技术改造及主要产品 113
绩效考评 56
加强党风廉政建设 40
家庭教育工作 75
价格调控、民生价格管理 149
价格调整 149
价格认定 149
坚持和完善人民代表大会制度 56
监督检查 69
检 察 85
检察队伍建设 86
建材工业 112
建设工程监理 119
建行合山支行 140
建置沿革 36
建筑工程招投标管理 119
建筑工程质量安全监管 119
建筑市场监管 118
健康教育 170
交通安全管理 124
交通工程投资建设 124
交通警察队伍建设 85
交通运输 · 邮政 · 通信 124
教 育 156
教师队伍建设 54
教师队伍建设情况 163
教学科学研究 160
教育督导 157
教育服务 79

教育和科技事业 38
教育绩效考评 157
教育交流与合作 159
教育经费的收入与支出 157
教育事业 189 192
教育信息化建设 160
接待工作 55
节日活动 75
金融 · 保险 139
金融风险抵御与化解 135
金融扶持 139 141
禁毒工作 83
经济发展 37
经济发展动力不断增强 60
经济发展情况 102
经济犯罪侦查 83
经济管理与监督 143
经济建设 184
经济贸易 128
经济社会调查队伍 146
经济社会发展主要目标 60
经济与民生事业保障 132
经济与民生事业保障财政资金监管 133
经济责任审计 145
经济作物种植 97
经营管理与服务 111
经营性项目 122
就业与再就业 176
卷烟销售及网络建设 130
卷烟专卖市场执法与监管 130
军　事 92
军事训练 92

K

开展“文明守法幸福乡村”示范创建活动 40
开展第九轮常规巡察工作 40
刊物出版 78
康复服务工作 79
科　技 156
科技 · 教育 156
科技服务 156
科技示范点建设 156
科技特派员派遣和管理 156
科普宣传 76 156
科普阵地建设 76
科学技术协会 76
科研成果 54
科研项目与经费投入 156
科研资政 54
客户服务 127 141
控告申诉检察 86
快递业务 126
矿产资源管理 116
矿区管理和服务 64
矿区困难群众的安置与管理 65
矿区事务管理 64
矿区项目建设 65
矿区遗留问题处理 65

L

劳动保障监察 176
劳动法律法规宣传 177
劳动仲裁 177
老干部管理 45
老干部文体活动 45
老干部政策落实 45
老年大学建设 45
离退休人员及工资管理 177
理论学习与宣传活动 46
粮食仓储建设与管理 129
粮食购销和粮食直补 129
粮食流通管理 129
粮食流通与调控 129
粮食行政执法 129
粮油企业经营管理 129
粮油作物种植 97
烈士纪念日活动 178
林　业 100
林业经济生产 100
林业生态建设 100
林政资源管理 100
岭南镇 184
领导班子和干部队伍建设 43
领导干部接访 55

流动人口管理 84
柳花岭林场 102
鹿心社到合山市调研 40
路网和农村公路建设 124
洛灵湖湿地公园建设 101
旅游业 154
旅游资源培育 155
旅游资源培育、旅游景点建设 155
律师事务 90

M

矛盾纠纷排查化解 80
煤炭工业 109
秘书工作 61
免疫规划和管理 170
民办教育 162
民商事审判 88
民事行政检察 86
民政服务管理 173
民政项目建设 174
民主党派与多党合作 49
民主监督 67
民主协商 66
民族团结进步创建 183
民族文化特色 183
民族政策宣传 183
民族宗教局事务 183

N

纳税服务 138
内控案防 140 141
内控管理 139
年度荣誉 81 85 86 89 91 93
农村产权流转交易市场建设 97
农村电商发展 128
农村防疫队伍建设 105
农村环境整治及综合治理 120
农村集体“三资”管理 96
农村劳动力转移就业培训 176
农村实用技术培训 76
农村水利基础设施 103
农村危房改造 118
农村义务教育学生营养改善计划 161
农村饮水安全巩固提升工程 103
农机安全执法 99
农机购置补贴政策 100
农机科技推广 100
农经调查统计 97
农林水牧渔业 95
农民负担监督管理 97
农民工工资追讨 177
农民专业合作社管理 96
农药化肥监管 98
农业产业持续增长 60
农业产业提质升级 98
农业地理标志产品 98
农业机械化服务 99
农业机械化普及 99
农业机械化投入和作业 99
农业科技培训 97
农业科技推广与应用 97
农业农村 95
农业农村经济 96
农业生产 184 189 192
农业投保 98
农业执法 97
农作物病虫害防治 98
农作物秸秆综合利用 99

P

配套设施 169
贫困村基础设施建设 179
贫困村集体经济 180
贫困户合作社分红 180
贫困户技能培训 180
贫困户危房改造 180
品牌创建工程 131
平安合山建设 81
平安建设 186 190 193
普惠金融 141
普通高中教育 161

Q

企业复工复产 129
企业改革 127
企业改制 109
企业环境保护 110
企业节能降耗 108
企业生产经营 109 110 113 113
企业选介 109
企业质量管理 108
企业主要经济指标 109
气候 36
强农惠农政策 96
抢险救灾 152
侨务活动 77
青年创业创新活动 74
青年培训工作 73
青年文明号创建活动 74
青年文明志愿行动 73
青少年活动中心建设与运作 163
青少年科技活动 76
区域划分 37
全国助残日活动 79
全面落实“两孩”政策 170
全市领导干部暨市四家班子领导述职述廉评议会议 41
群众安全感满意度调查 81
群众团体 71
群众文化 153

R

人才服务管理 176
人才引进和培养 44
人大信访 60
人道救助 169
人口、民族、宗教 37
人口变动情况 170
人力资源和社会保障 175
人力资源市场建设 176
人民调解 90
人民陪审员制度 88
人民武装 92
人事考试 177
人事任免 60
荣誉 111 188
融资工作 122

S

三大班子领导名录 188 191
扫黄打非专项活动 154
森林防火 101 150
森林公安 85 101
森林有害生物防治 101
森林资源 102
森林资源管护 102
山林纠纷调处 102
商标监管与地理商标申报 147
商会建设和会员发展 78
商贸物流项目 128
商业贸易 128
上级巡察整改 50
少数民族发展资金项目建设 183
少先队工作 74
社保费征收 137
社会保障 79 184
社会保障基金征缴 176
社会诚信建设 86
社会发展 189 192
社会救助 173
社会募捐 169
社会生活 173
社会事业 38
社会组织登记 174
社区建设 174
社区矫正和安置帮教 90
审　计 145
审查调查 70
审计成果 145
审判执行信息化建设 87
审判质量与效率 86
生产资料购销 130
生态公益林建设 100
生态环境保护 119

生态种养殖 99
石材生产经营 113
石灰生产经营 112
实现工业转型“质”的提升 60
食品生产流通安全监管 148
市场监管 146
市场监管执法 147
市场开发服务中心 128
市场主体监督管理 147
市场主体注册管理 146
市情概况 36
市委常委会会议 42
事业单位登记管理 53
事业单位分类 53
收容救助管理 174
收养登记 174
数据质量管理 146
双拥共建 92 178
水 利 102
水环境质量 120
水库移民后期生产扶持 181
水库移民培训 181
水库移民项目建设 181
水路运输安全管理 125
水泥质量与管理 112
水行政执法 103
水政水资源水土保持 103
税收规范管理 137
税收收入 137
税收宣传 138
税收优惠政策落实 137
税务分局 137
司法为民与司法公开 87
司法行政 89
司法行政队伍建设 90
思想政治建设 93
四家班子领导（扩大）会议 42
饲料安全监管 104
送教上门 158

T

碳酸钙企业 112
碳酸钙生产 112
特 载 1
特困人员救助供养 173
特殊对象参保保障 172
特种设备安全监察 148
提案办理 68
通信业 126
统 计 145
统计服务 146
统计普查 146
统计信息化建设 146
统一战线 49
投融资工作 137
投资促进 144
投资项目建设 107
突发性公共卫生事件及应急预案 168
图书馆建设与管理 153
土地开发整理 115
土地利用规划 115
推进全面深化改革 41
退役军人事务 177
退役士兵安置 177
脱贫成效 180
脱贫攻坚 37 141 185 189 192
脱贫攻坚措施 180
脱贫攻坚工作 41

W

外出务工与就业扶持 179
网点建设 139 141
网络安全与网络维护 127
网络安全与维护 154
网络管理 47
网络建设 127 154
网络拓展工程 131
危险废物管理 121
委员队伍建设 66
卫生防疫管理 169
卫生监督 168
卫生健康与计划生育 · 医疗保障 165
卫生与疫情防控 38
为侨服务 77

未成年人道德思想建设 49
未成年人检察 86
文　化 153
文　物 154
文化、体育事业 38
文化 · 广电 · 旅游 153
文化惠民活动 78
文化市场管理 154
文化市场执法 154
文化体育 185 189 192
文化体制改革 153
文化艺术交流 78
文明城市创建 118
文明创建 48
文明守法创建活动 186
文史工作 68
文学培训与采风 78
文艺协会（学会） 78
污染物减排 120
无偿献血 169
无害化处理 104
物价管理 149

X

戏剧下乡活动 153
现代特色农业示范区建设 96
乡村（社区）文艺骨干培养 153
乡村风貌提升三年行动 118
乡村教育及教师待遇 163
乡村旅游 186 193
乡村振兴 190 193
乡镇财政所概况 136
乡镇供销合作社 131
乡镇机构改革 53 188 192
乡镇市场管理站（所）概况 147
项目建设 122 123
项目建设工程 130
项目审批和备案 143
项目实施 145
项目推进情况 114
消防救援大队 151
消防网络化管理 152
消防宣传 152
消防站建设及规划 151
消防装备 151
消费者权益保护 147
校外（教育）活动 158
新的社会阶层人士统战工作 50
新冠肺炎疫情防控工作部署会议 42
新媒体整合 46
新农业技术推广 99
新闻报道 46
信　访 55
信访案件处理 55
信访举报 70
信访制度改革 55
信息报送 43
信息化建设 116
信用联社 141
刑事法院 87
刑事检察 85
行政裁量权基准制度建立 89
行政村简介 187 190 194
行政复议 89
行政规范性文件审核备案 89
行政区划、地名和界线管理 173
行政审判 88
行政审批 148
行政诉讼 89
行政项目审批清理 62
行政执法监督 89
许可证核发 150
畜牧水产兽医 104
畜牧业生产 104
宣传工作 46 82
宣传和引导 165
宣传活动 169
学前教育 161
学生资助 159
学习党的十九届五中全会精神 48 51
学习贯彻习近平新时代中国特色社会主义思想和中共十九届四中全会精神 40
学习贯彻中共十九届五中全会精神 40
学校安全 159
学校德育教育 162

学校国防教育 158
学校体育与艺术教育 158
巡察监督 51
巡警（城警）工作 83
巡视巡察 50

Y

烟　草 130
研究部署安全生产和防汛抗旱工作 41
研究部署经济工作 41
研究部署群众安全感满意度提升工作 41
研究部署扫黑除恶专项斗争 41
研学旅游 155
养老服务及养老设施建设 174
养殖技术培训 105
野生动植物保护 101
业务经营 126 142
业务经营与管理 126 154
医　疗 166
医保目录和支付标准 171
医疗保障 170
医疗保障基金监管 171
医疗互助保障 71
医疗价格监测 172
医疗器械监管 148
医疗卫生 185 189 192
医政管理 167
移民和易地安置 181
移民信访工作 181
移民资金使用管理 181
义务教育和均衡教育 161
议军议警会议 94
异地就医管理 171
易地扶贫搬迁管理 181
易地扶贫概况 181
疫情防控 165 165 187 190 194
疫情防控物资储备及使用管理 128
疫情防控与务工扶持 176
意识形态 193
饮用水水源地保护 120
应急管理 149
应急监察 150
营林工作 101
营林生产 102
营商环境建设与优化 143
优待抚恤 177
邮政网络和邮路 126
渔业生产 104
渔政执法 104
语言文字工作 158
预防接种 169
预防宣传 69
园林绿化 117
园林绿化养护管理 117
园区管理和服务 114
园区规划和建设 113
远程教育 44

Z

灾害防御与应急演练 151
造纸工业 113
战备训练 93
招商亮点 144
招商引资成效 144
招商引资及企业入驻 114
镇　村　社区 184
征地安置 115
政策宣传 177
政法委及综合治理 80
政法宣传 81
政府采购 133
政府法律顾问制度建设 89
政府信息公开 62
政府性基金与社会保险基金收支 132
政府债务管理 134
政府自身建设 60
政务服务工作 61
政务服务和大数据 61
政务监督与服务 62
政务信息报送 61
政务信息公开 62
政协常委委员会议 67
政协合山市第九届第六次全会 66
政协合山市委员会 65

政协主席会议 66
执法检查和专题调研 59
执行工作 88
直属机关工委 51
职工帮扶 71
职工奖励和表彰 73
职工教育培训 110
职工疗（休）养 72
职工权益维护 72
职工慰问走访 71
职工文化建设 72
职业教育教学改革 162
指挥中心 110 报警服务 83
志书编纂 63
制药工业 113
质量监督管理 148
治安管理 83
智慧法院建设 88
中共合山市第九届纪律检查委员会第五次全体会议 42
中共合山市委办公室 43
中共合山市委员会 40
中国电信合山分公司 126
中国工商银行合山市支行 140
中国共产党合山市第九届委员会召开第六次全体（扩大）会议 42
中国共产党合山市第九届委员会召开第五次全体（扩大）会议 42
中国联通合山市分公司 127
中国农民丰收节活动 96
中国农业银行股份有限公司合山市支行 139
中国人民保险 141
中国人民武装警察部队合山市中队 93
中国移动合山分公司 126
中国邮政合山分公司 126
中石化合山分公司 130
中文域名注册管理 53
中小河流治理 103
中医药事业 167
重大决策 40
重大事故隐患排查治理 150
重大项目建设与管理 143
重点场所和人群的管控 165
重点流域水污染防治 120
重点养殖基地简介 105
重要会议 41 57
重要接待 55
主要经济指标 130
主要纳税企业 138
助农增收服务 130
住房公积金贷款发放 119
住房公积金管理 119
住房公积金归集管理 119
住房建设况 117
专题调研 68
专项资金审计（调查） 145
专业技术人才管理 175
壮族“三月三”电商节 129
自然资源 36
自然资源 · 住房建设 · 生态环保 115
自然资源管理 115
宗教机构概况 183
宗教基础信息采集 183
宗教事务管理 183
宗教政策宣传 183
综　述 95
综合经济 37
综合年鉴编纂 63
综合协调 61
总工会 71
走访慰问 178
组织工作 43
组织建设 77

非音序

“不忘初心、牢记使命”主题教育总结大会 42
“两新”组织建设 44
“三留人员”关爱活动 174
“扫黑除恶”专项斗争 80
“双女户”政策落实 170
“文明守法 · 幸福乡村”示范创建活动表彰大会 41
“一站式”便民服务 61